汉语国际教育系列教材

高级汉语

主　编　王建军　高永奇
参　编　张亚军　张怡春

苏州大学出版社

图书在版编目(CIP)数据

高级汉语 / 王建军，高永奇主编. —苏州：苏州大学出版社，2014.9
汉语国际教育系列教材
ISBN 978-7-5672-0990-9

Ⅰ. ①高… Ⅱ. ①王… ②高… Ⅲ. ①汉语—对外汉语教学—教材 Ⅳ. ①H195.4

中国版本图书馆 CIP 数据核字(2014)第 217758 号

高级汉语
王建军 高永奇 主编
责任编辑 李 兵

苏州大学出版社出版发行
（地址：苏州市十梓街 1 号 邮编：215006）
丹阳市兴华印刷厂印装
（地址：丹阳市胡桥镇 邮编：212313）

开本 787 mm×960 mm 1/16 印张 23.5 字数 440 千
2014 年 9 月第 1 版 2014 年 9 月第 1 次印刷
ISBN 978-7-5672-0990-9 定价：48.00 元

苏州大学版图书若有印装错误，本社负责调换
苏州大学出版社营销部 电话：0512-65225020
苏州大学出版社网址 http://www.sudapress.com

汉语国际教育系列教材丛书

丛书编审委员会

（按姓氏笔画排序）

总　序

张建民

（华东师范大学国际汉语教师研修基地执行副主任、教授、博士生导师）

进入二十一世纪以来，汉语国际教育硕士专业学位的设置和培养问题一直是国内高校的热门话题。从2007年以来，本专业从开始时的24所激增到当下的107所，开设的单位除了部属师范院校外，还有综合性的大学，而省属大学的加入更成为一道风景线。这一状况说明，随着世界上汉语教育的兴起，培养大批适合从事这方面工作的教师已成为时代所需、国家所需。由于学界对本专业的专业名称、专业的学科属性、课程设置、教学方法等方面还没有形成统一的认识，教什么、怎么教成了当前及今后迫切需要解决的问题。这几年，本专业的教材开始陆续出版，但是否适合各地区需求、是否形成体系还有待观察。苏州大学等几所高校教师编写"汉语国际教育系列教材"，预期目标就是想通过建立合理的教材体系来反映编写者的专业共识和教学经验，以便更好地服务于汉语国际教育。这种联手探索的精神值得提倡。

就专业名称而言，是用"汉语国际教育"还是"国际汉语教育"？两者又有什么异同？目前学界看法还是不一致。产生这种现象的根本原因在于专业诞生的特定背景：当时可能为了强调汉语教育，而且是汉语的国际教育，就将"汉语"放在了首位。后来也有学者依据"国际英语"的习惯说法，将其称为"国际汉语教育"，这一提法得到了我国教育行政管理部门的认可和采纳，如《国家中长期教育改革和发展规划纲要（2010—2020）》中就指出，要"支持国际汉语教育”。由此可见，这两个名称其所指对象并没有实质性的不同，从中倒是可以领略到汉语在使用时的词序特点。现在通行的做法是：作为一个专业，各级高校用“汉语国际教育”名称；作为一项事业，各类文献用“国际汉语教育”名称。“汉语国际教育系列教材”的取名正是从专业角度出发的。当然，这一专业的英语名称定为 Master of Teaching Chinese to Speakers of Other Languages 也给学界留下了探讨的空间。

虽然“汉语国际教育”这一名称出现时间不久，但并非从天而降，它和“对外汉语”这一专业有着密切的联系。“对外汉语”这一专业名称从启用到停用的几十年间也同样存在着争议，论争的焦点之一是该名称指的是“对外使用的汉语”还是“对外的汉语教学”，这种分歧导致全国高校在对外汉语专业培养目标方面的巨大差异，有的以培养双语、双文化人才为主，有的以培养汉语教师为主。毫无疑问，对外汉语专业是汉语国际教育专业的源头之一，培养的汉语教师首先必须具备教学能力。不过，我们也要看到，汉语国际教育之所以成立，不是将“对外汉语”简单地换了个名称，而是在理论基础和教学方法上都发生了相当大的变化：对外汉语教学将汉语看作工具，着重研究如何“制作”这一工具；汉语国际教育将汉语看作是文化，着重研究如何发挥这一工具的功能。要发挥好汉语的工具功能，不熟悉工具特性是不行的，否则无法提升它的使用效率。而要真正发挥好汉语的工具功能，无论如何回避不了使用者的价值观。在学界很多人看来，文化即人们的价值观。由此，我们可以勾勒出一条清晰的汉语国际教育途径：汉语→文化→价值观。汉语作为中华文化最基本、最核心的组成部分，可以展示出中华文化的特性。这套教材中的《汉字学》就是力图展现这方面的教学成果。实际上，语言学界早已将语言看作是文化，国外从洪堡特的思想到“萨丕尔-沃尔夫”假说一脉相承，国内从罗常培先生的《语言与文化》到文化语言学的创立也一直绵延不绝。过去的对外汉语教学界由于受到结构主义语言学的影响比较大，在相当长的一段时间内注重语言形式的教学，很多对外汉语教材将文化单列，从而使一部分人对语言形式和民族文化之间的关系不太了解。

一个专业一旦确立，学界就势必要去探讨它的学科属性。一般说来，学科是按知识的分类来划定的，专业是按职业的需求来确定的，两者有紧密联系，亦有区别。从现有实践来看，汉语国际教育的学科交叉性远胜于对外汉语（现也有学者称之为“国际汉语教学”），它所涉及的范围也要比对外汉语宽泛得多，甚至可以包括国际政治、国际经济等。我们认为，国际汉语教育涵盖了国际汉语教学。它既可以从语言学的视角去研究，也可以采用教育学或其他学科的研究视角。正如心理语言学一样，语言学界和心理学界都有学者在研究。作为一门应用性、实践性很强的跨界专业，为促进自身发展、培养更多合格的汉语教师，汉语国际教育应该高度重视并且充分发挥教育学的作用。采用教育学的原理和方法,汉语国际教育专业才能确定教学政策、教学目标和内容、教学组织和实施、教学评估,才能从学生学习态度、学习动机、学习方法等方面去关注他们的学习状况,从而提高教育效果。期待着这套教材在以后的试用过程中能进一步吸收教育学等学科的研究成果,最终成为更有针对性和前瞻性的新型教材和精品教材。

课程设置决定着教材编写的种类和取向,本专业的课程经历了一个变化过程。现在通行的方案来自于全国汉语国际教育专业学位研究生教育指导委员会,课程设置在总结了对外汉语教学经验后,为体现本专业的特点和要求,尤其注重汉语教学能力、中华文化传播能力和跨文化交际能力的培养。该方案将课程类型分为核心课程、拓展课程、训练课程等。这套教材中的《第二语言习得》、《汉语作为第二语言教学》等反映了这一现实。但是也必须看到,本专业设立以来,教学实践一直都在发生变化,其实际效果的最终检验要看学生能否真正掌握在国际上从事汉语教育的知识、技能和技巧。为了使本专业得到快速发展,国家有关部门一直在鼓励进行汉语国际教育硕士专业学位培养的综合改革,从华东师范大学、北京师范大学、中山大学和天津师范大学的改革试点来看,各个单位都在原有的课程设置基础上作了调整,有的课程不再开设,有的课程以前因种种原因未能设立,但又是本专业必须开设的,就新设了。这套教材的编写者所在单位虽未参加综合改革试点,却已在教材中及时反映出了这一发展动向,难能可贵。例如,《汉语国际教育概论》这门课正是指导性方案中所没有但又确是实际教学中迫切需要编写的教材。本专业的课程设置还有一个现象值得充分注意,那就是指导性方案有两套:一套是给中国学生使用的,一套是给外国学生使用的。由于国际上汉语教育的水平的不断提高,越来越多的外国学生到中国进行汉语国际教育专业学习时,已不存在日常语言交流问题。因此,一部分学校已将两套方案合并为一套,只在公共课中为外国学生开设了高级汉语课程,旨在提升他们的汉语水平。这种既注重培养标准的一致性,又不忽视培养对象的差异性的课程设置显然有利于本土化汉语师资的培养。本套系列教材中即将首推《高级汉语》,表明策划者和编写者注意到了课程改革的趋向。

课程确定后,教学内容就成了要考虑的主要问题。作为一个中国首创的专业型学位,国内外都缺乏这方面的系统研究成果和教学经验。虽然国内大部分本专业的教师来自于对外汉语或中国语言文学专业,受过一定的对外汉语教学训练,但如何在教学内容上将专业型和学术型加以区别,如何培养出适应国外需求的人才一直困扰着开设此专业的院校。本专业是以职业为导向的,教学内容当然要为这一目标服务。这涉及到学生和教师的相互作用问题,学生要认可自己所学内容将来可以用在国际上从事汉语教育,教师要确信所教内容可以让学生胜任本专业的需求。当然,教学内容并不是一成不变的。由于教育的地域差异、文化差异,加之教学资源差异,各地或多或少都会在教学上显示出自己的特色。这套教材充分反映了编写者在这方面的研究、思考,《学习、商务、生活在中国》、《中华才艺技能教程》的教学内容就呈现出了一定的地域特色和文化特色。应该说,这套教材的推出和使用,可以帮助学生更深刻地体会到中国社会的文化多元性。

教材编写的目的是为了服务教学,教学方法则可体现在教材中。本专业相当强调案例教学,要求将其引入各个课程,形成主导的教学方式,从而有别于对外汉语教学。案例教学可以让学生通过对汉语教育过程的观察,发现并且掌握解决问题的方法,以便在碰到相同情况时,能够加以回忆和应用。理论上来说,案例教学对培养国际汉语教师不仅实用,而且有效。然而事实却不容乐观,一些专业教学场合对于事例、案例和课例之区别至今还是一片茫然,这种情况不利于案例教学的实施。这套教材的策划者和编写者显然注意到了这个问题,在拟出版的第一批教材中书名带有"案例"的就占了三本:《跨文化交际:理论、方法与案例》、《汉语国别教学案例汇总与分析》、《汉语课堂教学案例分析与实践》,突显了案例教学的重要性,也彰显了专业特色。

编好本专业的教材实属不易,作为教材,它不仅要传递知识、技能,还要提供培养学生学习习惯、学习方法的建议,更要反映本专业教学的最新成果。现实情况是,就教学内容而言,学界都认为比较容易编写,难就难在如何取舍,因为任何教材不可能将所有内容一一罗列,也不可能脱离自己的理论素养和实践基础。对自己钟爱的部分内容,教材编写者往往会因教材体系的缘故而割爱,这时更需要体现集体智慧。教材常是一种折中、妥协的产物,这套教材也不例外,从首批出版的书名上就可略见一斑。

汉语国际教育硕士专业学位的培养需要研究、探讨的问题很多,在体系的建立、方法的确立上还有很长的路要走。但无论如何,"再苦再难也要坚强,只为那些期待眼神"。承蒙教材编写者的厚爱,我欣然提笔作序,为了这套教材,更为了汉语国际教育事业。相信编写者今后会应教学之需,编写出更多有质量并且管用的本专业教材来。

2014 年 9 月 9 日于丽娃河畔

目 录

第一章　绪　论

第一节　语言概说

语言是人类特有的一种符号系统。当作用于人与人的关系的时候，它是表达相互反应的中介；当作用于人与客观世界的关系的时候，它是认知事物的工具；当作用于文化的时候，它是文化信息的载体。① 因此，语言是自然和社会的双重产物。语言的符号性体现了其自然属性的一面，语言的工具性则体现了其社会属性的一面。

语言的系统性源自它的结构性。语言中的各种单位借助组合关系和聚合关系形成了紧密的联系，彼此依存，最终形成了一个错综复杂的结构体系。语言的系统性还表现为它的可分离性。几乎所有的语言都可以分解为三大构成要素：语音、语义和语法。语音是语言的物质外壳，语义是语言的信息内容，语法是语言的组织规则。这三大要素既互相牵制，又各成体系，可以进行更为细致的下位分析。因此，语言是一个结构十分精密的层级装置，既可以拆分，又可以组装，并在此过程中体现出高度的效能。

语言的发展始终与思维的发展密切相关。人类思维之所以与动物思维有着根本的区别，就在于它借助语言作为主要的表达方式，代表了认知的高级阶段。可以说，思维和语言是人类进化、社会发展的共同的必然结果。没有思维，语言不会产生和发展；没有语言，思维

---

① 《中国大百科全书》总编委会. 中国大百科全书・语言文字卷. 北京：中国大百科全书出版社，1988：475.

就失去了外在的表现形式；思维借助语言进行表述，语言所表述的内容就是思维的内容。

语言是人类的本质特征之一，只有人类有真正的语言。许多动物尽管也能够发出声音来表示自己的感情或者在群体中传递信息，但大致是出于本能的需求，并且所采用的只是一些有限的、固定的声音模式，不能与时俱进，不能随机应变。只有人类才会把音色各异的语音按照特定方式组合成为有意义的语素，再把为数众多的语素按照特定方式组合成丰富多彩的话语，用千变万化的形式来表示无穷无尽的意义。

语言是民族的特定标记之一。各个民族都有自己的语言。语言既是民族文化的重要成分，又是民族文化的主要载体。一般来说，本族语言或母语是个人的第一语言，也是主要语言。除此而外的其他语言都只能被称为第二语言。当然，在特定的历史条件下，不排除某个民族会弃用本族语而以他族语作为自己的第一语言。

语言几乎与人相伴终生，掌握和使用语言是人的一种基本权利。不过，人的语言能力并非生来具有，必须通过学习才能获得。作为人类特有的交际工具，语言具有使用上的轻便性、负载信息的无限性、表义传情的精细性。因此，语言是人类首要的交际工具，其他一切的交际工具只能属于辅助性的手段，包括设计精致的各种人工语言，如密码、世界语等。

语言是人类理智的产物。它一方面对人们的言语行为具有制约作用，一方面又对人们的言语行为持开放与包容的态度。正是在制约与开放的共同作用下，语言既得到了历史的传承，又实现了自我的发展。语言一旦停止发展，则意味着其自身的衰亡。

越来越多的研究表明，人类可能拥有一个共同的母体，这就意味着全球的语言也可能拥有一个共同的起源。可以这么认为，五彩缤纷的语言世界是原始共同语不断演进、分化的产物。语言的演化与扩散是一个漫长的历史过程，跟人类的种族迁徙、文明进程以及社会发展之间有着密切而复杂的关联。

语言不同于言语。言语是对语言的运用，它既指运用语言的行为，又指运用语言的产物即话语。语言是社会现象，言语是个人现象；语言是抽象的，言语是具体的；语言是有限的，言语是无限的；语言是静态的，言语是动态的。语言存在于言语之中，没有言语，就无所谓语言。不过，一切言语又必须依赖语言。语言不仅是理解言语的基础，同时又对言语有着强制性的规范作用。

思考和练习

1. 语言具有哪些自然属性和社会属性？

2. 与动物表示方式相比，人类语言具有哪些特点？

3. 语言的系统性具体体现在什么地方？

4. 语言和言语有什么不同？

第二节　现代汉语概说

一、汉语的归属

据统计，现在世界上有6000多种语言，其中许多语言正面临着消失的危机，特别是一些土著语言。随着互联网的普及、交通工具的改进、人口的播迁、民族的融合以及强势语言的横行，弱小语言的濒危状态正在不断加剧。

尽管世界上的语言同出一源，但彼此之间却有着错综复杂的亲疏远近关系，可以据此进行适当的分类。把有亲缘关系的语言归在一起，以此与其他语言相区别，这种分类叫语言的谱系分类。按照不同语言中语音、基本词汇和语法相同或相似的程度，人们依次将它们之间的亲缘关系逐层确定为语系、语族、语支。层级越低，语言的共性就越多，而亲缘关系也就越接近。迄今为止，世界上的语言可以分为九大语系，即汉藏语系、印欧语系、阿尔泰语系、闪－含语系、乌拉尔语系、伊比利亚－高加索语系、达罗毗荼语系、南岛语系（马来－波利尼西亚语系）、南亚语系等。汉语属于汉藏语系，与境内的藏语、壮语、傣语、侗语、黎语、彝语、苗语、瑶语等同为亲属语言。

另外，语言学界还根据句子和词的构造、词与词之间的关系来对世界上的语言进行分类。这种分类被称为语言的类型分类或形态分类。按照这种分类方式，一般将全球的语言分作四种类型：孤立语、黏着语、屈折语、多式综合语。孤立语立足于词根，因而又被称为词根语，其语法意义和语法关系不是借助词的内部形态变化来表达，而是通过虚词和词序来显示。汉语以及相关的亲属语言（如彝语、壮语、苗语、越南语等）都是词的形态变化比较少的语言，属于典型的孤立语。由于孤立语十分注重语法分析的作用，又常常被称为“分析性语言”。

二、汉语的历史分期

汉语历史悠久，源远流长，自古迄今经历了不同的发展阶段。汉语的历史进程叫作汉语史，包括汉语语音史、汉语语法史、汉语词汇史等三大块。汉语的历史分期必须反映汉语的真实进化状态，不能依据书面语，只能依据口语。鉴于历史上纯口语的资料无从保存，因此我们只能通过反映口语的书面语文献来窥测口语的大致面貌。

根据汉语的发展特点和演变规律，我们可以将汉语的历史分为四个阶段：其一是上古汉语，即商周秦汉时期（公元前 17 世纪至公元 3 世纪前）的汉语；其二是中古汉语，即魏晋南北朝隋唐宋时期（公元 3 世纪至公元 12 世纪）的汉语；其三是近代汉语，即元明清时期（公元 13 世纪至公元 19 世纪）的汉语；其四是现代汉语，即 20 世纪以来的汉语。

汉语在上述各个发展阶段中，语音、词汇和语法都呈现出各自的发展特点。不过，语言的发展变化需要经过长时间的语言要素的积累，整个过程是一个渐变的过程。因此，汉语史的各个时期之间不存在泾渭分明的界限，每一阶段在形成之前都经历了一个相当长的过渡时期。

三、现代汉语的基本内涵与表现形式

汉语是汉民族所使用的母语，现代汉语即现代汉民族所使用的母语。现代汉语有广义、狭义之分。广义的现代汉语包括现代汉民族共同语（普通话）、地域方言以及海外华人使用的所谓华语。狭义的现代汉语则专指现代汉民族共同语（普通话）。

口语和书面语是现代汉语的两种不同表现形式。书面语是写出来的语言，口语是说出来的语言；书面语的物质载体是文字，口语的物质载体是语音。当然，口语和书面语的差别更多地表现在风格方面：口语亲切自然，句式简短，常有省略；书面语用词讲究，结构严谨，逻辑性强。书面语是在口语的基础上形成并发展起来的，因此口语是第一性的，书面语是第二性的。另外，在语言的规范性方面，书面语也明显强于口语。

现代汉语的书面语和口语是相互影响的。一方面，书面语的成分不断进入口语，从而使口语向着规范的方向发展；另一方面，口语的成分也不断被吸收进书面语，从而使书面语不断保持活力。尽管书面语源自口语，但二者之间始终保持着一种若即若离的关系。

文学语言是民族共同语的高级形式，也是经过高度加工、符合规范化的书面语，又称作标准语。现今文学作品、影视剧作、公共媒体、科教文献、政府公文等所使用的语言一般都是文学语言。

四、现代汉民族共同语

民族共同语是一个民族全体成员通用的语言，如英语中的伦敦话、日语中的东京话和汉语中的普通话。对有的国家或民族而言，民族共同语可以不限于一种。例如，印度采用两种民族共同语，瑞士盛行四种民族共同语。

方言是民族语言的地方变体和社会变体，只通行于一个社会的有限地域内或特定群体之中。对一个统一的民族而言，民族共同语往往是不可或缺的。共同语是一种民族语言的高级形式，它比任何方言都更具表现力和影响力，往往对方言的语音、词汇、语法起着一定的导向作用。共同语一方面会制约方言、同化方言，促使方言向自身靠拢；另一方面，共同语也

会从方言中吸收一些有活力的成分，以丰富和发展自己。

在一定的政治、经济和文化条件下，方言可以升格为民族共同语。这种成为民族共同语的方言被称为基础方言。一种方言能否成为基础方言常常是多重因素共同作用的结果，但又以某种因素为主导。例如，伦敦方言凭借伦敦独特的政治与经济优势成为英语的基础方言，而意大利的多斯岗方言则依靠其文化优势奠定了在意大利语中的基础地位。

汉民族共同语的形成与发展经历了漫长的历史变迁，从先秦的“雅言”到汉魏六朝的“通语”，再到明清的“官话”、民国的“国语”，一直都是以北方方言为基础。在此过程中，政治因素、人文因素、地理因素、人口因素等相互交织，共同造就了各个历史时期的汉民族共同语。毫无疑问，历史上绵延不绝的汉民族共同语不仅有力地维护了国家和民族的统一，也为现代汉民族共同语的形成做好了充分的铺垫。

在近现代风起云涌的“白话文运动”和“国语统一运动”的基础上，中国科学院在1955年召开的现代汉语规范化学术会议上正式确定：现代汉民族共同语是以北京语音为标准音，以北方话为基础方言，以典范的现代白话文著作为语法规范的普通话。

此后，普通话在全国的地位不断得到巩固和提升。现行的《中华人民共和国宪法》第十九条规定：“国家推广全国通用的普通话。”2000年颁布的《中华人民共和国国家通用语言文字法》第三条规定：“国家推广普通话，推行规范汉字。”第二十条规定：“对外汉语教学应当教授普通话和规范汉字。”

五、现代汉语方言概况

中国幅员辽阔，地形复杂，人口众多，加上政治、经济、文化等方面发展不平衡以及人口迁移等因素，客观上促成了方言的产生。自古以来，汉语方言就是一个客观存在。根据历史渊源和现实差异，方言的区划一般可以分为五个层次：大区、小区、片、小片、点。

由中国社会科学院和澳大利亚人文科学院合作编纂的《中国语言地图集》①把汉语方言划分为十个区：官话区、晋语区、吴语区、徽语区、赣语区、湘语区、闽语区、粤语区、平话区、客家话区（详见下图）。不过，现在得到学术界公认的还是“七大方言”。

1. 北方方言。北方方言又称官话，是汉民族共同语的基础方言。北方方言的使用人数约占汉族总人口的73%，以北京话为代表。北方方言地域分布最广，内部也存在一定程度的语音差异，可以分为四个次方言区：(1) 华北和东北方言，通行于京津两市、东北三省以及河

---

① 该书于1987年由香港朗文出版社出版。学术界对其中的分区持有一些不同的看法，主要认为晋语不宜从官话区分出来，徽语、平话也难以独立成区。

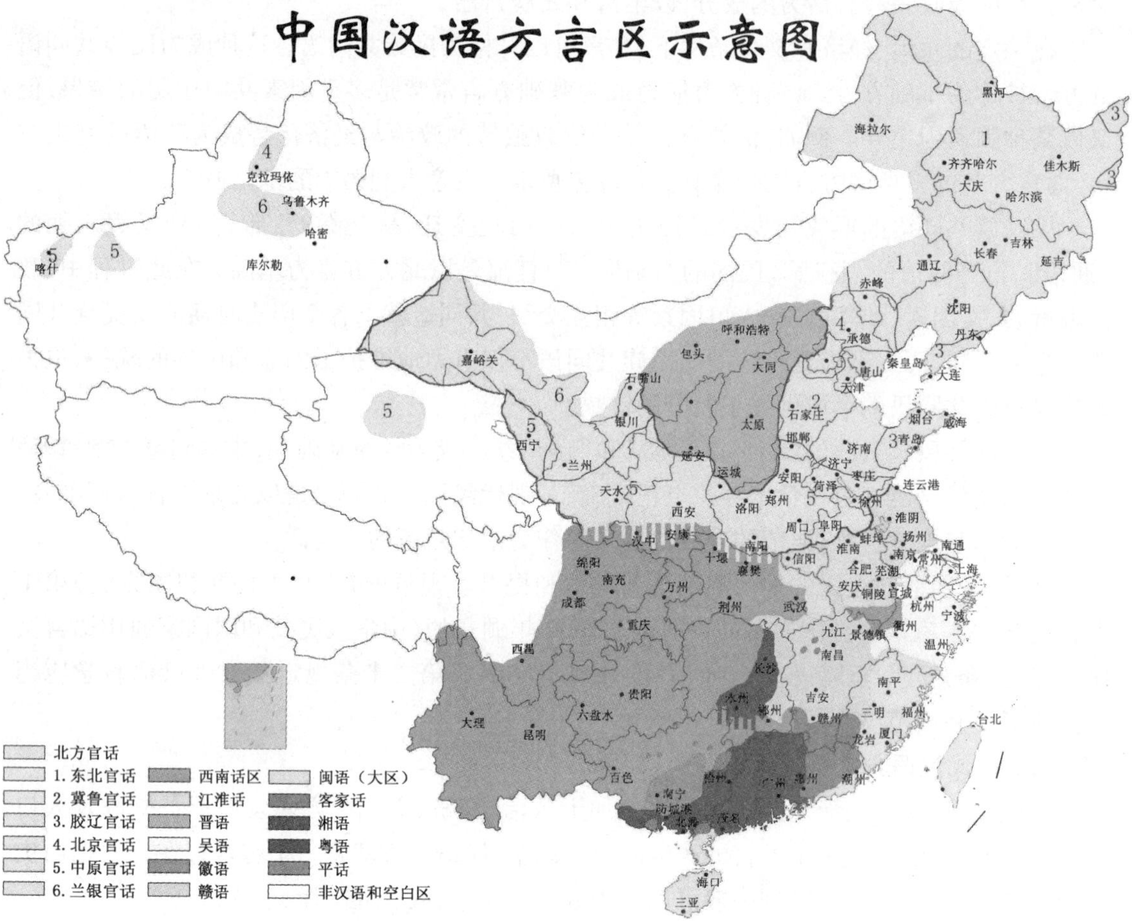

南、河北、山东等省。其中吉林、辽宁、黑龙江三省方言最接近北京话。（2）西北方言，通行于山西、陕西、甘肃、内蒙古、宁夏、青海及新疆等六省一区。（3）西南方言，通行于四川、贵州、云南三省及湖北的大部分地区。（4）江淮方言，俗称下江官话，通行于淮河以南、长江以北地区，包括安徽和江苏的沿江沿淮地区、江西的部分沿江地区。

2. 吴方言。吴方言的使用人数约占汉族总人口的7.2%，过去以苏州话为代表，现在则以上海话为代表。吴方言主要通行于江苏的长江以南、镇江以东地区，上海及浙江的大部分地区，可分五个次方言区：（1）以苏州话为代表的太湖次方言，包括常州、无锡、苏州、杭州、宁波等地区；（2）以临海话为代表的台州方言；（3）以温州话为代表的东瓯方言；（4）以金华话为代表的婺州方言;(5) 以丽水话为代表的丽衢方言。

3. 湘方言。湘方言的使用人数约占汉族总人口的3.2%,以长沙话为代表,分布在湖南省的大部分地区,又称湖南话。从内部语音差异上看,湘方言又有“新”“老”湘语之别。老湘语流行于湖南中部的双峰、宁乡、衡阳等地,新湘语流行于长沙、常德、株洲等大中城市。

4. 赣方言。赣方言的使用人数约占汉族总人口的3.3%,以南昌话为代表,又称赣语或江西话,通行于江西省的大部分地区。因历史上北方汉人多次途经江西中转南迁,加之地理上与江淮方言、湘方言、客家方言区接壤,赣方言一直深受其他方言的侵蚀,由此导致了其自身特点的淡化。

5. 粤方言。粤方言的使用人数约占汉族总人口的4%,以广州话为代表,主要通行于珠江三角洲地区,包括广东的中部和西南部、广西的东部和南部、香港和澳门特别行政区。粤方言被当地人称为“广府话”或“白话”。另外,东南亚、南北美洲等地华侨和华裔多源自粤方言区。因此,粤方言在国外华人社区(如“唐人街”)中颇为流行。

6. 闽方言。闽方言的使用人数约占汉族总人口的5.7%。闽方言以福州话为代表,分布于福建省的大部分地区、广东的潮汕地区和雷州半岛、海南的大部分地区及台湾的汉族居住区。闽方言内部复杂,分歧巨大,闽南闽北之间甚至不能通话。闽方言分为5个次方言区:(1) 以福州话为代表的闽东方言;(2) 以厦门话为代表的闽南方言;(3) 以建瓯话为代表的闽北方言;(4) 以永安话为代表的闽中方言;(5) 以莆田话为代表的莆仙方言。东南亚各国的华侨和华裔中也有不少来自闽方言区。

7. 客家方言。客家方言的使用人数约占汉族总人口的3.6%。客家方言以广东梅州话为代表,通行于广东、福建、广西、江西、湖南、四川、台湾等客家人居住区。自东晋开始,中原汉人为避战乱,曾经经过五次大规模的南迁,客居南方的山林之中,与土著极少往来。因此,客家方言虽然处在其他方言的包围之中,但仍保留了内部的一致性。在东南亚各国的华侨华裔中,客家方言也是一种较为通行的交际用语。

方言之间的差异是全方位的,但表现出的程度不一。一般来说,方言的语音差异最大,词汇差异次之,语法差异最小。汉语方言尤其是南北方言之间的差异惊人,甚至超出了欧洲部分国家不同语言之间的差异。正因如此,汉语的方言之间大多不能互相通话。即使是本方言内部,不能通话的情况也十分普遍。

另外,方言与普通话的差距也不尽相同,其差距幅度与空间距离大致成正比,即离北方方言的核心区域越远的方言与普通话的差距也就越大。因此,闽、粤方言与普通话的差距最大，吴方言的情况次之，湘、赣、客家方言则较为接近普通话。

方言是历史的产物，它保留了大量的历史与文化信息，具有语言化石的价值。方言又是地域文化的主要载体，在族群认同、文化传承、情感维系等方面具有非凡的意义和作用。在社会统一、交通发达、文化交融日益频繁的今天，随着教育水平的提高和普通话推广力度的增强，各方言的固有特质不断消融，各方言之间的差异也日趋缩小，方言正迅速向普通话靠拢。面对此境况，全社会必须确立一种共同的意识：普通话与方言是一种共存共荣的关系，推广普通话不是为了消灭方言，各地应该给方言保留足够的生存和发展的空间。

六、现代汉语的特点

“特点因比较而显，没有比较就没有特点。”[①]现代汉语的特点只有在比较的视野下才能得以显现，一般可以从共时和历时两个视角加以展示。

（一）同现代印欧语相比所显示的特点

汉语同印欧语隶属不同的语言类型。汉语所具有委婉含蓄的表达特点并不妨碍其成为一种极富表现力的语言。与典型的印欧语相比，汉语在语音、词汇和语法等方面都表现出了自身的特性。

1. 语音方面

A. 所有的音节都有声调，无重音与次重音的区别。

B. 音节中元音占优势，无复辅音现象。

C. 音节构造简单而有规律，同音现象较为普遍。

2. 词汇方面

A. 语素以单音节为主，词以双音节为主。

B. 广泛运用词根复合法构成新词，词的构造形式多种多样。

C. 拥有丰富而独特的量词和语气词。

3. 语法方面

A. 词缺乏形态变化，在任何场合均保持同一种形式。

B. 词类与句子成分之间基本不存在对应关系。

C. 从词到句子各级语言组织的语法构造大致雷同。

D. 以词序和虚词作为最主要的语法手段。

---

① 朱德熙. 语法答问. 北京：商务印书馆，1985：2.

（二）同古代汉语比较所显示的特点

古代汉语是现代汉语的前身，现代汉语是古代汉语的延续与发展。在保留部分旧质的同时，现代汉语也孕育出了更多的新质。这些新质表现在语音、词汇、语法各个层面，从而形成了现代汉语的诸多特点。

1. 语音方面

A. 声母数量减少，全浊声母系统瓦解。

B. 平声分化为阴平和阳平，入声消失。

C. 韵母系统简化，[m]尾韵彻底消失。

2. 词汇方面

A. 双音节词占据主流，多音节词的比重也大为增加。

B. 词义的范围出现调整，词义的色彩发生变化。

C. 新词新语大量涌现，外来词和字母词呈现出扩张之势。

3. 语法方面

A. 实词虚化加剧，虚词系统逐渐完备，词缀和类词缀不断生成。

B. 词类界限日趋分明，词类活用大为减少。

C. 句子的连带成分增多，结构趋于复杂，表意趋于严密。

D. 一些特定的文言句式消失，大量的欧化句式进入书面语。

七、现代汉语的地位

汉语与汉民族相伴而生，对中华民族的形成、中国文化的传播发挥过巨大的作用。我国是一个多民族的国家，除了汉族外，还有 55 个少数民族。这些民族在使用本族语言的同时，也在学习并且使用汉语。由于历史的原因，一些民族如满族、壮族、回族早已开始以汉语作为第一语言。因此，汉语不仅是汉民族的交际语，也是跨民族的交际语，堪称真正的“国语”。据统计，中国使用汉语的人口占全国的 97%。

汉语自古就是具有世界影响的语言，在东方文化史上居于极其重要的地位，对东亚、东南亚邻邦的语言和文化产生过巨大的辐射作用。汉语和汉字曾随着古代中国高度发达的科学文化一起传播到日本、朝鲜、越南等国家。这些国家的古代历史文献大多是用汉字记载下来的。直到现在，汉语词汇还在这些国家的语言里占有较高的比重，其中的相当一部分甚至已经融入了这些语言的基本词汇之中。新中国成立以后，随着中国国际地位的日益提高，汉语的国际影响也与日俱增。1973 年 12 月 8 日，联合国大会第二十八届会议把汉语列为联合国的六种法定工作语言之一（其他 5 种分别是英语、法语、俄语、西班牙语和阿拉伯语)。汉语不仅是代表中国国际形象的语言,也是世界上使用人口最多(约20亿)的强势语言。

思考和练习

1. 请略述你对现代汉语内涵的理解。
2. 现代汉语的口语和书面语有何不同?
3. 你了解汉语的哪种方言?这种方言和普通话相比,存在哪些差异?
4. 普通话和方言之间应该建立起一种怎样的关系?
5. 汉语与你的母语或你熟悉的外语相比,具有哪些特点?

第三节　汉语国际教育概况

自20世纪80年代实行改革开放以来,中国与世界各国在政治、经济、文化等方面的交流不断扩大,汉语的国际影响也越来越大,受到了国际社会的广泛重视。各国要求学习汉语的人越来越多,并形成了一浪高过一浪的汉语学习热潮,汉语国际教育由此应运而生。

一、汉语国际教育的内涵

汉语国际教育是指面向海外母语非汉语者的汉语教学。就其实质而言,汉语国际教育是一种以汉语教学为核心的人才培养活动。

首先,汉语国际教育是一种语言教学。教学目的就是为了使外国学生能用汉语进行听、说、读、写,能用汉语进行日常的交际活动;教学内容侧重于汉语的语言要素、语用规则以及相关的言语技能和文化知识;教学原则是兼顾学生语言基础知识的掌握和交际基本技能的改善。

其次,汉语国际教育是一种第二语言的教学。它不仅要着力提高学习者的汉语水平和汉语交际能力,还要充分考虑第一语言的正迁移作用以及负迁移影响,还有必要对不同的文化背景知识加以介绍和传授,增加学生对不同语言文化的认同感,以消除汉语学习中的文化障碍。

二、汉语国际教育的任务

汉语国际教育的基本任务就是让一个外籍的汉语求学者能在最短的时间内高效地学习好并且掌握好汉语。因此,汉语的本体教学是汉语国际教育的重中之重,其覆盖的具体任务如下:

一是汉语语音和语音教学，包括现代汉语的语音系统和语音变化、《汉语拼音方案》与正词法、语音习得偏误的分析与纠正等。

二是汉语词汇和词汇教学，包括现代汉语的词形结构、词义系统、词汇构成、词汇习得偏误的分析与纠正等。

三是汉语语法和语法教学，包括现代汉语的语法特点、语法系统、语法单位、语法习得偏误的分析与纠正等。

四是汉字和汉字教学，包括现代汉字的基本属性和基本特征、汉字的基本构造、汉字的书写规则、汉字习得偏误的分析与纠正等。

五是汉语修辞和修辞教学，包括现代汉语的修辞原则、修辞要求、修辞手段、修辞偏误的分析与纠正等。

除此而外，汉语国际教育还应关注汉语本体的发展规律，关注对外汉语教学活动的主体，关注汉语的习得和认知规律，关注对外汉语教学的基础理论和基本方法。

三、汉语国际教育的形势

从 1950 年清华大学成立东欧交换生中国语文专修班到 1964 年北京语言学院诞生，从 1983 年正式提出“对外汉语教学”的学科名称到 2012 年更名为“汉语国际教育”，汉语国际教育历尽艰辛和坎坷，终于迎来了发展的春天。2010 年，教育部又顺应形势，批准增设了汉语国际教育硕士专业。

进入 21 世纪，汉语国际教育开启了本土化教学的进程。截至 2013 年年底，我国已在 120 个国家和地区建立了 440 所孔子学院和 646 个中小学孔子课堂。在孔子学院和孔子课堂的带动和影响下，全球“汉语热”持续升温。2012 年，英国、瑞典、爱尔兰、塞尔维亚等 7 个国家通过颁布政令等形式，将汉语教学纳入国民教育体系。至此，将汉语教学纳入国民教育体系的国家已经增加到了 40 多个。另外，世界上还有一百多个国家的近 4000 所高校开设了层次不一的汉语课程。上述状况表明，汉语国际教育已经成功地实现了转型，由国内走向了世界各地。

在推广汉语教学的同时，汉语水平考试（HSK）也获得了蓬勃发展。HSK 是中国的国家级考试之一，最初由北京语言大学汉语水平考试中心设计研制，包括基础汉语水平考试〔简写为 HSK（基础）〕，初、中等汉语水平考试〔简写为 HSK（初、中等）〕和高等汉语水平考试〔简写为 HSK（高等）〕。HSK 每年定期在中国国内和海外举办，凡考试成绩达到规定标准者，即可获得相应等级的《汉语水平证书》。1990 年，HSK 正式在国内开考。1991 年，HSK 首次在海外布点开考，当时参考者仅有几千人。经过二十多年的发展，HSK 在规模和质量方面都有了突飞猛进的发展。特别是2005年往后，HSK步入了快速发展的轨道，参考人数已经从2005年的3万人次猛增到2009年的48万人次。

自2009年，HSK考试出现了重大变化，由国家“汉办”（孔子学院总部）研发的新HSK开始推广。新HSK是一项国际汉语能力标准化考试，重点考查汉语非第一语言的考生在生活、学习和工作中运用汉语进行交际的能力。新HSK分为一级、二级、三级、四级、五级和六级。目前，海外考试已完全采用新HSK模式。

近几年，海外HSK考点的数量增加更快，布局也更加合理。截至2013年，HSK已在国内的27个城市设立了40个考点，在亚洲、欧洲、美洲和大洋洲的24个国家设立了55个考点。另外，HSK举办的场次也由原先的一年一次改为现在的每年两次。

思考和练习

1. 谈谈你对汉语国际教育的理解。
2. 汉语国际教育的中心任务是什么？
3. 谈谈你对当前汉语国际教育形势的认识。
4. 试按不同等级对近几年的HSK试卷进行一次质量分析。

第二章　语　音

第一节　语音概说

一、语音的内涵

人们说话听话，靠的是有声语言。能够被人们直接感知的是语言的语音。可以说，语音是语言的物质外壳，它是人的发音器官发出来的具有一定意义的声音。

人的发音器官可以发出各种声音，但并不是由人的发音器官发出的声音都是语音。如果它不包含什么意义，就不是语音，例如咳嗽、打呼噜、打喷嚏等。

也许有人会认为咳嗽、打喷嚏等也有意义。比如，咳嗽可能表示人生病了，打喷嚏可能表示人受风寒了。不过，仅凭这一点，我们并不能将咳嗽声、喷嚏声说成是语音。第一，人的发音器官虽然可以发出多种多样的声音，但只有能够进入某种语音系统的声音才是语音。像咳嗽声、喷嚏声、口哨声等在汉语的语音系统中并不存在，显然不属于汉语语音。第二，声音跟意义之间的联系中间要经过"社会化"的过程。只有全体说某种语言的人把特定声音跟特定意义联系起来，这样的声音才是语音。而"生病了"、"受风寒了"并不是咳嗽声、喷嚏声所表示的特定意义。

二、语音的性质

语音具有三方面的性质：物理属性、生理属性、社会属性。

（一）物理属性

各种声音的产生都是物体振动的结果。物体振动使空气产生声波，声波传播到人的耳中，振动鼓膜，人就能听到各种声音。声音是由音高、音强、音长和音色四个基本要素决定的。

1. 音高

音高是声音的高低，决定于一定时间里发音体振动的次数。振动次数多，频率就高，发出的声音就高；振动次数少，频率就低，发出的声音就低。

振动频率的高低是由物体的大小、长短、松紧等决定的。在同一时段里，大的、长的、松的东西振动得慢，小的、短的、紧的东西振动得快。

人类发出的声音主要是由声带的振动形成的，个别情况下也可以由口腔的其他器官振动形成。因此，人类发音的高低主要取决于声带振动的节奏和次数。一般来说，男人的声带比女人的声带长而厚，成人的声带比儿童的声带长而厚，所以男人要比女人音高低，成人要比儿童音高低。正因为儿童的声带又薄又短，所以儿童可以发出很高的童声。青春期之后，男孩子的声带会变长变厚，造成音高走低，随之会经历一个“变声期”，于是声音就会变得低沉、浑厚。女孩子一般没有明显的“变声期”。如果女孩子身材过高，体型过大，声带也会随着身体发育而加长加厚，声音也会男性化。

同一个人发音也会有高有低。人们只要在发音时有意把声带拉紧或放松，就可以发出高低不同的声音了。

音高在不同的语言中有不同的表现。在汉语中，音高变化主要表现为不同的声调。不论方言或普通话，声调的不同首先起因于音高的变化。这种音高变化，是一种“相对音高”变化，而非“绝对音高”变化。在像英语那样没有声调的语言中，音高的变化主要表现为句调的变化：升调的句子，音高逐渐变高；降调的句子，音高逐渐变低。

2. 音强

音强是声音的强弱，也叫音势或音量。发音体发声时，声波振动的幅度有大有小。声波振幅大，声音就强，声音听起来就响亮；声波的振幅小，声音就弱，声音听起来就轻微。同一个发音体，发音时所受的动力不同，音强也就有异。同样是击鼓，击打得重，产生的声波振幅大，声音就响；击打得轻，产生的声波振幅小，声音就轻。

人在发音时，用力大，呼出的气流冲击发音器官的力量强，形成的声波振幅大，声音就强；用力小，呼出的气流冲击发音器官的力量弱，形成的声波振幅小，声音就轻。

音强在不同的语言中也有不同的表现。在汉语中，音强主要表现为“轻声”。例如，“孙子”读 sūnzi 时，轻声音节 zi 中的元音 -i 发生了弱化，呼出的气流也就随之变弱。在英语中，音强主要表现为音节轻读与重读的差异。例如，table[ˈteibl]的前一个音节重读，后一个音节轻读。

3. 音长

音长是声音的长短，它决定于发音体振动声波持续时间的长短。发音持续的时间长，声音就长，反之声音就短。在语音中，元音可以延长发音。辅音多数不能延长发音，但鼻音和擦音的本音则可以延长。因此，元音的音长要比辅音长，鼻辅音和擦音的音长要比其他辅音长。

音长在不同语言中的表现也各不相同。在汉语中，音长主要表现为声调的音长差异。例如，上声的音长最长。所以上声在语流中往往要发生变调，以缩短音长。另外，方言中的入声字在所有的声调中音长最短。在英语中，音长主要表现为长短元音的区别。例如，beat[biːt]跟 bit[bit]的差异就在于元音的长短不同。

4. 音色

音色是声音所体现出来的特色，也叫音质。音色的不同表现为声波振动的形式不同，它取决于三个方面：发音体不同，发音方式不同，共鸣形式不同。

长笛、喇叭和小提琴的内部构造完全不同，发音方法基本不同，共鸣器的形状也很不相同，因此音色大不一样。同样是演奏小提琴，既可以用弓拉弦，也可以用手指拨弦。虽然共鸣器没有变化，但由于发音方法不同，发出的声波形式也就大不相同。人们据此完全可以分辨出小提琴演奏中不同的音色。

由于人们的发音器官、口腔、鼻腔的形状不同，声带的长短厚薄也不一样，所以每个人都具有特定的音色。正因如此，我们可以凭借声音来辨别不同的人。当然，同一个人在不同的场合发同一个音时，也可以因发音环境的改变而选择不同的发音方式，从而导致音色的改变。

与音高、音强、音长不同的是，音色在任何语言的语音中都是决定性的要素。各种语言中数量不一的元音、辅音都是由音色的差异造就的。

（二）生理属性

语音的生理属性是从人作为生物体的角度分析出来的。人类的发音器官可分为三个部分：呼吸器官、发声器官、共鸣器官。

呼吸器官包括肺和气管。肺的呼吸作用所形成的气流是发声的动力，气流量的大小决定声音的强弱。喉头中的声带是发声器官。共鸣器官包括口腔和鼻腔。

声带位于喉头里面，是两条有韧性的肌肉带子。它的一端连结着甲状软骨，另一端和两块杓状软骨相连结。声带的中间是声门，可以打开或闭合。当人们呼吸和发出嗓音时，声门打开，气流可以自由地通过；发乐音和说话时，声门闭合，两条声带靠近，中间留有一条窄缝，气流必须从声门的窄缝里挤出，使声带受到振动并发出响亮的声音。

声带活动示意图

气流振动声带所形成的声波会在口腔里受到发音器官的各种活动的调节，并在口腔、鼻腔里产生各种共鸣，最终发出各种不同的声音。

口腔部分的上下唇、舌头、软腭都可灵活频繁地进行活动。上下齿、硬腭虽不能活动，但由于舌头可以和它们接触或接近，这样也能形成不同的共鸣空间，进而产生许多不同的声音。气流在口腔活动产生共鸣而发出的声音称为“口音”。

鼻腔是一个固定的共鸣腔。气流从鼻腔通过、以鼻腔为共鸣器发出的声音称为“鼻音”。

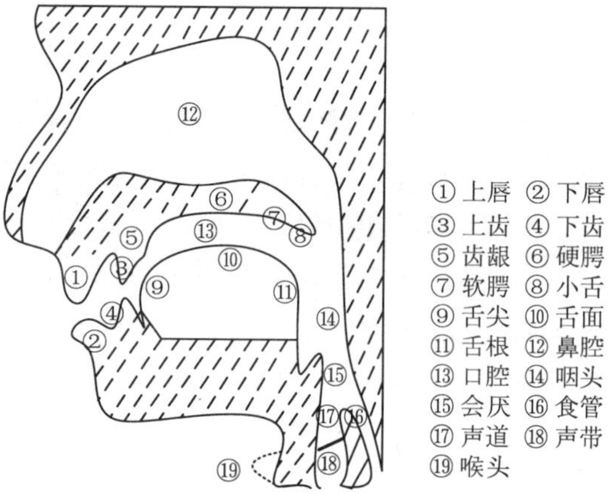

发音器官示意图

（三）社会属性

语音是一种社会现象。语音不同于其他声音，它是语义的载体。语音的表义功能是社会赋予的。语音的社会性主要表现为两个方面：系统性和约定俗成性。

语音的系统性集中体现为以下两点：(1) 不同的语言有各自不同的语音系统；(2) 不同的语言有不同的语音组合规律。语音的这种性质也称为语音的地方特征或民族特征。

比如，现代汉语的语音系统跟英语的语音系统就不同。现代汉语中有的音英语中不一定有，英语中有的音现代汉语中也不一定有。例如，普通话有 zh[tʂ]、ch[tʂ’]、sh[ʂ]、r[ʐ]，而英语没有；英语有[tʃ]、[tʃʻ]、[ʃ]、[ʒ]，而普通话没有。又如，英语的辅音有清浊的对立，而普通话则没有；普通话的辅音有送气不送气的对立，而英语则没有。同样，不同方言也有各自的语音系统。如汉语方言中，有的方言有浊辅音[b]、[d]、[g]，有的方言有辅音韵尾[m]。

在语音的组合方面，不同语言（方言）也有不同的特点。如英语中普遍存在类似 pl、sp、spl 这样的复辅音现象，而普通话中则没有这样的辅音组合。

语音的约定俗成性也有充分的体现。一方面，什么语音形式表示什么样的意义，在不同的语言中是不同的；另一方面，相同的意义在不同的语言中往往采用不同的语音形式。例如，同样表示“由两个氢原子和一个氧原子结合而成的液体”，汉语用 shuǐ（水），英语用 water [ˈwɔːtə]来表示。同一个发音[miː]，在英语中可能是 me，在汉语中则可能是 mí（迷）。必须指出，什么样的语音表达什么样的意义，这完全是由说这种语言的全体人民共同约定的，根本不是哪个人能独自操控的。

三、语音的单位

要对语音进行分析和描写，首先需要明确语音的各级单位。按照从小到大的顺序，语音单位可分成音素、音节两级基本单位。

（一）音素

音素是从音质的角度划分出来的最小的线性的语音单位。普通话语音系统共有 32 个基本音素①，可以分成元音和辅音两大类。

1. 元音

元音也称母音，是气流通过声门时振动声带而发出的响亮、清晰的声音。

发元音时，气流在口腔里不受到发音器官的任何阻碍，但要受到口腔的调节，所以呼出的气流比较弱。普通话语音的 32 个基本音素中有 10 个元音音素，即 a、o、e、i、u、ü、er[ɚ]、-i[ɿ]、-i[ʅ]、ê[ɛ]。

2. 辅音

辅音也称子音。多数辅音在发音时，气流并不振动声带，声音不响亮；少数辅音在发音时，气流振动声带，声音比较响亮。发辅音时，不管是否振动声带，气流在口腔里都要受到发音器官的各种阻碍，必须冲破阻碍才能发出声音。所以，辅音呼出的气流要比元音强。普通话语音的 32 个基本音素中有 22 个辅音音素，即 p、pʻ、m、f、ts、tsʻ、s、t、tʻ、n、l、tʂ、tʂʻ、ʂ、ʐ、tɕ、tɕʻ、ɕ、k、kʻ、x、ŋ。

---

① 严格地说，这 32 个音素是音位音素。如果算上各种变体，普通话音素的实际数量要远超出此数。

3. 元音跟辅音的区别

第一，音响方面的区别。元音发音时声带振动，发音比较响亮；多数辅音发音时声带不振动，发音不太响亮。鉴于音节主要根据人们的听觉来判断，所以响亮的元音一般都可以自成音节，而不太响亮的辅音则基本不能自成音节。在英语中，某些发音比较响亮的辅音也可以自成音节，如 apple[ˈæpl]中的[pl]、listen[ˈlisn]中的[sn]，包括单独的 mm[m]。比较响亮的辅音一般是鼻音或边音，这些辅音除了声带振动以外，音长往往可以延长。不能延长的浊辅音如[b][d][g]等，一般不能单独构成音节。

第二，气流方面的区别。元音发音时，气流不受阻碍；辅音发音时，气流都受到或多或少的阻碍。发元音时呼出的气流畅通无阻，因而较弱；发辅音时呼出的气流必须冲破阻碍才能通过，因而较强。

第三，肌肉紧张度方面的区别。发元音的时候，发音器官的各个部分保持均衡紧张；发辅音的时候，形成阻碍的部位会感到特别紧张。

音素	音响	气流	紧张度
元音	响亮	不受阻碍	均衡紧张
辅音	不太响亮	受到阻碍	部分紧张

综上，发音时气流是否受阻，是元音和辅音之间最主要的区别。

（二）音节

音节是语音中的基本结构单位，是人们听感上最容易分辨出来的最小语音片段。音节具有如下一些特点：

首先，从听觉方面说，音节是听觉器官自然感觉到的最小语音片段。自然语言中的一句话在听觉上可以分出多少个语音片段，就有多少个音节。如"国家推广普通话"，我们自然能够听到的语音片段有 7 个，它就包含了 7 个音节。而"My name is John"，我们自然感觉到的语音片段是 4 个，就有 4 个音节。

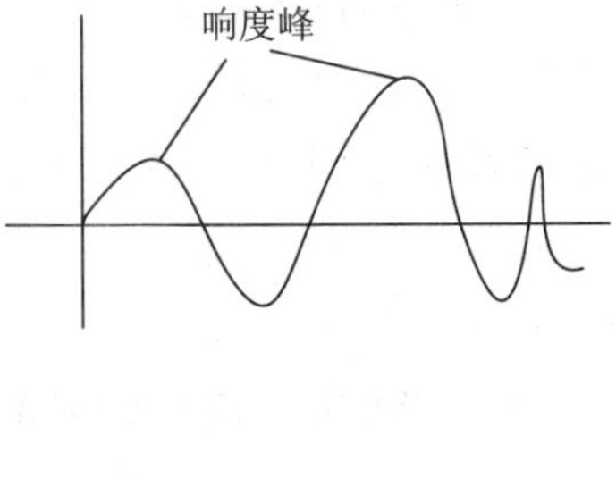

其次，从响度峰方面说，一个音节只有一个响度峰。由于听觉带有不确定性，人们有时会感到难以把握，不好判断。比如，table 这个词，有人觉得只有 1 个音节，有人则觉得有 2 个音节，还有人会感到 3 个甚至 4 个音节。从实验语音学的角度分析，响度峰表现为波形图上每个振动周期内的最高点,而最低点则是波谷。在波形图中,最高振幅处代表的响度最大。一个音节的响度是从弱处开始的,达到最大值后,逐步减小;接下来的音节也是先由弱到强,再由强转弱。不管一个音节的响度如何,波峰至波谷之间总是有一定距离的。差距越大,说明音节越响亮;反之则越微弱。同时,一个音节不允许有两个或多个响度峰。例如,[ai](爱)跟[a'i](阿姨)的声波形式是不同的:“爱”只有一个响度峰,而“阿姨”有两个响度峰。

第三,从发音方面说,发一个音节时,口腔肌肉要紧张一次。音节连读时,肌肉就连续紧张。

在汉语中,一个音节一般用一个汉字记录。像“努力学习好现代汉语”这一连串的语音,我们可以清楚地听到9个音节,把它们书写下来就是9个汉字。普通话里也有用两个汉字表示一个音节的特殊情况,这就是“儿化韵”音节。如“玩儿”写下来是两个汉字,但读起来却是一个音节“wánr”。

普通话的音节有400个左右,其中常用音节仅占三分之一不到。由于同一个音节常常用来表示不同的汉字,于是汉语中就有了大量的同音字。

(三)音位

音素是经过分析而得出的最小的语音单位。从理论上讲,人的发音器官可以发出许多不同的语音。比如,发音时嘴巴开口度大一点或小一点,舌位靠前一点或靠后一点,发出的音都会有所不同。事实上,人们并不需要详细区别这些有细微差别的音素。一是人们的耳朵的辨音能力没有那么强大,二是特定的语音系统压缩了需要人们分辨的语音数量。

在一个语言系统中,并不是每个音素都具有区别意义的作用的。有时候,一个音节里的某个音素改变了,尽管听上去有些别扭,但并不改变这个音节的意义。而音位则是一种语言的语音系统中能够区别意义的音素,或者说是能够区别意义的最小语音类型。

要找出区别意义的音素,最简单的办法就是对比。可以把同一种语言中的几个意义不同、语音相近的词拿来对比,看看是哪些因素造成了意义的不同。例如:

bāo(包)——pāo(抛),dào(到)——tào(套),gǎo(搞)——kǎo(考)。

以上三组音节都有着相同的韵母ao,而每一组的两个音节又具有同样的声调:阴平、去声和上声,它们所表示的不同意义是由不同的声母b–p、d–t、g–k造成的,这说明b、p、d、t、g、k在汉语中是6个不同的音位。这6个不同的音位的区别在哪里呢?通过仔细分析就可以发现,每组中的前后两个音呼出的气流有强弱的区别,即所谓的不送气与送气,这种现象被称为“对立”。但是,这种“送气—不送气”的对立,在别的语言中就不一定存在。比如,英语中的speak,读成[spi:k]或[sp‘i:k]就没有意义上的区别,只是让母语是英语的人听起来感到别扭而已。不过,送气的[p‘]跟不送气的[p]不管在汉语中还是在英语中,发音的差异还是很明显的,人们通常都会将它们看成两个音素。

[p] [p‘]这两个音素在汉语中被看成是两个音位,而在英语中则被看成是一个音位。这种把不同音素整理成音位的过程叫归纳音位。把音素整理成音位的好处是显而易见的。首先,可以使混杂无序的各种音素变得有条理、有系统。由于说一种语言的人成千上万,每个人发音的时候又有不同的特点,再加上语气和情感等音素的影响,人们的实际发音往往千差万别。将千差万别的口音都拿来学习或研究,这显然是不可能的。有了音位以后,人们就可以驭繁就简,使语音习得变得简单易行。其次,归纳音位之后,人们还能比较容易地发现一种语言的语音规律和语音特点。比如,在对[p]、[p‘]两个音素进行音位归纳的过程中,人们发现了"送气—不送气"特征在汉语和英语中的异样表现。

总之,归纳音位是人们学习和研究一种语言(方言)语音的前提和基础。人们今天无论是学习汉语语音、英语语音还是日语语音,依据的都是经过整理后的音位系统。因此,调查一种语言或方言的语音,首要工作也是对其音位系统进行恰当的整理。

四、语音的标记

(一)汉语语音的记音方法

记音就是将人们的口头音记录下来。以前没有录音等设备,要把语音记录下来,就要将声音符号转变成书写符号。记音,可以记录音素,也可以记录音位、音节,甚至句子。从这个角度讲,有些文字本身就是一种记音符号。像英文、俄文、日文那样的符号,其记音功能非常明显。现代化的各种录音设备尽管功能先进,但它们只能将声音保存下来,并不能取代传统的记音手段。因此,我们仍需要将声音符号转变成书写符号,这样才便于学习研究,便于储存交流。

汉字不像英文、俄文那样具有直接的表音功能,因此必须辅以一定的记音手段。从古到今,汉语语音大致经历了以下几种记音手段。

1. 直音法

直音法就是用一个汉字直接记录另一个汉字读音的方法,如"根,音跟"。这种方法的好处是直接明了,但缺点也显而易见。首先,如果人们不知道注音字的读音,就无法知道被注字的读音。而要做到注音字比被注字更为常见、更为简单,其实并不容易。其次,要找到两个读音完全一样的字有时候也很困难。如要给"欸"注音,可选择的字就很少,而要找到简单的字就更难了。为了解决这个问题,古人还想到了一种"读若"法,就是用读音近似的字来给字注音,如"芨,读若急"。再一种方法就是直音加注声调的方法,如"退,推去声"。这样虽避免了生僻字,但要改变声调才能读出应读的音,同样不够灵便。

2. 反切法

反切开始于东汉,这是一种用两个字的读音拼合出另一个字的读音的方法,即采用前一个字(反切上字)的声母,采用后一个字(反切下字)的韵母和声调。例如,"中"的反切是"陟弓切"。这一过程可以用现在的汉语拼音表示如下:

zhì gōng
中 = 陟 弓
Zhōng zh + ōng

这种注音方法的最大好处是可以用少数汉字来为多数汉字注音,所以沿用了相当长的历史时期。直到今天,《辞源》、《汉语大字典》等工具书中还可以看到反切注音法。不过,反切也还有一定的缺点:一是反切上字和反切下字都需要去掉该字的一部分读音;二是反切上字和反切下字中如果有一个字不能识读,那么它就起不了注音的作用,如"中"的反切上字"陟"(zhì)就不是一个常用字,可能有不少人不熟悉它的读音,这样"中"的读音就拼不出来了;三是反切没有统一的用字标准,造成了反切用字数量过多;四是原来的反切上字和反切下字的读音会发生变化,这样拼读出来的音就不是被注字的音了,如"绛,古巷切"。

尽管人们后来不断地对反切进行各种改良,但是始终没有达到理想的境地。1918 年,北洋政府教育部正式公布了国语注音字母,反切法遭到淘汰。

3. 注音字母

注音字母是由北洋政府制订公布的一种汉语语音记音法,其先进性表现在:(1) 采用特定的有限的符号来表示声母、韵母和声调,改变了过去用汉字标音的方法;(2) 既可用于识字,还可用于推广当时的"国语",作用巨大;(3) 为《汉语拼音方案》的制订打下了良好的基础。不可否认的是,注音字母本身也有致命的缺点:首先是它不是音素字母,一个符号可以包括两个音素,如用ㄞ、ㄟ、ㄠ、ㄡ表示复韵母 ai、ei、ao、ou,用ㄢ、ㄣ、ㄤ、ㄥ表示鼻韵母 an、en、ang、eng,无法显示韵母的韵腹和韵尾,既不科学,又不经济;其次,每个符号采用的仍是汉字笔画或偏旁,书写既不方便,又不美观。于是在施行了几十年后,注音字母最终被拼音字母所取代。

4. 拼音字母

为了准确记录北京语音,在全国范围内推广普通话,中国文字改革委员会于 1956 年制订了一套《汉语拼音方案草案》。《汉语拼音方案草案》几经修正,于 1958 年 2 月 11 日经第一届全国人民代表大会第五次会议正式通过。自公布以来,《汉语拼音方案》在文化教育领域发挥了巨大而积极的作用,不仅是学习普通话的正音工具,也是当今电脑信息输入的重要符号之一。

《汉语拼音方案》分为五个部分：字母表、声母表、韵母表、声调符号和隔音符号。它采用了国际通用的26个拉丁字母，其中声母表、韵母表和声调符号基本上保留了注音字母的读音。为了便于称呼并与国际通行符号接轨，《汉语拼音方案》增加了字母表（按国际使用的拉丁字母顺序排列），并结合国际上使用的拉丁字母名称以及汉语的特点确定了字母的具体读音：凡元音字母均保留注音字母的读音，如 a、o、e、i、u；凡辅音字母多数在字母前或后加上元音 ê（ㄝ）[ɛ]，如 f、l、m、s 是前加 ê，b、d、g 是后加 ê；w 和 y 两个字母不充当辅音或元音，w 呼读时为 ua，y 呼读为 ia。

（二）国际音标

国际音标是国际语音学会于1888年制定公布的一套记音符号，旨在用于记录世界上所有自然语言的全部音素。它表音极其周全细致，充分体现了“一个符号只表示一个音素，一个音素只用一个符号表示”的原则。经过不断修订补充，这套音标已为各国语音学界所公认，成为全球通用的记音利器。我国语言学界在研究汉语方言及少数民族语言时也都使用这套国际音标。

国际音标大部分采用拉丁字母小写的印刷体，如[a]、[b]、[c]、[i]。另外，该音标还使用了一些补充手段：如小写印刷体的倒写形式[ə]、[ɔ]、[ɒ]、[ɐ]，小写印刷体的合写形式[æ]，小写尺寸的大写印刷体形式[ᴀ]、[ᴇ]，以及草体的[ɑ]、[ɛ]等。国际音标也适当借用了其他语种的一些字母，如希腊字母[θ]；还有一些字母如[ʔ]则是出于新造。除了基本音标符号，国际音标还设置了一些附加符号，如鼻化元音符号“～”、送气符号“‘”、长元音符号“:”。国际音标一般要放置在[ ]或/ /之中。

附：

汉语拼音方案

一 字母表

字母： 名称：	Aa ㄚ	Bb ㄅㄝ	Cc ㄘㄝ	Dd ㄉㄝ	Ee ㄜ	Ff ㄝㄈ	Gg ㄍㄝ
	Hh ㄏㄚ	Ii ㄧ	Jj ㄐㄧㄝ	Kk ㄎㄝ	Ll ㄝㄌ	Mm ㄝㄇ	Nn ㄋㄝ
	Oo ㄛ	Pp ㄆㄝ	Qq ㄑㄧㄡ	Rr ㄚㄦ	Ss ㄝㄙ	Tt ㄊㄝ	
	Uu ㄨ	Vv ㄪㄝ	Ww ㄨㄚ	Xx ㄒㄧ	Yy ㄧㄚ	Zz ㄗㄝ	

V 只用来拼写外来语、少数民族语言和方言。

字母的手写体依照拉丁字母的一般书写习惯。

二 声母表

b ㄅ玻	p ㄆ坡	m ㄇ摸	f ㄈ佛	d ㄉ得	t ㄊ特	n ㄋ讷	l ㄌ勒
g ㄍ哥	k ㄎ科	h ㄏ喝		j ㄐ基	q ㄑ欺	x ㄒ希	
zh ㄓ知	ch ㄔ蚩	sh ㄕ诗	r ㄖ日	z ㄗ资	c ㄘ雌	s ㄙ思	

在给汉字注音的时候，为了使拼式简短，zh、ch、sh 可以省作 ẑ、ĉ、ŝ。

三 韵 母 表

	i 丨衣	u ㄨ乌	ü ㄩ迂
a ㄚ啊	ia 丨ㄚ呀	ua ㄨㄚ蛙	
o ㄛ喔		uo ㄨㄛ窝	
e ㄜ鹅	ie 丨ㄝ耶		üe ㄩㄝ约
ai ㄞ哀		uai ㄨㄞ歪	
ei ㄟ欸		uei ㄨㄟ威	
ao ㄠ熬	iao 丨ㄠ腰		
ou ㄡ欧	iou 丨ㄡ忧		
an ㄢ安	ian 丨ㄢ烟	uan ㄨㄢ弯	üan ㄩㄢ冤
en ㄣ恩	in 丨ㄣ因	uen ㄨㄣ温	ün ㄩㄣ晕

续表

ang ㄤ昂	iang ㄧㄤ央	uang ㄨㄤ汪	
eng ㄥ亨的韵母	ing ㄧㄥ英	ueng ㄨㄥ翁	
ong （ㄨㄥ）轰的韵母	iong ㄩㄥ雍		

(1) “知、蚩、诗、日、资、雌、思”等七个音节的韵母用 i，即：知、蚩、诗、日、资、雌、思等字拼作 zhi，chi，shi，ri，zi，ci，si。

(2) 韵母儿写作 er，用作韵尾的时候写成 r。例如：“儿童”拼作 ertong，“花儿”拼作 huar。

(3) 韵母ㄝ单用的时候写成 ê。

(4) i 行的韵母，前面没有声母的时候，写成 yi（衣），ya（呀），ye（耶），yao（腰），you（忧），yan（烟），yin（因），yang（央），ying（英），yong（雍）。

u 行的韵母，前面没有声母的时候，写成 wu（乌），wa（蛙），wo（窝），wai（歪），wei（威），wan（弯），wen（温），wang（汪），weng（翁）。

ü 行的韵母，前面没有声母的时候，写成 yu（迂），yue（约），yuan（冤），yun（晕）；ü 上两点省略。

ü 行的韵母跟 j，q，x 相拼的时候，写成 ju（居），qu（区），xu（虚），ü 上两点也省略；但是跟声母 n，l 拼的时候，仍然写成 nü（女），lü（吕）。

(5) iou，uei，uen 前面加声母的时候，写成 iu，ui，un，例如 niu（牛），gui（归），lun（论）。

(6) 在给汉字注音的时候，为了使拼式简短，ng 可以省作 ŋ。

四　声调符号

阴平	阳平	上声	去声
ˉ	ˊ	ˇ	ˋ

声调符号标在音节的主要母音上。轻声不标。例如：

妈 mā	麻 má	马 mǎ	骂 mà	吗 ma
（阴平）	（阳平）	（上声）	（去声）	（轻声）

五　隔音符号

a，o，e 开头的音节连接在其他音节后面的时候，如果音节的界限发生混淆，用隔音符号

(’)隔开,例如:pi’ao(皮袄)。

国际音标

国际音标常用辅音简表

发音方法 \ 发音部位			双唇	唇齿	齿间	舌尖前	舌尖中	舌尖后	舌叶	舌面前	舌面中	舌面后	喉
塞音	清	不送气	p				t	ʈ			c	k	ʔ
		送气	p‘				t‘	ʈ‘			c‘	k‘	ʔ‘
	浊		b				d	ɖ			ɟ	g	
塞擦音	清	不送气		pf		ts		tʂ	tʃ	tɕ			
		送气		pf‘		ts‘		tʂ‘	tʃ‘	tɕ‘			
	浊			bv		dz		dʐ	dʒ	dʑ			
鼻音			m	ɱ			n	ɳ		ȵ	ɲ	ŋ	
闪音								ɽ					
边音							l						
擦音	清		ɸ	f	θ			ʂ	ʃ	ɕ	ç	x	h
	浊		β	e			ʐ	ʒ	ʑ	ʑ	ɣ	ɦ	
半元音	浊		w,ɥ	ʋ							j(ɥ)	(w)	

国际音标常用元音简表

类型 / 前后 唇型 / 舌位高低	舌尖元音				舌面元音						
	前		后		前		央			后	
	不圆	圆	不圆	圆	不圆	圆	不圆	自然	圆	不圆	圆
高	ɿ	ʮ			i	y				ɯ	u
			ʅ	ʯ	ɪ						ʊ
半高					e	ø				ɤ	
中			ɚ					ə			
半低					ɛ	œ				ʌ	ɔ
低					æ			ɐ			
					a			A		ɑ	ɒ

思考和练习

1. 语音有哪几大物理要素？请谈谈语音的物理要素在汉语中的表现。

2. 请举例说明语音社会性的具体表现。

3. 解释下面的语音学术语。

① 音节 ② 音素 ③ 辅音 ④ 元音 ⑤ 声母 ⑥ 韵母 ⑦ 韵头 ⑧ 韵腹 ⑨ 韵尾 ⑩ 声调

4. 画出发音器官示意图，并在图上标明上唇、下唇、上齿、下齿、上齿龈、硬腭、软腭、小舌、舌尖、舌面、舌根、声带以及鼻腔所在的位置。

5. 普通话的一个音节最多可以有几个音素？请举例说明。

6. 元音和辅音有哪些区别？

7. 什么是音位？音位和音素一样吗？

8. 《汉语拼音方案》跟之前的记音方法相比有哪些优点？

9. 请写出每一个汉语拼音字母所对应的国际音标。

第二节　辅音与声母

一、辅音与声母的关系

辅音是气流在口腔或鼻腔中受到一定阻碍，并克服阻碍而发出的音。发音时，气流要克服阻碍，所以呼出的气流较强。一般来说，形成阻碍部位的肌肉需要紧张用力，而其他部位的肌肉则相对松弛。

辅音可以分为清辅音和浊辅音两种。发音时气流不振动声带的辅音，称为“清辅音”；而发音时声带振动的辅音，则为“浊辅音”。清辅音一般要多于浊辅音。普通话语音的22个辅音中只有 m、n、r、l、ng 五个浊辅音。

辅音和声母的关系十分密切，两者的区别主要在于分析的角度不同：西方的语音学立足于音素的发音特点，把音素分析成元音和辅音两大类；而传统的汉语音韵学则立足于音节的结构，把一个音节的发声部分称作声母，收音部分称作韵母。

声母绝大多数（除了零声母）都是辅音，但辅音并不全是声母。在普通话的22个辅音中，21个可充当声母。除了 n 可以用在音节末尾外，它们一般只能出现在音节的开头位置。辅音 ng 只能用作鼻韵母的韵尾，不能充当声母。如在“máng”这个音节里，“m”是声母，

“ng”是韵尾。

二、声母的内涵

根据汉语音韵学的分析传统，一个音节开头部分的音叫声，用来表示声的字母叫声母。如在“苏州市 sū zhōu shì”三个音节中，s、zh、sh 就是声母。普通话 22 个声母中，包括 21 个辅音声母和 1 个零声母。

有些普通话的音节没有辅音声母，如 ɑn（安）、ɑi（爱）、u（屋）、ü（鱼）等，但习惯上把这种现象称为“零声母”。“零声母”的说法使得汉语的每个音节都具备了“声韵调”三要素，从而体现了音节结构的系统性。语音学界通常的做法是将零声母的符号标为“ø”。“ø”不是汉语拼音字母，也不是国际音标符号，只是一个代表零声母的惯用符号。

普通话声母总表

发音方法＼发音部位			双唇音	唇齿音	舌尖前音	舌尖中音	舌尖后音	舌面音	舌根音
塞音	清音	不送气音	b			d			g
		送气音	p			t			k
塞擦音	清音	不送气音			z		zh	j	
		送气音			c		ch	q	
擦音	清音			f	s		sh	x	h
	浊音						r		
鼻音	浊音		m			n			
边音	浊音					l			

三、声母的描写

要对声母进行描写，必须先了解每个声母的发音部位和发音方法。因为发音部位和发音方法是区分辅音的根本要素。

（一）发音部位

辅音发音时，气流通过口腔要受到发音器官形成的各种阻碍，气流必须克服这些阻碍才能发音。语音学里把辅音发音时发音器官形成阻碍的位置叫“发音部位”。普通话语音的 21 个辅音声母共有 7 种不同的发音部位：

(1) 双唇音 b、p、m:发音时上下唇形成阻碍。

(2) 唇齿音 f:发音时下唇靠向上门齿形成阻碍。

(3) 舌尖前音 z、c、s:发音时舌尖平伸和上齿背形成阻碍。

(4) 舌尖中音 d、t、n、l:发音时舌尖与上齿龈形成阻碍。

(5) 舌尖后音 zh、ch、sh、r:发音时舌尖上翘,与硬腭最前端形成阻碍。

(6) 舌面前音 j、q、x:发音时舌面前部与硬腭前部形成阻碍。

(7) 舌面后音 g、k、h:发音时舌头向后缩,舌根抬起与软腭形成阻碍。

(二) 发音方法

发音方法指辅音发音时节制气流、形成及克服阻碍的方法。发音方法一般可从阻碍的方式、气流的强弱、声带是否振动三个方面来观察。

1. 阻碍的方式

普通话中的 21 个辅音声母共有 5 种阻碍的方式,具体情况如下:

(1) 塞音 b、p、d、t、g、k

发音时,阻碍气流的两个部位完全闭塞,并挡住气流,之后这两个部位突然打开,气流冲破阻碍爆发成音,也可称为爆发音或破裂音。

(2) 擦音 f、h、x、sh、s、r

发音时,阻碍气流的两个部位彼此靠近,中间形成窄缝,气流从缝隙中摩擦而出。

(3) 塞擦音 j、q、zh、ch、z、c

发音时,阻碍气流的两个部位先完全闭塞,堵住气流,然后打开形成窄缝,气流从缝隙中摩擦而出。先塞后擦,让气流从缝隙中冲出成音。

(4) 鼻音(m、n、ng)

发音时,阻碍气流的两个部位完全闭塞,同时软腭下垂挡住气流通向口腔的道路,气流通过声门振动声带后由鼻腔流出。

(5) 边音(l)

发音时,舌尖抵住上齿龈后部,形成阻碍。舌尖的两边松弛下垂,气流从舌尖两边流出且振动声带。

2. 气流的强弱

塞音和塞擦音发音时,要先将气流完全堵住,使口腔中的气流不能流出。接着,发音器官突然打开,气流冲出而发出声音。如果呼出的气流很强,这样发出的音叫“送气音”,如 p、t、k、q、ch、c;如果呼出的气流比较弱,这样的音叫“不送气音”,如 b、d、g、zh、z。

3. 声带的振动与否

发音时，气流一般不振动声带的辅音叫清音。清音比较响亮，普通话语音中的塞音、塞擦音和擦音都是“清音”。发音时，气流要振动声带的辅音叫浊音。浊音比较响亮，普通话语音中的鼻音、边音以及擦音 r 都是浊音。

（三）声母的全面描写

b [p]：双唇、不送气、清、塞音。发音时，双唇闭合，软腭上升，堵塞鼻腔通路，声带不颤动，较弱的气流冲破双唇的阻碍，迸裂而出，爆发成声。如“奔波”bēnbō 里的 b。

p [p‘]：双唇、送气、清、塞音。发音的情况和 b 相比，只是呼出的气流较强，其余相同。如“乒乓”pīngpāng 里的 p。

m [m]：双唇、浊、鼻音。发音时，双唇闭合，软腭下降，鼻腔畅通。气流颤动声带，从鼻腔通过形成鼻音；除阻时，剩余的气流冲破双唇的阻碍，发出轻微的塞音。如“满门”mǎnmén 里的 m。

f [f]：唇齿、清、擦音。发音时，下唇接近上齿，形成窄缝，软腭上升，堵塞鼻腔通路，气流不颤动声带，从唇齿间的窄缝中挤出，摩擦成声。如“芬芳”fēnfāng 里的 f。

z [ts]：舌尖前、不送气、清、塞擦音。发音时，舌尖轻轻抵住齿背，软腭上升，堵塞鼻腔通路，声带不颤动，较弱的气流把舌尖与上齿背的阻碍处冲开一道窄缝，并从中挤出，摩擦成声。如“祖宗”zǔzōng 里的 z。

c [ts‘]：舌尖前、送气、清、塞擦音。发音的情况和 z 相比，只是气流较强，其余相同。如“参差”cēncī 里的 c。

s [s]：舌尖前、清、擦音。发音时，舌尖接近齿背，形成窄缝，软腭上升，堵塞鼻腔通路，声带不颤动，气流从舌尖和上齿背的窄缝中擦出而成声。如“琐碎”suǒsuì 里的 s。

d [t]：舌尖中、不送气、清、塞音。发音时，舌尖抵住上齿龈，软腭上升，堵塞鼻腔通路，声带不颤动，较弱的气流冲破舌尖的阻碍，迸裂而出，爆发成声。如“担当”dāndāng 里的 d。

t [t‘]：舌尖中、送气、清、塞音。发音的情况和 d 相比，只是气流较强，其余都相同。如“谈吐”tántǔ 里的 t。

n [n]：舌尖中、浊、鼻音。发音时，舌尖抵住上齿龈，软腭下降，打开鼻腔通路，气流颤动声带，从鼻腔通过发音；气流在冲破舌尖的阻碍时，发出轻微的塞音。如“难拿”nánná 里的 n。

l [l]：舌尖中、浊、边音。发音时，舌尖抵住上齿龈，软腭上升，堵塞鼻腔通路，气流颤动声带，从舌头的两边或一边通过。如“拉力”lālì 里的 l。

zh [tʂ]：舌尖后、不送气、清、塞擦音。发音时，舌尖上翘，抵住硬腭前部，软腭上升，堵塞鼻腔通路，声带不颤动，较弱的气流把舌尖的阻碍冲开一道窄缝，并从中挤出，摩擦成声。如“真正”zhēnzhèng 里的 zh。

ch [tʂʻ]：舌尖后、送气、清、塞擦音。发音的情况和 zh 相比，只是气流较强，其余都相同。如“查出”cháchū 里的 ch。

sh [ʂ]：舌尖后、清、擦音。发音时，舌尖上翘，接近硬腭前部，形成窄缝，软腭上升，堵塞鼻腔通路，声带不颤动，气流从舌尖和硬腭前部形成的窄缝中挤出，摩擦成声。如“手术”shǒushù 里的 sh。

r [ʐ]：舌尖后、浊、擦音。发音的情况和 sh 相近，只是摩擦比 sh 弱，同时声带颤动，气流带音。如“人肉”rénròu 的 r。

j [tɕ]：舌面前、不送气、清、塞擦音。发音时，舌面前部抵住硬腭前部，软腭上升，堵塞鼻腔通路，声带不颤动，较弱的气流把舌面前部的阻碍冲开一道窄缝，并从中挤出，摩擦成声。如“解决”jiějué 里的 j。

q [tɕʻ]：舌面前、送气、清、塞擦音。发音的情况和 j 相比，只是气流较强，其余都相同。如“崎岖”qíqū 里的 q。

x [ɕ]：舌面前、清、擦音。发音时，舌面前部接近硬腭前部，留出窄缝，软腭上升，堵塞鼻腔通路，声带不颤动，气流从舌面前部和硬腭前部形成的窄缝中挤出，摩擦成声。例如“相信”xiāngxìn 里的 x。

g[k]：舌面后、不送气、清、塞音。发音时，舌面后部抵住软腭，软腭后部上升，堵塞鼻腔通路，声带不颤动，较弱的气流冲破阻碍，爆发成声。如“骨干”gǔgàn 里的 g。

k [kʻ]：舌面后、送气、清、塞音。发音的情况和 g 相比，只是气流较强，其余都相同。如“坎坷”kǎnkě 里的 k。

h [x]：舌面后、清、擦音。发音时，舌面后部接近软腭，留出窄缝，软腭上升，堵塞鼻腔通路，声带不颤动，气流从舌面后部和软腭形成的窄缝中挤出，摩擦成声。例如“胡话”húhuà 里的 h。

需要说明的是，舌尖前音、舌尖中音和舌尖后音都是舌尖起作用。所谓的前、中、后并不是把舌尖分成三段，而是指同舌尖相对形成阻碍的三个部位，即上齿背、齿龈、硬腭前部。舌尖对着上齿背形成的音叫舌尖前音，舌尖对着上齿龈形成的音叫舌尖中音，舌尖对着硬腭前部形成的音叫舌尖后音。

四、声母的比较与辨正

(一) 声母的比较

辅音声母的发音部位和发音方法即声母的发音特征。任何两个辅音都可以通过其发音特征的比较来显示异同。如:

g:舌面后、不送气、清、塞音

k:舌面后、送气、清、塞音

通过比较,不难看出,g、k 的相同点是:舌面后音、清音、塞音。二者的不同点是:前者是不送气音,后者是送气音。声母相同的发音特征叫作共同特征,不同的、能够将两者区别开来的发音特征叫作区别特征。送气/不送气就是声母 g、k 的区别特征。

声母的区别特征有时可能不止一项。例如:

z:舌尖后、不送气、清、塞擦音

f:唇齿、清、擦音

上述两者的共同特征是:清音;区别特征是:z 是舌尖后音、不送气、塞擦音,f 是唇齿音、擦音。

通过对发音特征的比较,我们就能够更深入地了解各个声母的特点,更便捷地进行声母教学,更科学地从事声母研究。

(二) 声母的辨正

声母的辨正是声母教学中的重要环节,既有针对国内不同方言区的人学习普通话时的方音辨正,也有教授外国留学生时的语音偏误辨正。在此重点对普通话中的几组声母进行必要的辨正。

1. 浊辅音声母的特点及其辨正①

普通话的声母中有 4 个浊辅音——m、n、l、r,有的发音部位相近,有的发音方法相似,外国学生尤其难以分辨,需要进行一番辨析。

m[m]和 n[n]都是鼻音,发音时口腔通道被堵,软腭及小舌下垂,空气都要从鼻腔通过。m 和 n 的不同主要在于口腔的阻塞部位:前者是双唇阻塞,后者是舌尖-齿龈阻塞。从汉语教学的角度来说,不会发 m 和 n 这两个声母的学生极少。不过,汉语中音位 n 代表了两个不同的音素:[n]和[ȵ],它们是同一个音位的两个条件变体。n 在开口呼、合口呼韵母前,读[n];在齐齿呼、撮口呼韵母前,则读[ȵ]。一些外国学生由于不明白 n 的这种发音差

---

① 本小节内容参见:曹文. 现代汉语语音答问. 北京:北京大学出版社,2010:59－61.

异，难免会将“你好”发成[ni^{35} xau^{214}]，将“女生”发成[ny^{214} ʂəŋ^{55}]。

从发音部位来看，汉语拼音中的 l[l]与 d[t]、t[t‘]、n[n]一样，都是舌尖-齿龈音。但是，它们的发音方法明显不同：d、t 是爆破音，n 是鼻音，而 l 则是边音。发 l 时，舌尖抵住齿龈，但并不使口腔形成完全的闭塞，舌面的两边或一边会留出通路，所以它又叫作边通音（见右上图）。有些日本学生会受母语影响把这个音发成闪音[ɾ]，舌头一弹即松。因此，日本学生在练习发 l 时，应该将舌尖比较用力地抵住齿龈，并持续一段时间。

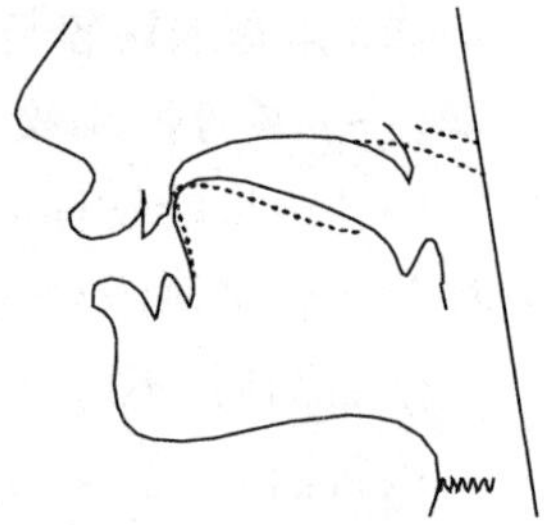

普通话鼻音 n 和边音 l 的发音示意图

口腔中实线所示是 n 的舌位，虚线所示是 l 的舌位；发 l 时小舌不抵咽壁。

普通话中的 r 一般情况下是个舌尖-齿龈后的通音/半元音[ɻ]，也有人称之为卷舌通音。其基本发音方法与 sh[ʂ]一样，只是气流通道要宽些。不过，有时当含有 r 声母的音节被强调时，舌位会有所抬高，气流因此需要摩擦而出，这时 r 就会变成了浊擦音[ʐ]（见右下图）。

在语音教学中，声母 r 也是一个公认的难音。训练中经常有学生把它发成[l]（如韩国学生）或[ɾ][ʒ]（如日本学生）或[ɹ]（如欧美学生）或摩擦很强的[ʐ]（如中亚一些国家的学生）。对把 r 发成[l]的学生，要提醒他们注意发音时的舌尖和舌面边缘的状态：发[l]时，只是舌尖接触上腭，舌面的两边要留有出口；而发 r 时，舌面两边都可以微卷抵住上腭，舌尖却不可接触上腭，要保证空气可从口腔中路流出。对把 r 发成[ɾ]的学生，则需要提醒他们舌尖不要弹动并注意卷舌。对把 r 发成[ʒ]的学生，则应提醒学生注意发音部位是舌尖而不是舌叶。欧美学生发的[ɹ]是一个舌尖-齿龈通音（也叫舌尖前通音），发音时通常都会伴有明显的圆唇动作，应该提醒他们发音部位要靠后，同时注意避免口型变圆。对于发音时摩擦过强的学生则要提醒他们放低舌位，必要的话可以用低元音来引导。

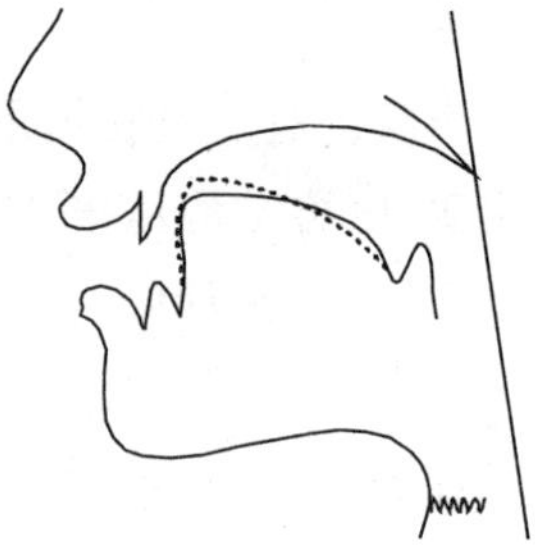

普通话声母 r 的发音部位示意图

口腔中实线所示是通音[ɻ]的舌位，虚线所示是擦音[ʐ]的舌位。

最后需要强调的是，由于鼻音叫鼻通音，边音叫边通音，而 r 大多数情况下也是舌尖后/卷舌通音，所以普通话的浊辅音实际上都是通音。所有的通音都是久音，可以延长，利用这个特点，让学生拖长腔发音，在一定程度上可使正音变得容易些。

2. f、h 的特点及其辨正[①]

受闽方言和湘语的影响,许多福建人和湖南人说普通话的时候常常 f、h 不分。另外,不少学汉语的外国人也有类似的问题。

f 是一个唇齿清擦音。发音时,上齿轻触下唇内侧,气流经唇齿间的狭缝摩擦而出。单发时,f 并无固定的舌位;当它的后面要接有关的元音时,舌头往往会在唇、齿形成阻碍的同时(提前)到达元音位置。如果后接元音 u,那么不但舌位要提前到达"预定地点",而且唇形也要提前"准备就绪"。f 的发音偏误常见于朝鲜、韩国和日本学生。具体类型有三种:第一种是把 f 发成了双唇爆破音[p]或者[b];第二种是把它发成双唇擦音[ɸ];第三种是把它发得好像 h。之所以会产生这些偏误,主要是因为朝鲜语和日语中没有唇齿音。对于存在这些偏误的习得者,应提醒他们发音时要轻咬下唇,尽量避免双唇接触。

普通话中的 h 一般被描写为舌面-软腭(简称舌面后)清擦音,国际音标记作[x]。

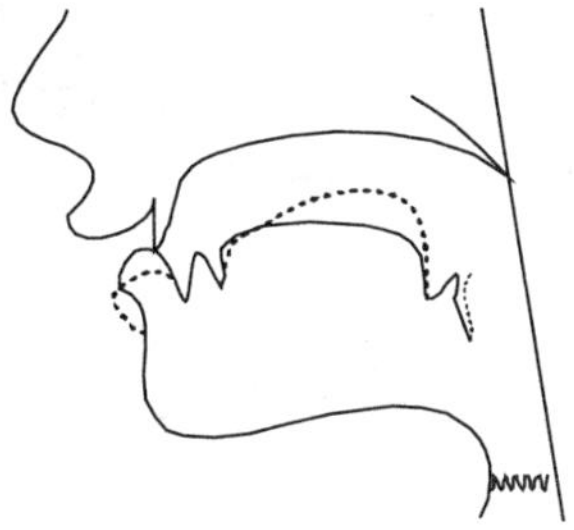

fa 与 ɸu 的发音示意图

图中口腔部位实线表示的是 fa 的唇形与舌位,虚线表示的是 ɸu 的唇形与舌位。

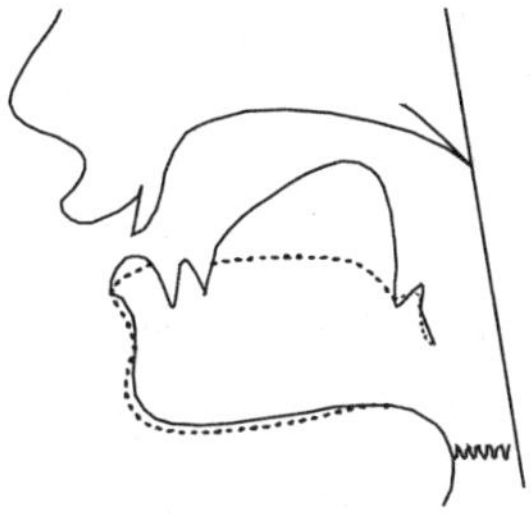

两种 h 的发音示意图

口腔下部实线所示为普通话 h[x]的发音状态,虚线所示是英语 h[h]的发音状态。

发音时,舌尖在下并远离牙龈,舌面向软腭隆起,气流在通过舌腭收紧处产生摩擦后再经舌前腔流出。除了后接元音 u 的情况外,口型一般不圆。一些英语国家的学生可能是受英语的影响,会把 h 发成摩擦不如[x]明显的声门擦音[h],以致"你好"听起来就像"你袄"甚至"鸟"。此外,有些日本学生在拼读 hu、hua、huai、huan、huang 等音节时,也容易把 h 发成[ɸ]。对于存在上述偏误的学生,应提醒他们发 h 时注意抬高舌位。

① 本小节内容参见:曹文. 现代汉语语音答问:北京:北京大学出版社,2010:59-61.

思考和练习

1. 请正确描写出21个辅音声母的发音部位和发音方法。

2. 根据下面提供的发音部位和发音方法，指出相应的辅音声母。

① 舌尖前、送气、清、塞擦音

② 舌根、送气、清、塞音

③ 舌尖后、清、擦音

④ 舌尖后、不送气、清、塞擦音

⑤ 舌面、不送气、清、塞擦音

⑥ 唇齿、清、擦音

⑦ 舌尖中、浊、鼻音

⑧ 双唇、浊、鼻音

⑨ 舌面、清、擦音

⑩ 双唇、送气、清、塞音

3. 比较并辨析下列声母

① b[p]和k[k‘]　② j[tɕ]和zh[tʂ]

4. 根据下面提供的条件，明确指出所包含的声母。

① 浊音声母

② 塞音声母

③ 塞擦音声母

④ 清擦音声母

⑤ 送气的辅音声母

第三节　元音和韵母

一、元音和韵母的关系

与辅音和声母一样，元音和韵母也是不同分析方法的产物。前者是语音学进行音素分析的结果，后者是音韵学进行结构分析的结果。

元音发音时，声带振动，呼出的气流比较弱，在口腔里不受阻碍，发音器官的肌肉保持均衡的紧张。元音是受调节而发出的音素，发音响亮，是一个音节里的主要成分。元音可以独立成为一个音节,如 é(额)、ī(yī 衣)、ū(wū 乌)、ǘ(yú 鱼)等。元音也可以跟其他辅音或元音按照一定的组合方式而构成音节。汉语一个音节里,最多只允许有 3 个元音音素存在,如 jiāo(教)中就拥有三个元音:i、a、u。

普通话的语音共有 10 个元音:a、o、e、ê、i、u、ü、er、-i[ɿ]、-i[ʅ]。其中 a、o、e、ê、i、u、ü、er 等 8 个元音可以独立作韵母并自成音节,-i[ɿ]、-i[ʅ]两个元音不能独立成音节,只能作声母 z、c、s 和 zh、ch、sh、r 的韵母。

普通话语音共有 39 个韵母,大大超过元音的数目,可见元音和韵母是不能替代的两个概念。首先,一个韵母可以不止一个元音;其次,韵母却并不都是元音。如在 pǔ tōng huà(普通话)三个音节里,pǔ 只有一个元音作韵母,可以说在这个音节里韵母就是元音 u;huà 共有两个元音,韵母是由两个元音复合而成的;tōng 的韵母除元音 o 以外还有一个鼻辅音韵尾 ng,这是由元音与辅音结合而成的韵母。由此可见,元音和韵母既有密切的关系,又是两个不同的概念,韵母的范围比元音大得多。

二、韵母的内涵

韵母是汉语的一个音节中声母后面的部分,是汉语音节中不可或缺的要素。韵母在汉语的音节中占有绝对的优势,除了极少数几个能成音节的辅音外,汉语的所有音节都必须有韵母。

(一) 韵母的分类

1. 按韵母的构成音素情况,普通话的韵母可以分为三大类:单韵母、复元音韵母和带鼻音韵母。单韵母有 a、o、e、ê、i、u、ü、er、-i[ɿ]、-i[ʅ]等 10 个,复元音韵母有 ai、ei、ui、ao、ou、iu、ie、üe、ia、iao、iou、uai、uei 等 13 个,带鼻音韵母有 an、ian、uan、üan、en、in、un、ün 和 ang、iang、uang、eng、ueng、ing、ong、iong 等 16 个。

2. 按韵母的起始音情况,普通话的韵母可以分为四大类:开口呼、齐齿呼、合口呼、撮口呼。

开口呼:韵母不是 i、u、ü 和不以 i、u、ü 起头的韵母,如 -i(前)、-i(后)、a、o、e、ê、er、ai、ei、ao、ou、an、en、ang、eng 等 15 个。

齐齿呼:i 或以 i 起头的韵母,如 i、ia、ie、in、iao、iou、ian、iang、ing 等 9 个。

合口呼:u 或以 u 起头的韵母,如 u、ua、uo、uai、uei、uan、uen、uang、ueng、ong 等 10 个。

撮口呼:ü 或以 ü 起头的韵母,如 ü、üe、üan、ün、iong 等 5 个。

3. 按韵母的韵尾情况,普通话的韵母可以分为无韵尾韵母、元音韵尾韵母、鼻音韵尾韵母三类。无韵尾韵母有 a、er、i、ia、ua、uo、ie、üe 等 15 个,由元音 i、u 作韵尾的元音韵尾韵母有 ai、iao、ou、iou 等 8 个,由鼻音 n、ng 作韵尾的鼻音韵尾韵母有 an、ang 等 16 个。

普通话韵母总表

结构 \ 四呼	开口呼	齐齿呼	合口呼	撮口呼
单韵母	-i[ɿ][ʅ]	i[i]	u[u]	ü[y]
	ɑ[A]	iɑ[iA]	uɑ[uɑ]	
	o[o]		uo[uo]	
	e[ɤ]			
	ê[ɛ]	ie[iɛ]		üe[yɛ]
	er[ɚ]			
复韵母	ai[ai]		uai[uai]	
	ei[ei]		uei[uei]	
	ao[au]	iao[iau]		
	ou[ou]	iou[iou]		
鼻韵母	an[an]	ian[iɛn]	uan[uan]	üan[yan]
	en[ən]	in[in]	uen[uən]	ün[yn]
	ang[ɑŋ]	iang[iɑŋ]	uang[uɑŋ]	
	eng[əŋ]	ing[iŋ]	ueng[uəŋ]	
			ong[uŋ]	iong[yŋ]

（二）关于韵母的几点说明

1. 普通话的韵母结构只能容纳三个音素,即韵头、韵腹、韵尾。所以,普通话不存在[uaiŋ]、[iauŋ]这样的音节形式。

2. 普通话中的元音没有长短之分,所以没有[iɑ : u]、[uɑ : i]、[ɑ : u]之类的韵母。

3. 在"韵母表"的"鼻韵母"一栏中,横向的第一行(an 行)四呼的音都有,分别是 an、ian、uan、üan。第二行(en 行)应该是 en[ən]加上不同的韵头,形成四呼。但是,韵母表中的 in[in]、ün[yn] 却不是韵头 i、ü 加上 en[ən]构成的。不过,也有人认为它们是 ien[iən]、üen[yən],即在 i-、ü-跟韵尾 n 之间,有一个过渡性质的[ə]。与此类似,有人认为 ing[iŋ] 、iong[yŋ]中间也应该有个[ə],这样 eng 行的四呼就齐备,形成了较为整齐的格局。这样一来,ong[uŋ]就变成一个孤零零的韵母了。就汉语的实际情况来看,ong 和 ueng 本来就是一个韵母的不同表现形式,ong 前面一定有声母,ueng 永远自成音节。①

4. 在韵母表中 ong[uŋ]是合口呼,iong[yŋ]是撮口呼。学习者不要受汉语拼音书写形式的影响,把它们误作开口呼、齐齿呼。

三、韵母的描写

(一) 单韵母的发音描写

单韵母即单元音韵母。单元音发音时,口形(包括唇形、舌位、开口度)始终不变。普通话语音共有 10 个单元音韵母。根据它们的发音特点,可以分成三类:

1. 舌面元音:ɑ、o、e、ê、i、u、ü

舌面元音发音时,气流调节主要发生在舌面和硬腭部位。由于舌位的高低(即舌面与硬腭距离的大小)、口形的大小(即开口度的大小)以及唇形的圆展(唇形的拢圆或展开)各不相同,7 个单元音各有 7 种不同的发音特征。详情如下:

i[i]:舌面、前、高、不圆唇元音

u[u]:舌面、后、高、圆唇元音

o[o]:舌面、后、半高、圆唇元音

ê[ε]:舌面、前、半低、不圆唇元音

ü[y]:舌面、前、高、圆唇元音

ɑ[a]:舌面、央、低、不圆唇元音

e[ɤ]:舌面、后、半高、不圆唇元音

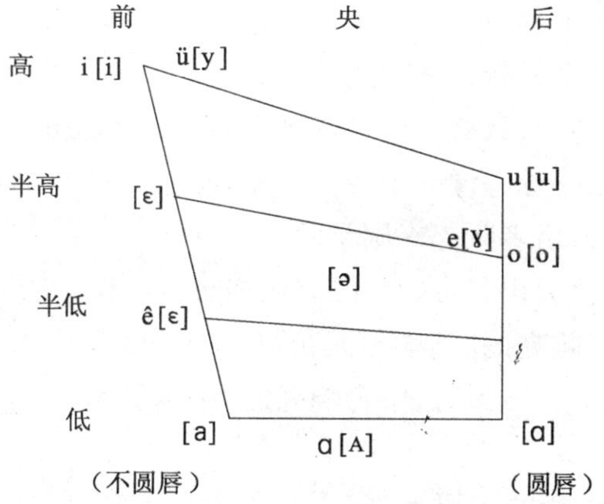

舌面元音舌位唇形图

以上 7 个舌面元音的发音情况可以用一张四边形的舌位图加以形象的展示。需要特别

① 现代汉语 3500 个常用字和次常用字中只有“翁”、“瓮”的韵母是 ueng。

说明的是，图中竖线用来表示唇形：位于竖线左边的音是不圆唇音，位于竖线右边的音是圆唇音。

2. 舌尖元音：-i[ɿ]、-i[ʅ]

舌尖元音-i[ɿ]、-i[ʅ]是普通话语音中两个特殊的元音，可以比照舌面元音对它们进行描写。

-i[ɿ]：舌尖前、高、不圆唇元音

-i[ʅ]：舌尖后、高、不圆唇元音

3. 卷舌元音：er[ɚ]

er[ɚ]：卷舌、央、中、不圆唇元音

发er[ɚ]时，舌面与舌尖都有调节气流的作用。先是舌面中央部位略为抬起发出元音e（即国际音标中舌位央、半高、不圆唇的[ə]），同时舌尖接近硬腭轻轻一卷，随即放下，这样即可发出卷舌元音er[ɚ]。

er不能与任何辅音相拼，只能单独成音节，并且用途有限，只有ér（儿、而）、ěr（耳、饵、尔）、èr（二）等三个读音，字数也不多。er的主要作用是和其他韵母结合成儿化韵，如"小孩儿xiǎohár"。er的书写形式尽管采用双字母，但"r"并不是音素，只是一个用以表示卷舌动作的符号。

（二）复元音韵母的发音描写

复元音发音时，是由一个元音音素滑到另一个元音音素的舌位上去，同时伴以口腔的开合和舌位的变化。在复元音中，只有一个发音最为响亮，这就是所谓的主元音。复元音的各元音之间紧密结合，听起来感觉好像一个音。如复合元音ai（挨）跟两个单元音a'i（阿姨）相比，前者听起来是一个音，后者听起来则是两个音节。

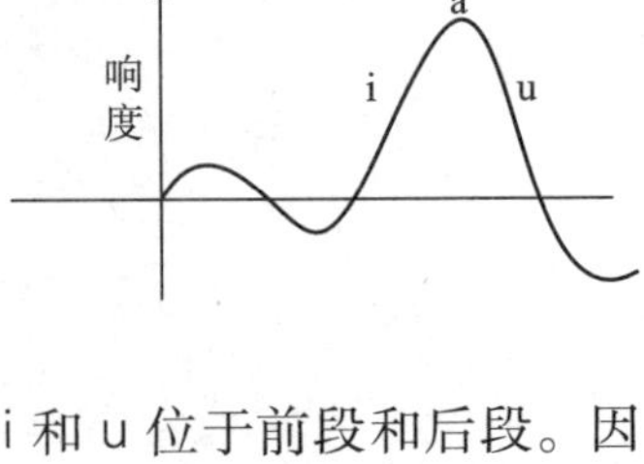

描写复元音的发音应该突出其音响状况。根据响音的位置，一般将复元音分为前音响亮的"前响复元音"（如ai、ao），后音响亮的"后响复元音"（如ia、ua），中音响亮的"中响复元音"（如iou、uai）三类。

在音响波形图上，复元音的主要元音（韵腹）发音最响，位于响度峰上。如图中的iao[iau]，元音a位于最高位置，元音i和u位于前段和后段。因为位于响度峰的元音必须比其前或其后的元音响度大，而开口度大的元音通常要比开口度小的元音响度大，所以处于响度峰上的元音一定是开口度大的元音。正是如此，汉语的韵母结构中，韵头和韵尾只能是i、u、ü等开口度小的高元音。

1．前响复韵母

前响复韵母也称前响复元音，由两个元音复合而成，主要元音在前面。发音时，舌位由前一个元音滑向后一个元音。前一个元音声音响亮清晰，后一个元音声音相对轻短模糊。后一个元音因处于韵尾，基本只表示舌位动程的方向。实际上还没到达它的舌位时，这个复合元音大致已经发完了。例如：

ai[ai]：由 a 的舌位（舌位比单元音 a 略靠前）向 i 的舌位滑动，舌位逐渐由低抬起，口形逐渐由大到小，如“开采 kāicǎi、彩排 cǎipái”。

ei[ei]：由 e 的舌位（舌位比后半高元音 e 略前）向 i 的舌位滑动，舌位略向前抬起，口形略加收缩，如“蓓蕾 bèilěi、配备 pèibèi”。

ao[au]：由 a 的舌位（舌位比发单元音 a 略靠后）向发 u 的舌位滑动，口形逐渐收拢，舌位滑到后半高略高于元音 o 的位置就结束了，如“凹 āo、号召 hàozhào”。

ou[ou]：由 o（唇形略扁）的舌位向 u 的舌位滑动，舌位略为抬高，口形略为收拢，如“欧洲 ōuzhōu，收购 shōugòu”。

2．后响复韵母

后响复韵母也称后响复元音。两个元音中，前一个是介音（韵头），发音比较轻短，开口度小，舌位高；后一个是主要元音，发音响亮清晰，开口度大，舌位较低。发音时，舌位由前一个元音滑向后一个元音，动程一路到底。例如：

ia[ia]：由 i 的舌位滑向 a 的舌位，如“鸦 yā、加价 jiājià”。

ie[iɛ]：由 i 的舌位滑向 ê 的舌位，如“耶 yē、贴切 tiēqiè”。

ua[ua]：由 u 的舌位滑向 a 的舌位，如“蛙 wā、挂花 guàhuā”。

uo[uo]：由 u 的舌位滑向 o 的舌位，动程很短，如“窝 wō、火锅 huǒguō”。

üe[yɛ]：由 ü 的舌位滑向 ê 的舌位，如“约 yuē、约略 yuēlüè”。

3．中响复韵母

中响复韵母也称中响复元音，属于三合元音韵母。中间的一个元音是主要元音，开口度最大，声音也最响亮清晰，前后的两个元音都比较轻短。例如：

iao：由 i 的舌位滑向 ao，如“腰 yāo、巧妙 qiǎomiào”。

iou：由 i 的舌位滑向 ou，如“优 yōu、优秀 yōuxiù”。

uai：由 u 的舌位滑向 ai，如“歪 wāi、摔坏 shuāihuài”。

uei：由 u 的舌位滑向 ei，如“威 wēi、水位 shuǐwèi”。

三合元音发音时，舌位动程比较大，开口度变化也比较多。其中 iou 和 uei 在前拼辅音声母或受不同声调支配时读音略有变化。《汉语拼音方案》规定，iou、uei 在前拼辅音声母时分别略写为 iu、ui。

综上所述，普通话语音共有 13 个复合元音，其中前响二合元音有 4 个，后响二合元音有 5 个，三合元音有 4 个。

（三）鼻音尾韵母的发音描写

鼻音尾韵母由元音和鼻辅音韵尾构成。鼻音尾韵母的发音要点：第一，元音同后面的鼻辅音不是生硬地拼合在一起，而是由元音的状态向鼻辅音的状态过渡，鼻音色彩逐渐增加，直至发音部位闭塞并形成鼻辅音；第二，发鼻辅音韵尾时，在除阻阶段并不发音。

普通话的鼻音尾韵母又可以分作带舌尖鼻音“n”的前鼻尾韵母和带舌面后鼻音“ng”的后鼻尾韵母两类。前鼻音 n 跟声母 n 的发音大同小异，不同的是 n 作韵尾时除阻阶段不发音。ng[ŋ]是舌面后、浊、鼻音。发音时，软腭下降，打开鼻腔通路，舌根部后缩抵住软腭，气流振动声带后从鼻腔通过。ng 在普通话中不作声母，只能用作韵尾。

1. 前鼻音尾韵母的发音

发 an[an]、en[ən]、in[in]、ün[yn]时，先发元音，接着软腭降下来，逐渐增加鼻音色彩，舌尖往上齿龈移动，最后抵住上齿龈发 n。整个韵母发音完毕，才能除阻，如“灿烂 cànlàn、认真 rènzhēn、信心 xìnxīn、军训 jūnxùn”。

发 ian[iɛn]、uan[uan]、üan[yan]、uen[uən]时，应从前面的轻而短的元音滑到中间较响亮的主要元音，接着软腭逐渐降下来，鼻腔通路打开，舌尖往上齿龈移动，最后抵住上齿龈发 n①。整个韵母发音完毕，才能除阻，如“检验 jiǎnyàn、婉转 wǎnzhuǎn、源泉 yuánquán、昆仑 kūnlún”。

2. 后鼻音尾韵母的发音

发 ang[ɑŋ]、eng[əŋ]、ing[iŋ]、ong[uŋ]、iong[yŋ]时，先发开头的元音②，接着舌根往软腭移动并抵住软腭发 ng。整个韵母发音完毕，才能除阻，如“苍茫 cāngmáng、丰盛 fēngshèng、情形 qíngxíng、隆重 lóngzhòng、汹涌 xiōngyǒng”。

发 iang[iɑŋ]、uang[uɑŋ]、ueng[uəŋ]时，韵头较为轻短，只表示舌位从那里开始移动，接着发[ɑŋ]、[əŋ]，如“响亮 xiǎngliàng、矿床 kuàngchuáng、嗡嗡 wēngwēng”。

---

① 发韵母 ian 时，舌位不滑到低元音 ɑ[a]，只滑到半低元音[ɛ]。

② 韵母 ong 的元音为 u（不是 o），韵母 iong 的元音为 ü[y]（不是 io）。

（四）韵母的结构描写

从结构方面对韵母进行描写，常见的方法有表格法和公式法。这里只介绍一下表格法。

普通话韵母结构表

韵母例字	韵　　母			
	韵头（限于高元音 i、u、ü）	**韵腹**（十个单元音）	**韵尾**（高元音 i、u 和鼻音 n、ng）	
爱 ai		a	i	
优 you	i	o	u	
温 wen	u	e		n
越 yue	ü	ê		
英 ying		i		ng
勇 yong		ü		ng
无 wu		u		
语 yu		ü		
儿 er		er[ɚ]		
知 zhi		-i[ʅ]		
资 zi		-i[ɿ]		

通过对上面表格的分析，可以归结出普通话韵母的如下结构特点：

（1）普通话韵母最少有一个音素，最多只能有三个音素。

（2）任何韵母可以没有韵头、韵尾，但必须有韵腹。缺少韵腹，就无法生成音节。

（3）韵头、韵腹、韵尾三部分，韵腹最响亮。高元音 i、u、ü 因为开口度小、响度低，所以常作韵头或韵尾。汉语拼音的调号，一般要标在韵腹上。

（4）当韵头部分只有 i、u、ü 时，不能出现 y、w；因为 y、w 是起隔音作用的拼音符号，不代表韵母的任何一部分。

（5）对韵母进行描写时，韵母应采用完整的拼音或音标形式，不能用简写或略写。如在描写韵母 iu、ui、un 时，要用其完整形式 iou、uei 和 uen。

(6) ie、üe 中的韵腹是 ê[ɛ]，描写时要用 ê 或国际音标[ɛ]。ü 上面的两点和 ê 上面的三角符号不能省。

(7) 舌尖元音 -i 有两个，要用音标标明。er 和 ng 表示的都是一个音素，不能分开写。

(8) ong、iong 的韵腹分别是 u[u]、ü[y]，描写时要用原形。

四、韵母的比较与辨正

在学习普通话的韵母时，复韵母的发音是难点，常常会出现偏误现象。这里重点对复韵母进行一番比较分析。①

(一) 关于复韵母的基本认识

1. 复韵母中的各个元音成分通常并不等于字母所代表的单元音音值

一般来说，舌位从高到低渐变的复韵母发音都比较到位；而舌位从低向高运动的复韵母，后一元音发音往往并不到位，尤其是舌位由最低向最高运动的复韵母。比如，ai 的实际读音并不是[ai]，而是[aɪ]，甚至是[ae]，[i]只是起标示舌位运动方向的作用。

2. 口腔发音器官的状态是渐变的、连续的

在发复元音韵母时，舌位与唇型都是逐渐过渡的。比如，üe 从[y]到[ɛ]，唇形不会突然由圆变展，舌位也不可能一下子从最高降到半低。

3. 复韵母中的各个元音在韵母中的作用和所占的比例一般是不相等的

其中舌位较低的元音因为响度大，作用更重要一些，所以通常担任韵腹。比如，ou 中的 o，uai 中的 a。

(二) 关于复韵母的辨正

1. 前响二合元音韵母的辨正

ai 中的韵尾 i 只是起标示舌位运动方向的作用，不能真发成[i]，实际读音更像[e]或[ɪ]。否则，“埃”就会变为“阿一”或“埃一”了。另外，韵腹 a[a]与单韵母 a[A]的发音亦有所不同。有的外国人会把这个韵母发得较后，只要把舌位往前调整一下即可。

东南亚学生经常会把 ei 发成[ɣi]，原因在于他们把该韵母当作单元音 e 加单元音 i 了。事实上，ei 的韵腹发成前元音[e]或央元音[ə]都可以，但绝对不能是后元音[ɣ]或[ʌ]。

① 本小节内容参见：曹文. 现代汉语语音答问. 北京：北京大学出版社，2010：59-61.

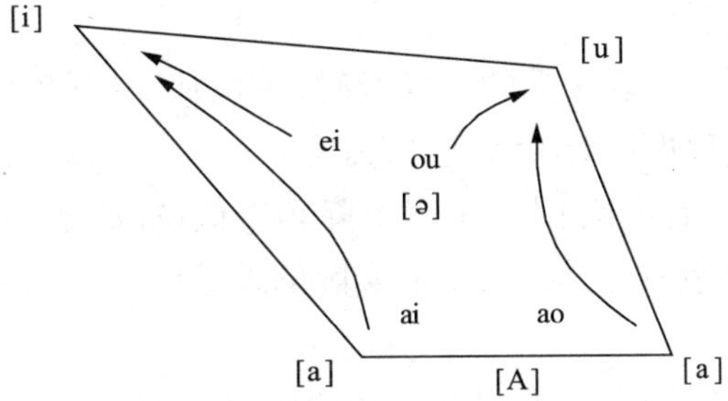

前响二合元音韵母舌位动程示意图

ɑo 的发音从舌面后、低、不圆唇的[ɑ]开始，逐渐抬高舌位向发[u]的位置靠近，嘴唇渐圆，约止于[o]或松元音[ʊ]处。一些泰国学生容易把这个韵母发成[ɑo]，ɑ 的发音部位明显偏前。此外，有些港澳地区及华裔学生会把含 ɑo 的音节念成带 ou[əu]或单元音[ə]的音节。

ou 的发音情况则各不相同：有的人舌位及唇形变化较大，从[ə]开始；有的人舌位及唇形变化较小，从[o]开始。日本学生的发音经常与 uo 或 o 相混，建议采用唇、舌动程较大的[əu]式发音来加以训练。至于 ɑo、ou 容易相混的港澳学生，应提醒他们注意二者开口度的不同：ɑo 大而 ou 小。

2. 后响二合元音韵母的辨正

普通话的后响二合元音韵母共 6 个，其中 iɑ、ie、uɑ、uo 与前响二合元音韵母 ɑi、ei、ɑo、ou 大致对应，另两个则是 üe 和 io。在舌位动程方面，后响二合元音比前响二合元音稍大，两个元音的发音都很到位。

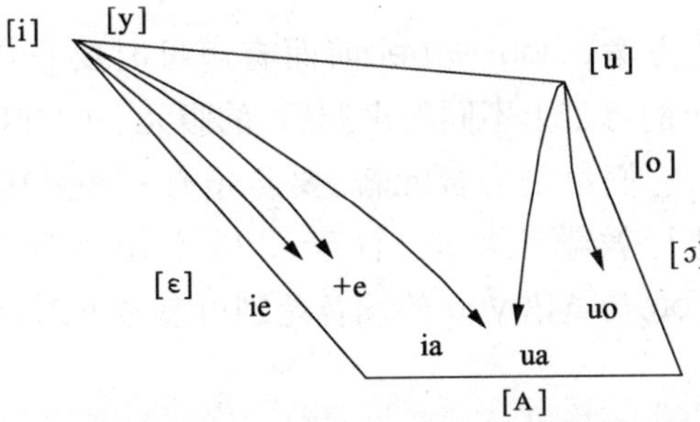

后响二合元音韵母舌位动程示意图

后响二合元音最常见的发音问题是将开口度不同的韵母混淆。例如，“老家”听着像

“老街”,“买瓜”听着像“买锅”。

iɑ 发成[iA]或[ia]都是可以接受的。发音时,舌位从[i]开始向下运动,直至发出清晰的[A]或[a]音。同时,口型也从最小张到最大。

ie 的发音也是从[i]开始舌位下降,最多下降到半低位[ɛ]就应该停住。如果舌位降得过多,要么成了[iæ],要么就成了[ia]。ie 的实际韵腹是单元音 ê,意识到这一点,就可以避免把 ie 发成[iə]或[iʌ]。

uɑ 一般发成[uA]。发音时,舌位从[u]开始向央低位运动,同时不再圆唇,直到口大开,发出清晰的[A]音。

uo 的国际音标与汉语拼音的形式基本相同。发音时,应适当控制口型与唇形。开口度由小变大,最多只能到半开[ɔ];唇形的圆度虽然有所减弱,但最终还是维持圆形。

üe 的韵腹 ê[ɛ],舌位的动程与 ie 是一样的。不过,üe 的发音除了舌位及开口度的变化以外,还有唇形圆展的变化。

io(yo)在许多教材里一般是找不到的,但《现代汉语词典》里有它的身影。io 与单韵母 o 和 ê 一样,只是在几个叹词中出现,所以教学中可以不必过多关注。

3. 中响三合元音韵母的辨正

普通话的 4 个中响三合元音韵母与 4 个前响二合元音韵母有严整的对应关系:uɑi ~ ɑi, uei ~ ei,iɑo ~ ɑo,iou ~ ou。它们的韵腹与韵尾是一样的,差别在于有无韵头;在舌位的移动方面,三合元音显然要比二合元音的动程大;在时长分布上,第一、第二个元音较长,第三个元音则比较短。

对于 iɑo 和 iou、uɑi 和 uei 的混同现象,只要注意突出韵腹元音在舌位高低及开口度方面的差异即可。

另外,根据《汉语拼音方案》,iou 和 uei 前面有声母时要写作 iu 和 ui,如“qiúduì(球队)”。有学者发现,这两个韵母带上不同的声调后,韵腹元音的开口度及时长都会产生相应的变化。但不管怎样变化,它们都是三合元音,要防止有一些外国学生把它们发成英语的 you[ju]和 we[wi]。进行教学说明时,注音可以不用省略形式,如“球队”可注为“qióuduèi”。有关普通话 iou 与英语 you 的发音差别可参考下图:

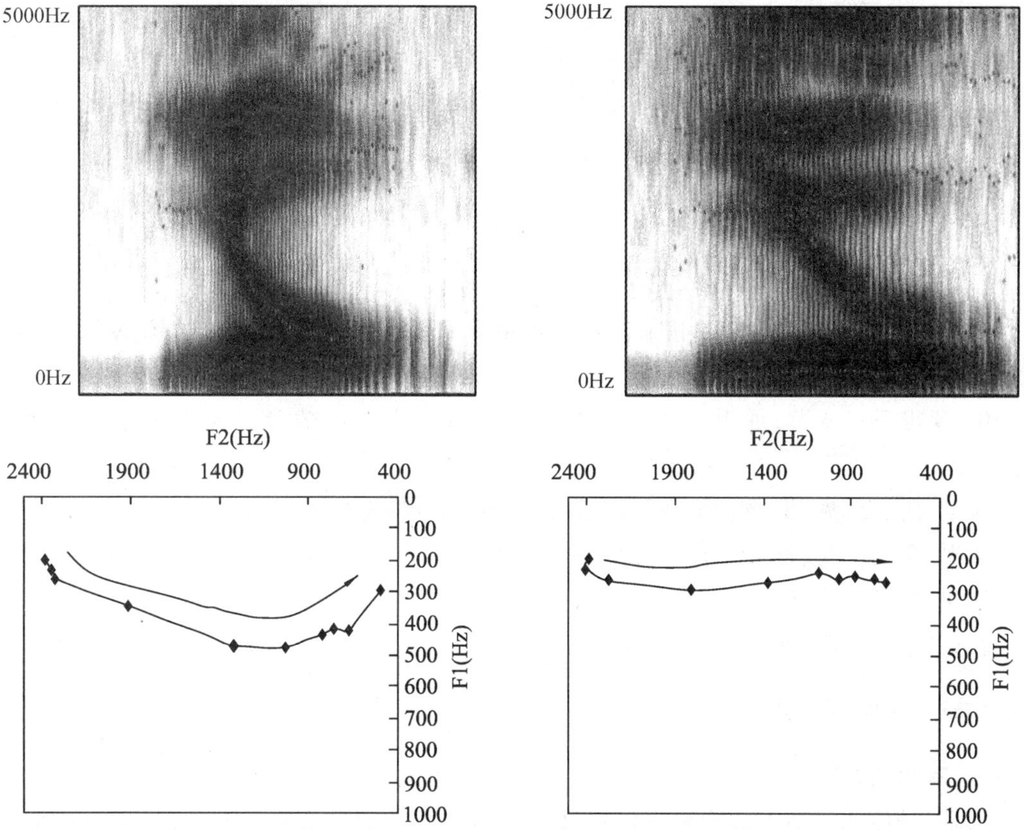

普通话 you 和英语 you 的声谱图和声学元音图

左侧是普通话的"you(又)"的声谱图(上)和声学元音图(下),右侧是英语的"you(你)"的声谱图(上)和声学元音图(下)。声学元音图都是根据元音声谱段 10 个时间均点的一、二共振峰所做的。图中反映出普通话"you(又)"的舌位动程既有前后变化,亦有高低变化,而英语"you(你)"舌位只有前后变化。

思考和练习

1. 画出舌面元音舌位图,并且把七个舌面元音标示在舌位图上。
2. 根据舌面元音舌位图,熟练地描写七个舌面元音。
3. 所谓特殊元音是指哪几个元音?它们与舌面元音的发音有什么区别?
4. 构成复韵母的元音与舌面元音之间具有什么关系?
5. 根据舌面元音舌位图,说说复韵母之前响、中响、后响是怎么确定的。

6. 鼻韵母是怎样构成的？鼻韵母里的一个或两个元音与舌面元音是什么关系？

7. 普通话韵母里的韵腹是怎样确定的？

8. 比较说明下列单韵母发音的异同：

① i[i]和 ü[y]

② u[u]和 o[o]

③ i[i]和 u[u]

④ -i[ɿ]和 -i[ʅ]

9. 有一位外国学生学习汉语。他的母语中有 i[i]这个元音，但是没有 ü[y]这个元音。你觉得应该怎样帮助他学会发 ü[y]。

10. 读准下列音节，并用汉语拼音字母注明每个音节的韵母。请注意分析下面加线的字。

① 很、跟、门、横、更、梦、盆、分、森、朋、风、生

② 因、今、新、英、精、兴、春、滚、允、冲、工、永

③ 方、康、商、番、刊、山

④ 白、叠、刮、药、粥、贼、略、岳、缺、约、贴、则

第四节　声　调

一、声调的内涵

声调是依附于音节上的能够区别意义的相对音高的变化形式。据此，世界上的语言可分为声调语言和非声调语言两类。在非声调语言中，音高的高低升降不能区别意义，只能表示不同的语气，如英语的 student（学生）只能通过音高的变化来表示不同的口气和语调。汉语是有声调的语言，每一个音节通常都会有多种音高变化，不同的音高形式表达不同的意义，如普通话的 chī（吃）、chí（迟）、chǐ（尺）、chì（斥）等。

声调是汉语音节不可缺少的组成部分，不仅具有区别意义的重要作用，而且能使汉语在抑扬顿挫、起伏跌宕的音高变化中，形成特定的韵律。

二、调值和调类

“调值”是指某一个声调的实际读音，反映的是音节音高的具体变化形式。音高有相对音高和绝对音高之分。绝对音高是通过相关仪器测量出来的发音体实际振动的频率。不同的人由于发音器官的差异，绝对音高各不相同，如儿童的绝对音高一般要比成人的高一些。相对音高是通过比较的方法确定下来的同一基调的音高变化形式。例如，一个儿童读“dà

(大)”是从他的最高音降到最低音,一个成人读“dà(大)”也是从他的最高音降到最低音。两人的绝对音高虽然不同,但发音时音高的变化幅度即相对音高是相同的。相对音高的各种变化形式,就形成了不同的调值。声调讲究的是相对音高,相对音高相同则意味着声调相同。相对音高的变化是连续的,中间没有任何停顿。

汉语是一种有声调的语言,普通话和各种方言都有自己的声调。把调值相同的字归并成类,就叫“调类”。一种方言里有几种调值,就有几种调类。为每个调类确定的名称,叫作调名。命名的方法多种多样,最简单的命名就是按照一、二、三、四的序列,称之为第一声、第二声等。实际上,为了便于将古代汉语、现代方言、普通话之间的声调关系进行对比,人们仍然采取古代“平、上、去、入”四声名称来给现在的声调进行命名。比如,中古的去声字,不管它在普通话和方言里的调值怎样,人们还是把它们叫作去声。

三、声调的描写

(一) 调类的描写

普通话语音的调类名称为阴平、阳平、上声、去声,统称四声,是从古汉语的声调名称平、上、去、入演变来的。根据传统,汉语的声调又可按声母的清浊各分为阴调和阳调两类:清声母字归阴调,浊声母字归阳调。普通话的阴平字,大致跟古清声母的平声字相当;阳平字,也大致跟古浊声母的平声字相当;上声字包括古清声母上声字和部分浊声母上声字(即声母是边音、鼻音和今读零声母的阳上字);去声字包括了古去声字和另一部分古浊声母的上声字。古代入声调类在普通话里已经消失了,古清声母入声字在普通话里分别读成阴平、阳平、上声或去声,古浊声母入声字在普通话里读成去声或阳平。关于古汉语声调同普通话声调的对应关系,可以参看下面的《古今调类比较表》。

古今调类比较表

古调类 \ 声母清浊 \ 普通话调类			阴平	阳平	上声	去声
平声	清声母		夫汤妻诗			
	浊声母	次浊		门难牛油		
		全浊		符糖齐时		

续表

古调类 \ 声母清浊 \ 普通话调类			阴平	阳平	上声	去声
上声	清声母				府短酒纸	
	浊声母	次浊			米老藕有	
		全浊				妇稻旱似
去声	清声母					富对去试
	浊声母	次浊				慢浪岸用
		全浊				附盗汗寺
入声	清声母		哭桌出瞎	革国博节	谷铁北百	客阔必式
	浊声母	次浊				木绿日叶
		全浊		白敌学直		

现代汉语里沿用“平、上、去、入”等古代调类名称，目的是使人了解古今调类演变的来龙去脉，便于类推。这不仅有助于人们掌握普通话或方言同古汉语声调的对应关系，还有助于大家了解方言与方言之间的声调对应规律。

（二）调值的描写

调值指的是声调的实际读法。对于古代四声的实际音值，人们采取了语言描述的方式。例如：

> 平声哀而安，上声厉而举，去声清而远，入声直而促。
>
> ——唐·处忠《元和韵谱》

> 平声平道莫低昂，上声高呼猛烈强，去声分明哀远道，入声短促急收藏。
>
> ——明·真空《玉钥匙歌诀》

这些描述虽然比较具体形象，但都无法准确地记录下每个声调的实际读法。

为了克服以往声调描写的模糊性，著名语言学家赵元任先生根据声调相对音高变化的原理，借鉴西方音乐教育中的五线谱，创制了“五度标记法”，对现代声调进行标记和描写。“五度标记法”是用一根分为五个刻度的竖标来标记相对音高的一种方法。五个数字的具体含义:1 代表低音,2 代表半低音,3 代表中音,4 代表半高音,5 代表高音。

普通话阴平、阳平、上声、去声分别对应四种不同的调值:[55]、[35]、[214]、[51]。具体如下图:

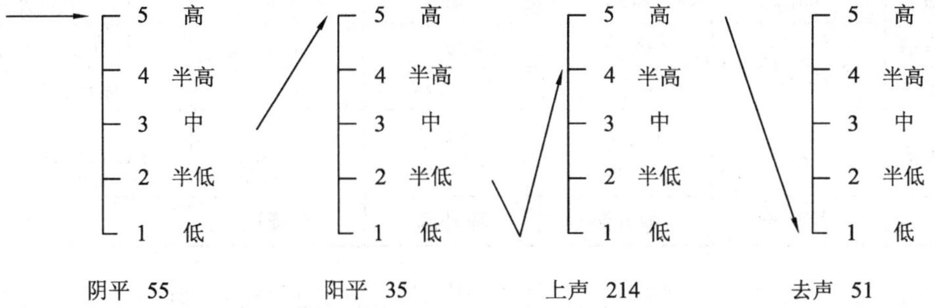

普通话调值五度标记图

1. 阴平

调值是[55]。发音时,声带拉紧,声音高而平,基本没有升降的变化,也称为高平调。例如:

qīng(清)　kōng(空)　jūn(军)　yī(衣)

2. 阳平

调值是[35]。发音时,从中音升到高音,也称为中升调。例如:

tóng(同)　xué(学)　wéi(围)　qí(棋)

3. 上声

调值是[214]。发音时,先由半低音降到低音,再升到半高音,也称为降升调或曲折调。例如:

jǐng(井)　shuǐ(水)　zhǔ(煮)　mǐ(米)

4. 去声

调值是[51]。发音时,由最高降到最低,也称为全降调。例如:

jìng(净)　mào(冒)　rè(热)　qì(气)

四、声调的标记

普通话声调可以采用不同的标记法,主要有拼音符号法、调值数码法、五度竖标法等。

普通话声调标记示例表

例字	英	雄	好	汉	
调类	阴平（第一声）	阳平（第二声）	上声（第三声）	去声（第四声）	
拼音标调法	yīng	xióng	hǎo	hàn	标在主要元音上
调值数码法	[iŋ^{55}]	[ɕyŋ^{35}]	[xau^{214}]	[xan^{51}]	标在音标右上角
五度竖标法	[iŋ˥]	[ɕyŋ˧˥]	[xau˨˩˦]	[xan˥˩]	标在音标右边
调类点角法	[꜀iŋ] ꜀英	[꜁ɕyŋ] ꜁雄	[꜂xau] ꜂好	[xan꜄] 汉꜄	标在音标或汉字四角
调型	高平调	中升调	降升调	全降调	

拼音符号法是按照《汉语拼音方案》的规定，用调值的变化模式即阴平ˉ、阳平ˊ、上声ˇ、去声ˋ来标记普通话的声调类型。标记声调的符号，就叫作调号。调号必须标在主要元音上，轻声不标调。例如：

zì（自）xiāng（相）máo（矛）dùn（盾）

xīn（心）míng（明）yǎn（眼）liàng（亮）

gāochāo（高超）cháoliú（潮流）lǐngdǎo（领导）yuèsè（月色）

dōngxi（东西）máfan（麻烦）huǒji（伙计）yuèbing（月饼）

调值数码法则采用表示相对音高变化的数字来标记普通话的声调。表示调值的数字要标在国际音标的右上角。例如：

[tɕʻyŋ^{35}]（穷）[ɕyŋ^{55}]（凶）[tɕi^{35}]（极）[ɣ^{51}]（恶）

[xan^{51}]（汗）[liou^{35}]（流）[tɕia^{35}]（浃）[pei^{51}]（背）

五度竖标法是以五度标记图为依据，将音节的相对音高变化形式标在国际音标的右边，从而达到标记普通话声调的目的。例如：

[tuŋ˥]（冬）[nuan˨˩˦]（暖）[ɕia˥˩]（夏）[liaŋ˧˥]（凉）

[tɕʻyan˧˥]（全）[mian˥˩]（面）[fa˥]（发）[tʂan˨˩˦]（展）

思考和练习

1. 分别指出以下每个音节的调类和调值。

安 文 比 菜 送 五 麻 天 短 高 对 才 失 实 尺 月 灭 杂 铁 药 局 读 白 合

2. 分别指出下列成语里各个音节声调的调类和调值。

兵强马壮　雕虫小技　幡然悔悟　飞禽走兽　锋芒所向　瓜田李下　光明磊落
灯红酒绿　呼朋引伴　鸡零狗碎　积年累月　金迷纸醉　高朋满座　规行矩步
绿草如茵　妙语连珠　妙手回春　逆水行舟　木已成舟　墨守成规　弄巧成拙
弄假成真　具体而微　叫苦连天　厚古薄今　刻骨铭心　短简残篇　沸反盈天
继往开来　漏网之鱼　过眼烟云　不解之缘　汗马功劳　倒打一耙　赤手空拳
量体裁衣　皓首穷经　调虎离山　地广人稀　奋起直追　覆水难收　破釜沉舟
眉开眼笑　南腔北调　牛刀小试　良师益友　集思广益　狼吞虎咽　狼心狗肺
弥天大谎　瞒天过海　狼烟四起　离乡背井　龙飞凤舞　横征暴敛　喉清韵雅
藕断丝连　满腹经纶　苦尽甘来　赶尽杀绝　狗血喷头　谷贱伤农　骨肉相连
满载而归　鸟尽弓藏　火树银花　老迈年高　老气横秋　举世无双　锦绣河山
恼羞成怒　管窥蠡测　广开言路　海枯石烂　草菅人命　打家劫舍　普天同庆
美中不足　老奸巨猾　滚瓜烂熟　感恩戴德　感激涕零　耳聪目明　坚忍不拔
零敲碎打　年深日久　南征北战　和风细雨　奇光异彩　前因后果　鸡犬不留
满园春色　老谋深算　举足轻重　改邪归正　感同身受　光彩夺目　气冲牛斗
明目张胆　袍笏登场　梁上君子　和睦相处　独具只眼　不堪回首　落花流水
哀鸿遍野　高足弟子　风和日暖　锋芒所向　劈头盖脸　恶语中伤　别有用心
惶恐不安　车载斗量　跌宕起伏　挥洒自如　充耳不闻　接踵而至　鸡口牛后
肝脑涂地　风雨如晦　鼎足之势　革故鼎新　奇货可居　古为今用

3. 说明下列词语连读时音节变调的情况并标出连读时的调值。

① 浅水　米粉　美好　好手　水产　产品　水乡　水田　水分　有板有眼

② 一天　一年　一口　一段

③ 不知道　不明确　不理解　不赞成

4. 下列词语中的字都是古入声字，请用汉语拼音标出它们在普通话中的实际读音。

克服　食物　答复　合适　博学　实质　毕业　剧烈　出席　压缩　活跃　束缚

5. 以你所熟悉的一种汉语方言为例，说明该方言与普通话在调类和调值方面的差别。

6. 找出10个古入声字，分别描写它们在你所熟悉的方言中的调类和调值情况。

第五节　音　节

一、普通话音节结构

音节是语流中自然的发音单位和听感单位。正常情况下，人们可以从听觉、响度峰和发音等三个方面判定音节。除儿化音节外，一个汉字的读音就代表一个音节。

（一）普通话音节的描写方法

普通话音节结构的描写可以采用不同的方法。按照汉语音韵学的分析法，普通话的音节结构可以分为声母、韵母和声调三个部分。如果从现代语音学的角度来看，普通话的音节结构的基本成分是音素和音高：辅音音素主要用来充当声母或韵尾，元音音素主要用来组成韵母，音高的作用是形成不同声调。

无论是对普通话的音节进行传统分析还是现代分析，都可以采用表格描写法和公式描写法。

1. 表格法

所谓表格法就是利用表格，将普通话音节的声韵调构成情况和音素情况逐一描写出来。例如：

音节	声母	韵母			声调
		韵头	韵腹	韵尾	
文 wén		u	e	n	阳平
学 xué	x	ü	ê		阳平
院 yuàn		ü	a	n	去声
汉 hàn	h		a	n	去声
语 yǔ			ü		上声
国 guó	g	u	o		阳平
际 jì	j		i		去声
教 jiào	j	i	a	o[u]	去声
育 yù			ü		去声
硕 shuò	sh	u	o		去声
士 shì	sh		-i[ʅ]		去声
课 kè	k		e		去声
程 chéng	ch		e	ng	阳平
安 ān			a	n	阴平
排 pái	p		a	i	阳平

2. 公式法

所谓公式法就是用公式将普通话音节的构成情况详尽描绘出来。如果用 δ 表示普通话一个音节的话，那么该音节的结构如下：

$$\delta=\frac{T}{(C_1)(V_1)V_2(V_3/C_3)}$$

其中，V 表示元音，C 表示辅音，T 表示声调，括号“( )”表示可有可无，斜杠“/”表示的是选择关系，即二选一的关系。

（二）普通话音节结构的特点

根据上面的描写，可以归纳出普通话音节结构的以下四个特点：

1. 结构简单

每个音节最少由一个音素构成，如 wǔ（五）直接由元音 u（韵腹）构成；最多则由四个音素构成，如 shuāng（双）由辅音 sh（声母）、元音 u（韵头）、元音 ɑ（韵腹）、辅音 ng（韵尾）构成。

2. 元音为主

普通话的音节可以没有辅音，但必须有元音，而且常常是复合元音，如 wān（弯）、bái（白）、diào（掉）。

3. 辅音为辅

辅音位于音节的开头和结尾，没有连用的现象。一个音节可以完全没有辅音，如 iā（呀）、é（鹅）等。

4. 声调分明

普通话的每个音节都有声调，即使是不加调号的音节也有声调。不同声调的音节搭配在一起，高低起伏，抑扬顿挫，特别富有音乐美和节奏感。

二、普通话音节拼合规律

普通话有 21 个辅音声母、39 个韵母、4 个声调。但是，这些声母、韵母和声调之间的配合不是自由无限的，必须符合一定的规律。

普通话声母和韵母的配合，主要取决于声母的发音部位和韵母的四呼情况。一般说来，如果声母的发音部位相同，那么能够与之搭配的韵母的四呼类别也大体相同，即同部位的声母往往与同呼的韵母相拼。

1. 从声母的角度看普通话的声韵拼合规律

（1）双唇音和舌尖中音 d、t 能跟开口呼、齐齿呼、合口呼韵母拼合，不能跟撮口呼韵母拼合。需要注意的是，能跟双唇音相拼的合口呼韵母，只限于 u。

(2) 唇齿音、舌尖前音、舌尖后音、舌根音这几组声母能跟开口呼、合口呼韵母拼合，不能跟齐齿呼、撮口呼韵母拼合。同样，能跟唇齿音相拼的合口呼韵母，也只限于 u。

(3) 舌尖中音 n、l 能跟四呼韵母相拼。

(4) 舌面音能跟齐齿呼、撮口呼韵母相拼，不能跟开口呼、合口呼韵母相拼。

(5) 零声母音节四呼齐全。

2. 从韵母的角度看普通话的声韵拼合规律

(1) 能跟开口呼、合口呼韵母相拼的辅音声母最多。除了舌面音外，其他声母都能与之相拼。

(2) 能跟齐齿呼韵母相拼的辅音声母有双唇音、舌尖中音、舌面音，其他声母不能与之相拼。

(3) 能跟撮口呼韵母相拼的辅音声母最少，只有舌尖中音 n、l 和舌面音，其他声母不能与之相拼。

关于普通话音节中声母和韵母之间的具体拼合情况，可参看下表：

普通话声韵配合简表

声母类型 \ 四呼		开口呼	齐齿呼	合口呼	撮口呼
双唇音	b p m	+	+	+(限 u)	
唇齿音	f	+		+(限 u)	
舌尖前音	z c s	+		+	
舌尖中音	d t	+	+	+	
	n l	+	+	+	+
舌尖后音	zh ch sh r	+		+	
舌面前音	j q x		+		+
舌面后音	g k h	+		+	
零声母		+	+	+	+

注："+"表示该类声母和韵母可以搭配，空白表示不能搭配。

三、普通话音节拼写规则

(一) 字母 y、w 的使用

齐齿呼韵母单独成音节时，前头要用 y。具体做法：如果韵母只是 i，前面直接加 y；如果 i 后还有其他元音，则把 i 改为 y。例如：

i ⟶ yi　　ie ⟶ ye　　iang ⟶ yang

合口呼韵母单独成音节时，前头要用 w。具体做法：如果韵母只是 u，前面直接加 w；如果 u 后还有其他元音，则把 u 改为 w。例如：

u ⟶wu　　uen ⟶wen　　uang ⟶wang

撮口呼韵母单独成音节时，不论 ü 后面是否有其他元音，一律加上 y，同时去掉 ü 上的两点。例如：

ü ⟶yu　　üan ⟶yuan

（二）隔音符号的使用

开口呼韵母单独成音节时，如果要跟前面其他音节连写，就必须在左上角加隔音符号“’”，以使音节之间的界限显得分明。例如：

深奥 shēn’ào　档案 dàng’àn　西欧 xī’ōu　木偶 mù’ǒu　然而 rán’ér

（三）省写

韵母 iou、uei、uen 与辅音声母相拼的时候，要省去中间的音素 o、e。例如：

九 j + iǒu ⟶jiǒu ⟶jiǔ　最 z + uèi ⟶zuèi ⟶zuì　论 l + uèn ⟶luèn ⟶lùn

另外，撮口呼韵母与舌面音声母相拼，ü 上的两点要省去。例如：

举 j + ǚ ⟶jǚ ⟶jǔ　劝 q + üàn ⟶qüàn ⟶quàn　学 x + üé ⟶xüé ⟶xué

（四）标调

声调符号一律标在表示韵腹的字母上方，如“家 jiā”、“怪 guài”。iou 和 uei 省略后声调符号各标在后面的元音上，如“九 jiǔ”、“最 zuì”。

当调号落在 i 上时，用调号代替 i 上的点，如“衣 yī”。

（五）连写和大写

在用拼音拼写语句时，词与词之间要分开写，词的内部则要连成一个片段。例如：

社会　科学　也　是　一门　科学

Shèhuì　kēxué　yě　shì　yìmén　kēxué。

如果用拼音拼写一句话，开头的字母要大写。另外，专有名词的开头字母要大写。例如：

回族 Huízú　江苏 Jiāngsū　江苏省 Jiāngsū Shěng　梅兰芳 Méi Lánfāng

（六）《汉语拼音正词法基本规则》

1996 年，国家发布了《汉语拼音正词法基本规则》。2012 年，新版《汉语拼音正词法基本规则》正式发布实施。该规则在《汉语拼音方案》的基础上进一步规定了词的拼写规范要点，具体内容：拼写句子基本上以词为连写单位，也就是把一个词的各音节连写在一起，词与词之间分开拼写。例如：

Mǎkèsi hái fāxiànle xiàndài zīběn zhǔyì shēngchǎn fāngshì hé tā suǒ chǎnshēng de zīchǎn jiējí shèhuì de tèshū de yùndòng guīlǜ。

马克思还发现了现代资本主义生产方式和它所产生的资产阶级社会的特殊的运动规律。

此外,该规则还对分词连写法作了如下具体说明:

(1) 表示一个整体概念的双音节、三音节结构连写,如 wénmíngyuè 文明月。

(2) 四音节以上的表示一个整体概念的名称,按词(或语节)分开写,如 shēngchǎn fāngshì 生产方式;不能按词划分的,全部连写,如 hóngshízìhuì 红十字会。

(3) 单音节词重叠连写,双音节词重叠分写。例如:

xiàoxiao 笑笑　hēihēide 黑黑的　tiāntiān 天天

zhěngli zhěngli 整理整理　tōnghóng tōnghóng 通红通红

AABB 重叠式中间需加短横(占半个字母的位置)。例如:

gāngan－jìngjìng 干干净净　jiājiā－hùhù 家家户户

(4) 为了便于阅读和理解,在某些特定场合(如缩略语、概数词中)可以用短横。例如:

huán－bǎo 环保　shíliù－qīsuì 十六七岁

《汉语拼音正词法基本规则》还对其他一些细节问题做出了具体规定,比如成语拼写法、外来词拼写法、人名地名拼写法、标调法、移行规则等。

思考和练习

1. 请按照普通话音节的拼写规则给下列词语注音。

超额　义务　外语　无畏　微笑　论文　掉色　渔业

摇曳　推求　喜悦　邮局　婴儿　急剧　屈原　苏州市

2. 下列各词的拼音存在拼写错误,请加以改正。

开创 kāicuàng	泪水 luìshuěi
对流 dèilióu	西安 xīān
埋怨 máiüàn	拼音 pīngīng
渔业 ǘiè	档案 dǎngàn
辉煌 huēihuán	多余 dōyǘ

3. 撮口呼韵母与 n、l 相拼,ü 的两点要保留,而与 j、q、x 相拼,ü 的两点则要省略。这样规定的依据是什么?

4. 简述普通话音节结构的特点以及声母、韵母之间的拼合规律。

5. 普通话音节的声母、韵头、韵腹、韵尾位置分别能出现哪些音位？请举例说明。

6. 试对下表中的音节进行结构分析：

例字（注上拼音）	声母	韵母			声调（调值）
		韵头	韵腹	韵尾	
怕					
火					
雪					
见					
以					
袄					
也					
桥					
昏					
修					

第六节　语流音变

音变是指语音所发生的变化。音变大致分为两种情况：一种是历时音变，即语音随着时间而发生的变化；一种是共时音变，即语音在语流中发生的变化。

语流是指在一定时间内人们连续发出的一连串音节。在连贯的语流中，音素、声调、音节之间会因相互影响或受发音速度、力度等音素的影响而发生或大或小的变化，这就是所谓的语流音变。普通话的语流音变丰富多彩，但以轻声、儿化、变调和语气词“啊”的音变最为显著。

一、轻声

（一）轻声的内涵

在一定条件下，某个音节在语流中读得又短又轻，从而失去原有的调值，这就是轻声。词典一般会对轻声作如下标注：

家 · jia〈口〉后缀。（姑娘家）。另见 · jie（整天家）

家当 jiā · dàng〈口〉家产（“当”可以读轻声）。

本事 běn · shi 本领：有本事｜学本事｜本事大。

（二）轻声的分布

普通话的轻声分两种情况：一种是有规律的轻声；一种是没有规律的轻声。有规律的轻声，主要限于某些特定的语法成分。具体包括以下几种情况：

(1) 助词和语气词“的、地、得、了、着、过，吗、呢、吧、啊、了、的”等念轻声。

(2) 叠音词以及重叠式动词、名词之第二、第四音节念轻声。

(3) 后缀“子、头、们”等念轻声。

(4) 名词后面的方位名词“上、下、里、面、边”等念轻声。

(5) 趋向补语念轻声。

(6) 宾语位置上的“我、你、他”，尤其是虚指的“他”念轻声。

没有规律的轻声主要见于一些双音节词，通常是词的后一个音节读轻声，如“太阳、月亮、月饼”。以下是普通话中常见的含轻声的双音节词：

巴结 巴掌 包袱 本事 荸荠 编辑 扁担 别扭 玻璃 薄荷 簸箕 不是
裁缝 苍蝇 柴火 称呼 出息 畜生 炊帚 刺激 聪明 耷拉 凑合 大方
大爷 大意 大夫 耽搁 灯笼 嘀咕 地道 地方 地下 东西 动弹 豆腐
对头 多少 哆嗦 耳朵 翻腾 分析 风筝 高粱 胳膊 疙瘩 工夫 功夫
姑娘 故事 棺材 官司 规矩 闺女 过去 哈欠 含糊 核桃 合同 狐狸
葫芦 胡同 糊涂 馄饨 活泼 伙计 机灵 家伙 见识 糨糊 交情 街坊
结实 戒指 精神 开通 口袋 窟窿 困难 喇叭 烂糊 老婆 老实 老爷
冷战 篱笆 里脊 利害 痢疾 粮食 趔趄 铃铛 溜达 琉璃 啰嗦 萝卜
骆驼 麻烦 马虎 买卖 玫瑰 棉花 明白 名堂 名字 蘑菇 模糊 脑袋
念叨 奴才 暖和 佩服 朋友 琵琶 枇杷 屁股 便宜 葡萄 千斤 亲戚
清楚 情形 人家 认识 软和 丧气 扫帚 商量 烧饼 少爷 牲口 生意
石榴 实在 使唤 事情 收成 收拾 舒服 算盘 踏实 抬举 太阳 体面
笤帚 头发 妥当 外甥 晚上 温和 窝囊 稀罕 吓唬 下水 先生 相声
休息 笑话 心思 新鲜 行李 兄弟 休息 秀才 学生 牙碜 衙门 烟筒
砚台 秧歌 养活 吆喝 钥匙 衣服 衣裳 意识 意思 应酬 冤枉 鸳鸯
月饼 云彩 在乎 早上 造化 张罗 丈夫 帐篷 招呼 折腾 芝麻 知识
指甲 妯娌 嘱咐 主意 状元 琢磨

(三) 轻声的作用

1. 区别词义

同一词形的词会因轻声而产生意义差别。例如：

对头 duìtóu 正确、合适/正常/合得来←→对头 duì · tou 仇敌/对手

东西 dōngxī 东边和西边/从东到西⟷东西 dōng · xi 泛指物/人或动物

2．区分词性

同一词形的词会因轻声而产生词性差别，例如：

对头 duìtóu 形容词⟷对头 duì · tou 名词

利害 lìhài 名词⟷利害 lìhai 形容词

二、儿化

（一）儿化的内涵

普通话里有两个“儿”：一个是具有实在意义的词根（如“女儿、婴儿、男儿、幼儿”），一个是没有实在意义的后缀（如“花儿、鸟儿、一会儿”）。

后缀“儿”（er）与前面一个音节的韵母融合成一体，使之带上卷舌的色彩，这个过程叫儿化。儿化后的带卷舌色彩的韵母即所谓的儿化韵。含有儿化韵的词即被称为儿化词。

（二）儿化词的分布

儿化词在北方汉语尤其是北京话里特别普遍。普通话也适当吸收了一定数量的儿化词。以下是一些较为常见的儿化词：

瓣儿 老伴儿 板擦儿 碴儿 没错儿 脸蛋儿 点儿 一点儿 兜儿 份儿饭 干儿（gānr） 包干儿 盖儿 笔杆儿 光杆儿 羊羔儿 饱嗝儿 打嗝儿 个儿 易拉罐儿 打滚儿 冰棍儿 光棍儿 男孩儿 女孩儿 小孩儿 外号儿 猴儿 核儿（húr） 会儿 一会儿 活儿 大伙儿 皮筋儿 劲儿 烟卷儿 角儿（juér）壳儿（kér） 块儿 一块儿 时髦儿 门儿 纳闷儿 面儿 哪儿 那儿 娘儿俩 牌儿 照片儿 球儿 圈儿 雪人儿 桑葚儿 口哨儿 模特儿 大婶儿 聊天儿 头头儿 奔头儿 劲头儿 老头儿 玩儿 味儿 被窝儿 心窝儿 馅儿 眼儿 心眼儿 字眼儿 好样儿的 爷儿俩 玩意儿 这儿 子儿 庄儿

另外的一些儿化词则是由上述词推广而来的。例如：

瓣儿——花瓣儿　蒜瓣儿　豆瓣儿酱　橘子瓣儿　一瓣儿蒜

碴儿——碗碴儿　玻璃碴儿　冰碴儿

点儿——差点儿　快点儿　晚点儿　有点儿　两点儿　半点儿

兜儿——裤兜儿　衣兜儿　网兜儿

盖儿——壶盖儿　瓶盖儿　宝盖儿　指甲盖儿

干儿——鱼干儿　豆腐干儿　葡萄干儿

个儿——矮个儿　大个儿　高个儿　挨个儿

猴儿——大猴儿　孙猴儿　猴儿王　耍猴儿

核儿——梨核儿　杏核儿　煤核儿

会儿——等会儿　坐会儿　多会儿　这会儿

活儿——干活儿　零活儿　重活儿　力气活儿　庄稼活儿

劲儿——闯劲儿　干劲儿　使劲儿　有劲儿　起劲儿　心劲儿　天真劲儿　一个劲儿

角儿——丑角儿　名角儿　配角儿　捧角儿　主角儿

壳儿——蚌壳儿　贝壳儿　蛋壳儿　乌龟壳儿　子弹壳儿　硬壳儿　外壳儿　脑壳儿

块儿——土块儿　石块儿　冰块儿　碎块儿　成块儿　块儿煤

门儿——柜门儿　炉门儿　月亮门儿　走后门儿

面儿——胡椒面儿　栗子面儿　药面儿

牌儿——老牌儿　名牌儿　冒牌儿　杂牌儿　黄牌儿

球儿——煤球儿　糖球儿　玻璃球儿　卫生球儿

圈儿——火圈儿　里圈儿　外圈儿　线圈儿　圆圈儿　转圈儿　眼圈儿　面包圈儿

玩儿——好玩儿　闹着玩儿　玩儿命

味儿——臭味儿　风味儿　京味儿　鲜味儿　香味儿　走味儿

馅儿——馅儿饼　肉馅儿　什锦馅儿　露馅儿

眼儿——扣眼儿　窟窿眼儿　红眼儿病

庄儿——张庄儿　赵庄儿

子儿——瓜子儿　花子儿　结子儿　石头子儿　枪子儿

（三）儿化韵的发音

（1）音节末尾是 ɑ、o、e、ê 的，ɑ、o、e、ê 发成卷舌的元音，如“花儿、豆芽儿、山坡儿、小刀儿、小车儿、台阶儿”。

（2）韵尾是 -i 或 -n 是（除 in/ün 外）的，-i 或 -n 不发音，前面的元音发生卷舌作用，如“盆儿、倍儿（牙齿倍儿棒）、小孩儿、花篮儿”。

（3）韵母是[in]或[yn]的，-n 不发音，后加[ər]，如“脚印儿、合群儿”。

（4）韵母是 i 或 ü 的，后加[ər]，如“小鸡儿、金鱼儿”。

（5）韵母是 -i[ɿ]、[ʅ]的，原来的韵母变为[ər]，如“瓜子儿、没事儿”。

（6）韵尾是 ng 的，ng 脱落，韵腹发成卷舌的鼻化音，如“绳儿、黄儿、小虫儿、铁钉儿”。

（四）儿化的作用

1. 区别词义

词儿化后意义可能发生改变。例如：

信～信儿（书信、消息）　天～天儿（天气、上天）

偷～偷儿（小偷）　白面～白面儿（海洛因一类的毒品）

2. 区分词性

词儿化后词性可能发生改变。例如：

盖（动词）～盖儿（名词）　黄（形容词）～黄儿（名词）

3. 区分情感

在表达同一个意义时，儿化词明显带有喜爱的感情色彩。例如：

刀～刀儿　水～水儿　小孩子～小孩儿　老头子～老头儿

三、变调

（一）变调的内涵

普通话音节单念时，有四个基本调值，这是声调的本调。在语流中，当音节和音节连读时，声调会因相互影响而发生变化，一般是前一个声调发生改变，这种现象就是变调。变调的过程可大致图示如下：

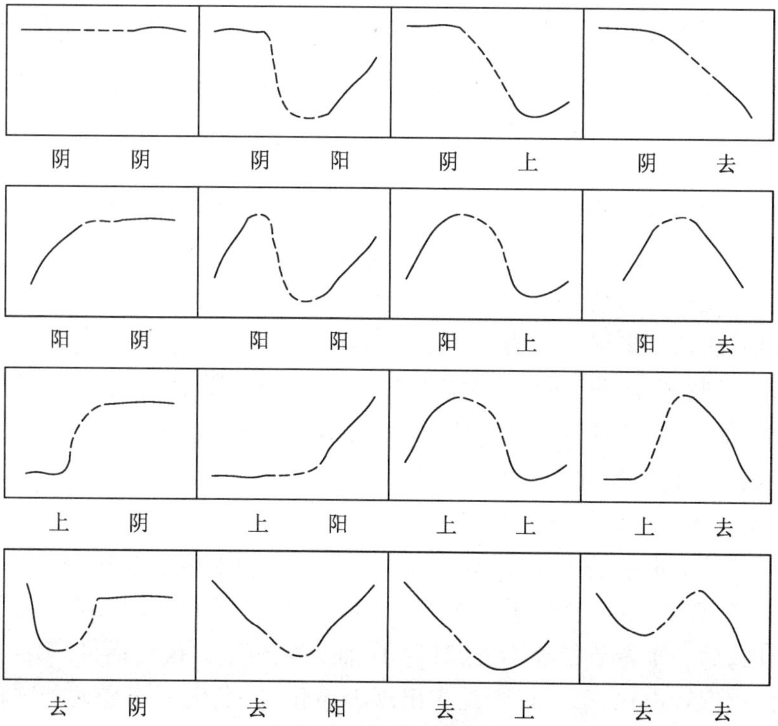

普通话双音节连读调型

（二）变调的类型

普通话里最常见的变调现象有以下几种：上声变调，去声变调，“一、不”的变调以及形容词重叠式的变调。

1. 上声的变调

上声本调的调值是[214]，调型是降升调。整个音程分成两个阶段，相对较长。当两个上声连在一起的时候，其音长就显得更长，这样的音长让听说双方都会感到吃力而不自然。因此，对上声这种过长的声调，人们通常会在发音时进行“裁剪”，或者掐头，或者去尾。

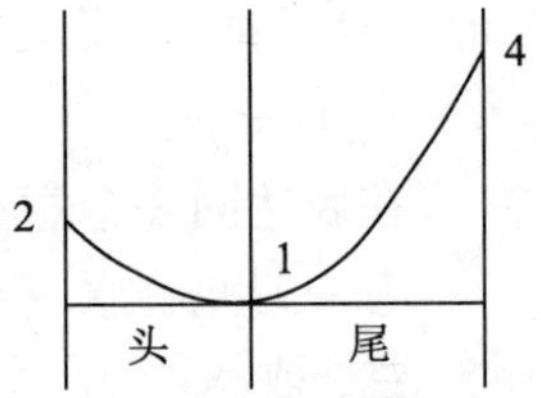

“掐头”的结果：音长变短，调值变为[14]。“去尾”的结果：音长变短，调值变为[21]。由于汉语中已有的声调中没有[14]调，只有与[14]调型接近的阳平[35]调，而人们的听觉感知能力尚达不到区分调值[14]、[35]的程度，于是人们就将“去头”得到的声调自然归并为[35]调。

因此，上声的变调有两种基本类型：或变[21]，或变[35]。受调型连贯性影响，前后声调一般呈高低连贯的走向。由此，普通话上声变调的规律可以总结为两条：

（1）上声[214]+上声[214]→[35]+[214]。例如：

语法　粉笔　表演　稳妥　管理

（2）上声[214]+非上声→[21]+非上声。具体又分出以下三种情况：

在阴平字前：火车　许多　打击　老师　老张

在阳平字前：美德　总结　考察　履行　老刘

在去声字前：恳切　老练　海燕　感谢　老夏

另外，上声出现在轻声前，应该遵循规律(2)，因为轻声属于“非上声”。不过，在原上声改读轻声的字音前，则有两种不同的变调：有的变[35]，有的变[21]。例如：

打扫　小姐　讲讲　想起——变[35]

傻子　姐姐　毯子　奶奶——变[21]

显然，第一行的上声字是按照规律(1)变的，第二行的上声字是按规律(2)变的。这说明第一行的上声字在变调的时候，后一个音节（扫、姐、讲、起）还是[214]；而第二行的上声字在变调发生时，后一个音节已经不读[214]了，而是轻声了。换句话说，第一行的词是先发生上声变调，后出现轻声化；第二行则是先出现轻声化，后发生上声变调。这种差异可以用公式说明如下：

┌轻声后变
上声[214]+上声[214]→[35]+上声[214]→[35]+轻声
上声[214]+上声[214]→上声[214]+轻声→[21]+轻声
└轻声先变

上声变调也可以出现在两个字以上的组合中。如果三个上声字连读，通常只有第三个字念完整的本调[214]，第一、第二个字都会发生一些变化。具体音变则按照内部的语义关系、语法结构或语音停顿来进行。有的是两个上声字都变成[35]，有的是第一个变成[21]、第二个变成[35]。例如：

展览馆　洗脸水　五里远　虎骨酒

(*214*+214)+214→([*35*]+[214])+[214]→[35]+[*214*]+[214]→[35]+[*35*]+[214]

党小组　好雨伞　土产品　纸老虎

[214]+([*214*]+[214])→[214]+([*35*]+[214])[*214*]+[35]+[214]→[*21*]+[35]+[214]

三个以上的上声字连读时，根据说话的速度可以将语流切分出几个片段，片段结尾处有或长或短的语音停顿。一般把停顿前的上声字读成本调，其余则按前面所谈的两上连读或三上连读的规律变调。例如：

李奶奶｜有把｜纸雨伞。

2. 去声的变调

去声的变调较为简单。一般说来，去声只在去声前才变调，在非去声前则不变调。当两个去声音节相连，前一个去声的调值由[51]变为[53]，即由全降变为半降。例如：

电线　大副　种树　试验　扩大　正确

有的时候，去声字作为语流中的后一个字，发音时会出现不到位的现象，常常只读成[53]调。例如：

希望　遗忘　渴望　盼望

3. “一、不”的变调

“一”的本调是阴平。在单用、表序数或词语末尾时读本调。例如：

一　初一　统一　天下第一　一一得一

当“一”出现于去声之前时，声调改读为阳平。例如：

一样 yīyàng→yíyàng　　　一定 yīdìng→yídìng

一件 yījiàn→yíjiàn　　一向 yīxiàng→yíxiàng

当"一"出现于阴平、阳平、上声之前时，则声调改读为去声。例如：

一生 yīshēng→yìshēng　　一些 yīxiē→yìxiē　　一天 yītiān→yìtiān

一身 yīshēn→yìshēn　　一衣带水 yīyīdàishuǐ→yìyīdàishuǐ

一条 yītiáo→yìtiáo　　一同 yītóng→yìtóng　　一年 yīnián→yìnián

一直 yīzhí→yìzhí　　一成不变 yīchéngbúbiàn→yìchéngbúbiàn

一碗 yīwǎn→yìwǎn　　一手 yīshǒu→yìshǒu　　一本 yīběn→yìběn

一口 yīkǒu→yìkǒu　　一鼓作气 yīgǔzuòqì→yìgǔzuòqì

另外，当"一"出现在单音节动词重叠式的中间时，一般读轻声。例如：

听一听　说一说　读一读　谈一谈　写一写

"不"的本调是去声。当"不"单念或处在词句的末尾时，或者在非去声音节之前时，都读本调。例如：

不　我不　决不　偏不；不说　不公　不冤　不安

不全　不如　不圆　不曾；不选　不仅　不管　不久

当"不"出现在去声之前时，一般要改读阳平。例如：

不必 bùbì→búbì　　不便 bùbiàn→búbiàn　　不顾 bùgù→búgù

不用 bùyòng→búyòng　　不要 bùyào→búyào

而当"不"夹在词语中间时，通常要读成轻声。例如：

多不多　新不新　忙不忙　甜不甜　冷不冷　来不及　瞧不上

4. 形容词重叠式的变调

形容词重叠式的变调指的是在重叠式后加儿化尾和形容词带叠音词缀时出现的调值变化情况。当形容词重叠式出现儿化现象时，重叠式的第二个音节变调为阴平调。例如：

好好儿的　大大儿的　慢慢儿的　细细儿的

如果重叠式的叠音部分不是阴平调，一般要变读为阴平调。例如：

亮堂堂　红彤彤　慢腾腾　绿油油　沉甸甸

如果是双音形容词的重叠式，那么第二个音节要变为轻声调，而第三、四个音节是阴平的不变，不是阴平的则要变为阴平。例如：

结结实实　漂漂亮亮　马马虎虎　仔仔细细　明明白白

四、语气词“啊”的音变

语气词“啊”是汉语中的一个高频率语气词，通常用于句子末尾或句中有停顿的地方。由于“啊(ā)”是一个零声母音节，因此在语流中常常受前一音节的最后一个音素的影响而产生音变，从而变读为“呀、哇、哪”等音。普通话中，“啊”的音变规律大致如下：

1. 前一个音节末尾音素是 a、o(不包括 ao、iao)e、ê、i、ü 时，“啊”读作“ya”。字可以写成“啊”或“呀”。例如：

就是他啊！/ 你快点说啊！/ 多漂亮的小车啊！/ 好大的雪啊！

他有多生气呀！/ 这么多鱼呀！/ 好奇怪呀！

2. 前一个音节末尾音素是 u(包括 ao、iao)，“啊”读作“wa”，字可以写成“啊”或“哇”。例如：

你在哪里住啊？/ 花篮真精巧啊！/ 妈妈对我真好哇！

3. 前一个音节末尾音素是前鼻音 n 时，“啊”读作“na”，字可以写成“啊”或“哪”。例如：

你是哪里人啊？/ 要正视困难哪！/ 快来看哪！

4. 前一个音节末尾音素是后鼻音 ng 时，“啊”读作“nga”，但字还写成“啊”。例如：

大声唱啊！/ 花园里的花儿真香啊！/ 你真行啊！

5. 前一个音节末尾音素是舌尖前元音-i(只出现在 zi、ci、si 三个音节之中)时，“啊”读作[za]①，但字还写成“啊”。例如：

要好好学习写字啊！/ 你还要我重复多少次啊！/ 他真是大公无私啊！

6. 前一个音节末尾音素是舌尖后元音-i(只出现在 zhi、chi、shi、ri 四个音节之中)或卷舌韵母 er(包括儿化韵)时，“啊”读作“ra”，但字仍写成“啊”。例如：

要实现人生的价值啊！/ 你可不要来迟啊！

要实事求是啊！/ 儿啊，什么事儿啊！

综上，普通话中“啊”的音变大致可以归纳为两种情形：一种是合音，另一种是增音。合音属于同化现象，增音属于异化现象。

---

① 其中声母的发音部位和发音方法与普通话声母 r 基本相同，不同的是声带必须振动。

语气词"啊"的连读音变表

前字尾音	"啊"的音变	汉字写法	例子
-i[ʅ]	[a]或[za]	啊	字啊，撕啊
-i[ʅ]，-r	[a]或[ʐa]	啊	吃啊，是啊
-a，-i，-ü，-e，-ê，-o	[ia]	呀	他呀，去呀
-u	[ua]	哇	走哇，好哇
-n	[na]	哪	看哪，人哪
-ng	[ŋa]	啊	听啊，行啊

思考和练习

1. 用汉语拼音给下列词语注音。

粮食　交情　迷糊　清楚　事情　规矩　没词儿　小孩儿　书本儿　没事儿

2. 读准下面的词音。

巴结　把式　摆布　包涵　辈分　比画　抽屉　畜生　窗户　瓷实　凑合　热闹
答应　笑话　客气　趔趄　菱角　骆驼　麻烦　买卖　亲戚　抬举　挖苦　喜欢
妖精　在乎　张罗　折腾　主意　状元　祖宗　嘴巴　罪过　做作

3. 下面的词都有后一个音节读轻声和非轻声的两种情形。请注意审读，并说明读与不读轻声的区别。

霸道　摆设　本事　大方　大气　大人　公道　惊醒　精神　开通　老子　丧气
特务　小子　烟火　言语　造化　丈夫　照应　针眼　正经　支派　灌肠

4. "喇叭"和"吹喇叭"里的"叭"都读轻声；而"打交道"的"道"读轻声，"交道"的"道"则必须读去声。试分析其中的原因。

5. 普通话中的变调现象为什么主要发生在上声和去声的身上？

6. 现代汉语的韵母有39个。儿化韵母为什么会少于39个？

附录一　　　　　　汉语拼音方案的通用键盘表示规范

前　言

本规范规定了在使用通用键盘输入汉语拼音时的键位表示。

本规范由国家语言文字工作委员会语言文字信息管理司提出立项。

本规范由国家语言文字工作委员会语言文字规范审定委员会审定。

本规范由国家语言文字工作委员会发布实施。

本规范起草单位:北京信息工程学院、北京语言文化大学。

本规范主要起草人:柴鸿斌、陈一凡、宋利强、陈民、崔永华、张普、邢红兵、石定果。

国家语言文字工作委员会语言文字规范

GF 3006—2001

汉语拼音方案的通用键盘表示规范

Standard for the Scheme of ChinesePhnneticAlphabet Input with Universal Keyboard

1　主题内容与适用范围

1.1　主题内容

本规范规定了在使用通用键盘输入汉语拼音时,《汉语拼音方案》字母表、声母表、韵母表、声调符号及隔音符号的键位表示。

1.2　适用范围

本规范主要适用于中文信息处理领域汉字输入法的设计。

2　引用标准

汉语拼音方案(1958 年 2 月 11 日第一届全国人民代表大会第五次会议批准)

GB 1988 - 1989　信息处理信息交换用七位编码字符集

GB 2311 - 1990　信息处理　七位和八位编码字符集　代码扩充技术

GB 12200.1 - 1990　汉字信息处理词汇　01 部分:基本术语

以上标准包含的条文,通过在本规范中引用而构成本规范的条文。本规范发布时,所示版本均为有效。若上述标准被修订,使用本规范者应探讨使用上述标准最新版本的可能性。

3　**术语**

3.1　汉语拼音（方案）（scheme of Chinese phonetic alphabet, Pinyin）

国家通用语言文字拼写和注音的工具。是中国人名、地名和中文文献罗马字母拼写法的统一规范，并用于汉字不便或不能使用的领域。方案采用26个罗马字母，并有声母表、韵母表及拼写规则，对声调符号和隔音符号的标记也有规定。

3.2　通用键盘（universal keyboard）

指目前在计算机系统中采用的标准键盘（符合GB 1988－1989《信息处理　信息交换用七位编码字符集》和GB 2311－1990《信息处理　七位和八位编码字符集　代码扩充技术》，亦即符合ISO 646和ISO 2022）。

3.3　键位（key）

键盘上可操作的部件。其上标有所代表的字母、数字、标点符号或功能名称。

4　**键位表示**

4.1　字母表

汉语拼音方案字母表中26个字母，分别用通用键盘上相应的26个字母键直接表示。

4.2　声母表

汉语拼音方案声母表中21个声母，分别用通用键盘上相应的字母键直接表示。

本规范暂不规定声母zh、ch、sh的简写形式ẑ、ĉ、ŝ的键位替代表示。

4.3　韵母表

4.3.1　汉语拼音方案韵母表中ü行（ü、üe、üan、ün）以外的31个韵母，依其构成字母分别用通用键盘上相应的字母键直接表示。

4.3.2　汉语拼音方案韵母表中ü行（ü、üe、üan、ün）中的字母ü，凡是汉语拼音方案中规定可以省略ü上两点写成u的，在通用键盘上用键位U表示；不能省略两点，仍需写作ü的，在通用键盘上用键位V替代表示。

4.3.3　本规范暂不规定ng的简写形式ŋ的键位替代表示。

4.3.4　韵母ê在通用键盘上用E加A组合键位替代表示。

4.4　声调符号

汉语拼音中的四个声调符号（阴平“ˉ”、阳平“ˊ”、上声“ˇ”、去声“ˋ”），在通用键盘上依次用数字键1、2、3、4替代表示（轻声用数字键5表示）。

标示声调（包括轻声）的数字，放在该音节字母之后。

例如：guójiā（国家）替代表示为guo2jia1；

xiōngdi(兄弟)替代表示为 xiong1di5。

4.5　隔音符号

汉语拼音中隔音符号“'”,在通用键盘上用键位“'”替代表示。

例如:Xi'an(西安)替代表示为 Xi'an。

附录二

普通话水平测试等级标准(试行)

(国家语委 1997 年 12 月颁布)

一级

甲等　朗读和自由交谈时,语音标准,词汇、语法正确无误,语调自然,表达流畅。测试总失分率在 3% 以内。

乙等　朗读和自由交谈时,语音标准,词汇、语法正确无误,语调自然,表达流畅。偶然有字音、字调失误。测试总失分率在 8% 以内。

二级

甲等　朗读和自由交谈时,声韵调发音基本标准,语调自然,表达流畅。少数难点音(平翘舌音、前后鼻尾音、边鼻音等)有时出现错误。词汇、语法极少有误。测试总失分率在 13% 以内。

乙等　朗读和自由交谈时,个别调值不准,声韵母发音有不到位现象。难点音(平翘舌音、前后鼻尾音、边鼻音、fu－hu、z－zh－j、送气和不送气、i－ü 不分、保留浊塞音和浊塞擦音、丢介音、复韵母单音化等)失误较多。方言语调不明显。有使用方言词、方言语法的情况。测试总失分率在 20% 以内。

三级

甲等　朗读和自由交谈时,声韵母发音失误较多,难点音超出常见范围,声调调值多不准。方言语调较明显。词汇、语法有失误。测试总失分率在 30% 以内。

乙等　朗读和自由交谈时,声韵母发音失误较多,方音特征突出。方言语调明显。词汇、语法失误较多。外地人听其谈话有听不懂情况。测试总失分率在 40% 以内。

第三章 词 汇

第一节 词汇概说

一、词汇的内涵与性质

(一) 词汇的内涵

词汇是一种语言中所有词和语的总和。词是最小的能够独立运用的音义结合的语言单位,如“天”、“跑”、“吗”、“外卖”、“领衔”、“绿油油”等;语是由词或语素构成、意义和用法相当于词的固定语,如“开夜车”、“三个世界”、“改革开放”、“清华大学”、“勇往直前”、“苍蝇不叮无缝的蛋”等。

词汇和语音、语法一样,属于语言结构系统的有机构成部分。词汇是语言的建筑材料,所有的语句都是由各种各样的词语经过一定的方式排列组合而成的。另外,词汇还是一个集合概念,单个的词语是不能称为词汇的。

词汇是语言中最直接反映社会生活的要素,既代表了语言的发展状况,又标志着人们对客观世界认识的广度和深度。词汇的丰富与否决定了语言的表现力强弱。词汇与语言的发展状况密切相关,语言的历史越悠久,其词汇就越丰富。从构成角度看,词汇中包括基本词汇、一般词汇;从使用情况看,词汇又可分为常用词、次常用词和通用词等;从发展历史看,词汇又可分为古代语词、近代语词、现代语词以及新兴语词。

词汇的发展变化与社会生活有很密切的关系,是社会生活的晴雨表。社会生活的发展变化，会很快反映到词汇中。新词语的产生、旧词语的消亡、词义的变迁，都跟社会生活有着密切的关系。个人的词汇量往往取决于他的生活阅历、教育程度、职业特点、兴趣爱好等状况。在一定程度上，词汇量等于信息量。对个人而言，深入生活、关注社会、阅读书籍、利用媒体是扩大词汇量的有效途径。

（二）词汇的性质

1. 系统性。词汇是一个系统，其系统性主要表现为三个方面：

其一，组合方面的系统性。首先，词汇是由各级词汇单位构成的，不同的词汇单位处在不同的层级，拥有不同的组合关系。其次，词的内部构造具有特定的结构方式和结构类型，诸如联合型、主谓型、偏正型、动宾型、补充型、附加式、重叠式等。

其二，聚合方面的系统性。属于不同词汇单位的具体成员可以凭借某种相同的特点集结在一起，形成特定的聚合群。例如，具有相同组合关系的词语可以构成聚合群，像“老师”、“老外”、“桌子”、“帘子”、“红彤彤”、“笑嘻嘻”都由词根和词缀组合而成，可以聚合为附加式合成词；具有相同语义关系的词语也可以构成聚合群，像“流言”、“谣言”都包含“没有事实根据”的意思，可以聚合为同义词。另外，包含同一个语素的词语也可以构成一个聚合群，像“网眼”、“网兜”、“网吧”、“球网”、“情网”、“落网”等都以“网”的不同意义作为彼此之间相互联系的线索，可以聚合为同族词。

其三，词义方面的系统性。词语之间的意义关系错综复杂，既相互补充，又相互制约，从而构成了词义网络。词可以凭借不同的词义关系形成不同的词族或词群，诸如上位义与下位义关系的词群、整体与部分关系的词群、亲属关系的词群、等级关系的词群。详见下图：

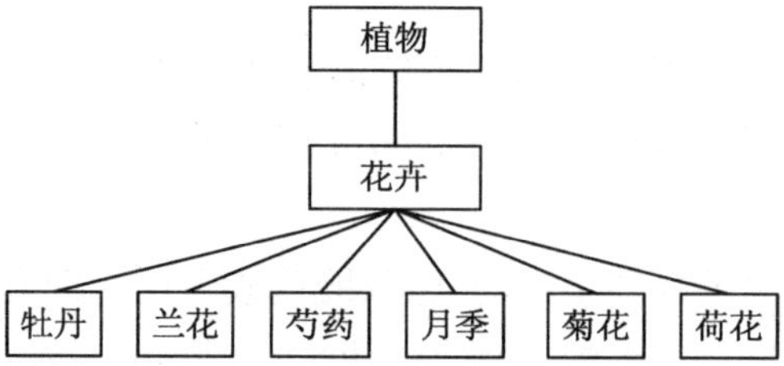

上位义与下位义关系构成的词群

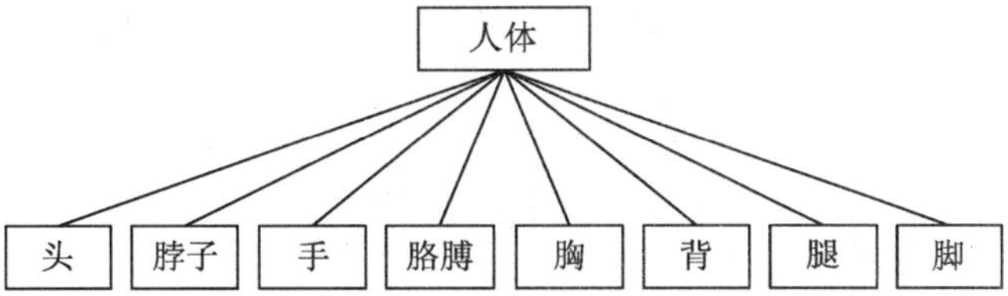

整体与部分关系的词群

亲属关系词群

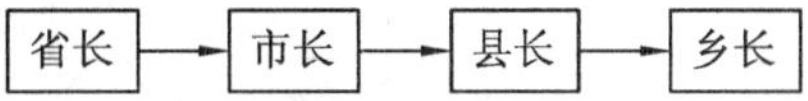

等级关系词群

2. 民族性。首先是词汇的形式具有民族性。如汉语的成语、歇后语等形式，外语就基本没有完全一致的对应形式。其次是词汇的内容具有民族性。不同语言的词汇反映了使用该语言的民族的文化传统、价值取向、思维习惯、人文历史等。例如，汉语中的“以和为贵”、“适可而止”、“知足常乐”、“枪打出头鸟”等词语反映了汉民族主张和谐、反对偏激的思想观念，“龙马精神”、“龙凤呈祥”、“龙生龙，凤生凤”等词语体现了汉民族对“龙”、“凤”等灵异物的崇拜与向往，而“宫保鸡丁”、“松鼠鳜鱼”、“东坡肉”、“狮子头”、“叫花鸡”、“狗不理包子”等则显现了汉民族菜品命名与饮食文化的密切关系。三是词汇内部系统具有民族性。汉语中用红、橙、黄、绿、青、蓝、紫等表示基本颜色，而俄语中的基本颜色词只有红、白、黑、黄、绿等五色。显然，汉语的色彩词并不都能在外语中找到相应的对等词的。

3. 发展性。在语言诸要素中，词汇与社会现实生活的关系最为直接，新事物与新观念的出现，旧事物与旧意识的消亡，以及人们对事物的认识深化等，都会及时地通过词汇体现出来。因此，词汇的发展变化速度要超过语音和语法。例如，反映新观念的“一国两制”、“和谐社会”、“中国梦”等，反映新事物“实名制”、“云计算”、“高铁”等，反映新认识的“金领”、“学霸”、“炒作”、“反智主义”等都是汉语词汇新生力量。与此同时，像“举人”、“戏子”、“洋火”、“黑五类”、“革委会”、“人民公社”等词语，则随着指称对象的消失而逐步退出人们的话语交际领域。词汇的发展性使词汇系统得以不断地更新、丰富和完善，从而满足了人们现实交际的日益增长需要。

二、现代汉语词汇单位

现代汉语词汇是现代汉语中的词和固定短语的总和。现代汉语词汇系统主要由语素、词、固定短语等单位构成。它们之间是一种从小到大的层级关系，即语素可以构成词、词可以构成固定语。汉语中的词汇单位和语法单位尽管大致覆盖,但分析的视角不同,实际的效用也不同。

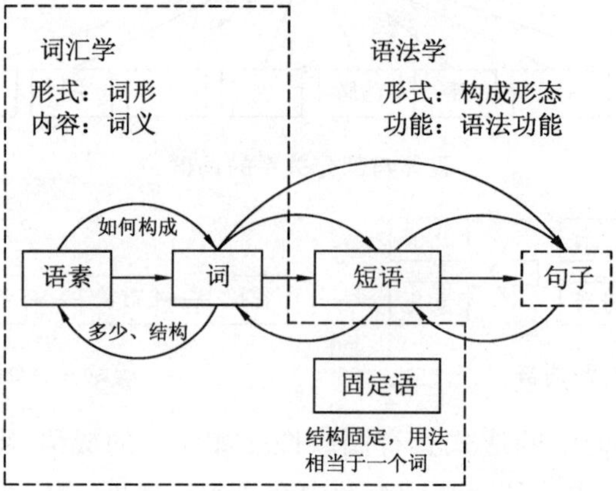

任何词汇单位都是形式和意义的集合体。因此,词语的形式和意义无疑是词汇研究关注的焦点。就形式而言,语素作为最底层的单位,只能“向上看”,即看它能否构成词、如何构成词。词作为比语素高一级的单位,既可以“向下看”,即看它包含哪些语素以及这些语素是如何构成词的;也可以“向上看”,即看它是如何构成短语和句子的,如何在短语和句子中发挥功能的。固定短语由于内部结构凝固,一般不需要进行内部结构分析,只需要分析其形式特点即可。就意义而言,语素、词、固定短语都需要进行特定分析,或说明其一般意义,或揭示其特殊含义。

（一）语素

1. 语素的内涵

语素是语言中最小的音义结合体,是现代汉语最低一级的词汇单位和语法单位。

辨别一个语言单位是不是语素,首先要看它是否成为“音义结合体”,即是否有语音形式和内在意义。例如:

例字	语音形式	表示的意义
健	jiàn	强壮,身体好;善于,精力旺盛。
康	kāng	安宁;无病;丰盛;宽阔;空虚。
软	ruǎn	柔;懦弱;容易被感动或动摇;没有气力。
弱	ruò	气力小,势力差;年幼;差,不如。

由此可见,"健"、"康"、"软"、"弱"都是语素。如果只有语音形式而没有意义,那么就不是语素。如"蜻"、"馄"虽然有语音形式,但它们都不表示什么意义,所以都不是语素。

其次,还要看这个语言单位是否最小,能否切分为更小的音义结合体。例如,"衣"、"路"、"心"、"蜻蜓"已经不能再分出更小的音义结合体了,所以它们都是语素;而"毛衣"、"道路"、"心情"都可以再切分出两个低级单位,因此不是最小的音义结合体即语素。

2. 语素的确定

确定语素,通常采用的是替换法。替换法就是对某个语言片断(一般是双音节)中的各个成分进行同类替换的方法。具体操作步骤为:

假设有语言片段 XY,其中 X = A、B……(A、B 等为语素)→AY、BY……(AY、BY 皆有意义),且 Y = C、D……(C、D 等为语素)→XC、XD……(XC、XD 皆有意义)

如果 X、Y 都能进行替换,那么 X、Y 都是语素;若 X、Y 都不能进行替换,那么 X、Y 不都是一个语素。例如:

① 铁路

~路:公路　道路　销路　门路

铁~:铁棍　铁匠　铁锈　铁丝

② 伟大

~大:宏大　壮大　扩大　庞大

伟~:伟岸　伟绩　伟人　伟业

由此可见,"铁"、"路"、"伟"、"大"都可以在不改变基本意义的情况下,分别同其他的语素相组合,所以它们都是语素。

使用替换法时,必须要注意以下两方面的问题:

第一,替换的全面性。进行替换时,语言片断中的所有成分必须同时能分别被替换,否则这种替换就是不彻底的,并有可能影响对结果的判断。例如,"蝴蝶"中的"蝴"可以被其他语素所替代,形成"飞蝶"这样的组合,但是"蝴蝶"中的"蝶"却不能被其他语素所替代,形成"蝴~"这样的组合,所以"蝴蝶"就只能是一个语素。

第二,意义的一致性。进行替换时,必须保持结构单位的相对稳定,尤其是未被替换的成分要保持其前后意义的一致,否则就会导致错误的结果。例如:

① 瓦特

~特:敌特　独特　比特　李斯特

瓦~:瓦片　瓦匠　瓦房　瓦器

② 秋千

~千:千金　千万　千克　千户

秋~:秋天　秋收　秋季　秋水

可以看出,“瓦特”中的“瓦”和“特”、“秋千”中的“秋”和“千”被替代后,语义都发生了明显的变化,不能保持原结构单位的稳定性与关联性,所以“瓦特”、“秋千”都只是一个语素。

3. 语素的分类

现代汉语的语素可以根据不同的标准,划分为不同的类型。按照音节的多少,语素可以分为单音节语素和多音节语素;按照意义的虚实,语素可以分为实语素和虚语素;按照构词的能力,语素可以分为成词语素和不成词语素;按照在词中的位置,语素还可以分为定位语素和不定位语素。

(1) 单音节语素和多音节语素

单音节语素是只有一个音节的语素,如“天、地、人、好、走、三、个、我、你、很、太、了、呢”等。

多音节语素是具有两个或两个以上音节的语素。现代汉语的多音节语素大致可分为联绵语素、叠音语素、拟声语素和音译语素等四类。

联绵语素可分为双声、叠韵和非双声叠韵等三类。例如:

双声联绵语素:踌躇　蜘蛛　吩咐　伶俐　参差　琉璃　忐忑

叠韵联绵语素:徘徊　玫瑰　叮咛　蟑螂　汹涌　逍遥　迷离

其他联绵语素:玛瑙　杜鹃　垃圾　芙蓉　牡丹　蝙蝠　疙瘩

叠音语素是前后两个音节完全相同的语素。叠音语素中的每一个音节都没有意义,必须重叠起来才能表示一定的意义。例如:

猩猩　狒狒　姥姥　饽饽　堂堂　皑皑

拟声语素是模拟自然界的声音或人发出的声音的语素。例如:

模拟自然界的声音:扑通　滴答　轰隆　乒乓　叮当　哗啦

模拟人发出的声音:哎哟　啊呀　嘀咕　呜咽　呜呼　哎呀

音译语素是借用汉语的语音形式或书写形式来翻译其他民族语言的词的语素。记录音译语素的每一个汉字,都只有语音形式而没有意义内容,只有合起来才表示一定的意义并且完全跟字面意义无关。这些语素大多由两个或两个以上的音节构成。例如:

休克　巴士　幽默　扑克　刹那　巧克力　麦克风　乌鲁木齐　哥斯达黎加

（2）实语素和虚语素

实语素是能够表达具体、实在意义的语素，如“牛、分、远、好、伶俐、玫瑰、胡同、忽悠、沙发、海洛因”等。

虚语素是没有具体、实在意义而只表达某些抽象的构词意义或语法意义的语素，如“阿、者、老、然、的、所、着、呢”等。

需要注意的是，有一些虚语素是从实语素虚化而来的，所以一些书写形式一样的语素在不同的环境中可能具有不同的性质。例如，“老师”、“老虎”、“老王”、“老三”等词中“老”属于虚语素，而“老汉”、“老练”、“王老”、“敬老院”中的“老”则属于实语素。

（3）成词语素和不成词语素

成词语素是能够独立成词的语素，又称为自由语素，如“年、喝、高、最、了、着、休克、奥林匹克”等。成词语素既能够单独成词，也能够跟其他语素组合成词。例如，语素“高”既可以单独作为词来使用（如“体温很高”、“地势太高了”等），也可以同其他语素组合成词（如“高昂”、“高层”、“高产”、“高大”、“高级”等）。

不成词语素是不能单独成词的语素，又称为粘着语素，如“语、卫、荣、悉、媳、乎乎、蒙蒙、澄澄”等。这些语素既不能单独回答问题，也不能充当句子成分，只能同别的语素组合成词。例如，语素“语”只有跟其他语素组成“语言”、“语音”、“汉语”、“外语”、“语料库”、“语源学”等词后，才能用作句子成分。

（4）定位语素和不定位语素

定位语素是同别的语素组合成词时位置固定的语素，如“第一”中的“第”、“老虎”中的“老”、“记者”中的“者”、“邪乎”中的“乎”等。

不定位语素是同别的语素组合成词时位置不固定的语素。例如，语素“水”既可以出现在其他语素的前面，组成“水稻”、“水彩”、“水果”、“水灵”、“水球”等词，也可以出现在其他语素的后面，组成“汗水”、“墨水”、“油水”、“药水”、“铁水”等词。

（5）词根语素和词缀语素

词根语素是体现词的基本意义（包括词汇意义和语法意义）的语素，上述不定位语素都属于词根语素；词缀语素则体现了词的附加意义（一般只指语法意义）的语素，上述定位语素都属于词根语素。

现代汉语语素分类总表

<table>
<tr><th></th><th>分类标准</th><th colspan="3">语素的类型</th><th>示 例</th></tr>
<tr><td rowspan="7">形式方面</td><td rowspan="7">音节数量</td><td colspan="3">单音节语素</td><td>氧 剩 历 些</td></tr>
<tr><td rowspan="6">多音节语素</td><td rowspan="3">联绵语素</td><td>双声</td><td>参差 仿佛 陆离</td></tr>
<tr><td>叠韵</td><td>婆娑 蜻蜓 喇叭</td></tr>
<tr><td>其他</td><td>蚯蚓 蝌蚪 蜈蚣</td></tr>
<tr><td colspan="2">叠音语素</td><td>狒狒 姥姥 饽饽</td></tr>
<tr><td colspan="2">拟声语素</td><td>咯吱 啪嚓 喔唷</td></tr>
<tr><td colspan="2">音译语素</td><td>哈达 布丁 阿司匹林</td></tr>
<tr><td rowspan="2">意义方面</td><td rowspan="2">意义虚实</td><td colspan="3">实语素</td><td>狗 取 短 威士忌</td></tr>
<tr><td colspan="3">虚语素</td><td>阿 初 子 儿</td></tr>
<tr><td rowspan="4">构词方面</td><td rowspan="2">构词功能</td><td colspan="3">成词语素（自由语素）</td><td>准 吧 橄榄 巧克力</td></tr>
<tr><td colspan="3">不成词语素（粘着语素）</td><td>器 丰 习 乎乎</td></tr>
<tr><td rowspan="2">分布位置</td><td colspan="3">定位语素（词缀语素）</td><td>第 阿 性 化</td></tr>
<tr><td colspan="3">不定位语素（词根语素）</td><td>水 伟 大 师</td></tr>
</table>

（二）词

1. 词的内涵

词是最小的能够独立运用的音义结合的语言单位。所谓独立运用，就是能单说或单用。

单说，是指词能单独回答问题；单用，是指词能单独做句法成分或者能与别的语法单位结合表达一定的语法意义。例如：

你在干什么？——劳动。

劳动创造世界／ 大家正在劳动／ 热爱劳动／ 劳动态度

“劳动”既可以单说，也可以作为一个单位出现在不同的句法位置上。所以，“劳动”是一个词。

虚词虽不能单说，也不能单独做句法成分，但可以帮助别的词语进行组合并表示一定的语法意义，也属于可独立运用的单位。例如：

他在教室学习。

我的决心／　来了一位客人／　有这样的事吗／　关于这个问题

2. 词、语素与音节、汉字的关系

在现代汉语中，词、语素、音节、汉字是四个属于不同层面的单位。词和语素都是音义结合的语言单位，音节是听觉上自然感知的最小语音片段，汉字是记录汉语的书写符号。词、语素、音节、汉字之间的关系十分复杂，不能简单地把它们等同起来。下表可帮助理解四者的关系：

词	送	你	一	束	美丽		的	玫瑰花儿			
语素	送	你	一	束	美	丽	的	玫瑰		花	儿
音节	sòng	nǐ	yī	shù	měi	lì	de	méi	guī	huār	
汉字	送	你	一	束	美	丽	的	玫	瑰	花	儿

必须指出，同一个汉字同一个音节，记录的不一定就是同一个语素和词，如“把脸洗干净”与“一把扇子”中的“把”就是不同的语素和词；同一个音节，也可能对应的是不同的汉字、语素和词，如“míng”就代表了“名”、“明”、“鸣”、“铭”、“茗”、“冥”、“螟”、“瞑”等不同的汉字和语素。当然，音节相同的不同汉字，有时也会出现代表同一个语素和词的情况，如“于”和“於”、“辗转”和“展转”等。因此，正确判断词、语素、音节、汉字之间的关系，需要结合具体的语境才能确定，不能简单处理。

（三）固定短语

固定短语是结构上相当于一个短语、使用时相当于一个词的语言单位。当然，固定短语毕竟在结构上、意义上、作用上跟词有所不同，还是应该分别对待。现代汉语的固定短语大致有专有名称、熟语、缩略语和习用短语等。

1. 专门用语。专门用语是指各部门或各学科短语式的用语，包括一些专门用语，如“苏州大学”、“江汉平原”、“中央电视台”、“人民日报”等；还包括一些专业术语或行业用语，如“万有引力”、“勾股弦定律”、“收视率”、“国际公约”、“理财服务”等。

2. 熟语。熟语包括成语（如“守株待兔”、“亡羊补牢”等）、谚语（如“路遥知马力，日久见人心”、“一个巴掌拍不响”等）、歇后语（如“哑巴吃饺子——心中有数”、“兔子的尾巴——长不了”等）、惯用语（如“放鸽子、铁公鸡”等）。

3. 缩略语。缩略语是为了适应语言表达经济性的需要而经过压缩和省略的词语。缩略语看起来很像词，其实原本是形式比较长的专有名称或经常合用的词语。根据原式和缩略形式之间的关系，缩略语的生成方式主要有以下三种：

（1）截取式。截取式是指直接截取原式中一个现成的词或短语。例如：

复旦大学——复旦　　　　《说文解字》——《说文》

中国人民解放军——解放军　　　　奥迪牌轿车——奥迪

（2）抽合式。抽合式是先抽出原式中的几个字，然后再把它们组合在一起。例如：

博士研究生指导教师——博导　　　　高等院校——高校

电影电视——影视　　　　父亲母亲——父母亲

中国语言文学系——中文系　　　　汉语国际教育硕士——汉硕

（3）数概式。数概式是根据原式中的关键字及其数量，然后用提示性的数量词语来进行概括。例如：

百花齐放、百家争鸣——双百　　　　陆军、海军、空军——三军

经部、史部、子部、集部——四部　　　　讲学习、讲政治、讲正气——三讲

缩略语是词汇中一种比较特殊的现象。除了原式的语言单位性质很不统一外，原式和缩略形式之间的关系也极其复杂。有的缩略语脱离了具体的语境，其原式比较难以把握，如“三孔”（孔庙、孔府、孔林）等；有的缩略语产生的方式非常复杂，很难还原，如“非典”（传染性非典型性肺炎）等；有的缩略语由于使用频率较高、使用范围较广，早已转化成了一般的词，如“超市”（超级市场）、“文艺”（文学艺术）、“理化”（物理学和化学）、“地铁”（地下铁路）等。近年来出现的一些字母词，如“HSK”、“MBA”、“GDP”、“ATM”等，则可视为一种新型的缩略语。它们在丰富现代汉语缩略语的同时，也使现代汉语缩略语的性质显得更加复杂了。

4. 习用语。习用语是指一些构成成分次序稳定、一般整体使用的固定短语，如“综上所述”、“由此可见”等。

与固定短语相对的是自由短语。自由短语是两个或两个以上的词按照表达需要临时组合起来的语言片段，形式比较自由，可以不断变换搭配对象，如“看小说”、“看电影”、“看了一会儿”等。固定短语则是人们长期相沿成习的一种特殊的词汇单位，结构和意义都比较稳固，一般不能随意更改或增删。

三、现代汉语词汇特点

（一）语素以单音节为主

与印欧语系的各语言相比，单音节的语素在现代汉语中占了绝大多数，而且构词能力超

强。少量的多音节语素主要是古代汉语遗留下来的联绵词和叠音词,如“惆怅”、“参差”、“从容”、“逶迤”、“猩猩”、“冉冉”、“袅袅”等。另外,还有一些则是音译的外来语素,如“幽默”、“克隆”、“丁克”、“氟利昂”、“乌鲁木齐”等。

(二) 词语以双音节为主

古代汉语的词主要是以单音节词为主,而在现代汉语中双音节词却占了绝对优势。双音节化是汉语词汇发展的一种历史趋势。首先,古代的单音节词,现代一般要用双音节形式来表示,如“目”→“眼睛”、“嘴”→“嘴巴”;其次,一些由“单音节+县/市”构成的地名,需要连同“县/市”一起说出,如“沙市”、“滑县”等。相反,双音节的县市名称则可以不加“县/市”,如“苏州市”可单说“苏州”,“北京市”可以单说“北京”;再次,一些三音节或三音节以上的词语往往要压缩成双音节形式来使用,如“照相机→相机”、“卫星电视→卫视”、“安全检查→安检”、“春节联欢晚会→春晚”等。

(三) 构词以复合法为主

从构词法的角度看,现代汉语的词可以分为单纯词和合成词两类:单纯词是由一个语素构成的词,合成词是由两个或两个以上的语素构成的词。而合成词又可分成两种:一种是词根语素+词根语素的复合式词,如“黑板”、“电脑”;一种是词根语素+词缀语素的附加式词,如“耗子”、“老外”。其中,复合式合成词成了现代汉语词汇的主体部分。这既是汉语词汇发展的基本走向,也是古今汉语词汇的重要差别。

思考和练习

一、请结合具体实例谈谈你对词汇性质的认识。

二、指出下列语素哪些属于自由语素,哪些属于粘着语素。

大 民 学 课 男 女 老 乎 期 年 语 言 把 量 机 动 材 才 厨 睡 醉

三、写出含有下列定位语素的合成词(至少五个)。

者:

子:

头:

然:

乎:

四、请按要求把下列词语进行归类，只需填写序号。

糊涂　妩媚　克隆　蚂蚱　知了　沙皇　仓皇　鹦鹉　粘糊　沙发　秋千　卡通　叮当　葡萄　席梦思　桑塔纳　保龄球　可口可乐　歇斯底里　稀里哗啦

含一个语素的词语有：

含两个语素的词语有：

五、请说明下列各句中汉字和语素的数量，并在语素下方画横线。

1. 我在2013年考上苏州大学。

2. 他很爱吃巧克力和肯德基。

3. 教室的墙上挂着爱因斯坦的画像。

4. 同学们在操场上踢球。

5. 我打算明天回国。

六、有人认为，词汇不仅是民族文化的载体，而且也是民族文化的结晶。请谈谈你对这句话的认识和理解。

第二节　词的结构

一、词的构成成分

任何词都是由语素构成的。不过，不同语素在构词过程中的地位和作用各不相同。其中表示基本词汇意义的语素，叫作词根；表示附加意义的语素，叫作词缀。对一个词而言，词根是必有成分，而词缀则是可有成分。这就意味着词缀必须依附词根而存在。依据与词根的组合方式，词缀可以分为前缀和后缀。例如，"老虎"属于前缀加词根，"凳子"属于词根加后缀。一般来说，一种语言中的构词前缀丰富，构词后缀就不丰富；若构词后缀丰富，则构词前缀就不丰富。

汉语的构词后缀跟屈折语中的形态后缀并不是一回事。在印欧语中，除了构词后缀外，还有一种表示词的形态变化的后缀，如英语 boys 中的"s"不能用来构成新词，只是表示词的复数形态，属于一种构形后缀或词尾。

汉语的词根虚化为词缀的过程是一个漫长的持续过程。因此，在分析现代汉语的构词成分时，要有动态的发展眼光，要辩证地看问题。比如"手"，一般都认为是词根，是自由语素，可以组成"手铐、手术、手杖、动手、撒手、招手"等词。然而，当"手"表示"擅长某种技能、从事某种活动的人"时，它就成了不自由的定位语素，只能后置，如"扒手、打手、敌手、对手、舵手、高手、歌手、国手、黑手、快手、老手、猎手、旗手、枪手、杀手、水手、新手、凶手、选手"等。与英语的后缀"er"相比，汉语的"手"更多地保留了一些原始词义特征，目前还处于一种中间状态或者过渡状态，还没有完全词缀化，可以称之为类词缀。

二、词的构成方式

（一）单纯词

由一个语素构成的词叫单纯词。从音节形式上看，单纯词可以分为单音节、双音节、多音节等三种。

单音节词基本都是常用词，如“天、地、山、水、看、说、美、好、再、也、我、你、呀、鸟儿、花儿”等。除了少量单音节的儿化词如“卷儿”、“信儿”、“头儿”是合成词之外，单音节词一般都是单纯词。

双音节单纯词的情况较为复杂，大致可以分成以下四类。

1. 联绵词

联绵词是两个音节连缀成义、不能拆开讲的词。联绵词是汉语词中的一个古老类别，两个音节之间一般存在某种语音关联。根据读音情况，联绵词又可以分为四类：

（1）双声类：参差　吩咐　坎坷　琉璃　枇杷

（2）叠韵类：馄饨　迷离　膀胱　蜻蜓　窈窕

（3）双声兼叠韵类：辗转　缱绻　优游

（4）其他类：疙瘩　垃圾　玛瑙　牡丹　蟋蟀

2. 音译词

音译词是以读音相近的字翻译外族词语而形成的单纯词。例如：

吉普　加仑　咖喱　克隆　逻辑　沙发　幽默　犹太　比基尼

3. 叠音词

叠音词是重叠某个音节而构成的词。叠音词中的音节在现代汉语中通常都是不能单独表义的。例如：

嗷嗷　潺潺　岌岌　侃侃　脉脉　翩翩　切切　冉冉　姗姗　堂堂　依依　沾沾　孜孜　饽饽　蝈蝈　姥姥　蛐蛐　猩猩

4. 拟声词

拟声词是模拟自然界和人类自己声音的词。例如：

滴答　哈哈　轰隆　呼噜　哗啦　咔嚓　嘻嘻　噼里啪啦　叽叽喳喳

（二）合成词

由两个或两个以上语素构成的词叫合成词。合成词可以分成三大类：复合式、附加式、重叠式。

1. 复合式

复合式是由词根加词根直接组合而成的词，属于汉语词汇构成的基础形式。复合式拥有五种基本类型：联合型、偏正型、补充型、动宾型和主谓型。下面以双语素词为例分别进行说明。

（1）联合型

联合型的两个语素结构上处于平等的地位，但意义上可能具有不同的关系。例如：

意义相同或相近：道路　孤独　恐怕　劳动　美丽　倘若　研究

意义相关：布置　成熟　分寸　缓解　口舌　岁月　兴旺　修饰

意义相反：动静　反正　开关　始终　兴亡　左右

意义倾偏：窗户　干净　人马　忘记　兄弟　质量

（2）偏正型

偏正型的前后两个语素之间具有限制或修饰关系，后面的语素是整个词义的中心所在。例如：

黑板　软件　反思　中立　难受　全面

高级　业余　格外　恰好　正巧　更加

鲜红　狐疑　火热　雪白　滚烫　笔直

秒杀　高涨　浓缩　热爱　重视　密布

（3）补充型

补充型的前后两个语素之间具有补充、说明关系，以前一个语素作为整个词义的中心所在。补充型复合词有两类：一类是动补式，另一类是名量式。例如：

纠正　冲淡　夸大　充满　提高　说明　唱衰

枪支　纸张　房间　车辆　马匹　船只　人口

（4）动宾型

动宾型的前一语素是动语素，后一语素是名语素，前一语素支配或关涉后一语素。例如：

立秋　理事　创收　脱贫　扫货　吃醋

无聊　中肯　切实　费力　因此　总之

（5）主谓型

主谓型又叫陈述式，前一语素指称人或事物，后一语素对前一语素进行陈述说明。例如：

心得　秋分　例如　神往　人为　国营　心酸　眼红　地震

2. 附加式

附加式是由词根和词缀共同构成的合成词。词缀除了按照位置分为前缀、后缀外，还可以根据性质分为两类：一类是加虚化词缀，又称真词缀；一类是加类化词缀，又称类词缀。真词缀是指位置完全固定、意义基本虚化、读音大都弱化的词缀；类词缀是指位置基本固定、意义还没有完全虚化、读音保持不变的词缀。据此，附加式可以分成两种不同的类型。

（1）真词缀的附加式

A. 真前缀的附加式。例如：

老[1]－：老师　老外　老婆　老公　老板　老乡

老鹰　老虎　老鼠　老酒　老拳　老外

阿－：阿姨　阿哥　阿姐　阿婆　阿爸　阿三　阿发

小－：小丑　小姐　小蜜　小辫　小菜　小青年　小市民

需要说明的是，前缀“小”尽管还保留了一定程度的词根义，但已经基本虚化，明显不同于类前缀。

B. 真后缀的附加式。例如：

－子：桌子　椅子　骗子　刷子　空子　矮子

－头[1]：砖头　骨头　想头　来头　花头　赚头

－儿：信儿　头儿　摊儿　画儿　零碎儿　破烂儿

－然：偶然　突然　井然　竟然　居然　纵然

－巴：结巴　下巴　尾巴　眨巴　磕巴　掐巴

－乎：似乎　几乎　近乎　悬乎　合乎　在乎

－家[1]：老人家　姑娘家　女儿家　小孩子家

儿化现象可以分为两种情况：一种是用于构词的儿化，即改变原词的词性或词义的儿化，如“眼儿、个儿、尖儿、卷儿、串儿”等；另一种是增加色彩的儿化，即不改变原词的词性和词义的儿化，如“鸟儿、花儿、月儿、玩儿”等。同样，“们”也有两种情况：一种是构词后缀，如“爷们”、“哥们”的“们”；另一种是表复数的助词，如“学生们”、“同志们”中的“们”。

（2）类词缀的附加式

类词缀是一个半开放的类，它们一部分比较接近于真词缀，一部分比较接近于词根。因此，现代汉语到底有多少类词缀，并没有一个确切的数目。

A. 类前缀的附加式

可－：可爱　可怜　可取　可笑　可悲　可耻

自－：自救　自给　自立　自强　自爱　自重

超－：超市　超男　超女　超级　超导　超模

老[2]－：老二　老三　老姨　老儿子　老闺女　老妹子

B. 类后缀的附加式

类后缀有相当一部分是指人的，有褒有贬，或宽或窄。与英语的 er、or、ar、ee 相比，汉语的类后缀不仅丰富多彩，而且极富表现力。例如：

－者：编者　使者　长者　旁观者　目击者

－员：学员　教员　会员　指挥员　教导员

－手：旗手　舵手　生手　爆破手　多面手

－师：宗师　法师　厨师　机械师　调音师

－族：追星族　月光族　啃老族　哈韩族　不婚族

－头[2]：丫头　对头　滑头　姘头　二婚头

－家[2]：冤家　亲家　兵家　商家　厂家

－家[3]：作家　画家　文学家　科学家　音乐家

除了上述附加式外，现代汉语中还有不少由单音节词根和叠音后缀构成的附加式。例如：

－乎乎：粘乎乎　热乎乎　稠乎乎　胖乎乎

－蒙蒙：灰蒙蒙　雾蒙蒙　黑蒙蒙　迷蒙蒙

－溜溜：灰溜溜　酸溜溜　光溜溜　圆溜溜

－墩墩：胖墩墩　肉墩墩　圆墩墩　矮墩墩

－晃晃：白晃晃　亮晃晃　明晃晃　银晃晃

－扑扑：红扑扑　香扑扑　粉扑扑　白扑扑

－森森：阴森森　寒森森　黑森森　凉森森

－油油：绿油油　青油油　黑油油　碧油油

－悠悠：乐悠悠　慢悠悠　轻悠悠　颤悠悠

－生生：活生生　白生生　脆生生　好生生

－滋滋：乐滋滋　甜滋滋　喜滋滋　美滋滋

－兮兮：脏兮兮　憨兮兮　怕兮兮　神经兮兮

－巴巴：干巴巴　紧巴巴　皱巴巴　可怜巴巴

-不溜秋：灰不溜秋　黑不溜秋　花不溜秋

-咕隆咚：胖咕隆咚　圆咕隆咚　黑咕隆咚

-了吧唧：傻了吧唧　楞了吧唧　蠢了吧唧　笨了吧唧

3. 重叠式

重叠式词是词根重叠后组成的合成词。就内部构成而言，重叠式词不妨看成是一种特殊类型的复合式词。例如：

偏偏　常常　刚刚　仅仅　哥哥　叔叔　爸爸　妈妈　美美　隐隐　久久　暗暗

三、词的结构层次

除了双语素的合成此外，现代汉语中还有一定数量的多语素词。凡三个以上语素构成的词，绝大多数内部都是分层次的。像“宽银幕”这个词，先是由语素“银”“幕”组合成“银幕”，然后再由“宽”与“银幕”组合成“宽银幕”。下面是一些合成词的结构层次分析实例：

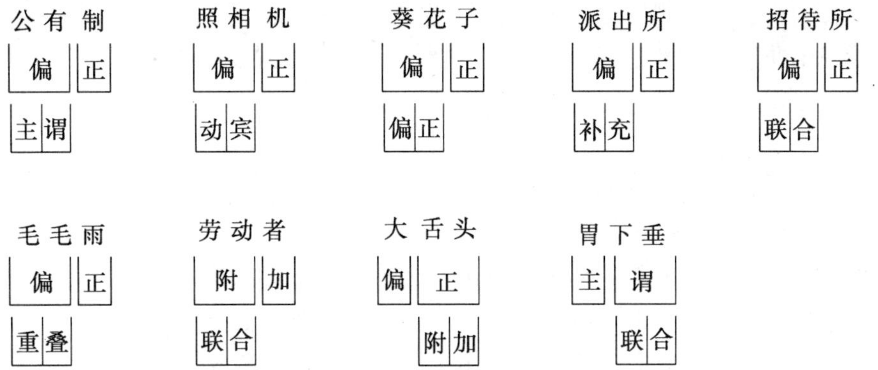

由多语素构成的联合型合成词尽管语素的数量超过了三个，但依然只有一个层次，所以称不上是复杂的复合词。例如：

思考和练习

一、现代汉语的语素可以从哪几个角度分类？语素应该如何加以鉴别？

二、下列联绵词中，哪些属于双声联绵词？哪些属于叠韵联绵词？哪些属于非双声叠韵联绵词？

铿锵　灿烂　伶俐　支离　鸳鸯　缠绵　憔悴　唠叨　褴褛　崎岖　呜咽　慷慨　妩媚

三、指出下列词语哪些属于单纯词，哪些属于合成词。

仿佛　瑜伽　苹果　葡萄　菊花　玫瑰　笛子　吉他　幽默　搞笑　衬衣　夹克　高尔夫　巧克力　奥林匹克　呼和浩特　阿尔卑斯山

四、请按要求在横线上填上合适的语素。

1. 联合式：关____　式____　爱____　恨____　选____
　　____优　____美　____便　____明　____轻
2. 偏正式：____土　____地　____爱　____恨　____哭
　　快____　席____　花____　高____　公____
3. 动宾式：____机　____幕　____心　____眼　____耳
　　办____　抱____　动____　观____　知____
4. 主谓式：年____　性____　心____　眼____　头____
　　胆____　地____　海____　手____　兵____
5. 补充式：提____　放____　减____　升____　推____
　　____服　____倒　____实　____翻　____高

五、指出下列词的构成方式。

恍惚　孜孜　瑜伽　霹雳　父老　盼头　天蓝　沿着　花草　迷惑
目击　非法　爱心　行家　围墙　跑道　变化　老调　扒手　沐浴
司机　认清　丰富　雪亮　马匹　缩小　起草　诗篇　留神　飞快
扶手　马车　药瓶　秋收　吹牛　墓地　围巾　芝士　固化　胡闹
侃侃　小姐　钟点　雾蒙蒙　暖洋洋

六、在复合式合成词的五种基本类型之外，是否还存在其他的类型？请举例说明。

第三节　词的意义

一、词义的特征

(一)词的意义与形式

词作为一种语言符号，有形式和内容两个方面。词的内容就是词的意义。词义是对客观事物或现象的反映。这种反映不是指词义直接联系客观世界，而是指人脑在对客观世界认知的基础上，经过概括、归纳、总结而形成的某种概念。人们提炼加工词义的过程可以图示如下：

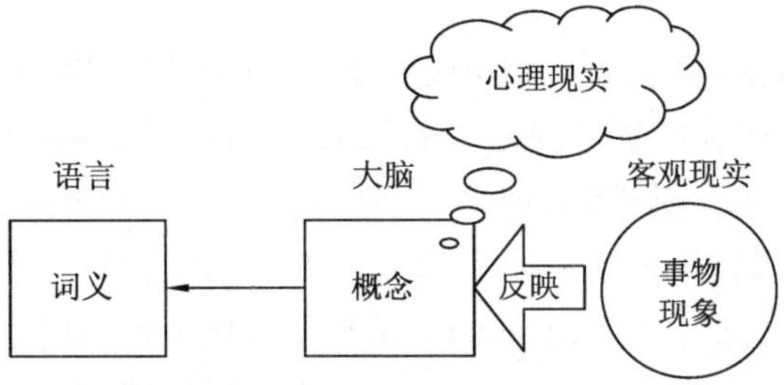

由于大脑中的“概念”不一定在客观世界中有对应的具体事物，所以，词义可以表示抽象的或虚幻的事物和现象，如“鬼”、“神”、“上帝”、“猪八戒”、“孙悟空”、“白骨精”等。

词义的主体即大脑中的“概念”，所以又称概念义。特定的概念义在语言运用中往往还会添加上感情色彩、语体色彩、形象色彩等附属意义。概念义和色彩义共同构成了词的词汇意义。词汇意义是人们对客观事物的概括反映和主观评价。

词义除了具体实在的词汇意义，还包括抽象空虚的构词意义和语法意义。构词意义是指词在生成过程中所产生的意义，如“脑子”、“刷子”、“尖子”中的“子”的意义就是“用在名词、动词、形容词性成分后面，构成名词”。语法意义则是词作为句法成分所体现出的结构关系和结构效能。当词语之间形成组合或聚合关系时，词语便呈现出一定的关系意义。虚词一般只有语法意义，没有明确的词汇意义。如虚词“吗”的基本语法意义是表示疑问语气（如“明天走吗？”）或质问语气（如“这像话吗？”）。

任何词义都必须依托于特定的形式。词的形式又可以分为内部形式和外部形式。词的外部形式即语音形式，词的内部形式即内部结构形式，如复合式、附加式等。下面以“国家”一词为例说明它的意义和形式状况：

词汇意义：阶级统治的工具，由军队、警察、法庭、监狱等机构组成，是阶级矛盾不可调和的产物。

语法意义：常充当主语、宾语或定语，不能充当谓语补语和状语，可受数量短语修饰，不能受副词修饰，不能重叠。

外部形式：guójiā

内部形式：合成词→复合式→联合型→偏义词

（二）词义的性质

1. 概括性

词义与客观事物之间的联系是一种间接联系，它所指的事物都是经过人脑概括加工过的，表示都是整类事物或同类现象。例如，“笔”的词义是“写字画图时用来书写的工具”，这是从各种各样的笔（如“毛笔、圆珠笔、钢笔、铅笔、蜡笔”等）中概括出来的共同而本质的特征。再如，“车子”的词义是“陆地上有轮子的运载工具”，它概括了各种车辆的共同特点，舍弃了它们的个体差异。因此，任何一个词的意义都具有概括性，即使专有名词也不例外。例如，“鲁迅”虽然是一个专有名词，却指称、概括了不同时期（童年、少年、青年、中年、晚年）的鲁迅。尽管鲁迅在各个时期的外貌、习惯等有所不同，但总有一些共同的东西，而这些共同的东西就是从不同时期概括得来的。所有的地名也是这样：“苏州”一词，就概括了苏州贯穿几千年的历史与文化特质；“北京”的词义也涵盖了这个城市特有的历史底蕴与现实精神。

2. 模糊性

一般说来，词义的所指是清晰而明确的，即能显示事物在性质、范围、量度等方面的差异，否则人们无法进行交际。比如，“钢笔”、“铅笔”、“毛笔”、“圆珠笔”之间的界限是分明的，人们通常不会混同。

不过，词义还有模糊性的一面。词义的模糊性指的是词义界限的不确定性，而这种不确定性又是由相关事物边界不清所造成的。例如，“凌晨”与“早上”、“早上”与“上午”、“上午”与“中午”、“中午”与“下午”的界限就是模糊的，到底是几点几分，没有一个统一而明确的标准。有时即使有标准，人们也不一定会遵照执行。例如，对“青年”的确认，不同时期、不同国家、不同领域可能会有相关规定，但实际生活中很少被人采纳。

词义的模糊性是人们对客观事物认识的连续性的反映。在人们认知的事物中，事物的核心部分比较明确，但它与邻近事物的差异是逐步增大的，没有明确的界限。例如，对“碗”与“盘子”、“瓶子”与“杯子”，人们并没有在概念上给出清晰划一的区分标准，尽管它们各自都有一个典型的形象，但两者之间的界限不清。再如，“快”和“慢”、“高”和“矮”、“大”和“小”都没有一个明确的标准，其界限也都是模糊的。因此，各种概念的核心区域无疑是人们注意的重心，也是词义所要概括的主要对象。

3. 民族性

词义的民族性是指相同的概念在不同的语言中用不同的词语来表示，相近的词语在表义上有着这样那样的不同。一句话，各种语言的语义系统是不同的。

首先，不同民族的人们在反映同类事物的概念的内涵和外延方面均存在一定的差异，也就是说概念的概括程度不尽相同。对同一类事物，用什么词、用几个词来表示，各民族语言都有独到的处理，从而体现出词义的民族性。例如，汉语用“哥哥、弟弟、姐姐、妹妹”表示父母所生的子女，而英语只用 brother 表示哥哥或弟弟，用 sister 表示姐姐或妹妹。

其次，在核心概念方面，各民族的认识是基本相同的，而对概念边缘的认识则可能各有侧重。由于特殊的地理文化环境，不同的语言往往会在一些概念的附加色彩方面表现出差异，从而显示出民族性。例如“狗”，汉语和英语在用于指人时就体现出很不相同的褒贬倾向。汉语中的“癞皮狗、走狗、疯狗、哈巴狗、狗腿子、狼心狗肺、人模狗样”都是有贬义的，而英语中的同类词语少数具有贬义，多数没有贬义，有的甚至还有褒义，诸如 dog fight（激战）、doggish（泼辣、华丽）、a lucky dog（幸运儿）。

另外，词义的民族性还表现为各语言中词义系统的不对应性。如汉语跟英语的颜色词语之间，汉语跟英语的温度词语之间，都存在错综复杂的对应关系。一个词的词义，除了它自身表达的概念之外，还跟它在该语言的词义系统中所处的地位有关。例如，很多语言中表示“蓝色”、“绿色”只用一个词，该词无疑要对应于汉语中的两个词。

二、词义的构成

任何一种语言的词义都是由多种因素构成的复杂系统。凡是实词，除了具有与概念相关的核心意义——理性意义之外，往往还有一系列的附加意义。词的附加意义又称附加色彩，包括感情色彩、语体色彩、形象色彩等。对每个实词而言，理性意义必不可少，而色彩义则可有可无，并且必须附着于理性意义。

1. 理性意义

理性意义是词义表达概念的部分，也叫概念意义。理性意义是人们关于客观世界的理性认识成果在词义中的反映。理性意义是其他意义成分附着的基础。一般说来，词的理性意义比较容易把握，也比较容易分析。例如：

孤本：[名]指某书刊仅有一份在世间流传的版本，也指仅存的一份未刊手稿或原物已亡、仅存的一份拓本。

孤高：[形]高傲，不合群。

孤行：[动]不顾别人反对而独自行事。

以上对三个词所做的具体说明，分别是这三个词的理性意义。当然，“孤高”和“孤行”在理性意义以外，还含有说话人的褒贬在其中。

理性义又可以分为两种：通俗义和专门义。通俗义是普通人对所指对象的一般性认识,专门义则是具有专门知识的人对所指对象的专业性认识。比如,“圆”的通俗义是“像太阳、车轮、脸盆等东西的形状”,而专门义则是“在平面上,一个动点以一定点为中心、一定长为距离而运动一周的轨迹”。又如“水”,通俗义是“无色的透明液体”,专门义则是“分子由两个氢原子和一个氧原子组成的最简单的氢氧化合物,无色、无臭、无味的液体,在标准大气压下,0℃凝固成冰,100℃沸腾成汽,4℃时密度最大,密度为 1000 千克/立方米”。

2. 感情色彩

词的感情色彩反映了说话人对有关事物和现象的褒贬情感和态度。看到一个打扮新潮入时的女性,可以说她“时髦”,也可以说她“娇艳”,还可以说她“轻浮”。感情义通常有褒义、贬义、中性义三种,一般在词典中都会有所反映。例如:

贵庚:[名]敬辞,问人年龄。

勾结:[动]为了进行不正当的活动而暗中互相串通、结合。

贵金属:[名]通常指在自然界含量较少、不易开采、价格昂贵的金属,包括金、银和铂族元素(钌、铑、钯、锇、铱、铂)。

“贵庚”的理性意义是问人家年龄,含有褒义;“勾结”的理性意义是指人与人结合在一起,含有贬义;“贵金属”的理性意义则谈不上褒贬。另外,有些词的褒贬意义是隐含的,词典的释义中通常不加表露。例如:

富婆:[名]拥有大量财产的妇女。

剩女:[名]大龄而未婚的女性。

词的感情色彩可以随着社会审美观、价值观的改变而发生变化。比如,“老爷”在旧时代是对有权势的人及官吏的敬称,现在则含有讽刺的意思。又如,“老实”过去多用来褒奖人淳朴厚道,现在有时几乎成了“无能”的同义词。

3. 语体色彩

语体色彩是一些词经常用于某种特定场合而形成的风格色彩,又称语体义或风格义。语体色彩反映了词语与交际场合的关系,是词语因不同的交际场合、不同的语体而形成的一种特殊倾向和格调。一般说来,语体可以分为两大类:口头语体和书面语体。口头语体通俗活泼,自然随便,有时带有方言色彩;书面语体严谨规范,庄重典雅,常常带有文言色彩。书面语体还可以根据使用场合,进一步分为文艺语体、科技语体、事务语体、外交语体、法律语体等。词的语体色彩在词典中也会有一些隐约的反映。例如:

抠搜：〈口〉❶动用手指或细小的东西从里面往外挖。❷形吝啬。

恢恢：〈书〉形形容非常广大：天网恢恢，疏而不漏。

盐：名无机化合物氯化钠，生活中用。

氯化钠：名无机化合物，化学上用。

死：动（生物）失去生命。

逝世：动去世（含庄重义）。

显然，以上"抠搜"、"盐"和"死"是口语词，而"恢恢"、"氯化钠"、"逝世"则是书面语词。

4. 形象色彩

形象色彩是指构词的语素所显示出来的一种具体生动的直觉形象感。根据人的感官功能，形象感大致可以分为形感（如"鸡冠花、仙人掌、白头翁、佛手、脑海"等）、动感（如"闯江湖、开夜车、炒鱿鱼、撞车、上钩"等）、色感（如"墨鱼、雪豹、白茫茫、绿油油、黑森森"等）、声感（如"嘻嘻哈哈、稀里哗啦、轰隆隆、笑哈哈、乐呵呵"等）。具有形象色彩的词一般是跟具体事物、动作行为或性质状态相关的词。同样，词典在诠释词义的过程中也会多少透露一些形象色彩。例如：

眼镜蛇：名毒蛇的一种，颈部很粗，上面有一对白边黑心的环状斑纹，发怒时头部昂起，颈部膨大，上面的斑纹像一副眼镜。

盘旋：动❶环绕着飞或走：飞机在天空盘旋｜山路曲折，游人盘旋而上。❷徘徊，逗留：他在花房里盘旋了半天才离开。

高涨：形❷（士气、情绪等）旺盛，饱满：热情高涨｜士气高涨。

劈头：副❶正冲着头，迎头：走到门口，劈头碰见老王从里面出来。❷一开头，起首：他进来劈头就问成功了没有。

另外，像"怒潮、怒叱、怒斥、怒冲冲、怒放、怒号、怒吼、怒火、怒目、怒视、怒涛"等词的形象色彩在词典中也都有所显示。

三、词义的分解

（一）义项分析

1. 义项的性质

对多义词而言，每一个词的意义都是一个综合的语义系统，需要进行适当的分析说明。

义项是词的理性意义的分项说明，是词义的一级语义单位。义项在词义系统中的地位可以显示如下：

词义 > 义项 > 义素

关于词的义项，可以从以下几个方面加以认识：

(1) 词的义项是由特定的词形表示的语义单位，即特定的义项要与特定的词形相匹配。比如，"汉字"这个词形所对应的义项是"记录汉语的文字系统"。

(2) 词的义项既可以是词义，也可以是语素义。例如：

拔：❶动 把固定或隐藏在其他物体里的东西往外拉；抽出：～草｜～剑｜～刺｜～了一颗牙◇～了祸根。

❷动 吸出（毒气等）：～毒｜～火｜～罐子。

❸挑选（多指人才）：选～。

❹动 向高提：～嗓子。

❺超出；高出：海～｜出类～萃。

❻动 夺取；攻克（据点、城池等）：连～敌军三个据点。

❼〈方〉刚把东西放在凉水里使变凉：把西瓜放在冰水里～一～。

在"拔"的上述七个义项中，❶❷❹❻❼是词义，而❸❺则是语素义。

(3) 词的义项是概括的、固定的语义单位。一个词在不同的语言环境中可能具有各种临时的、特殊的意义，但这些意义不属于义项。比如，"放下包袱，开动机器"中的"包袱"比喻思想负担，"机器"比喻脑筋、思维器官。但"包袱"的比喻义是固定的，而"机器"的比喻义则是临时的。所以，"包袱"有"妨碍人的行动、思想的障碍"这个义项，而"机器"就没有"脑筋、思维器官"这一义项。

(4) 词的义项既互相联系，又互相补充。一个词的几个义项之间既环环相连，又各自独立，各个义项都有适应自身的语言环境。例如：

深：① 这院子很～。——从上到下或从外到里的距离大。

② 这本书很～，初学的人不容易看懂。——深奥。

③ 影响很～。——深刻；深入。

④ 两人的关系很～。——（感情）厚；（关系）密切。

⑤ 颜色太～了。——（颜色）浓。

⑥ 夜已经很～了。——距离开始的时间很久。

⑦ 河水～两米。——深度。

⑧ ～受其害。——很；十分。

“深”的八大义项中有六种是形容词性的，一种是名词性的，一种是副词性的。以上八个句子，其实代表了“深”这八个义项所处的八种语言环境。

2. 义项的分类

一个词的若干个义项在地位上不是并行平等的，其中必有一个义项居于核心地位，这就是所谓的基本义。而其他义项都是由这个义项直接或间接地发展、引申、转化出来的，这就是所谓的转义。词产生转义的途径主要有两条：直接引申和间接比喻。引申义着眼于事物的相关性，而比喻义则着眼于事物的相似性。

需要指出的是，基本义是相对于派生义而言的，并不一定就是语源学上所说的本义或原始义。比如，“走”的本义是“奔跑”，基本义是“行走”；“天”的本义是“头顶”，基本义是“天空”。当然，基本义和本义也可以重合，比如“水”和“山”的本义就是基本义。

词义的引申发展可以有多种模式，有的是连锁式，有的是辐射式，有的则是连锁兼辐射式。例如：

结晶　①晶体从溶液或蒸汽中析出来。②晶体。③比喻珍贵的成果。

义项①是“结晶”的本义，义项②③属于转义。其义项的发展模式是连锁式：

①→②→③

架子　① 若干材料纵横交错地构成的东西。② 比喻事物的组织、结构。③ 自高自大，装腔作势的作风。④ 架势。

义项①是“架子”的本义，②③④都是转义。其义项的发展模式是辐射式：

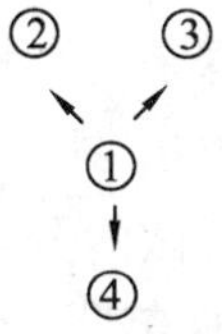

包袱 bāo · fu ①包衣服等用的布。②用布包起来的包儿。③比喻某种负担。④指相声、快板等曲艺中的笑料。

义项①是“包袱”的本义，义项②③④是转义。其义项的发展模式是连锁兼辐射式：

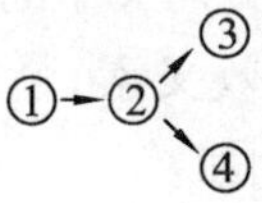

在一个特定的时期内,多义词的各个义项还有常用与不常用的分别。比如,“包袱”的现在常用义应该是义项③,而①②④则是一般义(非常用义)。

(二) 义素分析

义素是词义构成的最小意义单位,也是词的区别性特征。义素的基本特性是: ① 它是义项的组成成分;② 它没有特定的语音形式;③ 它是比较分析一组相关的词而提取出的区别性语义特征。例如:

靴子:[+穿在脚上的东西][+有筒][+走路时着地]
鞋子:[+穿在脚上的东西][-有筒][+走路时着地]
袜子:[+穿在脚上的东西][±有筒][-走路时着地]

在上面的例子中,“[ ]”内的成分即义素;“+”表示具有这种特征,“-”表示没有这种特征,“±”表示两种情况并存。在这些义素中,[穿在脚上的东西]是“鞋子”、“靴子”、“袜子”所共有的,同时也是其他物品所不具备的,可以叫作共同义素;其余义素虽然不是“鞋子”、“靴子”、“袜子”的共有义素,但却具有把它们区别开来的作用,可以叫作区别义素。

义素分析法也叫作语义特征分析法或语义成分分析法,是现代语义学分析词义构成成分的常用方法。它主要是通过词义间的比较,找出一组相关词语的共同义素和区别义素,进而对处于同一语义场中的词义进行全面、深入的分析。义素分析法的基本步骤通常是:

(1) 确定范围

义素分析一般总是在一些相关的词当中进行的,因为只有相关的词才可以比较,才能选出经济适用的义素。例如,“菊花”、“月季”、“丁香”、“玫瑰”、“百合”、“康乃馨”等词,可归入到“花”这一类别中,因为它们的词义中都有一个共同的特征,即种子植物的有性繁殖器官。又如,“毛笔”、“钢笔”、“铅笔”、“圆珠笔”、“水彩笔”等词,可归入“笔”这一语义场中,因为它们有一个共同的特征,即写字画图的工具。

义素分析必须依赖各个学科对事物所做的分类结果,必须在同一类别的同一层次中展开。例如:“毛笔”、“钢笔”、“铅笔”、“圆珠笔”、“水彩笔”等可以进行义素分析,而“毛笔”、“水桶”、“太阳”或“花”、“菊花”、“黄菊花”就无法进行义素分析。

(2) 比较异同

义素分析的目的是要通过比较寻找出词义中的有效义素。因此,能否提取有效义素,是义素分析准确与否的关键所在。所谓有效义素,是指提取的义素必须能满足两个条件:一是具有共同义素;二是具有区别义素。例如:

歌剧：综合诗歌、音乐、舞蹈等艺术而以歌唱为主的戏剧。

舞剧：主要用舞蹈来表现内容和情节的戏剧。

话剧：用对话和动作来表演的戏剧。

比较这三个词的词义，不难看出：[戏剧]是它们的共同义素，利用该义素可以把它们跟非戏剧的事物区别开来；[歌唱]是"歌剧"的特征，[舞蹈]是"舞剧"的特征，[对话和动作]是"话剧"的特征，这些特征就是将三者加以分开的区别义素。

(3) 列出义素

义素分析的终极目标就是利用适当的方法把比较分析的结果一一列出。图表法是义素分析最常用的方法。例如：

义素	[戏剧]	[歌唱]	[舞蹈]	[对话和动作]
歌剧	+	+	−	−
舞剧	+	−	+	−
话剧	+	−	−	+

	女人	在男方家	与男人	成家
出嫁	+	+	+	+
娶亲	−	+	−	+
入赘	−	−	−	+
结婚	±	±	±	+

义素分析法通过全面、深入地分析处于同一类别的同一层次中的词的词义，来揭示相关词语意义之间的联系和区别，这一方面有助于我们直观、准确地理解和掌握词的意义，另一方面也促进了词义描写的形式化和精密化，便于计算机正确识别语义和对自然语言进行信息处理。当然，在实际操作过程中，义素分析法也存在一些无法回避的实际问题：一是在选定范围、确定模式、列举义素时往往带有一定的主观性和随意性；二是并非所有的词语都适宜使用义素分析法来进行分析。

思考和练习

一、试以现代汉语为例,简述词义的构成和分类情况。

二、说明下列词语的义项使用情况。

1.“论”有以下义项:

① 分析和说明事理;

② 分析和说明事理的话或文章;

③ 学说;

④ 说,看待;

⑤ 衡量;评定;

⑥ 按照某种单位或类别说。

“评论、社论、议论、讨论、舆论、唯物论、论斤卖、进化论、就事论事、一概而论、论功行赏、相提并论”等词语中的“论”分属上述的哪个义项?

2.“快”有以下义项:

① 速度高;走路、做事等费的时间短,跟“慢”相对;

② 赶紧;

③ 即将、将要;

④ 快慢的程度;

⑤ (刀、剪、斧子等)锋利,跟“钝”相对;

⑥ 灵敏、敏锐;

⑦ 直爽、干脆;

⑧ 高兴、舒畅。

“愉快、快乐、快递、快餐、爽快、快抢、快车、快活、大快人心、脑子真快、天快亮了、快到家了、快来帮我、快人快语、眼疾手快、快刀斩乱麻、快送他去医院”等词语中的“快”分属上述的哪个义项?

三、指出下列各词的词汇意义和语法意义。

热　漂亮　杜鹃　国家　甜蜜　蜜　来　疯狂　喜欢　了解　很　又　着

四、指出下列各词的义项属于本义、基本义还是派生义。

1. 犀利:

① 工具、武器等头尖和刃薄，容易刺入或切入物体。
② (言论、文笔)尖锐：谈吐～。
2. 开阔：
① 面积或空间范围宽广。
② 思想、心胸开朗：他是一个思想～的人。
3. 厚：
① 扁平物上下之间的距离大。
② 优待：～此薄彼。
4. 交通：
① 往来通达：阡陌～。
② 各种运输和邮电事业的总称。
③ 抗日战争和解放战争时期指通信和联络工作。
④ 交通员。
5. 松：
① 松散。
② 使松：～～腰带。
③ 解开；放开：～绑。
6. 回：
① 曲折环绕：～旋。
② 从别处到原来的地方：～家。
③ 调转：～头。
④ 答复；回报：～信、～敬。
五、义素分析的原则和步骤有哪些？义素分析的作用和局限各是什么？
六、完成下面义素分析的矩阵图。

舅舅					
叔叔					
伯伯					

第四节　词义聚合

一、语义场

(一) 语义场的内涵

语义场是通过不同词之间的对比,根据它们词义的共同特点或关系而划分出来的类。语义场是一个相对独立的系统,它把相互关联的词和短语组织起来,显示其间的相互关系,因此又叫词汇场。任何数量的词语只要拥有共同的义素,即表明它们同属一个语义场;而共同义素之外的那些义素,则表明词义彼此之间的区别。共同义素揭示的是事物之间的联系,区别义素揭示的是事物之间的区别。通过义素分析,不同事物之间的区别与联系往往就能一目了然。例如:

	交通工具	公用	有轨	用电	线路固定	地面运行
公共汽车	+	+	−	−	+	+
无轨电车	+	+	−	+	+	+
出租汽车	+	+	−	−	−	+
地铁	+	+	+	+	+	−
轻轨	+	+	+	+	+	±
有轨电车	+	+	+	+	+	+

一个词的意义通常要受同一语义场中其他词的意义的制约。因此,当同一个词处于不同的语义场时,其意义会有不同的表现。例如:

(A) 金——木——水——火——土

(B) 金——银——铜——铁——锡

在(A)序列中,“金”指“金属”,包括(B)序列中的各类;在(B)序列中,“金”专指黄金。

(二) 语义场的类型

概念之间存在着各种逻辑关系,诸如上下位关系、同类关系、交叉关系、对立关系、矛盾关系等。与之相应,词汇的语义系统中也存在着各种语义关系。词以概念间的各种关系为基础,并根据各自的语义特点形成了不同类型的语义场。

1. 类属义场。类属义场反映的是一类事物,场中的成员是同类事物的个体对象。类属义场是最常见的语义场,它反映的是人们对客观事物进行分类的认识成果。类属义场中的

成员至少两个,但一般都不止两个。例如:

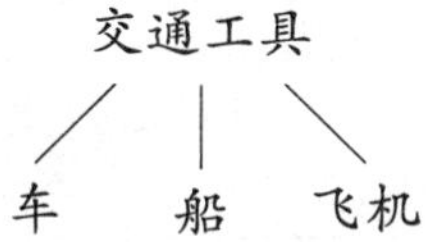

2. 顺序义场。顺序义场的各成员之间存在数量、等级等方面的顺序,一般表现为数目、季度、日月、职衔、度量衡单位等方面的次序。顺序义场的成员一般是封闭有限的,但有时也可以呈现为开放状态。例如:

小学→中学→大学　　一楼→二楼→三楼→四楼→……

3. 循环义场。一组词项相互之间存在着循环语义关系,据此可以形成一个循环序列,这样的词项聚合就是循环义场。循环义场其实可看成是一种特殊的顺序义场。例如:

4. 关系义场。关系义场的义位反映人与人、人与事物及事物及事物之间的关系,有的是二元关系,有的则是多元关系。例如:

教师⟷学生　　敌军⟷友军⟷我军

(三) 语义场的层次

事物的分类具有层次性,语义场也就具有层次性,可以由上到下进行不同的划分:处于上一层次的叫作上位语义场,处于下一层次的叫作下位语义场,分到不能再分的语义场就叫作最小语义场。上一层次中某个词的义素必然为下一层次的各词所有,而下一层次又必然有自己的特殊义素。例如:

在金牌、银牌、铜牌三个词中,[+奖牌]是它们共有的义素,而[+含金/镀金]、[+含银/镀银]、[+含铜/镀铜]这些义素则不是共有的。

处于上位层次的词可以称为上位词,处于下位层次中的词称为下位词。从逻辑角度看,上下位词的关系就是属种关系。对于上、下位词,有必要注意三点:

(1) 上下位的相对性。上位词可能还有自己的上位词,而下位词可能还有自己的下位词。上位词对于自己的上位词来讲是下位词，而下位词对自己的下位词来讲则又是上位词。例如：

人

工人 农民 士兵 商人 文教人员……

木工 瓦工 电工 车工 钳工 搬运工……

（2）对称的自足性。一般说来，一个词总归有自己的上位词或下位词。不过，语义场中一些表示相互关系的词也可能没有相应的上位词。例如：

丈夫——妻子　教师——学生　上级——下级

这些没有上位概念的词大都可以合称，如“夫妻”、“师生”、“上下级”等。当然，两个对称的词也可以有上位词。例如：

医学

中医　西医

总之，语义场主要是由同一层次的各个词构成的，可以没有上位词，这一点同逻辑上的类属关系并不完全对等。

（3）词语的兼属性。一个词如果拥有多个义项，就可以兼属不同的语义场，就可以在不同的语义场中构筑不同的语义关系。汉语中的某些词既可以表示属概念，又可以表示种概念，这样就能分别出现在上、下位词中。例如：

吃1 穿 住 行

吃2 喝 吸

二、同义义场和同义词

（一）同义义场

同义义场是由意义相同或相近的一组义位构成的语义场。同义义场中，各义位之间的相同义素要多于其他语义场，或者说主要义素都相同，次要义素有差异。不同的同义义场，其义位之间的义素关系不完全相同：有些同义义场的义素构成完全相同，可以称之为等义义场；有些同义义场的义素构成不完全相同，但反映事物现象主要特征的义素相同，可以称之为近义义场。例如：

西红柿—番茄　母亲—妈妈　　爱人—情人　　坏人—坏蛋

（二）同义词

1．同义词的性质

处于同一义场中的各个词叫作同义词。同义词之间的关系是大同小异或同中有异，但同义词的价值在于异而不在于同。同义词完全立足于词汇的词义范畴，因此词义是识别同义词的唯一的标准。只有基本词义相同或相近的词，才是同义词。

同义词不是同音词，不能把一些语音相同或相似的词误认为同义词。例如，“必须”与“必需”、“正规”与“正轨”、“无谓”与“无味”、“反映”与“反应”、“精心”与“经心”、“休养”与“修养”尽管语音相同或相近，但彼此在意义上毫无共同之处，因此不能当作同义词。

同义词也不一定是同语素的词，不能把某些含有相同语素的词看作同义词或近义词，如“繁华”与“豪华”、“法则”与“法规”、“含糊”与“含蓄”，“关怀”与“怀念”，“事故”与“事变”等。

同义词在很大程度上要受到词类性质的制约，同义者往往同词性。词性不同的词往往会在基本词义方面出现本质的差别，很难被称为同义词，如“充分(形)”与“充满(动)”、“珍贵(形)”与“珍视(动)”、“拘谨(形)”与“拘泥(动)”等。对那些身兼数类的词来说，不同的词性有不同的同义词。例如，“深入”一般是形容词兼动词，“深刻”只是形容词，只有当“深入”表现为形容词时，才和“深刻”构成同义词。

有一些词虽然在意义上有某种联系，甚至在某些条件下可以互相替代，但它们所表示的概念并不相同，彼此间只是类属关系，所以也不能看作是同义词，如“牲口”与“马”、“考试”与“口试”、“菜”与“酸菜”、“笔”与“毛笔”等。

另外，词与词的语法变化形式也不能看成同义词，如“家”与“家家”、“最”与“最最”、“慌张”与“慌慌张张”、“考虑”与“考虑考虑”等。

2．同义词的类型

首先，从语义关系的角度看，同义词可以为等义词与近义词两类：

（1）等义词又叫绝对同义词、完全同义词，是指一组意义完全相同并且在任何情况下都可以进行替换的词语。例如：

涤荡——荡涤　极力——竭力　严谨——谨严　演讲——讲演

河山——山河　感情——情感　损耗——耗损　红彤彤——红通通

元音——母音　莲花——荷花　星期三——礼拜三　举不胜举——不胜枚举

另外，某些概念义完全相等，但需有条件替换的词语也可以看作等义词。例如：

西红柿（北方）——番茄（南方）　丈夫（书面）——老公（口语）

早餐（书面）——早点（口语、北方）——早茶（口语、南方）

教师(身份称谓)——老师(身份称呼)　诞辰(书面敬语)——生日(日常口语)

(2) 近义词又叫相对同义词、不完全同义词、条件同义词,它们的理性意义虽基本一致,但明显有别。这类同义词在汉语中异常丰富。构成同义的词汇单位不仅有词,还包括一些固定短语。例如:

美满——圆满　嗜好——喜好　舞会——派对　迷糊——模糊

全神贯注——聚精会神　连续不断——接二连三　精力充沛——精力旺盛

无声无息——悄无声息　毫不犹豫——干脆利落　别具一格——独具匠心

熙熙攘攘——人来人往　心惊肉跳——胆战心惊

死不悔改——执迷不悟　木已成舟——生米做成熟饭

拍马屁——抱粗腿——阿谀逢迎　一帆风顺——顺风顺水

从语音形式上看,同义词语还是要讲求音节对应的,一般是单音词对单音词、双音节词对双音节词、多音节对多音节,当然也有一些音节不对应的情况。例如:

缺——少　封——闭　爹——父　谈——聊　寻——觅——找

使——用　贫——穷　首——头　售——卖　道——路——径

保护——保卫　保持——维持　笨拙——拙笨　察觉——觉察

鞭策——督促　答应——允许　粗心——大意　幽默——诙谐

维他命——维生素　多角度——多视角　自行车——脚踏车

乱七八糟——污七八糟　蠢蠢欲动——跃跃欲试　夸夸其谈——侃侃而谈

学——学习　信——相信　道——道路　国——国家　祸——灾祸

黑——黝黑　笨——笨拙　售——销售　云——云彩　刹那——一瞬间

相比之下,汉语最多的还是双音同义词。双音同义词包括全同素逆序同义词、半同素同义词、全异素同义词。例如:

爱怜——怜爱　计算——算计　感情——情感　担负——负担　妒忌——忌妒

爱惜——爱护　完成——完毕　安顿——安置　嘲讽——嘲笑　干涉——干预

干净——清洁　颠覆——推翻　目的——宗旨　同意——赞成　拂晓——黎明

3. 同义词的辨析

同义义场中各词的基本意义都是一致的,至少在某一义项上它们之间有着共同的义素。但另一方面,各同义词之间必然会有一些或大或小、或显或隐的差别。而这些差别,尤其是一些细微的差异,正体现了同义词的价值,需要重点进行辨析。辨析同义词,既要求同,更要辨异,一般可从以下几个方面加以展开。

（1）理性意义方面的差异

A. 意义范围的大小。例如：

心情>心境>心绪

“心情”、“心境”和“心绪”都指内心的思想感情。“心情”泛指思想感情所处的状态，意义范围较广，书面、口头都常常使用，如“心情激动”、“愉快的心情”；“心境”主要指思想感情的境况，意义范围较窄，多用于书面，如“他近来心境不好”；“心绪”主要指萦回不断的思绪或复杂的内心感情，意义范围较窄，也多用于书面，如“领导整天心绪不宁”。

事件>事变>事故

“事件”和“事变”都是指历史上、社会上发生的重大而不平常的事情。“事变”特指突然发生的政治性、军事性事件，如“七七事变”、“西安事变”；“事故”指意外发生的损失和灾祸，如“工伤事故”、“责任事故”。

B. 意义程度的轻重。例如：

迅速<飞速<神速

“迅速”、“飞速”、“神速”都有速度高、非常快的意思。“迅速”指速度一般地快，语义较轻，常用于动作、行进、抽象事物等，如“他这个人动作迅速，办事从不拖沓”；“飞速”指非常迅速，语义较重，常用于行进、抽象事物等，如“这几年，高等教育飞速发展”；“神速”则是指速度特别快，快得惊人，语义最重，程度最高，常用于收效、出兵等，如“兵贵神速”。

酷爱<珍爱<钟爱<心爱<喜爱（指事物）

慈爱>怜爱>疼爱>偏爱>宠爱>溺爱（指人，尤其指孩子）

“酷爱”是程度极深，“珍爱”是特珍重，“钟爱”是从心底里爱，“喜爱”是很有好感。从“慈爱”到“溺爱”，“爱”的程度逐步加深，依次为：仁慈地爱→深情地爱→关切地爱→偏袒地爱→娇宠地爱→无原则地、百依百顺地爱。

C. 意义重点的不同。例如：

事情——事故

二者都有泛指人类一切活动或社会一切现象的意思，都可以用于形势、生活等方面。“事情”含有一般性，可以指人们碰到的大小事情，也可指事故、差错，如“事情多，更要统筹安排”、“你这样敷衍了事，出了事情就麻烦了”。“事故”是意外的损失或灾祸，多指在生产、工作上发生的，如“交通事故的处理，要等事实认定清楚双方没有异议时处理”。很多半同素同义词就是表现为意义重点的不同。再如：

坚定——坚决　解除——废除　爱惜——爱护　隐藏——隐瞒——隐蔽

“坚定”侧重于“定”，即不动摇，“坚决”侧重于“决”，即不犹豫；“解除”侧重于“解”，即去掉约束，“废除”侧重于“废”，即废止不用；“爱惜”重在珍惜，“爱护”重在保护。“隐藏”、“隐瞒”、“隐蔽”都表示把真相和实际情况掩盖起来。“藏”是躲起来不让人发现，“瞒”是蒙骗别人不说真相，“蔽”是掩盖起来不让人发现。

D. 意义对象的不同。例如：

人——人类　山——山脉　枪——枪支　湖——湖泊

书——书本　马——马匹　纸——纸张　花儿——花朵

以上各组词中，前者表示个体对象或具体名称，后者表示集体对象或概括名称。

（2）附加意义方面的差异

A. 感情色彩不同。例如：

结果——成果——后果

三者都指所达到的最后状态。“结果”是中性词，可以用于好的事情（如“她经过努力，取得了较好的结果”），也可以用于坏的事情（如“他从台阶上跳下来，结果把头磕破了”）也可以表示不好不坏的事情（如“我们争论了半天，没有任何结果”）；“成果”是褒义词，意思是工作或事业上的收获，是一种好的结果，如“研究成果”；“后果”是贬义词，多用来表示不好的结果、结局，如“长此以往，后果不堪设想”。

鼓舞——鼓动——煽动

三者都有通过语言刺激行动的意思。“鼓动”是中性词，可用于好的事物（如“经他一鼓动，大家都向灾区捐款了”），也可用于坏的事物（如“不明真相的群众在他的鼓动下，真以为传销可以赚大钱，结果纷纷上当”）；“鼓舞”是褒义词，有使人振作精神、增强信心和勇气之意（如“省里提出的‘三四五’工程，真鼓舞人心”）；“煽动”是贬义词，常含有“鼓动别人做不应该的事情”的意思，（如“合法的表达意愿这是允许的，但不能听任别有用心的人煽动群众闹事”）。类似的更多例子见下表：

褒——贬	中——贬	褒——中	褒——中——贬
保护——庇护	充满——充斥	攻克——攻占	成果——结果——后果
果断——武断	手段——伎俩	温馨——温暖	鼓励——鼓动——煽动
浅显——肤浅	比较——比附	瞻仰——观看	雄辩——论辩——诡辩
顽强——顽固	排除——排斥	节俭——吝啬	团结——联合——勾结

此外，一些词语的意义往往还隐含着某种感情色彩。例如：

诚实——老实　奶油小生——白面书生

“诚实”和“老实”都是指一个人言行跟内心一致，但却隐含着不同的评价：“诚实”含有思想行为良好、品德高尚的含义；而“老实”则含有不聪明、不灵活甚至懦弱无能的意思。“奶油小生”和“白面书生”都是指青年男子，但二者的含蓄义却不同：前者是指缺乏男子汉气概的漂亮小伙，后者则指文弱无力、缺乏磨炼的青年学生。

B. 语体色彩不同。例如：

商量——商榷

二者都表示就某件事和人讨论、交换意见的意思。前者比较随便，后者比较庄重，各有不同的适用场合，一般不能互换使用。其他如“部署”和“安排”、“颤抖”和“哆嗦”、“会晤”和“会见”、“吝啬”和“小气”也大致表现为书面语与口语之别。

有人认为，语体应该分成书面语、通用语与口语，而词语也就相应具有三种色彩差异。例如：

书——口	书——通	通——口	书——通——口
恐吓——吓唬	若干——一些	水泥——洋灰	赞誉——称赞——夸奖
邂逅——碰到	踌躇——犹豫	太阳——日头	母亲——妈妈——妈咪
诞辰——生日	吝啬——小气	散步——溜达	晤谈——交谈——拉呱儿

如果进一步细分，书面语体还可以分为文艺、事务、科技、军事等小类，而词语自然也就随之有别。例如：

文艺——通用	子夜——半夜	晶莹——光亮	寂寥——安静	飞翔——飞
事务——通用	莅临——光临	提升——提拔	部署——安排	兹——现在
科技——通用	胸腔——胸膛	月球——月亮	稀释——冲淡	颅——脑袋
军事——通用	匍匐——爬行	拂晓——早上	俯伏——趴下	投掷——扔

（3）词语搭配方面的差异

同义词除了理性意义、附加色彩方面的不同外，也还存在搭配习惯方面的差异。例如：

转移——转变

二者都有发生变化之意，但“转移”通常和“视线”、“阵地”、“目标”搭配，而“转变”通常会与“态度”、“立场”、“作风”、“风向”搭配。

爱戴——爱护　关怀——关心　暴露——揭露　赡养——扶养——抚养

“爱戴”只用于下对上，“爱护”只用于上对下；“关怀”只适用于上级对下级，而且对象只能是人，而“关心”既可以上，也可以下，既可以是人，也可以是事，既可以是别人，也可以是自己。“暴露”和“揭露”都有使原来隐蔽的事物显露出来的意思，“暴露”既可以是自己，也可以是别人，“揭露”只能针对别人的坏事。总之，绝大多数的半同素同义词都是由于语义侧重的不同而导致了搭配关系的差异。又如：

改善（关系、生活、环境）——改正（缺点、错误、坏习惯）

担负（责任、任务、费用）——担任（职务、工作、总书记）

体现（要求、原则、政策）——表现（愿望、品质、作风）

（理由、准备、时间）充分——（精力、雨量、体力）充沛——（光线、经费、资源）充足——（时间、经济、物质）充裕

(4) 语法性能方面的差别

尽管在严格意义上，词性不同的词语之间一般不能构成同义词，但在实际操作中，人们还是习惯将某些性能不同的词视为同义词的。如“刚才”是时间名词，“刚刚”是时间副词，因为都与时间有关，所以很多时候被当作同义词。另外，兼类词语的某一词性与另一词的词性一致时，如果两个词的意义相同或相近，也可以构成同义词。例如，“深入”是动词兼形容词，当它表示“深刻、透彻”的意思，用作定语的时候，就与形容词“深刻”形成了同义关系。类似的例子还有：

忽然——突然　一致——一概

“突然”和“忽然”都有表示事情很快地发生或变化的意思。但“突然”是形容词，可以作谓语（如“事情突然”）、定语（如“突然的事情”）和状语（如“事情突然发生了”）；而“忽然”是副词，只能作状语（如“他忽然来了”）。“一致”和“一概”都有毫无例外的意思，但“一致”是形容词，既能作谓语（如“意见一致”）和定语（如“一致的意见”），也能做状语（如“一致同意”），而“一概”只能做状语（如“一概否定”）。

（三）同义词的作用

恰到好处地选用同义词对于增强语言的表达效果具有多方面的积极意义。归结起来，同义词的作用大致有以下五个方面：

(1) 使表意精确严密。例如：

今年暑假，学校组织我们参观了人民大会堂，瞻仰了人民英雄纪念碑，并在国家大剧院观看了一场精湛的文艺晚会。

越过崇山峻岭，攀过悬崖峭壁，步入“人间仙境”，只见群芳吐艳、姹紫嫣红。

（2）使语句富于变化。例如：

大漠沙如雪，燕山月似钩。

咱们小兴安岭的人啊，与青松亲如手足！一样的志趣，一样的风度，一样的胸怀，一样的抱负。

（3）使文章气势充畅。例如：

我们都愿意看到我们的祖国振兴、富强、繁荣、昌盛。

坚决、彻底、干净、全部地歼灭一切敢于来犯之敌。

（4）使语体鲜明突出。例如：

××先生、××女士：兹定于10月12日晚6时30分在贵宾楼牡丹厅略备菲酌，恭请光临。

今天就咱们几位老哥们在一起聚聚，没啥好吃的，就几个家常菜。

（5）使音节韵律和谐。例如：

人生也是这样，过了一站，又是一站，历尽坎坷，饱尝风雨。

我站在高山之巅，望黄河滚滚，奔向东南：惊涛澎湃，掀起万丈狂澜，浊流宛转，结成九曲连环。

三、反义义场和反义词

（一）反义义场

反义义场是意义相反或相对的义位构成的语义场。反义义场中，不同义位共有的义素表明了各义位之间的统一关系，互有区别的义素则显示了义位之间相反或相对的关系。由于对立关系的义素分为两种不同的对立情形：相反对立和相对对立，反义义场也相应地区分为两种：互补反义义场和极性反义义场。

互补反义义场中，两个义位的能显示区别性特征的义素是建立在客观事物矛盾关系的基础上的，彼此截然相反，肯定义素甲就否定了义素乙，否定了义素甲就肯定了义素乙，肯定了义素乙就否定了义素甲，否定了义素乙就肯定了义素甲，甲和乙之间没有中间性的概念存在。例如：

生⟷死　　动⟷静　　有⟷无

极性反义义场中，能显示区别性特征的义素是建立在客观事物的对立关系基础之上的，两者并不能形成非此即彼的关系：肯定义素甲就否定了义素乙，肯定了义素乙就否定了义素甲，而否定了义素甲却不能肯定义素乙，否定了义素乙也不能肯定义素甲，甲和乙之间存在中间性的概念。因此，极性反义义场突出的是反义关系的相对性。例如：

少年→青年→中年→老年

（二）反义词

1. 反义词的性质

在反义义场中，两个意义相反或相对的词就叫作反义词。对于反义词的性质，可以从三个方面去理解。

第一，词的反义关系总是建立在同一个意义范畴的基础之上的。比如，"君子"和"小人"指称的都是人，而且都是从品格的角度对人进行评价的。再如，"长"和"短"同属于度量范畴，"古"和"今"同属于时间范畴，"快"和"慢"同属于速度范畴，"拥护"和"反对"同属于态度范畴。

第二，反义词的存在一般是以客观事物的矛盾对立为前提的，如"正—反"、"对—错"、"大—小"等。不过，有的反义词反映的客观事物本身并不是互相矛盾的，如"山—水"、"日—月"、"天—地"等。换句话说，构成反义词的，既可以是关系义场，也可以是异质义场。异质义场的两个词之间并没有实质性的矛盾，它们构成反义义场主要是由文化观念和社会习惯决定的。

第三，反义关系是属于词义与词义、词与词的关系，词和短语不能构成反义词。所以，"好"和"不好"、"忠诚"和"不忠"都不是反义词。同一个词的前面加上类前缀"非"、"不"也不能构成反义义场，像"金属和非金属"、"婚生和非婚生"、"送气和不送气"、"带音和不带音"、"规则和不规则"等都不是反义词。

反义词一般要求音节对称，但也允许存在一些不对称的现象。例如：

难——容易　贵——便宜　脏——干净　笨——聪明

由于"易"、"贱"、"洁"、"智"在现代汉语口语中基本不能单用，显然已不宜作为"难"、"贵"、"脏"、"笨"的反义词了。当然，在一些特殊场合（如对举）中，它们还是可以作为语素出现的，如"难易适中"、"贵贱不论"等。

在构词方式上，反义词往往有一致性的要求，即要求彼此构型相同。反义词结构上的这一特点，也与同义词明显有别。例如：

悲哀——喜悦　陈旧——新鲜(反义双方都是联合型)

背面——正面　大方——小气(反义双方都是偏正型)

出席——缺席　有趣——乏味(反义双方都是动宾型)

扩大——缩小　提高——降低(反义双方都是补充型)

共性——个性　强者——弱者(反义双方都是附加式)

2. 反义词的类型

根据反义义场的两个成员间的相互关系,反义词内部可以细分为四类:互补反义词、相对反义词、依存反义词、对称反义词。

(1) 互补反义词($A=\bar{B},B=\bar{A};\bar{B}=A,\bar{A}=B$)

在互补反义义场中,肯定A必定否定B,肯定B必定否定A;否定A必然肯定B,否定B必然肯定A。总之,两者之间绝不允许出现第三种情况。互补反义词之间的反义关系是绝对的,所以这类反义词又被称为绝对反义词。例如:

真——假　对——错　生——死　动——静

曲——直　有——无　分——合　正——反

男——女　是——非　开——关　雌——雄

出席——缺席　正确——错误　正数——负数

(2) 相对反义词($A\in\bar{B},B\in\bar{A};\bar{A}\neq B,\bar{B}\neq A$)

在相对反义义场中,肯定A,就否定B;肯定B,就否定A。不过,否定A,不一定就是B;否定B,也不一定就是A。总之,两者之间可以存在中间状态或其他情况。相对反义词都处在同一语义场的两端,所以又可以称为极性反义词。例如:

厚——薄　忙——闲　前——后　贫——富　快——慢　大——小

高——低　冷——热　软——硬　新——旧　美——丑　轻——重

善——恶　升——降　迅速——迟缓　清明——腐败　轻易——艰难

(3) 依存反义词(有A必有B,有B必有A;A和B互相依存)

在依存反义义场中,肯定A并不能否定B,肯定B也不能否定A。两者的关系是:有A必有B,有B必有A,A与B同时存在,互为前提。例如:

买——卖　娶——嫁　赢——输　胜——败

赚——赔　教——学　授——受　攻——守

行贿——受贿　训练——受训　攻击——抵抗　师傅——徒弟　出售——购买

有时,依存关系会出现交叉依存的情况,或二对二,或多对二,或多对多。例如:

父/母——子/女　哥哥/姐姐——弟弟/妹妹

祖父/祖母——孙子/孙女　伯伯/伯母/叔叔/婶婶——侄子/侄女

(4) 对称反义词(A和B互相对立,但没有矛盾)

对称反义词的特点是:①不以对方的存在为前提;②没有客观的矛盾关系;③往往由社会习惯决定。例如:

质——量　经——纬　春——秋　黑——红　红——白　点——面

文——武　朝——野　城——乡　土——洋　方——圆　本——标

国产——进口　自动——手动　城市——农村　文科——理科

除了以上四种常规的反义词外,现实运用中还可碰到一些临时形成的反义词,又称语境反义词。这种反义词也是由特定的文化因素和认知因素决定的。例如:

宁做山顶上的*青松*,不做温室里的*烟柳*。

是*骡子*是*马*,拉出来遛遛。

3. 反义词的作用

正确地、巧妙地使用反义词,可以使人们在对比鲜明的情况下,认清事物的真伪优劣、是非善恶,从而更好地提升语句的表达效果。归结起来,反义词的作用大致有以下四个方面。

(1) 揭示矛盾,对照鲜明。例如:

二十世纪的"人"是与"国家"相对待的:强国的人是"人",弱国的呢?狗!

悲剧将人生有价值的东西毁灭给人看;喜剧将那无价值的撕破给人看。

(2) 对举映衬,言简意赅。例如:

明枪易躲,暗箭难防。

宁可站着死,不愿跪着生。

勤奋是点燃智慧的火花,懒惰是埋葬天才的坟墓。

(3) 强调语义,加强语气。例如:

一个人坚强还是懦弱?诚实还是虚伪?文明还是粗野?文雅还是粗俗?慷慨还是自私?温柔还是粗暴?好学还是懒惰?审美观点对不对?生活趣味高不高?这一切……是别的职能部门不好管,也不便管的。

我相信到那时,到处是活跃的创造,到处是日新月异的进步,欢歌将代替悲叹,笑脸将代替哭脸,富裕将代替贫穷,康健将代替疾苦,智慧将代替了愚昧,友爱将代替了仇杀,生之快乐将代替了死之悲哀,明媚的花园将代替了凄凉的荒地。

(4) 概括统指,形象生动。例如:

在他赁人家的车的时候,他从早到晚,由东到西,由南到北,像被人家抽着的陀螺;他没有自己。

读者也许会觉得这是一条新闻吧,其实只是一条"旧闻"而已。

思考和练习

一、请结合具体实例谈谈你对语义场的认识。

二、将下列各组同义词分别填入适当的句子中。

第一组　成果——后果——结果

(1) 因为他酒后驾车,导致了严重的(　),发生了重大的交通事故。

(2) 李教授认真钻研,付出了艰辛的努力,终于取得了丰硕的(　)。

(3) 小王,这次的考试(　)出来了吗?

第二组　功夫——工夫

(1) 花了三天的(　),我终于写好了工作计划。

(2) 汤姆非常喜欢李小龙,对中国(　)产生了浓厚的兴趣。

第三组　权力——权利

(1) 我们要依法保护公民的合法(　)。

(2) 你没有(　)要求我做这些事情。

(3)选举权是每个公民的基本(　)。

第四组　浪费——花费

(1) 这本书虽然(　)了我一个月的工资,但我觉得很值得。

(2) 我们要养成良好的生活习惯,不要(　)粮食。

第五组　可恨——可惜——可怜

(1) 这个手机才买了一个月就丢了,真是太(　)了。

(2) 小明三岁就失去了爸爸妈妈,真是太(　)了。

(3) 虐待小动物的行为真是太(　)了。

第六组　希望——期望——奢望

(1) 你到学校后要好好学习,这是爸爸对你的(　)。

(2) 三年不见了,我(　)你一切都好。

(3) 杰克非常想学汉语,但是他(　　)一个星期就学会所有的汉字,这是不可能的。

三、在括号里填上意义相反的词,以组成一个成语。

(　　)入(　　)出　(　　)中生(　　)　(　　)存(　　)亡　七(　　)八(　　)
积(　　)成(　　)　(　　)三(　　)四　出(　　)入(　　)　量(　　)为(　　)
(　　)里逃(　　)　(　　)尽(　　)来　弄(　　)成(　　)　红(　　)绿(　　)
(　　)(　　)颠倒　虎(　　)蛇(　　)　花(　　)酒(　　)　化(　　)为(　　)
声(　　)击(　　)　(　　)龙(　　)脉　顶(　　)立(　　)　(　　)因(　　)果

四、辨析下列各组同义词。

坑害——陷害　记录——纪录　疾苦——痛苦　评估——评审
情感——情绪　重复——反复　大概——大约　买卖——生意
拍照——照相　何尝——未尝　来源——起源　可靠——牢靠
美丽——漂亮　反映——反应　及早——尽早

五、指出下列各词的反义词。

本质　内容　平坦　粗糙　丑陋　拘谨　精明　贫瘠　坚挺
帮忙　褒奖　拆卸　怠慢　恶劣　含蓄　坚强　宽敞　零碎
债权　虐待　豪情壮志　年富力强　呕心沥血　志同道合

六、试简要说明下列各组词在意义和用法上的异同。

分别——分头　误会——误解　延长——延伸　树立——竖立
合格——及格　脑筋——脑子　区别——区分　接收——接受
泄露——泄漏　逐步——逐渐　食品——食物　还——更
历来——向来　获得——获取　当地(dāngdì)——当地(dàngdì)
转动(zhuǎndòng)——转动(zhuàndòng)

七、修改下列病句并简要说明病因。

1. 邻近四月,天气越来越温暖,大地处处开满了鲜花。
   江苏省和浙江省是邻近的省份。
2. 我刚来这家公司,还请大家多多关注。
   马上就要召开世博会了,大家对上海越来越关照。
3. 虽然我跟小明有过误会,但是经他解释后,误会消逝了。
   很多年过去了,家乡发生了很大的变化,但是我对家乡的美好回忆却没有消失。
   放在杯子里的糖块,慢慢消释了。

4. 刘红同学刻苦学习,为大家竖立了学习榜样。

门前树立着一根旗杆。

八、请结合具体实例谈谈同义词和反义词的表达作用。

第五节 词的聚合

聚合关系是指具有共同点的语言单位之间所具有的相互关系。各语言单位以共同点为基础,通过特定的联系,构成所谓的聚合体。每一个聚合体既有共同点又有不同点,由此形成同一性和相对性的双重关系。词的聚合可以分别从语音形式、语法结构、语义关系等方面来加以构建。下文重点讨论汉语中几种常见的词的聚合:单义词、多义词、同音词、异形词。

一、单义词和多义词

只有一个义项的词叫单义词。现代汉语中,单音节的单义词比例并不高,常见的如"人"、"煤"、"瞟"、"溅"、"凤"等。双音节词中的单义词数量有所增长,除少部分来自联绵词和音译词外,大部分来自双音节合成词。例如:

踟蹰 伶仃 徘徊 芙蓉 参差 窈窕 (联绵词)

尼龙 雷达 扑克 比基尼 可口可乐 (音译词)

南京 上海 台湾 李白 巴金 诸葛亮(专有名词)

皮鞋 袜子 手表 手机 茶几 电视机(事物名称)

尿素 元音 函数 血压 针灸 抛物线(科学术语)

父亲 母亲 哥哥 姐姐 舅舅 舅奶奶(称谓名称)

电脑 拉风 炒股 软盘 扶贫 光盘 刻录机(新词语)

一般说来,一个词在产生之初,其意义大都是单一的。在长期的使用过程中,一部分词在本义的基础上逐渐产生了各种转义,就成了多义词。多义词就是拥有两个或两个以上的具有内在联系的义项的词。现代汉语中,单音节动词大都是多义的,如动词"打"和"解"在《现代汉语词典》(第六版)中就分别有24个和8个义项。而双音节的多义动词的义项就要少得多,如"打击"和"解放"一般只有两三个义项。

如果一个词的两个义项在同一个语境中都可适用,就会产生歧义。例如,"扶"有两个相关的义项:①用手支撑使人、物不倒;②用手支撑使自己不倒。而在"小女孩扶着老奶奶"这句话中,"扶"的上述两个义项均可出现,由此导致了歧义:到底是谁走路不稳?谁在依靠对方呢?

又如,"借"有"借出"和"借入"两层意思,"生"既可以表示还没有长熟,也可以表示还没有煮熟。这两个词在实际运用中也很容易出现歧义情况。例如：

你借我的那本书还了。

这些南瓜还是生的，不能吃。

歧义属于词语的误用现象，一般应该尽量避免。不过，修辞中所谓的语义双关则是说话人有意识地利用多义词而造成的一种积极语言现象。

二、同音词和多音词

（一）同音词

凡是读音相同，意义又没有联系的两个或多个词，称为同音词。对于同音词，可以分别从词形和词义两个角度加以考察。从词形的角度看，同音词可以分为异形同音词和同形同音词两类。

1. 异形同音词

异形同音词是指词形不同而词音相同的词。汉语中，读音完全相同的词往往不止两个，有时甚至可以多到五六个。例如：

正视——正式　裁减——裁剪　事物——事务

计议——记忆　地域——地狱　初诊——出诊

失事——师事——施事——失势

记事——济事——技士——继室

形式——形势——刑事——行事

公式——公示——公室——公事——攻势——工事

相比之下，单音节的异形同音词数量更多。比如，音节 yī 对应的词有“一”、“乙”、“衣”、“依”、“袆”、“裔”、“揖”等，音节 shì 对应的词有“是”、“事”、“市”、“试”、“士”、“世”、“噬”、“室”、“氏”、“拭”等。

异形同音词由于形体不同，在书面上还是比较容易区分的，一般不会引起误解或误用。

2. 同形同音词

形式相同、读音相同的同音词称为同形同音词。例如：

一角钱——没长角　出太阳——一出戏　在开会——会说话

有伤风化——石头风化　自负盈亏——十分自负　获得新生——大学新生

同形同音词很容易跟一词多义（多义词）现象混淆，因此有必要加以区分。二者的区别主要在于词义：多义词的各个义项之间有密切的联系，而同音词的意义之间则没有什么联系。试比较：

仪表[1]：人的外表(包括容貌、姿态、风度等,指好的)。

仪表[2]：测定温度、气压、电量、血压等的仪器,形状或作用像计时的表。

积淀[1]：积累沉淀。

积淀[2]：所积累沉淀下来的事物(多指文化、知识、经验等)。

红眼病[1]：眼病,因急性结膜炎而眼白发红。俗称红眼。

红眼病[2]：羡慕别人有名或有利而心怀忌妒的毛病。

显然,“仪表[1]”和“仪表[2]”是同形同音词,而“积淀”和“红眼病”则属于多义词。依靠特定的上下文,同形同音词一般都能得到有效的区分,不会妨碍交际。

(二) 多音词和异读词

凡是同一词形具有两种或两种以上读音,这样的词就是同形多音词,简称多音词。多音词分为两类：一类是多音多义词,即词形相同而读音和语义都不同的几个词;另一类是多音同义词即异读词,即同一个词具有两种或两种以上不同的读音。

单音节的多音多义词都是一些常用词,如“乐 lè”和“乐 yuè”、“干 gàn”和“干 gān”等。双音节的多音多义词往往同轻声有关。例如(右边加点者均为轻声)：

大爷——大爷　照应——照应　地道——地道

本事——本事　生气——生气　利害——利害

严格地讲,多音多义词应该叫同形异音异义词,属于几个不同的词。汉语中的某些短语和词看上去形式一样,但并不属于多音多义词,需要注意甄别。例如：

兄弟——兄弟　东西——东西　买卖——买卖　左右——左右

以上各例中,前者都是并列短语,两个词都要重读;后者都是单词,后一个语素要轻读。

异读词在汉语中有一定比例的存在,但表现各异,大致有五种情况：

一是声母异读。例如：机械(jīxiè—jījiè) 波浪(bōlàng—pōlàng)

二是韵母异读。例如：血液(xuèyè—xièyè) 学习(xuéxí—xiáoxí)

三是声调异读。例如：古迹(gǔjī—gǔjì) 比较(bǐjiào—bǐjiǎo)

四是声韵异读。例如：巷道(xiàngdào—hàngdào) 供给(gōngjǐ—gōnggěi)

五是声韵调异读。例如：糗事(qiǔshì——chòushì)

异读词的产生往往与文白异读有关。文读是书面语中的读音,而白读则是口语或方言中的读音。在以上几组词中,前一种读法通常被视为规范的读音。

从发展变化的角度看,单音多义词与多音多义词、同形同音词之间具有一定的渊源关系：由于词义变化所引起的读音改变,单音多义词分化为多音多义词;由于词义过度引申导致了前后联系的中断，单音多义词分化为同形同音词。

三、异形词

（一）异形词的性质

异形词是读音和意义完全相等而词形有所不同的一个词，又叫异体词。因此，一个异形词（包括成语）往往具有两种或多种不同的写法。例如：

交代——交待　赢利——盈利　伙伴——火伴　担心——耽心

书声朗朗——书声琅琅　蛊惑人心——鼓惑人心　迷迷忽忽——迷迷糊糊

一般情况下，异形词之间只是形体不同，也就是其构词所用的语素或者汉字不同，而在意义、读音和用法三个方面应该是相同的。

（二）异形词的类别

首先，从音节角度看，异形词可以分为单音节异形词、双音节异形词和多音节异形词。例如：

吧——罢　拣——捡　粘——黏　搀——挽——羼

粗鲁——粗卤　措辞——措词　耷拉——搭拉　仓促——仓猝——仓卒——伧促

百叶窗——百页窗　红彤彤——红通通

湿漉漉——湿渌渌　义无反顾——义无返顾

相比较而言，双音节的异形词占了绝大多数，单音节和多音节的异形词则比较少。在多音节异形词中，三音节的占了大多数，而四音节的异形词则多为音译外来词或异形成语。

其次，从读音的角度看，异形词可以分为同音异形词和异音异形词两类。例如：

标志——标识　含糊——含胡　酒涡——酒窝　烂漫——烂熳　筋斗——斤斗

咔叽——卡其　哗啦——呼啦　冰淇淋——冰激凌　迪斯科——迪士高

这两类同形词有的因历史音变造成（如“标志”与“标识”），有的则因翻译因素造成（如“冰淇淋”与“冰激凌”）。

再次，从构词的角度看，异形词可以分为单纯异形词和复合异形词。单纯异形词是由一个语素构成的词，复合异形词则由两个语素构成。例如：

仓皇——仓黄　踟蹰——踟蹰　叮咛——丁宁　马虎——马糊

乌拉——靰鞡　沙拉——色拉　东不拉——冬不拉　曼陀琳——曼陀铃

吧嗒——叭哒　喀嚓——咔嚓　咕唧——咕叽　叮当——丁当

（以上是单纯异形词）

淫雨——霪雨　笔画——笔划　倒霉——倒楣　抹杀——抹煞

惟有——唯有　担心——耽心　倒腾——捣腾　禀承——秉承

（以上是复合异形词）

（三）异形词的规范

据统计，现代汉语共有1500多组异形词。异形词产生的原因相当复杂，在进行规范时，必须具体问题具体分析。长期以来，异形词一直是汉语词汇研究和语言规范化的一个热点和重点。为了促进语言的健康发展，避免主观武断，对于异形词的规范必须采取慎重的态度。经过多年的调查研究，国家权威部门提出了整理异形词三项原则：

其一，通用性原则。所谓通用性，就是根据词频统计和社会调查，选取目前公众普遍使用的词形作为推荐词形。目前通行的异形词，90%以上在使用中已经逐渐显示出词频的差异。因此，通行的词形自然应该成为推荐使用的对象。像"按语——案语"、"斑白——颁白"、"本分——本份"、"参与——参预"、"车厢——车箱"、"筹码——筹马"、"瓷器——磁器"、"漂泊——飘泊"中，前一个词形就是推荐词形。

其二，理据性原则。所谓理据性，就是从语言发展的理据角度，推荐一种较为合理的词形。比如，"规诫——规戒"中的"诫"、"戒"为同源字，在古代都有告诫、警戒义，但现代"诫"多表告诫义，"戒"多表警戒义。显然，"规诫"与"诫"的语素更为吻合，应该成为选用词形。

其三，系统性原则。所谓系统性，就是指词汇内部存在着互相关联的系列，在整理异形词时，要尽量考虑同语素系列词用字的一致性。比如，"侈靡——侈糜"和"靡费——糜费"，根据使用频率一时难以确定取舍。但同系列的异形词"奢靡——奢糜"中，"奢靡"已占有明显的优势，为了照顾系统性，"侈靡"和"靡费"于是成为推荐词形。

2001年12月，国家教育部已经发布了我国《第一批异形词整理表》（下面简称《整理表》）。根据"积极稳妥、循序渐进、区别对待、分批整理"的原则，该表先给出了普通话中经常使用、公众取舍比较明显的338组异形词的推荐使用词形，供社会各界选用。同时，该表对当前社会上流行的含有非规范字的异形词，则提出了明确的规范。今后在使用这些词的时候，应该以《整理表》为依据，尽量选用该表推荐的词形。

不过，《整理表》并没有严格规定哪个词形可用，哪个不可用，只是提出了推荐词形来供人们选用。需要注意的是，那些意义、功能和用法有所区别的词不能视为异形词，一般应该归入同义词，如"词典—辞典"、"必须—必需"、"素来—夙来"等。至于那些意义和读音明显不同的词如"终身"和"终生"、"聪敏"和"聪明"等，就更不应该算作异形词了。

思考和练习

一、什么是词的聚合关系？现代汉语中有哪些常见的词的聚合？

二、如何区分异读词和多音词？

三、汉语同音词产生的原因是什么？同音词具有哪些正面作用和负面作用？

四、请从不同的角度谈谈同音同形词和多义词之间的区别和联系。

五、异形词可以从哪几个角度进行分类？整理异形词的基本原则是什么？

六、改正下列句子中的同音别字。

1. 她只要遇到紧急情况，第一反映就是尖叫。

2. 来自全国各地的人民代表齐聚北京，共商国事，共议发展。

3. 这部电影是用无数片段故事连缀而成的。

4. 学校通过考察学生的学业成绩来评价学生的表现。

5. 坚决打击不法经营者谋取暴利的行为。

第六节　词汇构成

现代汉语词汇系统是一个多元聚合，它一方面有选择地保留了古代汉语、近代汉语中的通用词汇，一方面重点吸收来自方言和外语的活力词汇。为了满足现代社会的交际需要，现代汉语词汇还需要不断地补充进新词和新语。因此，现代汉语的词汇是共时因素和历时因素相互交集的产物。

一、基本词汇与一般词汇

(一) 基本词汇

基本词汇是基本词的总和。基本词汇和语音、语法一起构成语言的基础，显示了语言的基本面貌。基本词汇反映了人类关于自然界和社会生活的一些最基本的认识，使用率高，生命力强，适用面广。现代汉语的基本词汇大致覆盖以下九个方面：

① 有关自然界事物的词：天、地、风、云、山、水、水、火、电等；

② 有关生活和生产资料的词：米、菜、灯、布、刀、笔、车、船等；

③ 有关人体组织的词：心、眼、头、牙、手、脚、腿、血、脑等；

④ 有关亲属关系的词：父、母、兄、妹、姐、弟等；

⑤ 有关人或事物行为、变化的词：走、跑、吃、想、写、来、去等；

⑥ 有关人或事物性质、状态的词：大、小、好、坏、多、少、高、低等；

⑦ 有关指称和代替的词：我、你、他、这、那、谁等；

⑧ 有关数量和单位的词：十、百、千、万、个、只、尺、寸等；

⑨ 有关方位、时间、程度、关联的词：上、下、左、右、东、西、就、很、和、跟、因为、所以、但、吗、了等。

从整体看，基本词汇具有四大特点：

1. 稳固性

基本词在人类交际中一直是必不可少的，它在千百年中为不同时代的人们服务，反映了人类思维中的一些最基本的概念。许多基本词从甲骨文时代到现在一直在为汉族人民提供服务，甚至须臾不可或缺，如牛、马、门、天、地、山、水、左、右、大、小等。这些年代久远的基本词今后还将继续被人们一再地使用下去。

基本词汇之所以具有这么强的稳固性，是由于它所表示的事物和概念都是极为稳定的。说它稳定，并不是说一成不变，而是指变化的节奏慢、变化的幅度小。变化后的基本词更多是作为语素保留在现代语词之中。

2. 能产性

语言要表现新出现的事物和新的概念，就需要不断地增加新词或者使原词增加新义，而这两种方法都是以基本词为基础的，因为基本词都是人们最熟悉的，以此为基础创造出来的词易于被接受，所以基本词绝大多数都是构词语素，都可以以此构成几十个甚至几百个词。例如，“火”在甲骨文里就有了，3000 多年来，以“火”为词根生成的词层出不穷。现代汉语中，以“火”为首语素的词有 90 多个，如火把、火光、火坑、火海、火苗、火山、火速、火势等，以“火”为尾语素的词有 80 多个，如军火、炭火、萤火、炮火、玩火、救火、走火、开火等。

基本词的能产性也不是绝对的，有关亲属称谓的和一些表示程度范围、关联、语气的基本词其实是不能产的，因为这些词所表示的意义狭窄，所使用的领域有限，很少用来构成复合词。

3. 常用性

常用性是说这些基本词的流行地域很广，使用频率很高，为全民所用，完全不受阶层、行业、地域、文化、性别、年龄等条件的限制。因此，基本词汇中的词都是一个语言社团里的人们在日常生活和交际中经常地、普遍地使用着的词，这些词所表示的都是一些最常见的现实现象和基本概念，如汉语中的“水、饭、菜、车、睡、说、吃、走、看、听、大、热、高、新”等。

4. 可知性

基本词往往是易于被人们感知和联想到的词,这就是所谓的可知性。例如,当人们听到“hǎo”这个读音时,大部分人会首先想到“好”;当人们听到“dǎ”这个读音时,大部分人同样会最先联想到“打”。显然,“好”和“打”就是基本词。

稳固性、能产性、常用性和可知性这几个方面其实是彼此相通的。因为经常使用,不轻易变动,所以就稳固;因为稳固,它们就时常被用作构词的材料,就具有了能产性。因为能产,它们的稳固性就得以加强;因为常用、稳固、能产,人们自然就耳熟能详。

上述四个特点是就基本词汇的总体状况而言的。尽管有一部分基本词并不能产,甚至不能完全自由单用,但这并不能改变基本词的基本属性。

(二)一般词汇

基本词汇以外的词汇是一般词汇。基本词汇和一般词汇的关系是核心和外围的关系。比照基本词汇,一般词汇的特点概括为“非四性”,即非稳固性、非普遍性、非能产性和非可知性。

在语言的三个要素里,词汇是最激进的因素。社会的发展往往反映在词汇上面,尤其是一般词汇上面。一般词汇几乎跟社会保持同步,不断地随着社会的变迁而进化。比如,中国实现改革开放以来,新事物的不断涌现直接促成了新词语的层出不穷。新词语迅速覆盖了社会的各方位,生动地折射出整个社会的真实面貌,诸如政治领域的“打假、扫黄、扶贫、上访、安乐死、一国两制、反腐倡廉”等,经济领域的“倒爷、转轨、入关、融资、开盘、收盘、牛市、熊市、期货、传销、水货、上岗、下岗、跳楼价、软着陆、灰色收入”等,科技领域的“微软、上网、光盘、遥感、克隆、伟哥”等,教育领域的“雅思、托福、盗版、学霸、海归”等,民生领域的“手机、金曲、房改、买单、氧吧、选美、医保、减肥、健身、电饭煲、双休日、性骚扰、保龄球、艾滋病”等,交际领域的“大腕、国脚、军嫂、空姐、的哥、黑客、网民、特困生”等。与之同时,那些在“文革”时期曾行销一时的革命词语如“右派、红卫兵、大字报、走资派、黑五类、红宝书、忠字舞”等早已销声匿迹,逐渐沦为历史词语。

一般词汇面广量大,不可能为全体民族成员所掌握,也较难为人感知。人们掌握的一般词汇总是因人而异,一般限于与自己所存身的行业、所从事的工作、所生存的环境、所接触的人群密切相关的词语。一般词汇大部分不具构词能力,很少用来构造新词。

基本词汇和一般词汇虽有很大的不同,但二者之间并不存在无法逾越的鸿沟,彼此间依然有不可分割的联系:

第一,基本词汇和一般词汇可以互相转化。有些基本词一旦丧失了“四性”,就只能退到一般词汇的阵营,如“君、臣、妾、神”等;有些一般词只要具备了“四性”,就可以升入基本词汇的行列,如“党、电、机器、考试”等。

第二,基本词汇和一般词汇的特点并非绝对化。基本词不一定“四性”俱全,如虚词“呢、啊、的、地、得、了、着、过”,就基本没有什么构词能力;一般词也并非完全不具备“四性”之一,如“打的”之“的”就有一定的构词能力,可以构成“的哥、的姐”等词。

一般词汇包罗万象。从历时层面来说,一般词汇包括古语词、新造词;从共时层面来说,一般词汇包括外来词、方言词、行业词、俗语、隐语。另外,固定词语(成语、惯用语、歇后语等)以及简称、专称、敬称、缩略语等都可归入一般词汇之列。

二、古语词、新词语、方言词、外来词、行业词

(一)古语词

古语词即从古代文献中流传下来的古代汉语词语,包括文言语词和历史语词。这些词语由于具有独特的概念义和色彩义,在现代汉语中依然有一席之地。

1. 文言语词

文言语词是指那些在古代汉语中使用的词语,它们所代表或指称的事物、现象、关系等在现实生活中仍然存在,但是绝大多数已经被通俗易懂的现代汉语词语所替换。这类词一般很少在口头中使用,大多用于特定的书面语。现代汉语中保留的文言语词大致分两类:

(1)文言实词:苗裔(后代)、孳乳(繁殖)、笑靥(酒窝)、囹圄(监狱)、玷污(弄脏)、亵渎(轻慢)、聆听(听)、败北(失败)、邂逅(遇到)等。

(2)文言虚词:俱(都)、尚(还)、之(的)、啻(只)、与(和)、甚(很)、而已(罢了)等。

不过,更多的文言成分是作为语素出现在合成词中,如“中肯、翘首、虎穴、狂澜、观看、密植、讥笑”等。归结起来,文言词的作用大致有三个方面:

(1)可以使语言言简意赅、凝练匀称。因此,在诗句和对联中,文言语词有较为广泛的运用,如“雅度翩翩辉玉照,威仪棣棣见佳容”、“五岭逶迤腾细浪,乌蒙磅礴走泥丸”等。

(2)可以表示庄重的感情色彩和典雅的文体色彩。由于文言词语书面色彩浓重,因此表达上具有庄重、典雅等修辞作用,经常用作礼仪用语,如“诞辰、参拜、吊唁、宴请、铭记、瞻仰、赡养”等。

(3)可以突出某种幽默、讽刺的修辞效果。现代汉语中常用文言语词来嘲讽、针砭某种特定的人事,以获取独特的喜剧效果,相声和小品等曲艺作品中尤为多见。例如:

大师:(山门徐徐打开,大师立于门首)阿弥佗佛,何方施主?

关发:(跪下)弟子常关发拜见大师。我……

大师：唔，请免开尊口。此乃佛门圣地，凡红尘烟火之事，概不过问。你是红尘来人……

关发：大师，我佛以慈悲为怀，普度众生。今弟子愿皈依正教佛祖，虔诚膜拜，唯我师命是从。

——小品《牛状元与打更和尚》

2. 历史语词

历史语词所表示的事物或现象在本民族的现实生活中已经消失，只是在涉及历史事件、现象、人物或涉及外民族的特定情况时，或者为了达到一定的修辞效果时才会使用。历史语词大致可以分为四类：

（1）古器物名称。如：鼎、鬲、爵、尊、戟、盾、宫殿、祭坛；

（2）古典章制度。如：门阀、科举、九品、礼部、进士、举人；

（3）古职官名称。如：宰相、太尉、司马、御史、巡抚、知县；

（4）古人名地名。如：轩辕、精卫、共工、长安、大都、东京。

在现代汉语领域，历史语词同样具有不可或缺的作用。比如，在学术专著尤其是史学专著中，在反映历史的小说、戏剧、电影、电视剧中，在特定的外交场合和礼仪场合，历史语词都经常现身。有时，出于修辞的目的，历史语词也会被屡屡提到，诸如"中国家庭的小公主们"、"皇帝不急太监急"、"宰相肚里好撑船"、"'钦差大臣'满天飞"等。

使用古语词首先要从实际需要出发，其次要讲究用得贴切，不能随心所欲，尤其不能泛滥成灾。对那些词义艰涩、冷僻并且已遭淘汰的古语词如"颟顸、踝躞、祝融、克绍箕裘、裒多益寡"等，除非特殊的需要，一般均不宜使用。

（二）新词语

现代汉语新词语是指那些最近出现在普通话中的、具有一定复现性的、有新的形式和意义的词或短语。这里所说的新词语的"新"是相对的：过去所谓的新词语是指1949年新中国成立之后出现的词语，现在的新词语一般是指1978年实行改革开放之后至今的这一段时产生的词语。例如：

出台、淡化、盗版、顶尖、多元、房奴、非典、高档、高效、给力、黑洞、甲流、酷毙、买单、迷你、纳米、拍板、前卫、抢手、轻轨、酸雨、跳槽、同步、网游、伪劣、蜗居、下载、扬尘、造势、择业、主播、注水、转岗、转型、助动车、防火墙、外向型、独联体、多媒体、安乐死、大跌眼镜、电子邮件、知识密集型

近几十年来，不少台湾地区汉语中流行的常用词通过港台地区媒体以及民间文化交往，

已渗透进大陆地区并广为人们所知晓。这些词语无疑已成为大陆汉语的新生成员。例如：

传媒、媒体、智囊、水准、通联、悲情、乌龙、愿景、策划、应对、因应、比对、资质、恶质、操控、整合、造势、睽违、简约、写真、解读、共识、辨识、历练、周遭、周边、心结、承接、力阻、宣导、坦承、坚称、团队、诉求、请辞、层级、飙涨、时尚、平实、强势、营造、传承、掌控、拿捏、造访、评鉴、论处、关说、松绑、资深、劲爆、追捧、考量、纠葛、认知、认同、曝料、爆晒、热门、热线、热播、热映、热卖、锐减、缺憾、引退、移情、打压、粗口、吊诡、裸照、骂战、生态等。

——新闻媒体用语

民意、民调、权益、公益、个案、另类、异域、华埠、坊间、关爱、单亲、爱心、族裔、义工、佳丽、菲佣、执业、总裁、族群、职场、敬业、人脉、私房、绯闻、贪腐、额度、疏失、镜像、靓照、园区、新潮、发廊、社区、社团、残疾、残障、外遇、写字楼、狗仔队、连锁店、婚外恋、姐弟恋、卡拉OK、计程车、封口费、拉链门、自闭症、平常心、工作坊、新新人类、单身贵族、弱势群体、利益联盟、平面媒体、保钓运动、本土文化等。

——社会文化用语

指控、举报、投诉、拘押、嫌犯、疑犯、陈尸、强暴、奸杀、维权、理赔等。

——政治法律用语

演艺、综艺、星运、星探、谐星、童星、辣妹、超能、通灵、灵异、命相、惊悚、绝杀、执导、香艳、秘境、猎艳、艳遇、艳照、警花、姐妹花、布袋戏等。

——文艺影视用语

电脑、代码、碟机、光碟、影碟、网管、多媒体、营销、行销、促销、价位、额度、刷卡、并购、炒股、炒楼、次贷、涨幅、跌幅、景气、牛市、熊市、利多、利好、利空、创投公司等

——科技经济商务用语

帅哥、酷毙、色狼、泡妞、花心、搞定、八卦、美眉、不爽、靠谱、哇塞、哇靠、唱衰、恐龙、抓狂、菜鸟、出糗、大号、三八婆、发烧友、豪放女等。

——日常口头用语

心想事成、梦幻组合、两情相悦、青年才俊、重色轻友、自把自玩、辣手摧花等。

——新编成语

从以上例子可以看出，构造新词所用的材料除了从外语借入的成分以外，几乎都是汉语中本来就有的成分，并且在生成方式上基本遵循了大家熟悉的语法规则。这些新词语能够给人以新鲜感，基本不会给人带来陌生感和畏惧感。

（三）方言词

汉语方言是汉语的地域性变体。现代汉语共有北方方言、吴方言、湘方言、赣方言、客家方言、粤方言、闽方言等七大方言。各方言在语音、词汇、语法方面都有自己的特点。方言词汇的差异主要表现为：

一是物产差异。如江南盛产的"橘子"、"香蕉"、"菠萝"、"荔枝"、"椰子"等水果，北方不产；北方的特产"谷子"、"高粱"、"人参"、"狍子"、"乌拉草"、"大马哈鱼"等，南方则没有。

二是名称差异。各地都有的事物，往往会有不同的名称。比如，"红薯"有"红苕"、"山芋"、"番薯"、"地瓜"等称呼，"玉米"有"包谷"、"苞米"、"苞粟"、"棒子"、"珍珠米"、"玉蜀黍"等称呼。

方言词是指那些本来只用于汉语方言，后来才进入到普通话里并被广泛使用的词语。下面是已经进入普通话词汇系统的部分方言词：

按揭、八卦、煲汤、冲凉、买单、打的、打工、排档、大款、巴不得、炒鱿鱼——粤方言词

倒腾、挤兑、跳槽、哆嗦、溜达、疙瘩、忽悠、旮旯、麻利、磨蹭、侃大山——北方方言之华北东北方言词

搞、硬、帅、名堂、婆娘——北方方言之西南方言词

尴尬、瘪三、货色、把戏、阿姨、蹩脚——吴方言词

龙眼、马铃薯——闽方言词

（四）外来词

外来词也称为借词，是指从外语或外民族语言中连音带义或连形带义吸收进汉语的词语。汉语中的外来词至迟在秦汉时期就已经出现，如"葡萄"、"石榴"、"苜蓿"、"狮子"、"玻璃"等，之后各个朝代也陆续有所借用。如今，随着国际交往的日益频繁，海外的新文化、新思想、新科技、新产品不断涌入中国，相应的新词语也大量进入现代汉语词汇系统。汉语中外来词的形式主要有音译、音译加表意、音译与意译结合、直接借用等四种。

1. 音译外来词

音译外来词指那些直接按照原语言的词语发音转换而成的词语。按照汉语翻译的一般规则，对于传统上非汉字国家的地名、人名等，往往按照语音直接翻译，如美国首都"华盛顿"（Washington）、美国总统"奥巴马"（Obama）。对于科技领域的一些新技术、新现象也大多采用音译方式，如"克隆"一词就是英语"Clone"的音译，专指生物体通过体细胞进行无性繁殖的现象。下面是近几年来一些常见的音译词：

耐克：英语 Nike 的音译，指美国的一种名牌运动鞋。

厄尔尼诺：西班牙语 Elnino 的音译，指在南美洲西海岸（秘鲁和厄瓜多尔附近）向西延伸，经赤道太平洋至日期变更线附近的海面温度异常增暖的现象。

雪碧：英语 Spring 的音译，指一种饮料。

拷贝：英语 copy 的音译，表示复制的意思。

荷尔蒙：英语 hormone 的音译，指性激素。

曲奇：英语 cookie 的音译，指饼干。

2. 音译加意译构成的外来词

音译加意译构成的外来词包含两种类型：一种是由直接音译的部分加上意译的部分共同构成一个词语。例如，“新西兰”（New Zealand），其中“新”是 new 的意译，而“西兰”则是 Zealand 的音译。类似的还有“金利来”（Golden lion）、“冰激凌”（Ice cream）、“迪斯尼乐园”（Disney land）等，其中“金”、“冰”、“乐园”是意译部分，“利来”、“激凌”、“迪斯尼”是音译部分。

另一类是音译和意译互相融合而成的外来词。例如，“黑客”一词用来泛指那些专门利用电脑搞破坏或恶作剧的家伙，语音上既模拟了英语“hacker”，意义上又契合汉民族的认知心理，构成上也符合汉语的结构规律，堪称结合巧妙。类似的例子还有：

俱乐部：club，指由企业经营者或个人出面组织，会员在自愿、互助、互惠的基础上自主参加，并有相应的权利和义务的自由协会或团体。

维他命：vitamin，指维持人体生命活动必须的一类有机物质，也是保持人体健康的重要活性物质。

可口可乐：Coca-Cola，一种碳酸类饮料。

霓虹灯：Neon lamp，一种用于照明的景观灯。

路虎：Land Rover，产自英国的一种名牌越野车。

3. 音译加上表意语素的外来词

这类外来词一般是前一部分是外语的直接音译，后半部分加上一个表示该词类属的表意语素，以使表意更加明确。例如：

艾滋病：AIDS，英语 Acquired Immune Deficiency Syndrome 首字母缩写的音译，指获得性免疫缺陷综合症。

啤酒：beer，一种酒名。

高尔夫球：golf，一种球类运动。

桑拿浴：sauna，一种特殊的洗澡方式。

酒吧：bar，指以喝酒为主的娱乐场所。

4. 直接借用的外来词

直接借用的外来词包括两类：一类是从日语中借用的词语，其特点是借形借义不借音，如“电话”、“干部”、“艺术”、“否定”、“肯定”、“直接”、“警察”、“杂志”、“防疫”、“法人”、“社会主义”、“资本主义”、“航空母舰”等。这些词语所用的构成材料就是汉字，但引入后采用了汉语读音。日语词汇大量进入中国是在清末民初，是中国的维新人士、留学生在学习日本的过程中逐渐引入的。

另一类是汉语按照外语的语言规则直接引入的外族词语和外族文字，基本未作任何改造。例如，张 sir（张先生）、NBA（美国职业篮球赛缩写）、XO（一种法国名酒）、UFO（英语“不明飞行物”的缩略语）、T 恤衫（短袖圆领汗衫）、AA 制（聚餐时平摊或各付各账的方法）、B 超（B 型超声波的缩写）、CPU（英语“计算机中央处理器”的缩写）等。

（五）行业词

行业词是各种行业和学科中使用的专门用词。广义的行业词可以细分为两种：一种是专科词语，一种是行业词语。

1. 专科词语

专科词语主要是自然科学、社会科学各个不同领域的术语及学科名称，又称专门术语。这类词语对于发展科学文化事业具有十分重要的意义。例如：

哲学：矛盾、实践、精神、物质、唯物、唯心、二律背反

化学：化合、分解、氧化、电离、溶解、干馏、电解

医学：血型、理疗、脱水、休克、气胸、肠梗阻、心肌炎

数学：正数、负数、函数、代数、微分、通分、约分、二次方程

教育学：教案、教具、教材、启发式、素质教育

金融学：信贷、贷款、利息、结账、核算、货币、利率

语言学：辅音、元音、主语、谓语、“把”字句、连谓句、存现句

专科词语具有以下四个特点：

（1）系统性。每一门学科都有一整套满足本学科需要的专科词语，相互之间既有区别又有联系，形成了各自独立的系统。

（2）单义性。这类专科词语同基本词以及一些文学用词不同，它们都有比较严格的定义和明确的义域，一般都只有一个义项。

（3）国际性。这类术语在世界各国通行，彼此互相对应，一般都不带有语体色彩、感情

色彩、形象色彩，基本不反映民族个性和民族文化内涵。

（4）开放性。任何学科都不是封闭的，而是发展的。学科的发展必然会带动专科词语的推陈出新。

2. 行业词语

行业词语是指社会的各行各业中所使用的词语，是由于社会分工不同造成的。同专科词语一样，行业词语具有专用性和单义性。所不同的是，大部分行业词语具有自源性和民族性。例如：

工业：切削、模具、冷焊、钻床、热处理

商业：盘点、脱销、畅销、促销、清仓、抢手

军事：点射、射程、反潜、续航、防化、登陆

外交：照会、国书、豁免、备忘录、最惠国

体育：中锋、后卫、点球、弧线球、二传手、短平快

行业词语与一般的专门术语不同，它通常为一定的社会集团服务，有相当一部分既无全民性，也无国际性。当然，行业词也可以超越地域，但必须依附于民族共同语而存在。

行业词是普通话词汇的重要的来源之一。随着科学知识的遍及和行业的发展，一些行业词会逐渐为民众所了解、掌握、运用。它们有的随着意义的扩大而变成了一般通用词汇，如市场、提炼、腐蚀、后台、道具、闭幕、反应等；有的则因意义的引申而进入了全民流通领域，如比重、水平、渗透、麻痹、消化、进军、尖兵、攻坚、二传手、短平快等。

思考和练习

一、基本词汇和一般词汇各具哪些特点？二者之间是一种怎样的关系？

二、试分别从共时和历时角度对一般词汇进行分类。

三、下列词语哪些属于基本词汇？哪些属于一般词汇？

大　电脑　吃饭　桌子　可口可乐　门　晴　冬天　奥运会　爸爸　金融家

高兴　喜欢　卡拉OK　水　石油　甜　银行　买　热　我　哪里

四、下列词语分别属于一般词汇中的哪一种？

股票　诞辰　名堂　啤酒　何况　T恤　臧否　核潜艇　跳槽　沐浴　网络

煲汤　高尔夫球　靓仔　麻醉　呜呼　黄牌　买单　小妞　纽约　冲凉　麦当劳

微积分　手机　寿险　克隆　阿迪达斯　囫囵　桑拿浴　被告

五、下列外来词分别属于音译、音译加表意语素、音译与意译结合、直接借用等四种形式中的哪一种?

艾滋病　水门　脱口秀　肯德基　QQ　可口可乐　奔驰　WTO　纳米　基因　新西兰　威士忌　托福　酒吧　XO　俱乐部　浪漫主义　汉堡包　黑客　维他命　沙发　香槟酒

第七节　常用熟语

熟语是指那些在语言的长期发展过程中逐渐形成的一种有比较固定结构形式的短语或句子。由于熟语具有凝固定型的性质,人们通常把它当作一个特殊的词汇单位来使用。与其他词语相比,熟语具有以下几个特点:

1. 结构的凝固性。熟语里的成分不能随便增减,前后顺序也不可任意更改。例如,“碰钉子”不能改成“撞钉子”或“碰锥子”,“一边倒”不能改成“倒一边”。当然,有些熟语有时也能表现出一定的灵活性。比如,“不管青红皂白”也可以说成“不问/不分青红皂白”,“万水千山”也可以说成“千山万水”。

2. 意义的整体性。熟语的意义不能只从字面上去理解和判断,往往要从整体上加以考虑。比如,“胸有成竹”出自中国宋代大文学家苏轼的一篇文章,原意是指画家在画竹子之前心里已经有了竹子的形象,后用来比喻“做事之前已经有成熟的思考和完整的计划”。

3. 内涵的人文性。熟语往往跟民族或地域的历史文化有密切的联系,内中大多融入特定的历史和文化信息。比如,汉民族偏爱数字“三”,“三”在熟语中极为习见,如“岁寒三友”、“三生有幸”、“三天打鱼,两天晒网”等。再如,中国是茶的故乡,汉语也有大量与“茶”相关的熟语,如“茶饭不思”、“粗茶淡饭”、“人走茶凉”等。由于生存环境和生活习俗的差异,不同地域在使用类似熟语时通常会表现出某些差异。例如,“黑瞎子掰棒子——掰一地扔一地”是流行于东北地区的歇后语,“狗熊掰包谷——掰一个扔一个”则是流行于西南地区的歇后语,二者基本意思一致,只是用词有所不同。

汉语熟语包括成语、谚语、歇后语和惯用语等几种类型。

一、成语

(一) 成语的性质和特点

成语是相沿习用并且结构稳定的一种具有浓厚书面语色彩的固定词语。与其他熟语相比,成语具有以下几个鲜明的特点:

1. 历史的习用性

成语大多是历代沿用下来的经典名言。即使是民间俗语,也往往被使用了上千年,故带有明显的古雅色彩。能流传至今者,均经历了时间的洗礼,属于千锤百炼之作,如“打草惊蛇”、“朝秦暮楚”、“雨后春笋”、“茶余饭后”等。

2. 形式的特制性

成语以四字结构为基本形式,如“水滴石穿”、“手舞足蹈”、“背道而驰”、“自相矛盾”、“交头接耳”等。非四字格的一些成语如“东道主”、“闭门羹”、“欲速则不达”、“千里之堤,溃于蚁穴”其实应视为古代的惯用语或谚语。在成语“四字格”化的发展趋势下,“星星之火,可以燎原”被紧缩成“星火燎原”,“八仙过海,各显神通”被减缩成“八仙过海”。

3. 结构的凝固性

成语在长期使用中,已凝固成一个整体,不能任意改变其结构。首先,成语中的每个字一般不能随便更换。例如,“掩耳盗铃”不能说成“掩耳偷铃”,“亡羊补牢”不能说成“亡牛补牢”。其次,词语次序一般不能随意颠倒。例如,“深谋远虑”不能说成“远虑深谋”,“标新立异”不能说成“立异标新”。

4. 意义的整体性

成语的意义是整体表示的,不像一般的短语那样是各个词的意思的总和。例如,“鸡毛蒜皮”不是“鸡毛和蒜皮”,“井底之蛙”不是“井底的青蛙”。许多成语往往言在此而意在彼,含义深刻,耐人寻味。比如“满城风雨”,同城里刮风下雨无关,是指事情(多指坏事)传遍各处,到处都在议论着。

5. 韵律的协调性

成语具有韵律和谐的特点。四个音节往往构成两两相对的格式,既均衡平稳、匀整对称,又音律和谐、节奏明快。例如:

闻鸡/起舞、指鹿/为马、实事/求是、掩耳/盗铃、暗箭/伤人、赴汤/蹈火

即使有些成语在结构上是“三·一”组合,读起来仍是“二·二”节拍。例如:

狐·假/虎威、名·副/其实、无·所/适从、身·先/士卒、胸·有/成竹

另外,不少成语音节之间讲究平仄配合,既有同调反复,又有异调错综,体现出特定的旋律美。例如:

和颜悦色——平平仄仄　坐井观天——仄仄平平　重见天日——平仄平仄

画龙点睛——仄平仄平　心不在焉——平仄仄平　汗流浃背——仄平平仄

更有一些成语通过音节的反复和重叠,体现出韵律的和谐性。例如:

滔滔不绝　依依不舍　落落大方　大名鼎鼎　虎视眈眈　忠心耿耿

兢兢业业　形形色色　浑浑噩噩　卿卿我我

（二）成语的来源

成语是前人说过或用过的现成短语，一般都有特定的出处。归结起来，成语大致有以下几个来源。

1. 神话寓言。例如：

开天辟地　嫦娥奔月　海市蜃楼　夸父逐日　精卫填海　八仙过海　女娲补天

愚公移山　守株待兔　杞人忧天　狐假虎威　画蛇添足　混水摸鱼　自相矛盾

2. 历史事件。例如：

伯乐相马　不可救药　完璧归赵　三顾茅庐　纸上谈兵　卧薪尝胆　背水一战

望梅止渴　毛遂自荐　草木皆兵　破釜沉舟　不学无术　才高八斗　乘风破浪

3. 诗文语句。例如：

兢兢业业　急流勇退　悲欢离合　人面桃花　老骥伏枥　心有灵犀　柳暗花明

不拘一格　怒发冲冠　学而不厌　水落石出　春色满园　莺飞草长　乍暖还寒

4. 口头俗语。例如：

七嘴八舌　三心二意　一劳永逸　一干二净　五花八门　欢天喜地　叠床架屋

指手画脚　量体裁衣　拐弯抹角　颠三倒四　呆头呆脑　翻天覆地　利令智昏

5. 借自外语。例如：

昙花一现　五体投地　聚沙成塔　唯我独尊　现身说法　回光返照　执迷不悟

大吹法螺　顶礼膜拜　一石二鸟　象牙之塔　火中取栗　浑水摸鱼　杀鸡取卵

6. 现代新创。例如：

糖衣炮弹　一往无前　快马加鞭　求同存异　洋为中用　广开才路　破旧立新

不破不立　中西结合　争分夺秒　百花齐放　厚今薄古　自力更生　心想事成

（三）成语的作用与运用

成语作为中华民族悠久灿烂文化的一部分，是中华文化的瑰宝，不仅具有丰富的内涵，而且具有深远的意义。成语的作用是多方面的，最主要的有三点：

1. 言简意赅

在实际语言中，成语表达的信息要比一般词语多得多。大多数成语既可以表示所要表达的实际语义，又能通过字面传递一种历史文化信息。成语运用得当，往往可以收到言简意赅、事半功倍的效果。

2. 感染力强

成语作为一种四字格的语言形式,非常整齐匀称,可以用来协调句式。恰当地使用成语,不但可以增加文章的整齐感,而且读起来铿锵有力,节奏感强。例如:

农会会员漫山遍野,一呼百应;土豪劣绅抱头鼠窜,无处躲藏。(毛泽东《湖南农民运动考察报告》)

他们无需说话,只要更深地把自己投进物理的世界,在这里披荆斩棘,浴血奋战;专心致志,刻苦攻关。(柯岩《奇异的书简》)

3. 生动形象

不少成语本身是借助于修辞手法构成的。恰当地使用这些成语,无形中就收到了相应的修辞效果。例如:

真正的铜墙铁壁是什么? 是群众,是千百万真心实意地拥护革命的群众。(明喻)

敌人对于我军的积极性总是估计不足,对于自己的力量总是估计过高,虽然他们同时又是惊弓之鸟。(暗喻)

却说那国王倚着龙床,泪如泉涌,只哭到天晚不住。(比喻兼夸张)

学习和运用成语时需要讲究技巧。除了注意成语的字形、字音和结构之外,还需要注意以下两方面。

一是要避免片面地理解成语的意义,防止望文生义。首先,学习成语要了解成语的来源出处。例如,“塞翁失马”中的“马”指的是动物的“马”,而“马工枚速”中的“马”则指的是汉代的文学家司马相如。其次,要注意成语中的某些多义成分,防止以今律古。例如,“俯首帖耳”中的“帖”并不是现代汉语中常见的“妥帖”、“请帖”的意思,而是指“耷拉”。又如,“屡试不爽”的“爽”也不是现代常见的“爽快、舒服”的意思,而是“差错、违背”的意思。

二是要注意辨别成语的色彩义,尤其是感情色彩。例如:

辩论会上,选手们唇枪舌剑,巧舌如簧,精彩激烈的场面赢得了现场观众的阵阵掌声。

“巧舌如簧”含有贬义,用在这里属于使用不当。语境中需要的是赞美选手们的辩论技巧的褒义成语,可用“妙语连珠”。

值得注意的是,成语的感情色彩在发展过程中也会发生变化。例如,“明目张胆”由原先的褒义词转为了现代的贬义词,而“标新立异”则由原先的贬义词转为了现代的褒义词。

二、谚语

（一）谚语的性质

谚语是熟语的一种，是流传于民间的言简意赅的话语，多数反映了劳动人民的生活实践经验，一般都是经过口头流传下来的通俗易懂的短句，如“饭后百步走，活到九十九”、“笑一笑，十年少；愁一愁，白了头”等。

与其他熟语相比，谚语具有以下几个鲜明的性质：

第一，谚语主要来源于人们的生产生活经验，是人们口耳相传的凝聚着前人智慧与经验的现成语句，口语色彩较浓，浅显易懂。例如，谚语“天下乌鸦一般黑”要比成语“一丘之貉”显得更加通俗明了。

第二，谚语都是一个表示相对完整意思的句子。有的由一个短句构成，更多的则由几个短句构成。例如：

擒贼先擒王。/ 摸着石头过河。/ 情人眼里出西施。

吃一堑，长一智。/ 补漏趁天晴，读书趁年轻。

人多智谋广，柴多火焰高。/ 刀不磨会生锈，人不学会落后。

不当家不知柴米贵，不养儿不知父母恩。

第三，在内部结构上，谚语体现出更多的灵活性，允许其中的成分甚至格式发生变动。例如，成语“孤掌难鸣”一般不好变动，而谚语“一个巴掌拍不响”则可以说成“一个巴掌不响”或“一只手拍不响”。

（二）谚语的语言特点

谚语被誉为“语言之花”，既是思想智慧的结晶，又是语言艺术的集中体现。它们在语言形式上呈现出了以下特点：

1. 结构对称

谚语的前后几个短句往往要求结构对称，有的甚至采用相同的格式，如“人怕饿，地怕荒”、“病从口入，祸从口出”、“打鱼靠网，打狼靠棒”、“种瓜得瓜，种豆得豆”等。

2. 节奏匀称

四言谚语的前后句一般是“二·二”的节奏，如“眼见/为实，耳听/为虚”；五言谚语的前后句有的是“二·三”的节奏（如“火烧/一大片，水流/一条线”），有的是“二·一·二”的节奏（如“好种/出/好苗，好树/结/好桃”）；六言谚语的前后句通常是“二·二·二”的节奏，如“天时/不如/地利，地利/不如/人和”。

3. 注重押韵

谚语更多地运用于口头交际之中，所以不仅要考虑前后句结构对称，而且往往要讲究语音美，尤其注重押韵，如“人急投亲，鸟急投林”、“痒要自己抓，好要别人夸”、“人心换人心，八两换半斤”。

4. 广用修辞

谚语中往往大量使用修辞手法，主要有以下几种：一是对偶，如“南甜北咸，东辣西酸”。二是夸张，如“笑一笑，十年少；愁一愁，白了头”。三是排比，如“一个和尚挑水喝，两个和尚抬水喝，三个和尚没水喝”。四是比喻，如“浪子回头金不换”。五是顶真，如“人养猪，猪养地，地养人”。六是回环，如“用人不疑，疑人不用”。

（二）谚语的内容

谚语有一定的教育价值，内容上具备讽劝性、警戒性、经验性和哲理性等特征。谚语的内容十分丰富，汇聚了人们对社会生活各个方面的思考、认识和经验。人们据此可以将谚语细分为以下六类。

1. 关于气象气候的谚语

此类谚语是人们对天气长期观察得出的经验总结和智慧结晶。例如：

泥鳅跳，风雨到。

朝霞不出门，晚霞行千里。

烟囱不冒烟，一定是阴天。

日落胭脂红，无雨也有风。

蚂蚁搬家蛇过道，明日必有大雨到。

2. 关于农业生产的谚语

此类谚语主要反映的是人们对气候与农业生产之间关系的认识，在农村地区有广泛的流传。例如：

六月下连阴，遍地出黄金。

春天三场雨，秋后不缺米。

立秋下雨万物收，处暑下雨万物丢。

六月不热，五谷不结。

人怕老来穷，稻怕寒露风。

清明热得早，早稻一定好。

种子不好，丰收难保。

无肥难耕种，无粮难行兵。

3. 关于卫生保健的谚语

此类谚语是人们根据卫生保健知识概括而成的养生要诀。例如：

贪吃贪睡，添病减岁。

睡前开开窗，一夜都觉香。

多吃素，常走路，少发怒。

笑一笑，十年少；愁一愁，白了头。

冬吃萝卜夏吃姜，免得医生开药方。

4. 关于人生事理、人格修养的谚语

此类谚语反映了人们在为人处世、齐家治国等方面的态度和经验。例如：

若要人不知，除非己莫为。

凡人不可貌相，海水不可斗量。

良药苦口利于病，忠言逆耳利于行。

少壮不努力，老大徒伤悲。

一寸光阴一寸金，寸金难买寸光阴。

5. 关于风土人情的谚语

此类谚语反映了各民族各地区的民情风俗、山川风貌以及土特名产等。例如：

五里不同俗，一地一乡风。（西南谚语）

东北有三宝：人参、貂皮、乌拉草。（东北谚语）

不会骑马不要去打猎，不会拉弓不要去打仗。（满族谚语）

猎人的眼，猎马的腿。（达斡尔族谚语）

土地再肥，种地也得用心；套马杆再长，套马也得靠手。（鄂温克族谚语）

众人爱，可把你举到竹梢；众人弃，可把你摔落谷底。（傣族谚语）

穿袈裟的不一定都是喇嘛，拿佛珠的不一定都行善。（藏族谚语）

金丝鸟笼装饰得再好，但夜莺爱的还是荆棘丛林！（维吾尔族谚语）

三、歇后语

（一）歇后语的性质

歇后语是汉语中一种带有谜语性质的独特语言形式。它一般由前后两部分组成，前半部分类似于谜语中的“谜面”，起着引导、铺垫的作用；后半部分类似于谜语中的“谜底”，是对前半部分的解释说明。例如，“孔夫子搬家——尽是书（输）”，“孔夫子搬家”相当于谜面，

“尽是书(输)”则是谜底。

“歇”表示停止的意思。歇后语就是只说出它的前半部分,而“歇”去(即省去、隐藏)它的后半部分。歇后语真正要表达的是后半部分的意思,如上例表示的就是“尽是输”(即“总是输”)的意思。

(二) 歇后语的分类

按照构成方式,歇后语可以分为两类:一类是谐音类歇后语,一类是逻辑推理类歇后语。

1. 谐音类歇后语

谐音类歇后语是在歇后语的后一部分(“谜底”部分)通过谐音来表达真正的含义。这类歇后语按照读音情况,还可以分成两类:

(1) 读音相同的歇后语。例如:

外甥打灯笼——照舅(旧)

咸菜煮豆腐——不必多盐(言)

山头上吹喇叭——鸣(名)声远扬

飞机上挂暖瓶——高水瓶(平)

(2) 读音相近的歇后语。例如:

孔夫子的口袋——书袋(呆)子

黄鼠狼钻鸡笼——偷鸡(投机)

2. 逻辑推理类歇后语

逻辑推理类歇后语是从前面的比喻部分领悟深意,并推导出后面的说明解释部分。例如:

八月十五吃粽子——不是时候

病好郎中到——来晚了

狗咬耗子——多管闲事

猫哭耗子——假慈悲

肉包子打狗——有去无回

十五个吊桶打水——七上八下

猪八戒照镜子——里外不是人

(三) 歇后语的语言特点

歇后语生动活泼,风趣幽默,生活气息浓厚,并具有鲜明的民族特色。歇后语语言的突出特点是大量地使用各种修辞手法，包括比喻、双关、拟人、夸张等，其中又以比喻和双关最为普遍。

1. 歇后语中的比喻

歇后语前半部分中的喻体形式各异，有的“以人为喻”，有的“以物为喻”，有的“以事为喻”。例如：

皇帝的女儿——不愁嫁　刘备的儿子——扶不起

撑不开的伞——没骨头　报时的雄鸡——不用催

半路上的新闻——道听途说　诸葛亮斩马谡——迫不得已

2. 歇后语中的双关

双关是指在一定的语言环境中，利用词的多义和同音的条件，有意地使语句具有双重意义的修辞手法。歇后语中的双关分为意义双关和谐音双关两种。各举两例如下：

竹篮子打水——一场空（表面上是说水全部漏掉了，实际上是指没有收到预期的结果，使人失望）

海龙王打哈欠——好大的口气（表面上是说呼吸的气流大，实际上是指说话的气势大）

宋江的军师——吴（无）用（实际意思是讽刺那些没有真才实学的人）

老九的兄弟——老十（实）（实际上在说某人很诚实或暗指不聪明）

3. 歇后语中的拟人

拟人是指把动物或没有生命的物体当成人来写，使之具有人的动作和感情的修辞方法。例如：

老虎戴佛珠——假充善人

黄鼠狼给鸡拜年——没安好心

跛脚青蛙碰到瞎田鸡——难兄难弟

4. 歇后语中的夸张

歇后语也常用夸大的词语来形容事物，以便突出事物的特点。例如：

三千张纸画张脸——好大的面子

八十个人抬轿子——好威风

（四）歇后语的运用

在学习和运用歇后语时，要全面地认识和了解它的长处和短处，从而做到正确运用歇后语。

首先，歇后语往往构思巧妙，巧设悬念。利用好歇后语设置的悬念可以取得很好的语言表达效果。例如,“百岁公公吹火——老气”设置了一个悬念“百岁公公吹火”,激起了读者求知的兴趣。

其次,歇后语具有鲜明的感情色彩。从总体看,歇后语的内容非褒即贬,不褒不贬的较少。因此,在运用时一定要注意把握歇后语的感情色彩。例如:

百斤面蒸寿桃——废物点心 (贬义)

案板上的鱼——挨刀的货 (贬义)

白糖嘴巴刀子心——口蜜腹剑 (贬义)

小葱拌豆腐——一青(清)二白 (褒义)

芝麻开花——节节高 (褒义)

上鞋不用锥子——真(针)好 (褒义)

另外,歇后语具有强烈的口语色彩,它们一般不适宜在庄重、严肃的场合使用。例如:

背着棺材板上战场——往最坏处想

半夜做梦啃猪脚——想得倒美

四、惯用语

(一)惯用语的性质

惯用语是一种以三字格为主要形式、意义上比较固定的熟语,如“走后门”、“碰钉子”、“红眼病”等。与其他熟语相比,惯用语具有两个明显的特点:

其一,惯用语主要通过比喻的修辞手法来传达本义。例如,“眼中钉”通常用来比喻心目中最憎恨的人,“传声筒”通常用来比喻只会重复别人的话、毫无自己见解的人或文章。

其二,惯用语所表达的意义一律具有整体性。惯用语表达的意义完全不是词义的简单相加,根本不能从字面上去理解。例如,“吃错药”不是指病人把药吃错了,而是比喻人说话办事有违常理。

(二)惯用语的来源

与其他熟语一样,惯用语的来源也是丰富多样的。一般来说,惯用语主要有以下几个来源:

1. 源于历史典籍

惯用语多数是人们口头创造的语言形式,但是也有部分可以在历史典籍中找到出处。例如,“破天荒”出自宋代孙光宪的《北梦琐言》,“莫须有”出自《宋史·岳飞传》。类似的惯用语还有“借东风、走麦城、下逐客令、唱空城计、吃闭门羹”等。

2. 源于宗教信仰、神话传说

有些惯用语源于宗教,如"上西天"源于佛教,"替罪羊"源于基督教。有些惯用语源于神话传说,如"露狐狸尾巴"、"阎王殿"、"鬼画符"等。

3. 源于古代制度

有不少惯用语来源于古代的社会制度。例如,"带乌纱帽"、"抬轿子"、"打官腔"源于古代的官僚制度。类似的惯用语还有"假传圣旨"、"打入冷宫"等。

4. 源于行业术语

有些惯用语来源于某些行业的术语。例如,"走过场"、"台柱子"原是戏剧用语,"马后炮"原是中国象棋术语,"打游击"原是军事术语,"二一添作五"和"不管三七二十一"都是珠算口诀。

5. 源于谚语或歇后语

有些惯用语由谚语省略而来。例如,"牵牛鼻子"由谚语"牵牛要牵牛鼻子"省略而成,"抱佛脚"由谚语"平时不烧香,临时抱佛脚"省略而成。

有些惯用语则由歇后语省略而来。例如,"呱呱叫"由歇后语"狗撵鸭子——呱呱叫"省略而成,"白费蜡"由歇后语"瞎子点灯——白费蜡"省略而成。

(三) 惯用语的形式

1. 惯用语的语音形式

惯用语以三音节为基本语音形式,但也有一部分是超过三音节的形式。例如:

打水漂:比喻白白投入而没有收获。

吃小灶:比喻享受到特殊照顾。

拍脑袋:指全凭主观决策、拿主意。

破天荒:表示第一次出现或从未有过的意思。

打退堂鼓:比喻办事中途退缩。

打预防针:比喻提前打招呼,让人做好思想准备,以防患于未然。

火烧眉毛:比喻情况非常急迫。

山不转水转:比喻情况总是在变化的,一时不顺利也不必悲观。

阴沟里翻船:比喻在有把握的地方出了问题。

干打雷不下雨:比喻只是口头上许诺别人,却没有实际行动。

2. 惯用语的结构形式

惯用语主要有主谓结构、并列结构、定中结构和动宾结构等语法形式。

（1）主谓结构的惯用语。例如：

耳根儿软　八面光　天晓得　八字没一撇　破罐子破摔

（2）并列结构的惯用语。例如：

当面鼓对面锣　陈芝麻烂谷子　干打雷不下雨　吹胡子瞪眼睛　吹喇叭抬轿子

（3）定中结构的惯用语。例如：

大气候　定心丸　烂摊子　拦路虎　半瓶醋　墙头草　糊涂虫　闭门羹　马后炮

（4）动宾结构的惯用语。例如：

吃错药　翘尾巴　吹牛皮　敲边鼓　开后门　炒冷饭　放空炮　打游击　捞稻草
打棍子　和稀泥　耍花腔　开快车　走后门　扣帽子　磨洋工　炒鱿鱼　打水漂

（四）惯用语的运用

惯用语是汉语在长期使用过程中的产物，具有鲜明的民族特色。它在使用时需要注意以下几点：

1. 在使用上具有一定的灵活性。惯用语的灵活性体现在使用的时候可以插入其他成分或改变前后顺序。例如，“炒鱿鱼”可以说成“炒了他的鱿鱼”或“他炒了公司的鱿鱼”，“碰钉子”可以说成“碰了几个钉子”、“碰了大钉子”等。

2. 不同的形式可以表达相同的意思。例如，“打一巴掌揉三揉”、“打一巴掌，揉半天”、“打一巴掌，给个红枣”、“打一巴掌，给个甜枣”，这几个惯用语虽然形式上有些差异，但是所表达的意思基本一样。

3. 通常以引申义或比喻义作为基本义。例如，“吹牛皮”的本义是做事不搭调，后来主要用以比喻不自量力或信口开河说大话，它的本义反而极少用到了。

4. 口语色彩特别浓重。惯用语一般多用在口头语中，不适合用在一些庄严的正式场合，如“侃大山、赶鸭子上架、吃不了兜着走”等。对一些具有贬义的惯用语如“挖墙脚”、“打小报告”等在使用时尤应加以注意。

思考和练习

一、成语和惯用语的来源有何异同？

二、试从形式上对成语、歇后语、谚语、惯用语进行区分。

三、试阐明修辞手段在熟语构成中的地位和作用。

四、下列成语存在书写上的错误，请指出并予以改正。

不茅之地(　) 莫守陈规(　) 山青水秀(　) 穿流不息(　) 淹淹一息(　)
骨梗在喉(　) 没精打彩(　) 乐不可知(　) 风尘扑扑(　) 丰功伟迹(　)
无所世事(　) 不笑子孙(　) 别具将心(　) 言不由忠(　) 气势凶凶(　)
愤发图强(　) 春花秋实(　) 理曲词穷(　)

五、成语选词填空。

天真活泼　形影不离　一帆风顺　兢兢业业　勤学好问　难舍难分　面红耳赤　齐心协力　争分夺秒

想到即将要与母校、老师和同学们分别,我真有些(　　)。回想起刚入学时,我们是一群(　　)的孩子,是老师(　　)的工作,把我们培养成了(　　)的人。还记得课堂上,我们(　　),常常为了一个问题争得(　　);还记得学校操场上留下了我们拼搏的汗水,每年的运动会我们全班同学(　　),取得了一次次的胜利。三年下来,我们已经成为了(　　)的好朋友。临别之前,我想祝福每一位同学(　　)。

六、连线题。

A. 谚语连线

1. 人怕伤心	女大当嫁
2. 牛能拉犁	量体裁衣
3. 男大当婚	油多不坏菜
4. 看菜吃饭	鱼不怕水深
5. 礼多人不怪	树怕剥皮
6. 话多了不甜	好汉不打妻
7. 虎不怕山高	胶多了不粘
8. 好狗不咬鸡	狗能看家

B. 歇后语连线

1. 阿婆留胡子	一套一套的
2. 八辈子的老陈账	空谈
3. 百货大楼卖西装	满肚子相思
4. 板凳倒立	说话带刺儿
5. 半天云里拉家常	说不清
6. 吃了三碗红豆饭	闲不住
7. 吃鱼不吐骨头	四脚朝天

8. 春天的蜜蜂　　　　反常

C. 惯用语连线

1. 打白条　　　　指没有付出任何代价就享受成果或占有财物。
2. 唱白脸　　　　特指只给欠条，不给现金的做法。
3. 吃白食　　　　指遭到歧视，受到冷遇。
4. 吃白眼　　　　比喻完全没有完成任务。
5. 交白卷　　　　比喻在解决矛盾冲突的过程中充当严厉或令人讨厌的角色。
6. 闯红灯　　　　借指取消资格，或勒令某人停止某种行为。
7. 大红人　　　　借指不予批准或出现危机。
8. 亮红牌　　　　比喻全面胜利或兴旺发达。
9. 亮红灯　　　　指受到上级信任重用的人。
10. 满堂红　　　　比喻超越现有的规则做不该做的事情。

七、解释下列成语中加点的字。

恃才傲物　年高德劭　差强人意　拭目以待　是可忍，孰不可忍

八、修改下列句子里使用不当的词语并说明理由。

(1) 他注意抓大事，具体而微的小事也不放过。

(2) 评委会的成立得到了高水平科学家的鼎力支持，吴阶平、唐敖庆、卢良恕等专家纷纷颔首允诺，忝列其间，社会反响十分强烈。

(3) 现在有些人热衷与“走出去”学习，孰不知外国人的著作就在你家旁的图书馆里，你不读，却远走万里到国外讨教。

(4) 100 年前，全世界尚有 10 种老虎，现在只剩下 6 种，而这 6 种中的西伯利亚虎、苏门答腊虎等几近灭绝，所以剩下的虎种更为弥足珍贵。

(5) 加拿大最大城市多伦多，4 日晚发生大规模种族暴力事件。截止午夜，至少已有 30 人被捕。

(6) 我在那里生活了几年，期间得到他多方面的关心和帮助。

(7) 警方认为，现在查出来的赃物仅仅是凤毛麟角，大部分赃物都已经转移。

(8) 52 卷“反法西斯”书系的出版成功，又一次使沈世鸣殚精竭虑住进了医院。

(9) 但愿我的理解没有与你的想法南辕北辙。

(10) 许多干部走出机关，结穷亲戚，交穷朋友，与群众胼手胝足，集思广益，为他们奔小康出点子，找门路。

(11) 果蔬罐头差强人意,缺斤少两值得警惕。

(12) 女人嫁不出去的理由(一家报纸的标题)

(13) 前些时,广州的《收获拍卖》发表了有关陈寅恪先生遗物的消息,读了令人亦惊亦喜。陈先生身后的遗物终于露面了。可惜的是"行不由径",没有透露流传轨迹。

附录

第一批异形词整理表

（2002 年 3 月 31 日起试行）

A

按捺—按纳 àn nà

按语—案语 àn yǔ

B

百废俱兴—百废具兴 bǎi fèi jù xīng

百叶窗—百页窗 bǎi yè chuāng

斑白—班白、颁白 bān bái

斑驳—班驳 bān bó

孢子—胞子 bāo zǐ

保镖—保镳 bǎo biāo

保姆—保母、褓姆 bǎo mǔ

辈分—辈份 bèi fèn

本分—本份 běn fèn

笔画—笔划 bǐ huà

毕恭毕敬—必恭必敬 bì gōng bì jìng

编者按—编者案 biān zhě 'àn

扁豆—萹豆、稨豆、藊豆 biǎn dòu

标志—标识 biāo zhì

鬓角—鬓脚 bìn jiǎo

秉承—禀承 bǐng chéng

补丁—补靪、补钉 bǔ ding

C

参与—参预 cān yù

惨淡—惨澹 cǎn dàn

差池—差迟 chā chí

掺和—搀和① chān huo

掺假—搀假 chān jiǎ

掺杂—搀杂 chān zá

铲除—刬除 chǎn chú

徜徉—倘佯 cháng yáng

车厢—车箱 chē xiāng

彻底—澈底 chè dǐ

沉思—沈思② chén sī

称心—趁心 chèn xīn

成分—成份 chéng fèn

澄澈—澄彻 chéng chè

侈靡—侈糜 chǐ mí

筹划—筹画 chóu huà

筹码—筹马 chóu mǎ

踌躇—踌蹰 chóu chú

出谋划策—出谋画策 chū móu huà cè

喘吁吁—喘嘘嘘 chuǎn xū xū

瓷器—磁器 cí qì

赐予—赐与 cì yǔ

粗鲁—粗卤 cū lǔ

---

① “掺”“搀”实行分工：“掺”表混合义，“搀”表搀扶义。

② “沉”本为“沈”的俗体，后来“沉”字成了通用字，与“沈”并存并用，并形成了许多异形词，如“沉没—沈没 | 沉思—沈思 | 深沉—深沈”等。现在“沈”只读 shěn，用于姓氏。地名沈阳的“沈”是“瀋”的简化字，表示“沉没”及其引申义，现在一般写作“沉”，读 chén。

D

搭档—搭当、搭挡 dā dàng
搭讪—搭赸、答讪 dā shàn
答复—答覆 dá fù
戴孝—带孝 dài xiào
担心—耽心 dān xīn
担忧—耽忧 dān yōu
耽搁—担搁 dān ge
淡泊—澹泊 dàn bó
淡然—澹然 dàn rán
倒霉—倒楣 dǎo méi
低回—低徊[①] dī huí
凋敝—雕敝、雕弊[②] diāo bì
凋零—雕零 diāo líng
凋落—雕落 diāo luò
凋谢—雕谢 diāo xiè
跌宕—跌荡 diē dàng
跌跤—跌交 diē jiāo
喋血—蹀血 dié xuè
叮咛—丁宁 dīng níng
订单—定单[③] dìng dān
订户—定户 dìng hù
订婚—定婚 dìng hūn
订货—定货 dìng huò
订阅—定阅 dìng yuè
斗拱—枓拱、枓栱 dǒu gǒng
逗留—逗遛 dòu liú
逗趣儿—斗趣儿 dòu qùr
独角戏—独脚戏 dú jiǎo xì
端午—端五 duān wǔ

E

二黄—二簧 èr huáng
二心—贰心 èr xīn

F

发酵—酦酵 fā jiào
发人深省—发人深醒 fā rén shēn xǐng
繁衍—蕃衍 fán yǎn
吩咐—分付 fēn fù
分量—份量 fèn liàng
分内—份内 fèn nèi
分外—份外 fèn wài
分子—份子[④] fèn zǐ
愤愤—忿忿 fèn fèn

---

① 《普通话异读词审音表》审定“徊”统读 huái。“低回”一词只读 dīhuí，不读 dīhuái。

② “凋”“雕”古代通用，1955 年《第一批异体字整理表》曾将“凋”作为“雕”的异体字予以淘汰。1988 年《现代汉语通用字表》确认“凋”为规范字，表示“凋谢”及其引申义。

③ “订”“定”二字中古时本不同音，演变为同音字后，才在“预先、约定”的义项上通用，形成了一批异形词。不过近几十年二字在此共同义项上又发生了细微的分化：“订”多指事先经过双方商讨的，只是约定，并非确定不变的；“定”侧重在确定，不轻易变动。故有些异形词现已分化为近义词，但本表所列的“订单—定单”等仍为全等异形词，应依据通用性原则予以规范。

④ 此词是指属于一定阶级、阶层、集团或具有某种特征的人，如“地主～|知识～|先进～”。与分母相对的“分子”、由原子构成的“分子”（读 fēnzǐ）、凑份子送礼的“份子”（读 fènzi），音、义均不同，不可混淆。

丰富多彩—丰富多采 fēng fù duō cǎi
风瘫—疯瘫 fēng tān
疯癫—疯颠 fēng diān
锋芒—锋铓 fēng máng
服侍—伏侍、服事 fú shi
服输—伏输 fú shū
服罪—伏罪 fú zuì
负隅顽抗—负嵎顽抗 fù yú wán kàng
附会—傅会 fù huì
复信—覆信 fù xìn
覆辙—复辙 fù zhé

G

干预—干与 gān yù
告诫—告戒 gào jiè
耿直—梗直、鲠直 gěng zhí
恭维—恭惟 gōng wei
勾画—勾划 gōu huà
勾连—勾联 gōu lián
孤苦伶仃—孤苦零丁 gū kǔ líng dīng
辜负—孤负 gū fù
古董—骨董 gǔ dǒng
股份—股分 gǔ fèn
骨瘦如柴—骨瘦如豺 gǔ shòu rú chái
关联—关连 guān lián
光彩—光采 guāng cǎi
归根结底—归根结柢 guī gēn jié dǐ
规诫—规戒 guī jiè
鬼哭狼嚎—鬼哭狼嗥 guǐ kū láng háo
过分—过份 guò fèn

H

蛤蟆—虾蟆 há ma
含糊—含胡 hán hu
含蓄—涵蓄 hán xù
寒碜—寒伧 hán chen
喝彩—喝采 hè cǎi
喝倒彩—喝倒采 hè dào cǎi
轰动—哄动 hōng dòng
弘扬—宏扬 hóng yáng
红彤彤—红通通 hóng tōng tōng
宏论—弘论 hóng lùn
宏图—弘图、鸿图 hóng tú
宏愿—弘愿 hóng yuàn
宏旨—弘旨 hóng zhǐ
洪福—鸿福 hóng fú
狐臭—胡臭 hú chòu
蝴蝶—胡蝶 hú dié
糊涂—胡涂 hú tu
琥珀—虎魄 hǔ pò
花招—花着 huā zhāo
划拳—豁拳、搳拳 huá quán
恍惚—恍忽 huǎng hū
辉映—晖映 huī yìng
溃脓—殨脓 huì nóng
浑水摸鱼—混水摸鱼 hún shuǐ mō yú
伙伴—火伴 huǒ bàn

J

机灵—机伶 jī ling
激愤—激忿 jī fèn
计划—计画 jì huà

纪念—记念 jì niàn
寄予—寄与 jì yǔ
夹克—茄克 jiākè
嘉宾—佳宾 jiā bīn
驾驭—驾御 jià yù
架势—架式 jià shi
嫁妆—嫁装 jià zhuang
简练—简炼 jiǎn liàn
骄奢淫逸—骄奢淫佚 jiāo shē yín yì
角门—脚门 jiǎo mén
狡猾—狡滑 jiǎo huá
脚跟—脚根 jiǎo gēn
叫花子—叫化子 jiào huā zi
精彩—精采 jīng cǎi
纠合—鸠合 jiū hé
纠集—鸠集 jiū jí
就座—就坐 jiù zuò
角色—脚色 jué sè

K

克期—刻期 kè qī
克日—刻日 kè rì
刻画—刻划 kè huà
阔佬—阔老 kuò lǎo

L

褴褛—蓝缕 lán lǚ
烂漫—烂缦、烂熳 làn màn
狼藉—狼籍 láng jí
榔头—狼头、鎯头 láng tou
累赘—累坠 léi zhui
黧黑—黎黑 lí hēi
连贯—联贯 liánguàn
连接—联接 lián jiē
连绵—联绵① lián mián
连缀—联缀 lián zhuì
联结—连结 lián jié
联袂—连袂 lián mèi
联翩—连翩 lián piān
踉跄—踉蹡 liàng qiàng
嘹亮—嘹喨 liáo liàng
缭乱—撩乱 liáo luàn
伶仃—零丁 líng dīng
囹圄—囹圉 líng yǔ
溜达—蹓跶 liū da
流连—留连 liú lián
喽啰—喽罗、偻 lóu luó
鲁莽—卤莽 lǔ mǎng
录像—录象、录相 lù xiàng
络腮胡子—落腮胡子 luò sāi hú zi
落寞—落漠、落莫 luò mò

M

麻痹—痳痹 má bì
麻风—痳风 má fēng
麻疹—痳疹 má zhěn

① “联绵字”、“联绵词”中的“联”不能改写为“连”。

马蜂—蚂蜂 mǎ fēng
马虎—马糊 mǎ hu
门槛—门坎 mén kǎn
靡费—糜费 mí fèi
绵连—绵联 mián lián
腼腆—靦覥 miǎn tiǎn
模仿—摹仿 mó fǎng
模糊—模胡 mó hu
模拟—摹拟 mó nǐ
摹写—模写 mó xiě
摩擦—磨擦 mó cā
摩拳擦掌—磨拳擦掌 mó quán cā zhǎng
磨难—魔难 mó nàn
脉脉—眽眽 mò mò
谋划—谋画 móu huà

N

那么—那末 nà me
内讧—内哄 nèi hòng
凝练—凝炼 níng liàn
牛仔裤—牛崽裤 niú zǎi kù
纽扣—钮扣 niǔ kòu

P

扒手—掱手 pá shǒu
盘根错节—蟠根错节 pán gēn cuò jié
盘踞—盘据、蟠踞、蟠据 pán jù
盘曲—蟠曲 pán qū
盘陀—盘陁 pán tuó
磐石—盘石、蟠石 pán shí
蹒跚—盘跚 pán shān
彷徨—旁皇 páng huáng
披星戴月—披星带月 pī xīng dài yuè
疲沓—疲塌 pí ta
漂泊—飘泊 piāo bó
漂流—飘流 piāo liú
飘零—漂零 piāo líng
飘摇—飘飖 piāo yáo
凭空—平空 píng kōng

Q

牵连—牵联 qiān lián
憔悴—蕉萃 qiáo cuì
清澈—清彻 qīng chè
情愫—情素 qíng sù
拳拳—惓惓 quán quán
劝诫—劝戒 quàn jiè

R

热乎乎—热呼呼 rè hū hū
热乎—热呼 rè hu
热衷—热中 rè zhōng
人才—人材 rén cái
日食—日蚀 rì shí
入座—入坐 rù zuò

S

色彩—色采 sè cǎi
杀一儆百—杀一警百 shā yī jǐng bǎi
鲨鱼—沙鱼 shā yú
山楂—山查 shān zhā
舢板—舢舨 shān bǎn
艄公—梢公 shāo gōng

奢靡—奢糜 shē mí
申雪—伸雪 shēn xuě
神采—神彩 shén cǎi
湿漉漉—湿渌渌 shī lū lū
什锦—十锦 shí jǐn
收服—收伏 shōu fú
首座—首坐 shǒu zuò
书简—书柬 shū jiǎn
双簧—双锁 shuāng huáng
思维—思惟 sī wéi
死心塌地—死心踏地 sǐ xīn tā dì

T

踏实—塌实 tā shi
甜菜—恭菜 tián cài
铤而走险—挺而走险 tǐng ’ér zǒu xiǎn
透彻—透澈 tòu chè
图像—图象 tú xiàng
推诿—推委 tuī wěi

W

玩意儿—玩艺儿 wán yìr
魍魉—蛧蜽 wǎng liǎng
诿过—委过 wěi guò
乌七八糟—污七八糟 wū qī bā zāo
无动于衷—无动于中 wú dòng yú zhōng
毋宁—无宁 wú nìng
毋庸—无庸 wú yōng
五彩缤纷—五采缤纷 wǔ cǎi bīn fēn
五劳七伤—五痨七伤 wǔ láo qī shāng

X

息肉—瘜肉 xī ròu
稀罕—希罕 xī han
稀奇—希奇 xī qí
稀少—希少 xī shǎo
稀世—希世 xī shì
稀有—希有 xī yǒu
翕动—噏动 xī dòng
洗练—洗炼 xǐ liàn
贤惠—贤慧 xián huì
香醇—香纯 xiāng chún
香菇—香菰 xiānggū
相貌—像貌 xiàng mào
潇洒—萧洒 xiāo sǎ
小题大做—小题大作 xiǎo tí dà zuò
卸载—卸儎 xiè zài
信口开河—信口开合 xìn kǒu kāi hé
惺忪—惺松 xīng sōng
秀外慧中—秀外惠中 xiù wài huì zhōng
序文—叙文 xù wén
序言—叙言 xù yán
训诫—训戒 xùn jiè

Y

压服—压伏 yā fú
押韵—压韵 yā yùn
鸦片—雅片 yā piàn
扬琴—洋琴 yáng qín
要么—要末 yào me
夜宵—夜消 yè xiāo

一锤定音—一槌定音 yī chuí dìng yīn
一股脑儿—一古脑儿 yī gǔ nǎor
衣襟—衣衿 yī jīn
衣着—衣著 yī zhuó
义无反顾—义无返顾 yì wú fǎn gù
淫雨—霪雨 yín yǔ
盈余—赢余 yíng yú
影像—影象 yǐng xiàng
余晖—余辉 yú huī
渔具—鱼具 yú jù
渔网—鱼网 yú wǎng
与会—预会 yù huì
与闻—预闻 yù wén
驭手—御手 yù shǒu
预备—豫备① yù bèi
原来—元来 yuán lái
原煤—元煤 yuán méi
原原本本—源源本本、元元本本 yuán yuán běn běn
缘故—原故 yuán gù
缘由—原由 yuán yóu
月食—月蚀 yuè shí
月牙—月芽 yuè yá
芸豆—云豆 yún dòu

Z

杂沓—杂遝 zá tà
再接再厉—再接再砺 zài jiē zài lì
崭新—斩新 zhǎn xīn
辗转—展转 zhǎn zhuǎn
战栗—颤栗② zhàn lì
账本—帐本③ zhàng běn
折中—折衷 zhé zhōng
这么—这末 zhè me
正经八百—正经八摆 zhèng jīng bā bǎi
芝麻—脂麻 zhī ma
肢解—支解、枝解 zhī jiě
直截了当—直捷了当、直接了当 zhí jié liǎo dàng
指手画脚—指手划脚 zhǐ shǒu huà jiǎo
周济—赒济 zhōu jì

---

① “预”“豫”二字，古代在“预先、约定”的意义上通用，故形成了“预备—豫备|预防—豫防|预感—豫感|预期—豫期”等20多组异形词。现在此义项已完全由“预”承担。但考虑到鲁迅等名家习惯用“豫”，他们的作品影响深远，故列出一组特作说明。

② “颤”有两读，读 zhàn 时，表示人发抖，与“战”相通；读 chàn 时，主要表物体轻微振动，也可表示人发抖，如“颤动”既可用于物，也可用于人。什么时候读 zhàn，什么时候读 chàn，很难从意义上把握，统一写作“颤”必然会给读音带来一定困难，故宜根据目前大多数人的习惯读音来规范词形，以利于稳定读音，避免混读。如“颤动、颤抖、颤巍巍、颤音、颤悠、发颤”多读 chàn，写作“颤”；“战栗、打冷战、打战、胆战心惊、冷战、寒战”等词习惯多读 zhàn，写作“战”。

③ “账”是“帐”的分化字。古人常把账目记于布帛上悬挂起来以利保存，故称日用的账目为“帐”。后来为了与帷帐分开，另造形声字“账”，表示与钱财有关。“账”“帐”并存并用后，形成了几十组异形词《简化字总表》《现代汉语通用字表》中“账”“帐”均收，可见主张分化。二字分工如下：“账”用于货币和货物出入的记载、债务等，如“账本、报账、借账、还账”等；“帐”专表用布、纱、绸子等制成的遮蔽物，如“蚊帐、帐篷、青纱帐（比喻用法）”等。

转悠—转游 zhuàn you
装潢—装璜 zhuāng huáng
孜孜—孳孳 zī zī
姿势—姿式 zī shì
仔细—子细 zǐ xì
自个儿—自各儿 zì gěr
佐证—左证 zuǒ zhèng

第四章　语　法

第一节　语法概说

一、语法的内涵

语法是语言的三大构成要素之一。关于语法,学术界通常有如下两种理解:

其一是指语法事实,即语言中客观存在的结构单位和组织规律,是从客观的角度来说的。例如,语素是怎样组合成词的,词是如何组合成短语的,词和短语又怎样构成形形色色句子的。

其二是指语法认识,即人们对客观语法事实的揭示、描写、说明和解释,是从主观的角度来说的。例如,汉语语法包括哪些内容,具有什么特点,这些又是如何形成并发展的。

语法事实左右语法认识,语法认识反映语法事实,二者之间若即若离,是一种辩证统一的关系。语法事实是一种客观实在,本身没有分歧;但由于语法学者占有的材料、观察的角度、分析的方法不尽相同,语法认识就难免有分歧。科学的语法认识可以无限制地接近语法事实,但绝不等同于语法事实。通常所谓的汉语语法更多指的是汉语语法知识,因为任何人在揭示汉语语法事实的过程中都不可能避免主观性的介入,不可能完全做到对事实的保真和传真。

二、语法的内容

就内容而言,语法可分为两大板块:一是词法,包括词的构成、词的形态、词的分类等;

二是句法，包括短语和句子的构成、变化与功能等。在某一特定语言中，词法和句法极少出现等量齐观的现象，往往处于此消彼长的状态，即词法强势则句法弱势，词法弱势则句法强势。总体上，汉语属于一种句法强势的语言。

三、语法的性质

与语音、语义相比，语法具有以下几个较为鲜明的特质：

1. 抽象性。语法是从众多的语言单位和组织里提取出的聚合特征、组合方式、结构类型及制约规则，它隐藏于语言的各级单位和组织之中，缺乏直观性和可感度。所有的语法规则都类似于数理公式，一直在潜移默化中规范着人们的言语行为。人们尽管时刻受到语法规则的制约，但往往习焉不察，有时甚至会无视其存在。

2. 稳固性。在语言的诸要素中，语法始终是一个相对保守的要素。语法的保守性就是一种稳固性。这种稳固性并不意味着语法静止不变，而是指它在人类语言的发展进程中变化节奏慢、变化幅度小。对任何语言来说，语法的传承性都要大于变异性，许多语法手段和语法范畴历经千百年而不变。

3. 民族性。语法与民族的思维密切相关。民族思维方式的差异注定了语法规则的差异。不同语言的语法差异通常要比语音和语义的差异来得更为显明。例如，汉语是 SVO 型语，其主谓句一般顺序是：主语 + 动词 + 宾语；韩语是 SOV 型语言，其主谓句的顺序则是：主语 + 宾语 + 动词。不过，在看到语法民族性的同时，也不能无视某些语言所呈现出的语法共性。事实上，随着研究的日益深入，语法的普遍性越来越受到重视。

4. 系统性。语法是由各种规则交织而成的整体，是自成系统的。系统的内部是相互制约的，一个规则的改变往往会引起其他规则的调整。另外，语法系统内部还具有层级性，下辖若干子系统，例如语素系统、词类系统、短语系统、句子系统等。这些都是语法系统性的表现。

5. 生成性。根据有限的语法规则创造出无数个句子，这就是语法的生成性。语法规则的生成性集中表现在两个方面：组合关系和聚合关系。语法的组合规则与聚合规则尽管是有限的，但是可以在语句的生成过程中反复使用，从而使句法结构实现复杂化和严密化。

四、语法单位

语法单位是指能够在语句的某一位置上被替换下来的语言片段。语法单位有大有小，最大的语法单位是句群，最小的语法单位是语素。汉语共有五级语法单位①，依次为语素、

① 也有人认为汉语只有四级语法单位：语素、词、短语（词组）、句子。

词、短语、句子和句群。

（一）语素

语素是语言中最小的音义结合体，也是最小的语言单位，属于构词要素。语素既可以单独成词，也可以组合成词。按音节划分，语素可以分成单音节语素（如“人”、“民”）、双音节语素（如“乒乓”、“葡萄”）和多音节语素（如“比基尼”、“可口可乐”）；按意义划分，语素可以分成实语素（如“花儿”）和虚语素（如“花儿”）；按功能划分，语素可以分成成词语素（如“人”）和不成词语素（如“民”）；按位置划分，语素可以分成定位语素（如“桌子”）和不定位语素（如“课桌”、“桌子”）。

汉语语素的大部分属于单音节语素、实语素、成词语素和不定位语素，由此注定了汉语孤立语的性质。汉语语素的上述特征决定了汉语缺少印欧语那样的内部屈折变化，缺少印欧语那样的前缀与后缀。因此，现代汉语的词普遍采用合成方式，并且以复合词为主、派生词为辅。

（二）词

词是最小的能够独立运用的语言单位，既可以用来构成短语，也可以用来构成句子。词不仅是基本的词汇单位，也是重要的语法单位。按音节划分，词可以分成单音节词、双音节词和多音节词；按意义划分，词可以分成单义词和多义词；按性能划分，词可以分成实词和虚词；按语素划分，词可以分成单纯词和合成词。

由于汉语缺乏充足的构词形态，汉语的词和非词的界限有时不够分明，往往需要结合语义、韵律和语用来加以判定。例如，“打手”既可以被视为词，也可以被视为词的组合（短语）。又如，“喷气式、痛苦万分状”也时常处在词和非词的两难境地。

（三）短语

短语是由一系列在句法、语义和语用层面上能够组配起来的词构成的语言单位，又叫词组。它是大于词而小于句的语法单位，属于造句单位。和词不同的是，短语都是当然的句法成分；和句子不同的是，短语一律不带有任何语调。

短语同样可以从多种角度去加以观察并分类。按内部要素的结合程度划分，短语可分成固定短语和非固定短语；按意义来划分，短语可以分成单义短语和多义短语；按成句能力划分，短语可以分成自由短语和不自由短语；按内部层次划分，短语可以分成单层短语和多层短语。此外，短语还可以按照结构和功能进行划分（详见下文）。

（四）句子

句子是具有一个特定语调并且能够表达一个相对完整的意思的语言单位。句调是句子区别于词和短语的本质特征。试比较：

飞机(词)——飞机！(句子)　　打瞌睡(短语)——打瞌睡。(句子)

谁(词)——谁？(句子)　　好人(短语)——好人！(句子)

句子同样可以按照不同的标准进行分类。按照长度，句子可以分成短句和长句；按照意义，句子可以分成单义句和多义句；根据语气，句子可以分成陈述句、疑问句、祈使句和感叹句；根据结构，句子可以分成单句和复句。

句子与句子可以连用，并以此构成更大的语言单位，如句群(句组)、语段、篇章等。这些句子通常围绕一个中心意思，彼此之间具有密切的逻辑关系，因而会对句法结构产生一定的影响。

(五) 句群

句群又叫句组，是几个在意义和结构上有密切联系的各自独立的句子组成的言语交际单位。句群属于最高层级的语法单位。句群的构成要件有四个：至少要有两个句子；句子之间要依靠一定的语法手段(语序或关联词语)加以串联；句子之间要有内在的逻辑关系；所有句子围绕一个中心意思。例如：

(1) 就在雪的群峰的围绕中，一片奇丽的千里牧场展现在你的眼前。墨绿的原始森林和鲜艳的野花，给这辽阔的千里牧场镶上了双重富丽的花边。牧场上长着一色青翠的酥油草，清清的溪水齐着两岸的草丛在漫流，无边的草原是这样平展，就像风平浪静的海洋。

(2) 在自然科学发展的历史中，有不少科学家认识了真理，并且坚持真理，结果被愚昧的统治者杀死、烧死，他们的学说、著作也被禁止、焚毁。但是，人可以处死，书可以被烧毁，而真理却是杀不死、烧不毁的，它愈来愈发出灿烂的光辉。

句群的类型和层次与复句大体相近，分析方法也基本相同。例如，按照意义，句群可以分成并列、承接、递进、选择、转折、假设、条件、因果、目的、解说等类型；按照层次，句群可以分成一重句群、二重句群以及多重句群等。另外，句群还可根据用途分为叙述句群、描写句群、抒情句群、议论句群、说明句群等。

句群是构成段落的基本材料。尽管少数段落可以由句子充任，但大部分的段落都是由句群组成的。句群和段落不是同一范畴的概念：句群隶属语法学，而段落则隶属文章学。

五、句子成分

句子成分是短语和句子的结构成分，承载着各种语法意义。现代汉语常规的句子成分有主语、谓语、述语、宾语、定语、状语、补语，非常规的句子成分则包括同位语、独立语等。在一个成分俱足的汉语句子中，其句子成分的排列顺序大体如下：

你看，　小明他们　　已经　送　　　　　　　过来了一些食品。

插入语　　主语　　　状语　述语（谓语中心语）　补语　定语　宾语

主语和谓语是句子的主要成分，定语、补语则是名词性短语和谓词性短语中对中心语起限制或补充作用的成分，宾语是述宾短语（动宾短语）中述语支配关涉的部分。尽管从句子结构来说，定语、补语和宾语附着于主语中心或谓语中心的前后，但从信息表达来说，它们的重要性并不次于主语和谓语。

（一）主语和谓语

主语是指句子谈论的主题或需要加以说明的人或事物，也就是句中动作、行为、性质和状态的主体。谓语是对主语加以陈述的成分，说明主语的动作、状态和特征等。主语和谓语是同一层次的两个互为依存的成分，没有主语就没有谓语，没有谓语也无所谓主语。一般是主语在前，谓语在后。例如：

战士们‖非常机智勇敢。／　黎明的曙光‖照射在我们的脸上。

这‖是个好主意。／　她‖唱了一首歌。

（二）述语和宾语

述语表示动作行为，是支配、关涉特定对象的成分，又称为动语。述语一般是谓语的核心，专门针对宾语而言。宾语表示人、物或事情，是动作行为的支配对象或承受者。述语和宾语是谓语的两个互为依存的下位成分。例如：

他们‖在各村挖了些地洞。

观众‖不断推测男主角的人选。

（三）定语、状语和补语

定语是名词性短语里中心语前面的修饰语，状语是谓词（动词、形容词）性短语里中心语前面的修饰语，补语是动词、形容词性短语里中心语后面的补充成分。例如：

（她）的脸色[马上]变成了苍白。

（故乡）的桃花是（我牵挂）的风景。

我[会][小心地][把它们]串成（一串）（瑰丽）的项链。

周总理[永远]活<在世界人民心中>。

（多彩）的生活[会]带来（愉悦）的情绪。

（小茶馆里）的门窗都关得<严严的>。

她走<在静静的大操场上>。

(一只)(春天)的蝴蝶飞舞<在姹紫嫣红的山野上>。

六、现代汉语语法的特点

与现代印欧语相比,现代汉语的语法在宏观层面具有如下几个特点:

(一) 形态变化不发达、不普遍

汉语属于孤立语,先天的形态成分极度匮乏。在后来的发展演变过程中,汉语逐渐衍生出一些形态变化,但数量有限,并且大多不具备普遍性。例如,词的重叠现象主要限于动词、形容词和量词,很少发生在其他实词身上。即便是动词和形容词,也只是其中的部分可以重叠。又如,"们"尽管可以表示复数,但至今仍限于部分指人或动物的名词和代词。至于汉语的动词,则与印欧语的动词差距更大,基本不具备人称、性、数、时方面的变化。

(二) 以语序和虚词作为主要的语法手段

由于形态变化的欠缺,语序和虚词在汉语中显得尤为重要。首先,汉语中语序非常重要。语序不同,语句的结构和意义也就随之不同。例如:

一切为了学生——为了一切学生——为了学生一切

其次,虚词对语句的语法意义影响巨大。用不用虚词以及用什么样的虚词,都会改变语句的意思。例如:

看书——看的书　　我把他摔倒了——我被他摔倒了

(三) 词类与句子成分基本不对应

除了个别词类(如副词、区别词)外,汉语的大多数实词在功能上都具有多样性。例如,名词和代词几乎可以出现在句中的任何位置,可以充任各类句子成分。另外,汉语的句子成分通常也不为某类词所专有。例如,名词、动词、形容词、数词、量词和代词都可以充任主语和宾语,而形容词、数词、量词、代词和副词都可以做状语。词性灵活多变、成分来源多元,客观上不利于对应关系的形成。因此,汉语的词类与句子成分之间基本不存在互应性。一种词到底作什么句子成分,一般无法从词性上加以判定,必须依赖具体的语法分析。

(四) 各级语言组织的语法构造大致雷同

如前所述,语法单位是分层级的。从汉语的语素到汉语的句子,尽管组织的层级不同,但各层级的基本语法构造大致相仿,一般不外乎主谓、述宾、并列、偏正、补充等五种类型。这种上下层级的一贯性不仅体现出汉语语法的递归性,也证实了汉语语法的系统性。可见,类推作用在汉语语法的演化过程中占据了特别重要的地位。

除了宏观层面,汉语在微观层面也具有一些自身的特点。例如,语素与词、词与短语之间的界限不够明晰,拥有丰富多样的量词与语气词以及词的兼类现象较普遍等。

思考和练习

1. 语法学里的词法和句法各研究些什么?
2. 语法体系和语法学体系有何不同?
3. 哪些句法成分具有配对关系?
4. 如何理解语法的民族性? 如何看待它和普遍语法的关系?
5. 如何考量语法的稳定性与发展性?

第二节 词 类

词类是词的语法分类。现代汉语的词类划分既是语法研究的核心内容,也是句法分析的重要基础和前提条件。由于汉语缺乏充足的形态,因此很难以形态为统一的标准对词进行全面彻底的分类。现行的词类划分标准其实是一个多元的复合标准,即以词的语法功能为主,兼顾词的形态和意义表现。

词的语法功能是词的语法属性的根本反映,通常表现为词的两种能力:其一是词与词的结合能力,其二是词充当句子成分的能力。

词的形态可以分为两种:一种构形形态,其作用是用来成句,表示的是语法意义。汉语中常见的动词重叠式和形容词重叠式即是构形形态。例如:

研究——研究研究　　考查——考查考查

仔细——仔仔细细　　认真——认认真真

另一种是构词形态,其作用是用来构词,表示的是词汇意义。汉语中日益滋生的词缀和类词缀即是构词形态。例如:

X+“子”:凿——凿子　铲——铲子　锤——锤子

X+“化”:净——净化　美——美化　软——软化

X+“性”:弹——弹性　刚——刚性　创造——创造性

汉语的词缀尽管数量有限,但在确认词性方面却作用非凡。与无词缀的词相比,带词缀的词不仅词性稳定,而且功能清晰,较易于识别。

词的意义指的是语法上同类词的概括意义或意义类别,例如,名词表示人或事物的名称,动词表示动作行为等。词的意义除了词汇意义外,还包括语法意义。在划分词类时,语法意义显然要重于词汇意义。

根据上述标准，现代汉语的词类体系首先可以分成实词和虚词两大板块。实词是具有词汇意义和语法意义并且能充当句子成分的词，包括名词、动词、形容词、区别词、数词、量词、副词、代词、拟声词、叹词等十类。虚词是只有语法意义并且不能充当句子成分的词，包括介词、连词、助词、语气词等四类。

必须指出的是，给具体的汉语词进行分类定性，有时是一项异常繁难的工作，必须依靠特定的句法环境方能实现。黎锦熙先生“依句辨品，离句无品”之说其实道出了汉语词类的某些真谛：词有定类、类无定词、词无定性。

一、实词

（一）名词

名词是表示人或事物（包括时间、处所、方位）等名称的词。名词是汉语的初始类词，也是数量庞大、发展迅速的一类实词。

1. 名词的分类

(1) 表示人和事物。根据不同的意义标准，这类名词又可细分如下：

普通名词：老师、同学、朋友、马、牛、羊、蜻蜓、火箭、原子、桌子
专有名词：李白、钱学森、长江、黄河、泰山、湖北、天安门、故宫

个体名词：人、书、车、马、学生、警察、电脑、酒店
集合名词：人民、书籍、车辆、马匹、森林

具体名词：苹果、老虎、火车、园林、海洋、作家、和尚
抽象名词：思想、道德、理想、信念、文化、知识、痛苦

(2) 表示时间：冬天、明年、早晨、傍晚、现在、未来

(3) 表示处所：北京、武汉、中国、亚洲、欧洲、操场、办公室、里屋

(4) 表示方位：前、后、左、右、上、中、下、东、南、西、北

2. 名词的构词形态

名词是具有较多构词形态的一类实词。名词的构词形态大致分为两类：一类是前缀和类前缀，用在词根前，一般读本调；一类是后缀和类后缀，用在词根后，后缀一般念轻声。例如：

阿×：阿姨、阿哥、阿飞、阿大、阿毛、阿狗

老×：老大、老外、老师、老鹰、老虎、老鼠

小×：小张、小姐、小女、小菜、小吃、小贩

准×：准将、准女婿、准宾语、准豪宅

×子：椅子、票子、胖子、乱子、夹子、骗子

×儿：花儿、腕儿、包儿、扣儿、空儿、弯儿

×头：花头、念头、玩头、看头、甜头、准头

×族：啃老族、哈韩族、月光族、工薪族、追星族

名词的前后缀除了构词作用外，有时还多少带有一定的感情色彩。如，“阿”通常具有亲昵的色彩，“儿”一般具有喜爱的色彩。

3. 名词的语法特征

（1）大多数名词可以受数量词的修饰或限制，如“一家酒店”、“两块豆腐”、“三本画册”等。数词一般不能单独直接加在名词之前，但一些固定短语和固定构式则不受此限制，如“七手八脚”、“三言两语”、“一心一意”、“一草一木”等。

（2）名词前一般不能加副词。例如，“不桌子、太朋友、特别笔”之类的说法都是不存在的。不过，当名词本身含有程度义或顺序义等义素成分时，则可受副词的修饰。例如：

这个人特义气。/太义气不是好事。/他看起来太另类了。/已经苏州了，马上就到上海。

（3）名词一般不能用重叠式表示某种共同的语法意义。值得注意的是，某些名词重叠形式有扩大的趋势。例如：

狗狗、猪猪、洞洞、瓶瓶、包包——多见于儿语或网络语

家家、人人、村村、时时、事事——限于计量名词

第一行类似于“爸爸”、“妈妈”、“哥哥”、“姐姐”，是语素重叠构成的重叠式合成词，属于构词方式。第二行是重叠构词，属于表示“每个”、“所有”等周遍义的形态变化。

另外，像“瓶瓶罐罐”、“汤汤水水”、“方方面面”、“风风雨雨”、“上上下下”、“里里外外”作为一种非常规的重叠现象，本身并不具有多大的扩展性。

（4）名词没有数的范畴。名词的单复数在形式上一般无从区分。原先只用于人的复数标记“们”现在已开始覆盖到部分与人的关系较为密切的动物身上，如“鸡们、马们、牲口们”等。有生命的名词加上“们”后一般表示群体或同类，但其前不应再有具体的数量词。加“们”的名词可以表示群体，也可以表示个体归属[①]。例如：

群体或同类：作家们、老师们、朋友们、鸡们、鸭们、雷锋们、牛顿们

个体归属：哥们、姐们、爷们、娘们

① 表“个体归属”中的“们”是构词后缀。与“表群体和同类”的“们”不同。见词汇部分的说明。

(5) 名词可以受名词、代词、动词、形容词以及各类短语的修饰或限制。例如：

(名词)+名词：学生食堂、苏州乐园、上海城隍庙、水上大世界

(代词)+名词：我们学校、他们家庭、这些朋友、那个地方

(动词)+名词：游乐项目、前进方向、生产成本、学习的资料

(形容词)+名词：好生活、快节奏、优秀人才、美好明天

(短语)+名词：做实验的方法、十分便利的途径、爸爸买的书、起得早的老人

4. 名词的句法功能

(1) 名词经常作主语和宾语，并且基本不受限制。例如：

牛吃草。/ 鸡下蛋。/ 鱼跳龙门。/ 李白作诗。

(2) 名词经常作定语，同样不受任何限制。例如：

香港是一颗(东方)明珠。/ 这是一座(玫瑰)花园。/(未来)的世界在何方？

(3) 名词在一定条件下可作谓语。例如：

今天星期二。/ 他英国人。/树上两只猴子。

(4) 普通名词一般很少作状语和补语，但时间名词、处所名词则正好相反。例如：

他[今天]上课。/ 他睡了<半天>。/他[上午]跑了<过来>。

咱们[北京]见。/ 小李坐<地上>。/他苦了<一辈子>。

5. 方位词

方位词是名词中唯一的一个封闭小类。根据构成成分的不同，方位名词可以分为单纯方位词和合成方位词两类。合成方位词不仅数量繁多，而且功能更为灵活，使用更为广泛。

单纯方位词共有东、南、西、北、前、后、左、右、里、外、中、内、间、旁、上、下等16个，通常用在其他名词之后，构成一个方位短语。例如：

房前、屋后、地上、床下、教室里、讲台上、座位间、过道旁

合成方位词是由单纯方位词跟一些类词缀成分组合而成，大致包括以下几种类型：

(1) 前加型：在单音节方位词前加上“之”、“以”。例如：

之上、之下、之前、之后、之里、之外、之内、之中、之间、之东、之南

以上、以前、以外、以内、以东、以西、以北

(2) 后加型：在单音节方位词后面加上“边”、“面”、“头”。例如：

上边、左边、东边、南边、前边、外边、里边、旁边

东面、西面、右面、里面、外面、前面

上头、下头、前头、后头、里头、外头

(3) 对举型：由两个意义对立的单音节方位词连用而成。例如：

左右、上下、前后、南北、东西、内外、里外

(4) 其他类型：由方位词跟名词或动词组合而成。例如：

底下、跟前、面前、开外、头里、当中、中间

方位词简表

单纯方位词	合成方位词						
	~边	~面	~方	~头	当~	以~	之~
上	上边	上面	上方	上头	—	以上	之上
下	下边	下面	下方	下头	—	以下	之下
前	前边	前面	前方	前头	当前	以前	之前
后	后边	后面	后方	后头	—	以后	之后
左	左边	左面	—	—	—	—	—
右	右边	右面	—	—	—	—	—
里	里边	里面	—	里头	—	—	—
外	外边	外面	—	外头	—	以外	之外
东	东边	东面	东方	东头	—	以东	之东
西	西边	西面	西方	西头	—	以西	之西
南	南边	南面	南方	南头	—	以南	之南
北	北边	北面	北方	北头	—	以北	之北
内	—	—	—	—	—	以内	之内
中	—	—	—	—	当中	—	之中
间	—	—	—	—	—	—	之间
旁	旁边	—	—	—	—	—	—

方位词除了表方向、位置外，还经常与其他词或短语组合，引申出时间、条件、范围、数量等意义范畴。例如：

上课前、放学后、高温下、客观上、两点之间、六十岁以内、二百左右、九十上下

在语法特征和语法功能方面，方位词除了保持名词的总体性能外，也有明显的自身特

色，诸如大多不受数量词修饰、经常作状语和补语等。例如：

左也不是，右也不是。/ 做事不要顾前不顾后。

(外面)的世界很精彩，(里边)的生活真无奈。

我[前头]走，他[后头]跟。/我走 <前头>，他跟 <后头>

(二) 动词

动词是表示动作、行为、心理活动或存在、变化、消失等的词。动词不仅数量宏富，而且内部情况也比较复杂。由于历史和现实的原因，动词与名词、形容词之间都或多或少地存在着一些纠缠不清之处。

1. 动词的分类

动词可以按照不同的标准来分类。不同的分类结果具有不同的研究用途和研究价值。

(1) 动作动词、心理动词、状态动词、关系动词、能愿动词和趋向动词。以上六类属于动词的传统分类，主要是依据动词的意义和性能划分出来的。例如：

动作动词：坐、站、走、跑、打、捶、闹、批评、表扬、宣传、学习

心理动词：想、爱、恨、喜欢、讨厌、羡慕、希望、害怕、热爱、想念

状态动词：存在、出现、有、发生、演变、生长、长成、没有、生病、死亡、消失

关系动词：是、像、姓、成为、当作、等于

能愿动词：能、会、可、可以、敢、要、愿意、应该、能够

趋向动词：来、去、回、往、上、下、进、出、过、上来、下去

(2) 及物动词和不及物动词。以上两类主要依据动词能否带宾语以及带何种宾语划分，能带受事宾语、对象宾语和结果宾语的动词是及物动词，其他的则为不及物动词。例如：

及物动词：吃、喝、拿、学习、参观、帮助、爱护、打击、访问

不及物动词：走、跑、来、游行、睡觉、送行、示威、休息、毕业

根据所带宾语的性质及数量，及物动词还可分为体宾动词(如“打”、“看”、“说”等)、谓宾动词(如“加以”、“进行”、“开始”等)、双宾动词(如“给”、“送”、“教”等)等。

(3) 自主动词和非自主动词。表示动作者可以自控的动作动词叫作自主动词，而表示动作者不能自控的动作动词则是非自主动词。自主动词所表示的动作一般是动作者有意进行的，通常可以用来构成祈使句；而非自主动词所表示的动作则是动作者的无意之举，一般不能构成祈使句。例如：

自主动词：说、唱、教、帮助、学习、思考、打算、旅游

非自主动词：病、漏、丢、知道、听见、碰到、遭遇、迷失

（4）持续性动词和非持续性动词。持续性动词是指动作行为能够延续、持久或者反复进行的动词，又叫延续性动词，大多可以重叠；非持续动词是指动作行为持续时间短暂并且不能反复进行的动词，又叫终止动词、瞬间动词、短暂动词，一般不能重叠。例如：

持续动词：看、说、走、吃、玩、讨论、研究、复习、参观

非持续动词：死、懂、会、倒、来、完蛋、垮台、出现、消散

2．动词的语法特征

（1）所有动词都能前加否定副词"不"。除心理动词、关系动词和能愿动词外，多数动词也能加否定副词"没"或"没有"。例如：

不来、不是、不高兴、不可以　　没（有）去、没（有）歧视、没（有）消失

（2）动词多数不能加程度副词，但表心理活动的动词和某些能愿动词不受这种限制。例如：

很怕、太喜欢、好羡慕、有点会、更加愿意、非常应该

（3）动词多数可以后带"着、了、过"等动态助词，不能带动态助词的动词主要限于关系动词、能愿动词和部分状态动词。

（4）部分动词可以重叠，表示动作的动量或时量的变化，一般限于持续性动词和自主性动词。单音动词的重叠式为AA，两个音节之间可以插入"一"，其中的第二个音节通常要读成轻声。双音动词的常见重叠式为ABAB式，其中的第二、四个音节往往也要轻读。AA式和ABAB式一般表示动量小或时量短，多含有随便、轻松的意义。例如：

你说说，事情是不是这样？/ 让我看看，里面是什么东西。

家里太乱了，快打扫打扫。/听说这儿不错，我们是来参观参观的。

少量的双音动词还可重叠为AABB式，如"搂搂抱抱、蹒蹒跚跚、飘飘扬扬、踉踉跄跄"等，一般表示动作的持续和反复进行。

3．动词的句法功能

（1）动词都能作谓语或谓语中心，多数能带宾语。例如：

我来了。/ 他喜欢踢球。/到处有欢乐的人群。

（2）动词能在一定条件下充当主语和宾语。例如：

笑是应该的，哭是不对的。

我们应对工作中出现的问题加以反思。

（3）除关系动词、能愿动词外，多数动词都可以作定语，但有时需要附加结构助词"的"。例如：

学校刚刚购进一批(学习)资料。

(攻击)的行为应该被制止。

(4) 普通动词很少作状语,但能愿动词作状语则是常态。例如:

部队[匍匐]前进。/你[应该]去学校上课了。/ 我们[要]认真讨论一下。

(5) 普通动词很少作补语,但趋向动词则经常作补语。例如:

人不能被一时的困难压<垮>。/谈判要坚持<下去>。/小孩子哭<起来>了。

4. 关系动词"是"的用法

(1) 放在主宾语之间,起联系作用。

① 表示事物的属性。例如:

科技是第一生产力。/ 我是陶老师。——主宾可互换

我是老师。/你们是学生。老虎是食肉动物。——主宾不可互换

② 表示事物的关系。例如:

小明和小强是朋友。/他俩是夫妻。

③表示事物的特征、质料、情况。例如:

她是黄头发(圆脸、双眼皮、高个子)。/这张桌子是玻璃钢的。

我是三碗,他是两碗。/今天是晴天,不是阴天。

④ 表示事物的存在。例如:

到处是庄稼,遍地是牛羊。/ 教学楼东边是一片草坪。

⑤ 表示事物的比较。例如:

困难是弹簧,你弱它就强。/敌人是狼,但我们不是羊。

(2) 用在动词、形容词前,表示较为强烈的语气,相当于一个语气副词。

① 重读时,相当于"的确、确实",不能省略。例如:

她是很脆弱。/ 今天天气是很好。/ 他是不在。

② 不重读时,只表示一般的肯定,可以省略。例如:

我们是很认真的。/ 他是不会亏待你的。

(三) 形容词

形容词是表示性质、状态和不定数量等的词。形容词也属于大类实词,与名词和动词一起构成了汉语实词的主体部分。由于形容词的性能与动词非常接近,二者常被合称为谓词。

1. 形容词的类别

(1) 性质形容词。性质形容词突出的是事物的内在属性,具有限制性的功能。例如:

软、硬、好、坏、远、近、斜、直、伟大、卑怯、勇敢、优秀、聪明、愚蠢

（2）状态形容词。状态形容词突出的是事物的外在形态，具有描写性的功能。例如：

雪白、笔直、飞快、鲜红、绿油油、水汪汪、亮晶晶、黑不溜秋、土里土气

（3）数量形容词。数量形容词主要表示事物的不定数量，兼有限制性和描写性的功能。例如：

许多、好些、少量、多少、多、少、些许、一些

2. 形容词的语法特征

（1）性质形容词大都能受否定副词“不”和程度副词修饰，例如“不好、太小、很简单、特别忙”；而状态形容词则基本不受“不”和程度副词的修饰。

（2）部分性质和状态形容词可以重叠，但重叠形式有多种。单音节形容词的重叠式是“AA”，一般表示性状程度的弱化；双音节形容词的重叠式有“AABB”（多）、“ABAB”（较少）和“A 里 AB”（较少）、“ABB”（较少）等四种，一般表示性状程度的深化，“A 里 AB”还具有强化贬义色彩的功效。例如：

大大、小小、早早、远远、长长、短短、红红、甜甜、酸酸、细细

开开心心、干干净净、高高兴兴、痛痛快快、方方正正、实实在在

冰凉冰凉、雪白雪白、通红通红、笔直笔直、碧绿碧绿、漆黑漆黑

急忙忙、慌张张、甜蜜蜜、平展展、孤单单、年轻轻、痴呆呆

糊里糊涂、小里小气、古里古怪、马里马虎、傻里傻气、虎里虎气

（3）少数性质形容词可带上叠音词缀或其他词缀，表示性状程度的加深。其中以单音节形容词居多，双音节形容词则极为少见。例如：

香喷喷、干巴巴、慢腾腾、凉丝丝、热乎乎、黑油油、亮晶晶、脏兮兮

黑咕隆咚、傻里吧唧、灰不溜秋、花里胡哨、傻不愣登、甜不丝儿

可怜巴巴、可怜兮兮、老实巴交

3. 形容词的句法功能

（1）形容词都能作谓语或谓语中心，但状态形容词作谓语时一般要加助词“的”。例如：

他的态度非常认真。/研究问题的思路一定要清晰。

整个大地雪白雪白的。/海南的天空碧蓝碧蓝的。

作谓语的形容词一般不能带宾语。有些性质形容词用作使令动词时则能带宾语。例如：

花了眼、苦着脸、端正态度、纯洁队伍、直着身子、和睦邻居

(2) 形容词都能作定语,有时能直接修饰名词,有时则需要带上助词“的”。例如:

一双(美丽)的(大)眼睛闪着(兴奋)的光芒。

(冰凉)的酸梅汤滋润着(干渴)的嘴巴。

(3) 部分性质形容词能够作状语,并且一般不需要加助词“地”;而状态形容词通常要重叠才可以用作状语,并且一般需要加助词“地”。例如:

[快]说、[高]喊、[静]坐、[直接]来、[大胆](地)闯、[热情](地)服务

[慢慢]地说、[呆呆]地看、[气冲冲]地骂、[赤裸裸]地暴露、[轰轰烈烈]地干事业

(4) 大部分形容词都可以作补语。性质形容词作补语时“得”可有可无,而状态形容词作补语则一般需加“得”。例如:

看<清楚>、长<大>、走<快>了、说<明白>、写得<好>、站得<高>

打得<火热>、跑得<飞快>、看得<清清楚楚>、收拾得<整整齐齐>

(5) 部分性质形容词可以作主语和宾语,但句中的述语一般需由关系动词、使令动词、心理动词或感知动词充任。状态形容词则一般不作主语和宾语。例如:

清贫是人生的一剂良药。/谦虚使人进步。

人们都讨厌虚伪。/大家都觉得舒适。

(四) 区别词

区别词是表示事物属性并具有分类作用的词。区别词原本数量极其有限,曾长期被归入形容词,号称“非谓形容词”。随着社会事物的日益丰富与多元化,彼此的区分愈发显得重要,由此导致了相关词数量的激增,并最终使区别词独立成类。基于区分客观事物的需要,区别词往往以成对或成组的方式出现。例如:

万能、野生、人造、冒牌、法定、袖珍、外来、额外、公共、杏黄、山寨、多功能、多年生、无记名

男、女;中式、西式;金、银;正、副;单、双;民用、军用;绝对、相对;有限、无限;首要、次要;国产、进口;直接、间接;彩色、黑白;急性、慢性

大号、中号、小号;初级、中级、高级;单边、双边、多边;长期、中期、短期;阴性、中性、阳性;上等、中等、下等;大型、中型、小型、微型

1. 区别词的分类

(1) 单纯区别词

单纯区别词由单个语素构成。值得注意的是,部分单纯区别词由于使用频率的增加,正呈现出类前缀化的倾向。例如:

半：半决赛、半导体、半成品、半流质、半正统

零：零事故、零损耗、零距离、零差错、零口供

软：软包装、软广告、软环境、软实力、软科学

洋：洋教练、洋打工、洋包装、洋规矩、洋节日

（2）合成区别词

合成区别词有派生式和复合式两类。派生式区别词又可分成前加式和后加式两种。例如：

超：超导、超人、超额、超前、超级

多：多元、多面、多边、多项、多维

式：新式、老式、西式、港式、男式

性：真性、假性、急性、慢性、中性

复合式区别词又可分出联合式、偏正式、述宾式、主谓式。例如：

联合式：黑白、高低、盥洗、中美、汉英

偏正式：三角、外来、古典、精装、新兴

述宾式：耐火、连环、便民、夹心、临界

主谓式：法定、自动、民用、国产、人造

2. 区别词的语法特征和句法功能

（1）区别词都能直接修饰名词，并在句中作定语。例如：

上等兵、万能钥匙、野生动物、人造卫星、冒牌货、山寨手机

区别词一律不能作谓语和补语，但在对举的情况下可以用作主语和宾语。例如：

衣服有没有大号？中号我穿不了。／ 你不要寄平信，最好寄挂号。

（2）多数都能形成“的”字短语并可以在句中充任主语、宾语。例如：

彩色的比较好看。／ 这花是单瓣的。／这部苹果手机是山寨的。

（3）否定形式不能加“不”，但可以加“非”，如“非正式、非万能、非野生、非人造、非进口”等。

（4）极少数的区别词既可作定语，也可作状语。例如：

高速列车——高速前进　　短期行为——短期逗留

绝对真理——绝对可靠　　额外收入——额外要求

（五）副词

副词是用在动词和形容词之前起限制、修饰作用，表示程度、范围、时间、情态以及肯定

与否定等意义的词。副词数量有限，属于实词中的封闭类词。

1. 副词的分类

(1) 程度副词。程度副词表示的是心理活动和性质状态的程度，内部存在着较为明显的级差。具体如下：

最、太、极、极其、顶、绝顶——最高级

很、挺、非常、十分、相当——高级

格外、分外、尤其、过于——较高级

更、更加、越、越发、愈益——加高级

有点儿、稍、稍微、略微——较低级

(2) 范围副词。范围副词表示的是动作和性状所涉及对象的范围，大致可分为统括性、唯一性和限定性三类。具体如下：

都、总、共、总共、统统、一齐、一概、一律——统括性

只、仅、仅仅、单、单单、光、就——唯一性

最多、顶多、至多、不过、只是、起码、最少——限定性

(3) 时间副词。时间副词表示的是动作行为的时间、频率和次序，可以分为表时副词、表频副词和表序副词。表时副词又可分为时点副词和时段副词。例如：

已、已经、曾、曾经、刚、才、刚刚；正、在、正在；将、将要、就、就要、马上、立刻——时点副词

顿时、终于——时段副词

表频副词则可以分为高频副词、中频副词、低频副词和变频副词。例如：

一向、向来、从来、通常、总是、老是、始终、永、永远——高频副词

常、常常、时常、时时、往往、屡次、再三、不时——中频副词

偶尔、偶然、间或、有时、一时——低频副词

渐渐、加紧——变频副词

表序副词除了表示动作行为的先后次序，也可表示重复次序。例如：

首先、然后、继续、接着、仍然、还是、依然、重新、还、再、又、也

(4) 肯定否定副词。肯定否定副词是从逻辑角度分出来的类，数量极其有限。具体如下：

必、必须、必定、的确、一定——肯定副词

不、没、没有、未、别、莫、勿、不必、不用、非——否定副词

与肯定副词相比，否定副词内部有明显的差异："不"主要用来否定性状和意愿，"没、没有、未"主要用来否定事实和变化，"别、莫、勿、不必、不用"主要表示禁止和劝阻，"非"则用来表示否定性判断和对称性否定。

（5）情态方式副词。情态方式副词是词汇意义较为实在的一类副词，并且基本限于双音节，有较强的书面语色彩。情态副词突出的是动作行为的状态，方式副词突出的是动作行为的手段。具体如下：

大肆、肆意、特意、猛然、忽然、公然——情态副词

亲自、互相、竭力、陆续、大力、连忙、赶紧、悄悄、暗暗——方式副词

（6）语气副词。和其他副词不同的是，语气副词修饰限制的是句子的命题和述题。语气副词在句中的位置比较灵活，可经常出现于句首位置。就语用功能而言，语气副词大致可分为语气强烈型、语气委婉型两类。具体如下：

难道、究竟、到底、偏偏、索性、简直、居然、竟然、何尝、何必、明明、恰恰——语气强烈型

就、可、也许、难怪、大约、幸而、幸亏、未免、只好、不妨、反倒、反正、却、果然——语气委婉型

2. 副词的语法特征和句法功能

（1）副词大多不能单说，只有"不、没有、也许、有点儿、当然、马上、何必、刚好、刚才、的确、必须"等可以单说。例如：

你起来吧？不！/ 你什么时候去？马上。

你有橡皮吗？没有。/ 我昨天对孩子发了一通火。何必呢？

今天是不是开会？也许。/ 菜够吃吗？刚好。

你害怕吗？有点儿。/ 你啥时候看见的？刚刚。

这件事是你做的？当然。/ 她真的已经回家了吗？的确。

（2）单音副词可直接加在所修饰限制的成分之前，并且通常不需要加助词"地"。双音副词后加不加"地"则较为随意，有时则要看副词的种类来定。例如：

那人很喜欢逞能。/ 她只到过中国的上海。

飞机由远而近，渐渐（地）飞到头顶。/ 大家陆续（地）来到会场。

（3）部分副词能兼有关联作用。例如：

打得赢就打、越说越离谱、又说又笑、既好又快

（4）副词都能且只能作状语。作状语时，单音副词只能置于谓语中心之前；双音副词都

可出现在谓语中心之前，有的还可以放到主语之前。例如：

他忽然出现在大家面前。/ 忽然，他出现在大家面前。

他幸亏来了。/ 幸亏他来了。

（5）副词通常不作补语，但程度副词"很"、"极"属于例外。"很"作补语，前头要加助词"得"，如"好得<很>、高得<很>"；"极"作补语时后头则要加语气词"了"，如"好<极>了"、"高兴<极>了"。

3. 副词与形容词、时间副词与时间名词的区别

（1）副词与形容词的区别

部分副词源自形容词，二者之间始终存在一定的纠葛。二者的根本区别：副词能且只能作状语，只有"极"、"很"能作补语；形容词能作谓语或谓语中心、定语，不能作状语，能被程度副词修饰，后头能带"些、点儿、的"等。例如：

很聪明、很认真/快些、慢些、多些

简单点儿、容易点儿、全面点儿/青的、黄的、便宜的、珍贵的

副词与形容词之间可以互相渗透。形容词"狂"、"乱"开始副词化，而副词"必须"正在形容词化。例如：

这件衣服乱便宜的。/他们狂吃了一顿。

这个是必须的。/这样做太必须了。

（2）时间副词与时间名词的区别

部分时间副词源自时间名词，二者之间同样有界限不明之处。通常情况下，二者均可作状语。但时间副词只能作状语，而时间名词还可作主语、宾语、定语，有的还能作谓语。例如：

他[早晚]会来的。/夏天是最热的时候。

她[时常]想起过去的好时光。/（平常）的日子该如何打发，她不知道。

"曾经"是一个正在名词化的时间副词。例如：

我忘不了曾经的你。/你曾经的诺言现在是否还算数？

4. 常用副词例说

（1）"都"与"只"

二者虽然限制的都是后面谓词，但语义指向却各有不同："都"属于前指副词，范围指向它前面的词语；"只"属于后指副词，范围指向紧靠它后面的词语。例如：

他唱歌、跳舞、弹琴、下棋都会，只不会画画。/她只喜欢苹果，其他水果都不喜欢。

(2)“不”、“别”与“没有”(表否定)

“不”表示说话人的主观意愿或看法。“不去”表明说话人不愿意或不能去。

“别”表示对听话人的动作行为进行禁止或劝阻。“别去”表明说话人不希望听话人发生“去”的行为。

“没有”表示对动作或性状真实性的否认。“没有去”表明这种行为没有成为事实。当“没有”否定人物或事情的存在时,“没”是副词,“有”是动词。试比较:

他[没有]来。/他[没]有钱。

(3)“就”

“就”是一个多角色的副词。不同用法的副词“就”其实属于同形同音词。例如:

① 时间副词,表示事情早已发生或即将发生。例如,“他一清早就上山采药去了”、“他很快就到了”。

② 时间副词,表示后一事紧接着前一事发生。例如,“拿起来就吃”、“一疼就哭”。

③ 范围副词,限制事物的范围或数量。例如,“我就关心你一个人”、“他一顿饭就吃一个小馒头”。

④ 语气副词,表示前后意思相反或发生转折。例如,“我就不回家”、“他这个人就不信邪”。

⑤ 肯定副词,表示事情确凿无疑。例如,“你自己就说过这样的话”、“你这么做就不对”。

(4)“白”、“老”、“净”、“怪”

“白”、“老”、“净”、“怪”都能修饰名词,也都能修饰动词、形容词。前者属于形容词,后者属于副词。因此,“白”、“老”、“净”、“怪”是同形同音词,不是形容词兼副词。例如:

形容词	**副词**
白布	白跑一趟(白=空,表方式)
老人	老没见他(老=一直,表时间)
	这人长得老难看啦(老=很,表程度)
净土	身上净是泥(净=全,表范围)
怪事	怪好看的(怪=很,表程度)

(六)数词

数词是表示数目和次序的词。据此,数词可以分成基数词和序数词两大类。

1. 基数词

基数词表示数量的多少,如“一、二、三、四、五、六、七、八、九、十、百、千、万、亿”等。基数通常包括整数、倍数、分数、小数、概数。

(1) 整数。整数是表示物体个数的数。正整数、零与负整数构成整数系。汉语整数的系数词是“零、一、二、三、四、五、六、七、八、九、十”,整数的位数词是“个、十、百、千、万、十万、百万、千万、亿”。“十”以下的数目直接称系数词,“十”以上的数目由系数词和位数词共同构成。汉语整数的称数法有以下几个特点:

① 十位数的数词为“一”时,一般可以省略不说,如“十八”、“十九”等。

② 一个数列中出现空位时,不管空几位,都只读一个“零”。

③ 空位出现在数列之后时,不管空几位,最后的位数都可以略而不读,但“万、亿”等位数不能省。例如,“2400”可以读成“两千四(百)”,“10360000”则必须读成“壹仟零三十六万”。

(2) 倍数。一个整数能够被另一整数整除,除下来的结果就是倍数。倍数由基数词加“倍”组成,如“一倍、两倍、十倍、百倍、千倍”等。倍数有时也用“百分之×百”的格式来表示,如“百分之二百(二倍)”、“百分之五百(五倍)”等。倍数一般用来表示“大于”或“增加”的情况,表示“小于”或“减少”的情况通常用分数。因此,汉语中有“增加了几倍”而没有“减少了几倍”的说法。另一个值得注意的地方是,“甲是乙的几倍”和“甲比乙增加了几倍”不是一回事:后者比前者要少上一倍。例如,“甲是乙的三倍”等于“甲比乙增加了两倍”。

(3) 分数。分数用“x 分之 y”格式构成,“x”代表分母,“y”代表分子,如“五分之四、十五分之七”。另外,“x 成、x 分、x 折”也是表示分数的固定格式,“成”、“分”和“折”均表示“十分之一”的意思。例如:

三分=十分之三　七成=十分之七或百分之七十　八折=十分之八或百分之八十

(4) 小数。小数是十进制分数的一种特殊表现形式,一般由整数部分、小数部分和小数点组成。小数点前面的部分与一般称数法相同,后面的部分只读系数词。例如,“0.8”读成“零点八”,“3.8”读成“三点八”,“333.8”读成“三百三十三点八”。

(5) 概数。概数是表示约摸或估值的数词。除了使用“大概、大约、估计、若干”等词语外,汉语中还有一些常规的表概数的方式:

① 在数词后或数量短语的后头加上“来、多、把、左右、前后、上下”,如“二十来岁、一千多架飞机、斤把肉、一米六左右、十一前后、五十上下”等。

② 相邻或相近的两个基数词连用,如“三五、八九、十五六、七八千”等。

③ 基数词“几”“两”的活用,如“吃了几口饭、请了几天假、念了两天书、拌了两句嘴”等。

2. 序数词

序数词表示次序前后的词，一般是在基数前加“第”、“头”、“初”或“末”组成，如“第一、第十、头一、头二、初一、初五、末一、末二”等。不过，汉语还有不少用基数来表示序数的情况。具体如下：

（1）表示年、月、日，如“2012年、3月、6日”等。

（2）表示人的排行，如“二哥、三妹、三儿子、四姑娘”等。

（3）表示事物的等级和层级，如“二等、五层”等。

（4）表示组织机构的编号，如“二组、三班、五厂”等。

（5）表示书籍、图表、练习的编号，如“二卷、图三、表五、练习六”等。

3. 数词的语法特征和句法功能

（1）数词通常跟量词组合成数量短语，如“一个、三本、五次”等。

（2）数词一般不直接同名词、动词、形容词组合使用，例外情形主要出现于文言格式和固定短语（如成语）之中。例如：

一针一线　万水千山　三心二意

七上八下　三反五反　一鼓作气，再而衰，三而竭

序数词在特定情况下也可以直接修饰名词，组成专有名词，中间不需用量词。例如：

第一志愿、第二车间、第三世界、第四餐厅、第五部分

（3）部分数词使用时有较为明确的分工：倍数只能用来表示数目的增加，不能表示数目的减少；分数既可以表数目的增加，也可表示数目的减少；“增加（上升、提高）了”表示净增数，“增加（上升、提高）到”表示总数，“减少（降低、下降）了”表示净减数，“减少（降低、下降）到”表示余数。

（4）数量短语通常用作定语和补语、状语。例如：

（一丝）牵挂/（一条）道路/（一批）商品

［一脚］踢回去/［一次］没去/［三番两次］讨价还价

跑过<一趟>/去了<两回>/读了<一遍>/拉我<一把>

（5）数词和数量短语在一定条件下可作主语、宾语和谓语。例如：

一是一，二是二。/三个一群，五个一组。

今天二十一个，明天二十二个。/女孩十五，男孩十六。

4. 数词的活用

数词不表示具体的数目，而是表示一些与数目有关的其他意义，这就是数词的活用。汉

语中常见的数词活用现象有：

（1）用“三、九、十、百、千、万”表示数量或种类繁多，如“一问三不知”、“九霄云外”、“十全十美”、“百战百胜”、“千家万户”等。

（2）相关数词搭配使用表示数量的多少或特定意义。例如：

一男半女、一时半会、三言两语、三下两下——表示数量少

千方百计、千言万语、千辛万苦、千秋万代——表示数量多

丢三落四、不三不四、推三阻四、低三下四——表示贬义

九牛一毛、九死一生、百里挑一、万无一失——表示对比

5. “二”和“两”的区别

“二”、“两”是极其常用又极易混同的两个数词。它们的主要区别如下：

（1）一般量词前用“两”，度量衡量词前“二”、“两”通用。比较而言，用“二”更书面语一些，用“两”更口语化一些。例如：

二（两）斤、二（两）尺、二（两）亩、二（两）米、二（两）吨、二（两）公里

两块、两张、两条、两件、两个、两双、两群、两队

（2）序数以及基数中的小数、分数以及个位数都只用“二”，不用“两”。例如：

第二、零点二、二分之一、三分之二、十二、一百零二

（3）在位数词“十、百”前一般用“二”，而在位数词“千、万、亿”前常用“两”。例如：

二十、二百、两千、两万、两亿

（4）在“半”前只用“两”，如“两半”；在“倍”前则“二”“两”通用，如“二倍”和“两倍”。

6. “俩”和“仨”的用法

“俩”和“仨”原是北方口语里习用的两个表数量的词，现在已越来越广泛地运用到书面语里。“俩”读 liǎ，“仨”读 sā，分别表示“两个”、“三个”的意思。“俩”和“仨”通常是在名词和代词先行的情况下使用，后面不仅不能带量词，甚至连相关的名词也不能出现。就性能而言，“俩”和“仨”可看成表数量的名词或代词。例如：

家里有五个苹果，姐姐吃了俩，妹妹吃了仨。

我们俩是一伙，他们仨是一伙。

（七）量词

量词是用来表示人、事物或动作的数量单位的词，又叫单位词。量词分为名量词和动量词两类。

1. 名量词

名量词又叫物量词,表示人和事物的计算单位。名量词又可分为专用名量词和借用名量词。

(1) 专用名量词

专用名量词是指与某些名词之间存在选择关系的量词。如果某个量词只能用于某个或某类名词,这样的量词就是专用名量词。专用的名量词大致包括以下几种:

① 度量衡量词。度量衡是指在日常生活中用于计量物体长短、容积、轻重的量词。例如:

尺、丈、米、升、斗、两、斤、磅、吨、分、亩、顷、刻、元、角、分

② 个体量词。个体量词属于汉语特有的量词。个体量词往往要跟特定的名词组合。现代汉语中大约有一百多个个体量词,常见的如下:

个、位、件、本、间、把、条、根、张、匹、块、只、架、枝、艘、辆、幅、座、句、段、篇、章

不少个体量词跟相应的名词在意义上都有一定的联系,如"一本词典、一匹马、一条鱼、一张纸、三枚棋子"等。其中,"个"是使用范围最为广泛的量词,适用于多种事物。

③ 集合量词。集合量词是表示数量在两个以上的人或事物的量词。例如:

对、双、副、批、群、帮、班、套、串、伙、堆、排、伙、队、捆、束、帮、套、打

④ 不定量词。不定量词即表示不定数量的量词,只有"些"、"点"两个。"些"、"点"之前只能加上数词"一",都用于表示数量少。相比之下,"一些"比"一点"表示的数量要少。另外,"一些"用于可计数的事物,而"一点儿"则用于不可计数的事物。

⑤ 复合量词。把两个量词合在一次,共同用作一种特殊事物或行为的计量单位,就是复合量词。复合量词有两种组合方式:一种是"名量词 + 名量词",如"台套、件套、秒立方米、吨公里、吨海里"等;另一种是"名量词 + 动量词",其中的名量词呈现开放状态,而动量词似乎只有"次"才行。例如:

班次、人次、件次、卷次、例次、艘次、部次、架次、批次、户次、辆次、台次

现代汉语中,还有一些名词具有量词的作用,如"年、天、星期、小时、分钟、秒、国、省、市、县、季"等,有人把它们称作"准量词"。

有的个体量词和集合量词还具有一定的褒贬色彩。例如,在"两位青年工人协助民警抓住了一伙歹徒"中,量词"位"带有尊敬的感情色彩,而量词"伙"则带有鄙视的感情色彩。

(2) 借用名量词

借用的名量词是由动词或名词转化而来的量词。借自名词的情形要比借自动词的普

遍。例如：

车(一车水泥)、尾(两尾鲤鱼)、杯(三杯啤酒)、盒(四盒点心)、碗(一碗稀饭)

桌(一桌酒菜)、头(一头白发)、口(一口方言)、脸(一脸苦水)、手(一手厨艺)

地(一地垃圾)、身(一身行头)、桶(两桶汽油)——借自名词

挑(一挑水)、捆(一捆柴)、担(一担米)、束(一束花)、挂(一挂鞭炮)——借自动词

2. 动量词

动量词是表示动作行为和变化次数的量词，一般用在动词后面，如"读三遍、看两眼、推了两下、揍了一顿"等。动量词也有专用的和借用的两种情形。

(1) 专用动量词。汉语专用的动量词数量不多，常见的如下：

次、回、趟、顿、阵、番、遭、下、遍

动量词除了表示动作行为的次数，也往往带有一定的词汇意义。如，"吃一下"中的"下"表示动作时间短暂，"吃一顿"中的"顿"则表示动作时间较长。

(2) 借用动量词。借自名词的动量词一般限于动作凭借的工具和人的器官四肢，借自动词的动量词就限于动作动词本身。例如：

笔(画一笔)、口(咬一口)、眼(瞪一眼)、拳(打一拳)、枪(放一枪)、刀(砍一刀)、鞭(抽一鞭)、水(洗了两水)——借自名词

吵一吵、洗一洗、想一想、走一走、踢一踢、看一看、摸一摸——借自动词

3. 量词的语法特征和句法功能

(1) 一般不能单用，必须与数词结合成数量短语或与代词结合成指量短语才行。如"一本"、"三棵"、"这个"、"那位"等。

(2) 除了度量衡量词外，不少量词可以重叠使用，如"个个、件件、张张、次次、趟趟、回回"等。量词还有一种重叠形式是"一 + AA"。这种形式表示的语法意义有三种：表示"每一"；表示"逐一"；表示"次数多"。例如：

小伙子们一个个身强力壮。

我们要一件件仔细检查，不要漏掉。

他一次次给我打电话。

(3) 数量短语和量词重叠式经常作句子的定语、状语和补语。例如：

(这位)同学来自非洲。/(件件)事情都办得不利落。(定语)

同学们[一次]也没出去玩过。/咱[回回]都去那边。(状语)

这本书已看了 <一遍>。他今天跑出去 <三趟>。(补语)

(4) 在前面出现主体名词的条件下,数量短语和量词重叠式可以用作句子的定语、状语和补语。例如:

今年的球赛特别好看,场场爆满。(主语)

书柜里有很多书,他借了一本。(宾语)

(5) 数量短语和量词重叠式也可以在一定的条件下用作句子的谓语。例如:

每斤小青菜三块。/小张今年刚刚二十岁。

单位给员工发苹果,每人五斤。/春风阵阵,彩旗飘飘。

(八) 代词

代词是具有代替、指示作用的词。可见,代词不是根据性能分出来的类别。因此,代词不具备什么共同的语法特征和语法功能。对代词来说,它代什么样词语,就具有什么词语的性能。代词指代的对象极其广泛,包括实词、短语、句子甚至句群。

1. 代词的功能分类

根据功能,代词可以分为代名词、代数量词、代谓词、代副词。具体如下:

谁、什么、哪、这、那、我、你、您、他、她、它、其他、自己、自个儿、别人、哪儿、哪里、这儿、这里、那儿、那里、多会儿、这会儿、那会儿——代名词

怎样、怎么、怎么样、这样、这么样、那样、那么样——代谓词(动词、形容词)

多么、这么、那么——代副词

几、多少——代数量词

2. 代词的意义分类

按照意义,代词一般分为人称代词、疑问代词和指示代词。具体如下:

人称代词	我	咱	你	您	他	她	它	大家	自己
	我们	咱们	你们		他们	她们	它们		
指示代词	这	那	各	每	这儿	那边			
疑问代词	谁	哪	哪里	什么	怎么	几	多少		

(1) 人称代词

① 第一人称:我、咱、我们、咱们

"我、咱"都是第一人称,用于说话人自称。二者的不同之处:"我"只用于单数,而"咱"有时则可用于复数。例如:

我有一个好朋友住在上海。(单数)

咱是好朋友,不必见外。(复数)

“我们、咱们”都是第一人称的复数,但二者在表意上有较为明显的差别。具体如下:

1)“我们”单用时通常只指说话人一方,也可指听说双方;“咱们”单用时通常包括说话人和听话人双方。例如:

你们给予了我们很大的帮助。(说话人)

我们都是一个班的,有事可慢慢商量。(听说双方)

他们都走了,咱们几个留下来。(听说双方)

像“你好好歇着吧,咱们明天再来看你”这样的句子就明显不妥,因为“明天再来看你”的人肯定不包括听话人“你”,而“咱们”通常又包括说话人和听话人在内。

2)“我们”与“咱们”并用时,“我们”只包括说话人一方的群体,排除听话人一方。例如:

我们走了,咱们再见吧。

3)在特殊表达场合,“我们”可以实际表示单数,而“咱们”则不能如此。这种关系可以图示如下:我们=我;咱们≠咱。例如:

我们相信,你一定能成功。/ 我们不同意某专家的看法。

咱们走,别听他的。/ 咱们都是好人。

② 第二人称:你、您、你们

“你”是第二人称单数,指代听话人。“您”是“你”的敬称,常用于口语,复数形式通常采用“您几位、您诸位”。“您们”在书面场合时常出现。

③ 第三人称:他、他们、她、她们、它、它们

“他、他们、她、她们”通常指代间接的听话人。“他、他们”指代男性,“她、她们”指代女性,“他们”可以兼指男女性。“它、它们”专指人之外的事物。

④ 反身代词:自己、自家、自个儿

“自己、自家、自个儿”不是确指某一人称的代词,一般用来复指前面的名词或代词。三者的意义和作用完全一致,但语体色彩略有差异:“自家”属于南方口语,“自个儿”属于北方口语,“自己”则南北通用。例如:

你自己又做错了,又能怪谁呢?/他这个人只关心自己。

你自家不讲理,还说别人?/你对自家的孩子要多加管教。

这事儿还是你自个儿决定吧!/这是他们自个儿的事。

“自己、自家、自个儿”有时也可以用作第一人称，甚至可以泛指任何一个人。例如：

这次机会难得，自己一定要把握住。/父母的辛劳，自己不会忘记。

自个儿的事自个儿做。/ 自己动手，丰衣足食。

⑤ 旁指代词：别人、人家、旁人

“别人、人家、旁人”泛指对话双方以外的人。例如：

别人的事儿，你就别管了。/人家的东西，你不要拿。/旁人怎么说，我不管。

必须指出的是，“别人、旁人”只用于泛指，而“人家”还可以用于确指。例如：

人家小明不愿意，你就不要勉强了。/人家有点喜欢你，你还不知道？

⑥ 泛称代词：大家、大伙儿

“大家、大伙儿”通常指一定范围内所有的人，也可用于复指。例如：

我今天说的话，大家一定要听清楚。/你们大伙儿都来评评理。

需要注意的是，“大家、大伙儿”经常可表示不确指。例如：

大家你看看我，我看看你，都不动手。

在某些问题上，大伙儿要不分你我。

（2）指示代词

指示代词用来指代人和事物的代词。汉语最基本的指示代词有“这、那”：“这”为近指，“那”为远指。其他代词均由此派生而来。常见的指示代词见下表：

近指	远指
这	那
这儿、这里	那儿、那里
这会儿	那会儿
这样、这么样	那样、那么样
这么	那么

① “这”和“那”

“这”为近指，“那”为远指，二者既可以单用，也可以跟其他词语组合使用。例如：

这可是绝好的机会。/ 那可是绝好的机会。

这桌子是木头的。/ 那花儿开得正艳。

“这”、“那”对举使用时，通常指代不确指的人或事物。例如：

这也不是，那也不是，你到底要怎样？

咱不图这，不图那，就是为了把工作干好。

②“这里（这儿）”和“那里（那儿）”

“这里（这儿）”和“那里（那儿）”分别指代近处和远处，而“这儿”和“那儿”多用于口语。例如：

这里的条件要比那里强多了。/这儿已经完成了，那儿怎么样？

“这里（这儿）”、“那里（那儿）”对举使用时，也常指代不确指的处所。例如：

这儿不行，那儿又不行。你究竟想去哪儿？

③“这会儿”和“那会儿”

“这会儿”和“那会儿”均用来表示时间：“这会儿”一般表示当前时间，“那会儿”一般表示过去时间和将来时间。例如：

这会儿大家正在开会。

地震那会儿你害怕么？

到那会儿，你哭恐怕都来不及了。

④“这么”和“那么”

“这么”和“那么”经常用在动词、形容词之前，表示程度或方式。例如：

天气这么热，谁都受不了啦！

你那么卖力工作，老板肯定喜欢你。

有时，“这么”和“那么”也可用作主语或宾语，称代某种动作行为。例如：

这么不行，那么好像也不行。

他想这么，你想那么，这不乱套啦！

(5)“每、各、某、另外”

“每”、“各”为分指代词：前者侧重于个体的相同一面，后者侧重于个体的不同一面。“某”为不定指，“另外，另”为旁指。试比较：

每人发一本书。/ 各人的东西各人管。

假如某人犯了罪，一定会受到严惩。

除了你们，另外的人上哪儿去了？

(3) 疑问代词

疑问代词是用来表示疑问的词，是构成疑问句的主要手段之一。常见的疑问代词如下：

疑问用途	疑问代词
问人和事物	谁、什么、哪
问处所	哪儿、哪里
问时间	多会儿、哪会儿、几时
问性质、状态和方式	怎么、怎样、怎么样
问数量	几、多少

①“谁”和“什么”

“谁”一般用来指代人，“什么”一般用来指代事物，二者的作用和功能完全一致，都没有单复数之分。例如：

谁是最可爱的人？/　什么才是你最想要的？

你们的老师是谁？/　你手里拿着什么？

谁家住在故宫旁边？/　什么东西最便宜？

②“哪里”和“哪儿”

“哪里”和“哪儿”都用来指代处所，意义和作用完全一致，但“哪儿”更多用于口语。例如：

哪里有什么人间天堂？/哪儿有公共卫生间？

你想去哪里？/你到底在哪儿？

你的朋友从哪里来？/吃螃蟹该从哪儿下口？

③“多会儿”和“哪会儿”

“多会儿”和“哪会儿”都是口语词，只用来询问时间，但前者比后者更为常用。另外，“多会儿”表示的是不定时间，“哪会儿”表示的则是确定时间。例如：

这幢楼房多会儿完工？/你从哪会儿开始学画的？

④“怎么”、“怎样”和“怎么样”

“怎么”、“怎样”和“怎么样”属于副词性疑问代词，“怎么”和“怎么样”多用于口语，“怎样”多用于书面语。“怎样”与“怎么样”的性能基本等同。三者的共同之处是均可用来指代方式和性状。例如：

小张是怎么来的？/这本书是怎样丢的？/雷锋是怎么样牺牲的？

王刚是怎么一个人？/这是怎样的一本书？/上海是怎么样的一个大都市？

相比之下，表原因是“怎么”的一个特有用法。例如：

孩子怎么哭啦？/你怎么还学不会太极拳？

⑤ “几”和“多少”

“几”和“多少”都用来指代数量，但二者在用法上有四点不同：

1）“几”一般用于询问“十”之内的数量，而“多少”则不受限制。例如：

这孩子几岁啦？/老人家多大年纪？

2）“几”后接名词时通常需要附带量词，而“多少”则无此要求。例如：

他们家有几口人？/他们班总共有多少人？

3）“几”可以用在“个、十、百、千、万、十万、百万、千万”之前，而“多少”只能用在“个、万、亿”之前。例如：

昨天买了几个苹果？/昨天买了多少个苹果？

你姐姐存了几万块钱？/你姐姐存了多少万块钱？

地球存在了几亿年？/地球存在了多少亿年？

家里养了几百头猪？/中国有几千年的文明史？

4）“几”前可以出现疑问代词“哪”，而“多少”则不能。例如：

哪几位同学请假啦？/你家有哪几个兄弟姐妹？

3. 代词的活用

在现代汉语中，代词的活用十分普遍。代词的活用主要指以下四种情况。

（1）人称的活用。人称代词之间的活用，主要体现在单数第一、二、三人称之间的活用。例如：

我寻思着，天这么晚了，人家不让你走是担心你的安全，所以我也不好意思推辞就在她那里住了一晚。（你 = 我）

校长批评那些没来开会的同志说：“你说你不来开会，难道连假条也不能写吗？”（你 = 他）

（2）单复数的活用。单数形式的代词有时可以表示复数，反之亦然。例如：

我国资源丰富，人口众多。（我 = 我们）

我们学校交通十分不便，而你们学校却坐落在市中心。（我们 = 我，你们 = 你）

（3）指称的活用。表确指的代词经常可以用来表虚指或任指。例如：

大街上，你来我往，热闹非凡。（虚指）

等这项工程完成，放他个十天、半个月的假。（虚指）

到了那里,他摸摸这,摸摸那,显得十分新奇。(任指)

小草微微笑,请你绕一绕。(任指)

(4) 疑问的活用。疑问代词经常有非疑问的用法,分别用于反问、任指、虚指、暗指、括指等。例如:

除了知道吃,你还知道什么?/他哪里会唱歌?(反问)

题目这么难,谁会做呀!/她这人什么都好,就是命苦。(任指)

放假期间我哪儿都不想去。/你爱怎么着就怎么着。(虚指)

听人说,谁谁谁挪用了公家的钱。/你听说了吧?那个谁谁谁又偷税了。(暗指)

我买了一大堆苹果、梨、菠萝什么的。(括指)

什么身体病了、家里有事儿啦,全是不充分的理由。(括指)

(九) 拟声词

拟声词是用语音来摹拟事物或自然界声音的词,又叫"象声词"。拟声词主要用来描摹事物的声音,意在创造一种独特的音响效果,使语言具体、生动、形象,给人以身临其境的实感。另外,拟声词还可以用来描摹人物的心情或情绪。例如,汉语中常见的表示笑声的拟声词有"嘻嘻、哈哈、哧哧、呵呵、嘿嘿、哼哼、格格",可以分别代表微笑、欢笑、大笑、讥笑、讪笑、冷笑、苦笑等。

1. 拟声词的分类

(1) 按词汇意义划分:

① 摹拟人的语言中所夹带声音的拟声词。例如:

嘻、吁、啊呀、哈哈、哎哟哟、唧唧咕咕

② 摹拟物体或事件所发出声音的拟声词。例如:

轰、啪、咚咚、嗡嗡、叮当、扑通、沙沙沙

(2) 按语法结构划分

A式:轰、嘻、唰、嘎、砰、咚

AA式:轰轰、嘻嘻、咚咚、当当

AB式:扑通、轰隆、哗啦、咕咚

AAA式:哈哈哈、咚咚咚、当当当

ABB式:扑通通、轰隆隆、哗啦啦

AAB式:丁丁当、咚咚锵、滴滴答

ABAB式:扑通扑通、哗啦哗啦、丁当丁当

AABB式:轰轰隆隆、丁丁当当、乒乒乓乓

A里AB式：哗里哗啦、轰里轰隆、咣里咣当

ABCD式：叽哩咕噜、劈里啪啦、稀里哗啦

2. 拟声词的语法特征和句法功能

（1）自身的定型性弱。由于拟声词大多数是在具体语言环境中临时摹拟而成，因此定型性较差。定型性的缺乏直接导致了拟声词的语法结构与词汇意义之间的不对应性，所以词典中很少收录拟声词。不过，一些历史上传承下来的拟声词（如“萧萧”、“潺潺”、“琅琅”等）和现实口语中为人们习用的拟声词（如“哗啦”、“轰隆”、“扑通”等）则有较强的定型性。这些拟声词摹拟的声音和表达的意义一般较为稳定明确，通常被收入词典之中。

（2）句中位置比较自由。拟声词可以作状语、定语、谓语、独立语等，也可单独成句。作状语最常见，有时要加“地”，有时要加“一声”。例如：

北风[呼呼]叫，大雪纷纷飘。/ 雨[哗啦啦]地下着。（状语）

他一碰，桌上的杯子[叭嗒]一声摔碎了。（状语）

她把食指放在嘴唇上“唏”了一声。（谓语中心）

雨一直嘀嘀嗒嗒，下了一整天。（谓语中心）

哗，一盆水泼了下来。（独立语）

我喜欢听（“叮铃，叮铃”）的风铃声。（定语）

他早已回来睡得<呼呼>的了。（补语）

哐啷！原来是玻璃破了。（句子）

3. 拟声词与相关实词的区别

（1）拟声词与形容词的区别

① 拟声词是摹拟音响的词，凡不属于音响范畴的词，即使它在结构和情态上与拟声词类似，也不是拟声词，而是普通的形容词。例如：

他连忙放下扁担，走到将军面前，*结结巴巴* 地说：“将军同志，我不知道是……”

到徐州见着父亲，看见满院狼藉的东西，又想起祖母，不禁*簌簌* 地流下眼泪。

上例中的“结结巴巴”和“簌簌”均不属于声音范畴，因而不是拟声词，而是形容词。

② 拟声词没有概括的词汇意义，它只是对声音作逼真的摹拟。如果某个词在摹拟声音的同时还表达了特定的词汇意义，则不宜视为拟声词。例如：

他*呶呶唧唧*道：“不等谁了。”

他唱歌唱得那么欢乐，即使把A调唱成了B调，把“*拉*”唱成“*索*”也听不出来。

上例中的“呶呶唧唧”、“拉”和“索”虽然有摹拟声音的作用，但均含有特定的词汇意义，

因此不是拟声词。

③ 拟声词不受程度副词和否定副词的修饰，而形容词普遍可接受程度副词和否定副词的修饰。

(2) 拟声词与叹词的区别

叹词总是独立于句子之外（充当独立语）或单独成句，一般不同别的词语发生结构关系，不作句子的一般成分。因此，凡是摹拟人的声音并且能充当句子一般成分的词，都不是叹词而是拟声词。例如：

大家听了，哈哈地笑起来。

但是，先生又来了一个“嗤”。

上例中的“哈哈”和“嗤”均摹拟人的声音且充当了句子一般成分，因而不是叹词而是拟声词。

(3) 拟声词与语气词的区别

语气词除了表示语气，不充当任何句子成分，不独立成句，也不同其他词发生任何结构关系。而拟声词要么独立成句，要么充当某种句子成分，即便是位于句末，也不会与语气词发生混淆。例如：

我是多么想念我的蔡老师啊！

嘴张着，好像在那里喊“啊”！

前例中的“啊”是表感叹的语气词，后例中的“啊”作动词“喊”的宾语，是拟声词。

(十) 叹词

叹词是人表示感叹以及呼唤、应答的词，如“唉、啊、哼、哦、喂、嗯、哈、呸、哎呀、哎哟”等。叹词都是特殊的“形声字”，均以“口”为形旁，声符表音。由于叹词的记音性质，所以存在“一词一音而数形”问题。例如，叹词“噢”与“喔”，音义全同，但词形各异，属于典型的异形词。

1. 叹词的分类

表示惊讶、赞叹的叹词：啊（阴平）、咦（阳平）、嘿（阴平）、嗨（阴平）、嚯（阴平）、呕（阴平）、呕（阳平）、哟（阴平）。

表示喜悦、讥讽的叹词：哈哈、嘻嘻、呵呵

表示悲伤、惋惜的叹词：唉（去声）、哎呀、嗨（去声）

表示愤怒、鄙视的叹词：呸、啐、哼、吓（hè）

表示不满、异议的叹词：唉（上声）、嗨（去声）、嚯（去声）

表示醒悟、明了的叹词：呕（去声）、啊（上声）

2. 叹词的语法特征和句法功能

(1) 叹词独立性很强，一般不介入句子结构，常用作感叹语（独立语的一种）。感叹语放在句子前面，有时也插入句子中间。例如：

喂，你在听我说吗？/　哎呀，我快迟到了。

哎呀呀，这种人天底下少见！

(2) 叹词可以单用作句子。例如：

你把这东西拿出去，好吗？哦。

鸡叫了？嗯。/　哈哈！我真高兴。

(3) 叹词能连用，可表示情感程度加深，有时则表示声音连续。例如：

这样的男人，呸！这样的男人，呸呸呸！

喂喂喂！你这是干嘛呢？

(4) 有些叹词的书写缺乏规范，同一个叹词往往有不同的书写形式，由此导致了“一音多字”和“一字多音”现象。例如，“wò，我懂了！”中的叹词“wò”可以用“哦、喔、噢”等表示。有时同一个叹词读不同的声调，便可表示不同的意义。例如：

啊(ā)！真好哇！（表示赞叹）

啊(á)？这么快呀！（表示惊讶或不知道）

不要哭了，啊(á)？（表示请求）

啊(ǎ)！这么回事啊！（表示特别惊讶兼醒悟）

啊(à)！好吧。（表示应诺或知道了）

二、虚词

虚词是不能单独充当句子成分并且只有语法意义的词。虚词是一个封闭大类，其中的每一类词都数量有限。虚词的使用频率极高，像助词“的”几乎每句话里都有。虚词包括介词、连词、助词、语气词等四类，其共同特点如下：

(1) 一律不能单独成句，不能单独作句法成分，只能依附于实词或短语。

(2) 一般只表示语法意义，几乎没有词汇意义。

(3) 数量少，封闭性强，在一定时期内，其数量基本不会有明显增减。

(4) 能量大，是决定汉语语法意义的重要手段，其主要作用是连结和附着。

(5) 任何情况下不能重叠使用。

(一) 介词

简单地说，介词就是在词与词之间起介引作用的词。介词一般放在名词性词语前，与之组成“介词短语”，表示时间、处所、方式、方法等意义。

1. 介词的类别

表时间、空间和方向：从、自从、自、打、到、往、在、由、向、于、至、趁、当、当着、沿着、顺着

表示依据、方式：按、按照、遵照、依照、本着、用、拿

表示原因、目的：因、由于、为、为了、为着

表示对象：对、对于、关于、跟、和、替、向、同、被、给、让、叫、挨、把(将)

表示比较、排除：比、除了

2. 介词的语法特征

(1) 多数介词一般只能与名词性成分组合，构成介词短语，而能带上谓词性成分的介词则极少。例如：

被她/在昨天/对生活/比别人/关于怎样学好汉语

(2) 介词短语经常作状语，少数情况下作补语、定语，偶尔可以作主语和宾语。例如：

敌人[被我们]打败了。/老师[对同学们]很关心。(状语)

他出生 < 于 1989 年 >。/我们一定会从成功走 < 向成功 >。(补语)

(关于他)的问题还没完。/这些(沿着河)的大树给人们带来了不少清凉。(定语)

从东到西是一条小河。(主语)

我这次来北京是为你。(宾语)

(3) 介词不能后加动态助词“着”、“了”、“过”和趋向动词。“本着”、“为着”、“沿着”和“除了”、“为了”中的“着”、“了”均为构词的语素。

(4) 介词没有重叠形式，一般不能用肯定否定方式表示疑问。

3. 介词与动词的区别

介词大多由及物动词虚化而来，有些仍处于过渡阶段，因此不少还保留相应的动词用法，如“比、拿、把、在、给、朝、经过、通过”等。二者的区别在于：

(1) 动词能用“×不×”表示疑问，介词不能。例如：

他在不在宿舍？(动词)

他在黑板上写了几个字。(介词)

(2) 介词的前后一定存在别的动词，而动词的前后一般很少出现别的动词。例如：

火车到站了。(动词)/他在宿舍。(动词)

火车到十一点钟才进站。(介词)/他在宿舍住。(介词)

(3) 大部分动词都能带动态助词“着”“了”，介词则一律不能。例如：

汽车经过了大桥。(动词)

经过认真的考虑,他决定到新疆去。(介词)

他手里拿着一本新书。(动词)

我还真拿他没办法。(介词)

4. 常见介词的运用

(1) 从、由

"从、由"都可引进特定的名词,表示时间或空间的起点、事物的来源和依据等。一般说来,用"从"的地方都可以用"由",只是"从"的口语化程度较重。例如:

今年的暑假从下个月开始。/他由1988年开始练太极拳。(时间)

你从哪里来?/他由昆明过来。(空间)

青蛙是从蝌蚪变来的。/豆芽是由黄豆发出来的。(来源)

从他神色来看,事情好像不大乐观。/由孩子嘴里,她知道了事情的真相。(依据)

不过,"由"可以引进对象甚至施事,这是"从"所不具备的。例如:

该委员会由三位专家组成。/父母的说服工作由我来做。

(2) 在、于

"在"是一个用途极为广泛的介词,可以表示时间、处所、范围、界限、条件、状态和方面等,相关短语经常作状语,偶尔作补语。例如:

中央电视台每年[在除夕之夜]举办春节联欢晚会。(时间)

歌唱会[在金色大厅]举行。(空间)

小张[在全班同学中]是个子最高的。(范围)

今年夏天的气温一直徘徊<在40°左右>。(界限)

[在大家的帮助下],病人终于及时送到了医院。(条件)

时光[在不知不觉中]消逝了。(状态)

梁实秋[在文学创作上]堪称独树一帜。(方面)

"于"是一个书面色彩较浓的介词,相关短语可以表示时间、处所、范围、状态等,但基本限于补语位置。例如:

王萌[于1986年]出生。(时间)

刘翔生<于中国上海>。(空间)

这艘邮轮正困<于汪洋大海之中>。(范围)

这项工作目前陷<于停顿>。(状态)

(3) 对、对于、关于

“对、对于”都引进动作对象或与动作相关的事物，经常可以通用。例如：

对(对于)这件事情，大家都沉默不语。

我对(对于)这个地方其实不熟悉。

学校对(对于)教学质量一定不能掉以轻心。

不过，由于“对”是由动词虚化而来，因此仍保留着较为明显的“面对”意义。这是“对于”所不具备的。例如：

老师对学生微微点了点头。

这件事绝不要对他说。

可见，“对”后接的词语较为广泛，其覆盖范围要明显大于“对于”。换言之，凡是用“对于”的地方都可以用“对”，反之则不然。

跟“对于”一样，“关于”也是一个高频介词。但二者之间有三点明显的不同：

其一，意义不同。“对于”可以引进动作的对象，而“关于”只表事物关涉的范围。例如：

关于这个问题，大家可以发表意见。

对于这个问题，大家可以发表意见。

其二，位置不同。“关于……”一般只能出现在句首位置(主语之前)，而“对于……”则既可在句首，又可在句中。例如：

对于敌人，我们不能心慈手软！/我们对于敌人不能心慈手软！

关于养老问题，大家有说不完的意见。

其三，作用不同。“关于……”可以单独作文章的标题，而“对于……”则不能。例如：

关于演讲的技巧/关于文风问题

(4) 由、由于

“由、由于”看起来都是表原因的介词，但彼此差异甚大，基本不存在互换的可能。二者的差别主要有：

其一，“由……”一般只出现于句中，“由于……”则句首、句中均可。例如：

她的肺炎由感冒引起。

由于迟到，他经常挨班主任批评。/他经常由于迟到而挨班主任批评。

其二，“由于”只表示原因，而“由”还可表示方向、对象。例如：

家里的一切都由女人做主。

乌云由西向东压了过来。

(5) 除、除了

"除、除了"是两个具有渊源关系的介词,后者可以视作前者的变体。二者的用法大体接近,均表示"不计在内"的意思。"除、除了"经常与方位词"外、之外、以外"组配,共同构成"除(除了)……外(之外、以外)"等格式。这种格式又可分为排除式和包括式两种。

① 排除式。后一分句无论是肯定句还是否定句,通常要用上副词"全/都/也"。例如:

除了宾馆,剩下的就都是饭店了。/除了馒头,你什么也不能带走。

除张三外,大家全到齐了。/除桃子外,他什么水果也没给你留下。

② 包括式。与排除式相反,包括式就是不仅包括"除、除了"所涉及的对象,还包括后面部分出现的事物。此时,句中与"除、除了"相对应的副词是"还、又"等。例如:

除了一个姐姐,他还有两个哥哥。

除苹果外,姐姐又买了桔子和梨子。

(二) 连词

连词是用来连接词与词、短语与短语或句子与句子并且表示某种逻辑关系的虚词。连词所涉及的逻辑关系包括并列、承接、转折、因果、选择、假设、比较、让步等。

1. 连词的分类

并列关系连词:和、跟、与、既、同、及、而、况、况且、何况、乃至等。

承接关系连词:则、乃、就、而、使、于是、然后、至于、说到、此外、像、如、一般、比方、接着等。

转折关系连词:却、虽然、但是、然而、而、偏偏、只是、不过、至于、致、不料、岂知等。

因果关系连词:原来、因为、由于、以便、因此、所以、是故、以致等。

选择关系连词:或、或者、还是、亦、非…即、不是…就是等。

假设关系连词:若、如果、若是、假如、只要、除非、假使、倘若、即使、假若、要是、譬如等。

比较关系连词:像、好比、如同、似乎、等于;不如、不及;与其…不如、若…则、虽然…可是等。

让步关系连词:虽然、固然、尽管、纵然、即使等。

递进关系连词:不但、不仅、而且、何况、并、且等。

条件关系连词:不管、只要、除非等。

目的关系连词:以、以便、以免、为了等。

2. 连词的语法特征

(1) 连词是比副词、介词更虚的一个词类。副词、介词有一部分是由动词发展而来的,而某些连词再由这些副词、介词进一步虚化而来。例如:

跟(动词)→跟(介词)→跟(连词)

就(动词)→就(副词)→就(连词)

(2) 连词用来连接词、短语、分句、句群乃至段落,具有纯连接性,没有修饰作用,也不充当句子成分。例如:

警察和小偷/学习汉语言并且传播汉文化

虽然旅游很快乐,但是也很辛苦。因此,旅游给人一种特别的体验。

3. 同形介词和连词的区别

汉语的部分连词源自介词,由此导致了二者之间的模糊现象。像"和、跟、同、与"就既是介词,又是连词。下面以"跟"为例说明其区别:

(1) 连词"跟"所连接的两个词语是联合关系,一般可以互换位置而意思不变。介词"跟"前后的词在语法地位上完全不同,不能互换位置。例如:

你跟我是同班同学。=我跟你是同班同学。

我不跟他说话。≠他不跟我说话。

(2) 介词"跟"之前可插入状语,连词前不能。例如:

我昨天跟他是同班同学。(×)

我昨天跟他说过话。(√)

(3) 连词"跟"的一般可省去,用顿号代替,介词"跟"不能省。试比较:

我跟你两个人一起去。(连词)

我、你两个人一起去。(√)

我跟你说不清。(介词)

我、你说不清。(×)

4. 常见连词的运用

(1) 和、跟、同、与、及、或

上述连词的主要作用是连接词和短语,但各自的语体色彩和用法略有不同:"跟"有北方口语色彩,"同"有南方口语色彩,"与、及、以及"有文言色彩;"和、跟、同"一般只连接名词性词语,有时也可连接双音节谓语性词语,充当各种句法成分;"及"只能连接名词性词语,"以及"还可以连接动词性词语。例如:

教师和学生都是教学主体。

这个人十分认真和仔细。

这一学期要学的科目有现代汉语、写作、哲学及体育。

掌握信息以及分析信息都是炒股不可缺少的手段。

老师或学生都必须凭证件进出校门。

(2) 而、而且、并、并且

“而”有书面语色彩，能连接谓词性词语或分句，表示并列、转折、递进、目的等关系。例如：

诚恳而亲切/短小而精悍/平凡而伟大/花儿小而香

广而告之/取而代之/为建设和平世界而奋斗

“而且”和“并、并且”比较接近，都能连接谓词性词语，主要表递进或顺承关系。例如：

他不仅能写，而且会画。/这台电脑便宜而且好用。

大会讨论并通过了《哥本哈根宣言》。/他是个好人，并且是个大好人。

(3) 由于、因为

“由于”和“因为”都表示原因，都可以和“所以”搭配使用，经常可以互换使用。二者之间的主要区别：

①“由于”多用于书面语，“因为”多用于口语。例如：

由于众所周知的原因，小张未能如愿考上名校。

因为他昨天病了，所以没来上课。

②“由于”可以和“因此”、“因而”、“所以”搭配使用，“因为”一般只和“所以”搭配使用，不和“因此”、“因而”搭配。例如：

由于他总是关心别人、帮助别人，因此受到了大家的尊敬。

因为你是外国人，所以大家对你特别照顾。

③“因为”可以用在因果复句的正句之后，而“由于”则不行。例如：

我今天不能去了，因为我家里有点事。(√)

他最终失败了，由于事先准备不充分。(×)

(4) 以便、以免

“以便”和“以免”都是表示目的关系的连词，用在复句的后一分句之前。二者的主要区别：“以便”引出的分句在意义上承接前一个分句，引出意欲实现的情况；“以免”引出的分句在意义上同样承接前一个分句，引出意欲避免的情况。例如：

你做事要利索点，以便早点下班。

你说话要当心点，以免惹是生非。

(三) 助词

助词是附着在词、短语、分句或句子上，表示各种附加语法意义的词。就汉语自身的语言系统而言，助词是非常重要的一类虚词。这是因为汉语是非形态语言，在表达语法意义时常常要通过添加助词来实现，因此，助词在汉语中起了相当重要的作用。现代汉语助词是一个非常严格的封闭的类，其数量十分有限。汉语助词内部各小类之间的差异非常之大：有的常用，有的罕用，有的用法复杂，有的用法简单，有的意义较实，有的意义很虚，并且各小类之间几乎没有什么内在的联系。

1. 助词的类型

（1）结构助词。结构助词常见的有"的、地、得"等三个，主要表示附加成分和中心语之间的结构关系。"的、地、得"都读 de（轻声），它们的分工是书面上的：定语后面的 de 写成"的"，状语后面的 de 写成"地"，补语前面的 de 写成"得"。

（2）动态助词。动态助词主要有"着、了、过、看、的、来、来着、着呢"，通常表示动作行为的进程或状态。

（3）比况助词。比况助词附着在名词性或谓词性词语后面，构成比况短语，表示比喻。常见的比况助词有"似的、一般、一样"等。

（4）表数助词。表数助词主要用在名词或数词之后，具体有两种情形：一是表示复数的助词"们"；二是表示估量的助词，如"来、把、左右、上下"等。

（5）列举助词。列举助词主要用在举例的句子末尾，表示未尽的事物，如"等、等等、云云、什么的"等。

（6）强调助词。强调助词主要用来强化句中特定词语的意义和作用，如"给、连"等。

2. 助词的语法特征

（1）强烈的粘附性。任何助词都必须依附于实词、短语和句子，并且任何情况下都不能独立使用。

（2）明显的标记性。一是作词类或句法成分的标记："所"是名词的标记；"的"是定语标记（后附），"地"是状语标记（后附），"得"是补语标志（前附）；二是用作动态标记："着、了、过"用在动词、形容词之后，分别表示动作行为的状态。

（3）高度的虚化性。助词属于虚化程度很高的虚词，不仅没有词汇意义，语法意义也很空虚，甚至连语音形式也明显弱化，大部分后附性的助词（"的、着、似的、们"等）都只读轻声。

3. 常见助词的运用

（1）的、地、得

"的、地、得"是现代汉语中高频度使用的三个结构助词，在语句中都起着十分明显的辅助作用。"的"、"地"与"得"在书面语中的分工非常明确，特别是在逻辑性很强的论述性、说明性语言中，如法律条款、学术论著、外文译著、教科书等，旨在实现书面语言的精确化。

“的”作为定语的标记，一般用在主语和宾语的前面。“的”之前的词语一般用来修饰、限制“的”之后的事物，说明“的”后面的事物怎么样。“的”另一重要用法是构成名词性的“的”字短语。例如：

(颐和园)的湖光山色美不胜收。

她是一位(性格开朗)的女子。

小区门口有一个卖菜的。

儿子还是自己的好。

“地”作为状语的标记，一般用在谓语(动词、形容词)前面。“地”之前的词语一般用来形容“地”后面的动作性状，说明“地”后面的动作性状怎么样。例如：

她[愉快]地接受了这件礼物。

天[渐渐]地冷起来了。

“得”作为补语的标记，一般用在谓语后面。“得”后面的词语一般用来补充说明“得”前面的动作性状怎么样。例如：

他们玩得<真痛快>。/她现在红得<发紫>。

(2) 着、了、过

“着”表示动作正在进行或状态正在持续。表示动作正在进行的动词前可以加副词“正”、“在”或“正在”，句末常附带“呢”；表示动作状态持续的动词前一般不能加“正”、“在”、“正在”。在连动式中，“着”只出现于第一个动词之后，“V着”表示第二个动词所表动作的方式或状态。例如：

他正打着一面旗子往前走。/爷爷在喝着茶呢。

茶几上放着一盆花。/大家微笑着告别。

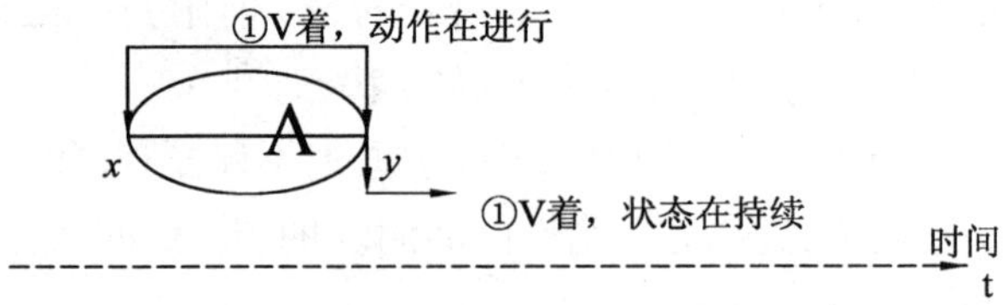

“着”的语法意义示意图

对于一个事件A，表示该事件动作的动词为V。观察V的情况，可以从外观察——即以时间轴为参照，观察V处于时间轴上的什么阶段。这就是动词的“时”。V也可以从动作行为内部(事件内部)去观察，即观察V处于“x—y”的什么阶段。这就是动词的“体”。

从示意图可以看出,汉语的“着”跟动词的“时”没有关系,倒更像是动词的“体”。它表示的语法意义有两个:一个是表示“动作正在进行”,类似“进行体”;另一个是表示“状态在持续”,可以叫作“持续体”。它表示的动词必须是可持续的、表时段的动词。短暂动词(也叫瞬间动词)因为不符合这一要求,所以不能跟“着”。例如,“在他开门的时候,老张进来了”。句中“他开门的时候”不能说成“他开着门的时候”。“开”“关”可以表示动作,也可以表示状态,在“(门)开着”“(窗户)关着”中,只能表示状态。而“山上架着炮”中,“架”既可以表动作,也可以表示状态,显然有歧义。

另外,“着”表示的是动作状态的变化过程,所以它跟动词、形容词后的结果补语、时量补语、动量补语不相容。在“走两年”、“背两遍”中,动词后不能用“着”。

“了”表示动作、性状的实现,已成为事实,往往表示有某种结果。“了”既可以跟过去或者现在刚发生的事情相联系,也可以跟将来的事情相联系。另外,“动词 + 了”表示的动作可能延续到现在。例如:

昨天我们游览了长城。

刚才我吃了个包子。

明天我们游览了长城就去参观十三陵水库。

我学了几年俄语。

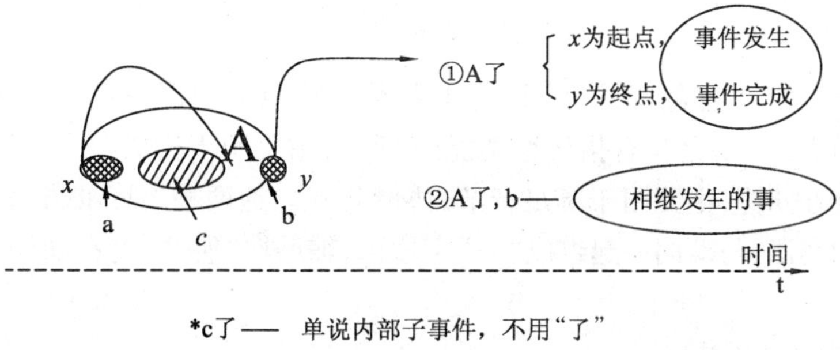

A为一事件,a、b、c为A包含的子事件;x、y为A的开始和结束点。

“了”的语法意义示意图

同样,“了”跟“时”也没有关系,也表示动作的“体”,但语法意义要比英语的“完成体”更广。

对于瞬间动词,图中事件 A 浓缩为一点(xy 重合),“V 了”表示动作的完成。如“V 了两天”表示动作结束后的时间是两天。

但是，对于持续动词来说，图中事件 A 表现为一个过程（xy 不重合），这样“V 了”有两个含义：一个是表示动作的发生（开始或出现），一个是表示动作的完成。据此，“V 了两天”有歧义：一表示从开始到现在的时间是两天；二表示动作结束后的时间是两天。如“这本书我看了两天了”，一层意思是：“我已经看完了，看完之后又过了两天了。”另一层意思是：“我从开始看到现在已经过了两天了。可能还没看完，还要再看几天。”

碰到相继发生的两个动作，只要在 V1 后面加“了”，V2 后则不必加，如“吃了饭去上学”、“买了票看电影”。对于整体事件中表示子事件的动词来说，“了”一般也不必用。如在“他打电话告诉我，他上大学了”的句子中，“打电话”“告诉我”里的动词后都不用“了”。

“过”通常紧跟在动词、形容词后边，表示过去曾经有过某种经历或某种性状，不一定表示有某种结果。这种经历和状态一般跟后来出现的某个情况有一定的联系。因此，用“过”的句子常常是为了说明、解释后续的某个句子。另外，“动词＋过”表示的动作不能延续到现在。例如：

他当过医生，你要是不舒服，可以请他给你看看。

刚才我还见过他，你怎么说他出国了？

我没有吃过日本菜，不知道它的味道怎么样。

我学过几年俄语。

（3）所

“所”是一个带有文言色彩的助词，具体表现跟其他结构助词不同。按照功能，助词“所”大致分为两类：一类是具有指代性功能的“所”，主要用于构成“所”字短语；另一类是具有辅助性功能的“所”，主要用于凑足音节，协调句式。这两种“所”的根本区别是指代性“所”充当动词的宾语，与动词一起组成“所”字短语；辅助性“所”附着在动词上，并不改变动词的性质与功能。

①“所”的指代性用法

其一、“所＋单音动词”构成名词，如“所见、所闻、所爱、所恨、所思、所知”，数量有限，均可以在句中充任主语、宾语。例如：

一路上的所见所闻让人兴奋不已。

十三香龙虾是大家的所爱。

其二、“所”经常与“有”、“无”搭配使用，表示委婉的肯定和否定意义。其中不少已成了固定短语，有的还可以充当“之”后的中心语。例如：

有所发展、有所不知、有所偏差、有所增长、有所改进、有所帮助

无所顾忌、无所作为、无所适从、无所畏惧、无所事事、无所不用其极

希望之所在、问题之所存、人心之所向、急人之所急、近日之所作所为

② "所"的辅助性用法

其一,与"为"、"被"配合,构成被动句式。例如:

老夫人常年为疾病所困。

社会和谐为广大群众所喜闻乐见。

弄虚作假定将被后人所耻笑。

其二,"所+及物动词"构成短语,常在句中作定语,后面需加"的"。"所"还可附在"的"字短语之前,在句中充任主语和宾语。例如:

我所喜欢的地方在青藏高原上。

所依靠的不过是小米加步枪。

这正是我所感兴趣的。

其三,插在主谓短语的主谓之间,使原来的主谓短语变成一个定语。例如:

我所编辑的期刊质量不错。

我所了解的情况就是这些。

我所认识的朋友还不止他们。

(4) 给

助词"给"直接附在动词前面,表示加强语气,有较浓的口语色彩。在现代汉语中,"给+动词"的用法主要有以下四种。

① 用在被动句中,句中常出现介词"被、叫、教、让"等,施事一般也要出现。例如:

新买的书叫弟弟给弄脏了。

没说几句话,他就被老太太给轰了出来。

庄稼让大水给淹了。

我的脸也教他给丢尽了。

② 用在被动句中,由"给"表示"被"的意思,施事一般不出现或在前面已经出现,有时也可能根本不存在。例如:

这下他又给问住了。

这儿的蚊子真厉害,连续两天他都给咬醒了。

我脚给崴了一下。

③ 用在主动句中，句中有介词“把”，受事一般要出现。例如：

她把钱包给弄丢了。

三下两下，我就把那家伙给收拾了。

这个败家子把母亲多年的积蓄都给花完了。

④ 用在主动句中，由“给”表示“替”的意思，受事一般不出现或已在前面出现。例如：

家里已经不由分说地给娶了媳妇。

你放心吧，抽屉我已给安上锁了。

考试的事，你给记着点儿。

总的说来，“给”在句中所起的作用是辅助性的。因此，在大多数情况下，此类“给”可以省略，尤其是在已有介词的句子中。句中有没有“给”更多体现的是语体色彩的差异：用“给”的句子不仅口语色彩鲜明，并且情态较为自然活泼。

助词“给”与介词“给”的区别如下：助词“给”跟的是动词，介词“给”后面的是名词或代词；助词“给”可以删除并且不影响句子的完整性，而介词“给”则不能删除。例如：

我给他买来了午饭。/他的午饭我给买来了。

单位给每位员工办理了养老保险。/每位员工的养老保险单位给办理了。

（四）语气词

语气是说话人通过语法形式表达的针对句中命题的主观意识和情感态度。具体说来，语气是对句中命题的再表述，或是显示说话人表达命题的目的，或是显示说话人对命题的态度、评价等，或是显示说话人与命题有关的情感。语气词则是用在句尾或句中的停顿处表示语气的词。语气词是现代汉语中数量较少的一类虚词，大约八十多个，并且极少有新生者，属于典型的封闭类词。

1. 语气词的分类

根据语气词在句中的位置，可以将语气词分为句中语气词和句末语气词。

（1）句中语气词。句中语气词主要有“啊、吧、了、呢、么”等。句中语气词表示停顿，也含有列举、假设或引起注意等意思。例如：

语言啊、文学啊、计算机啊、外语啊，都是基础课。（表示列举）。

你这个孩子啊，什么时候才能理解父母的心情呢？（表示引起听话人的注意）

等他一来啊，咱就出发。（表示假设语气）

你要用呢，就提前说一声。（表示假设语气）

（2）句末语气词。根据所表示语气的不同，句末语气词又可以分为四类：

① 表示陈述语气的语气词：的、了、吧、呢、啊、着、也好、啦、呗、喽。例如：

除了下苦工夫勤学多练之外，我什么窍门也没有啊。

钱不够了，就只好先不买呗。

② 表示疑问语气的语气词：吗、呢、吧、啊。例如：

今天可真够冷的，有零下三十度吧？

你这么做是为什么啊？

③ 表示祈使语气的语气词：吧、了、啊。例如：

还是再试试吧。

快把饭吃了。

你可小心，别上他的当啊！

④ 表示感叹语气的语气词：啊、啦。例如：

他能考上大学可真不容易啊！

网里的鱼快跑光啦！

上述语气词中最常用的是“吗、呢、吧、啊、的、了”等。其他一些语气词如“着、嘛、呗、啦、喽、罢、罢了(而已)、也好”则大多是因连用而产生的连读音变，如“啦”是“了”与“啊”的合音、“哪”是“呢”与“啊”的合音。

2. 语气词的语法特征

(1) 使用率高，附着性强，一般只能附着在句子后面，起一定的语气调节或补足作用。

(2) 表达语气但并不主导语气。同一个词可以表达不同的语气，同一种语气也可以由不同的语气词充当。

(3) 意义极度空虚，使用时多依赖于语用因素，没有明确的句法形式和句法地位，语音上一律念轻声。

(4) 经常可以连用，以后一个词的语气为主。

3. 语气词的连用

语气词连用属于一种常规现象，体现了汉语语气的复杂微妙之处。连用的语气词之间没有结构关系，处于不同的层次，分别表示不同的语气，最后的语气词代表了全句语气的重点。例如：

你们今天都怎么了啊？

他们的事就这么决定了吧。

你小子还真有两下，这么揉捏几下很舒服的啊！

根据你的检测，这次实验成功是可以肯定的了。

真要能一个月赚上千儿八百的，吃饭问题不就不用发愁了嘛。

这可是意味着要出卖全厂工人的最根本利益了呀！

第一个例句中连用的两个语气词“了啊”，“了”表示动作或行为已经发生变化，“啊”表示舒缓的疑问语气。因此整个句子是一个疑问句。其他例子也同样要以句末的语气词作为判断句子语气类型的根据。

语气词的连用是有层次关系的。语气词连用时，如果后一个语气词是以元音开头的，两个语气词常常合为一个语气词。例如：

么＋啊→吗（嘛）　呢＋啊→哪　了＋啊→啦　了＋哟→喽　吧＋诶→呗

4．语气词“的、了”与助词“的、了”的区别

（1）语气词“的”与助词“的”

结构助词“的”有时也出现在句末，容易与经常出现在句末的语气词“的”混淆。例如：

那样说是可以的。（语气词）

她是北京的。（结构助词）

区分“的”是语气词还是结构助词时，应注意三点：

第一，看去掉后会不会影响句子结构和意义表达。语气词“的”连同前面的“是”去掉的话，仍然成句，不会影响原句的基本意思。助词“的”是构成“的字短语”的要素，不能省略。例如：

那样说是可以的。→那样说可以。（✓）

她是北京的。→她是北京。（✕）

第二，看后面是否能够加上适当的名词。处于句末的结构助词“的”后面可以加上适当的名词。语气词“的”后面不能添加相应名词。例如：

她是苏州的。→她是苏州的居民/学生/干部。

第三，看“的”的位置。在句中的一般是助词，在句尾的一般是语气词。例如：

她是苏州的学生。→对这件事，她是认真的。

碰到一个有歧义的独立句子，则需要根据具体语义和语境来进行辨别。例如：

他是要走的。→他要走。（“是”重读，句末“的”是语气词）

他是要走的。→他是要走的人。（“是”轻读，其后可稍停顿，句末“的”是结构助词）

(2) 语气词“了”与助词“了”

语气词“了”用于句末,前面可以是名词性成分,如“她上大学了”。动态助词“了”经常用于句中,而且紧跟在动词之后,表示情况的变化已经实现,如“这部电影我看了三遍”。而在“这部电影我看了三遍了”句中,两个“了”各是不同的词类:句中的是助词,句末的是语气词。有时紧跟在动词后的“了”也出现在句末,则要根据具体情况进行判断。

第一,如果“了”表示情况变化或祈使语气,并不表示动作的变化已经实现,这时的“了”通常是语气词,而不是助词。例如:

一场大雷雨就要到来了。(未然的事实)

我再也不能让父母为自己的事儿操心了。(未然的事实)

快点把饭吃了。(未然的事实)

去把衣服洗了。(未然的事实)

第二,如果“了”表示事态已经发生变化或动作行为已经实现,这时的“了”是助词兼语气词。例如:

她几天前就回家了。(已然的事实)

那些都是很久以前的事了。(已然的事实)

高大伯一大早就出门赶集去了。(已然的事实)

我已经很长时间没见过她了。(已然的事实)

5. 语气词“啊”与叹词“啊”的区别

(1) 语气词“啊”在句尾,叹词“啊”在句首。例如:

你还想知道什么啊?/这孩子多聪明啊!

啊,这孩子真聪明!/啊,我们终于来到了泰山之顶!

(2) 语气词“啊”念轻声,叹词“啊”不念轻声。例如:

你来得好快啊(ɑ)!/还磨蹭啥?快走啊(ɑ)!

啊(ā)!真好哇!/啊(á)?这么快呀?/啊(ǎ)!这么回事啊!

三、词的兼类与活用

(一) 词的兼类

词的兼类是指同形同音的一个词在不同的语言环境中具有两类或两类以上词的语法性能的现象,又称“跨界词”或“跨类词”。兼类词不仅反映出某些词的现实语法表现,实际上也揭示了部分词类之间的历史渊源。确认兼类词必须掌握两个标准:其一,某词要经常具有两类以上词的性能;其二,属于兼类的词不仅音同形同,而且意义要有关联。经常性、稳定性和关联性是兼类词的三大基本性征。而词的不同用法在意义上是否有关联是区分兼类词与同形同音词的关键所在。例如：

这件事情真是太恶心了，到现在我都感到不舒服。

刘晓庆电视剧中再演少女——是突破演技还是恶心观众？

1．实词的兼类

兼类词主要是针对实词而言的。可兼类的实词数量不少，一般以身兼二类者居多，也有少量实词可以身兼三类。详情如下：

兼动词和名词：代表、报告、领导、总结

兼形容词和名词：苦、科学、标准、道德、困难、点滴

兼形容词和动词：明确、丰富、端正、明白、破、忙

兼名词和量词：头、手、桶、瓶、碗、杯、茶缸、系列

兼名词和副词：早晚、曾经、一起

兼代词和数词：几、多少、若干

兼代词和副词：这么、那么、多么

兼副词和数词：大半、大多

兼形容词和副词：极、大、非常、永远

兼名词、动词和形容词：锈、病、弯、麻烦、方便、便宜

兼动词、形容词和副词：多

兼名词、动词和量词：度、溜

兼名词、动词和副词：左右

2．虚词的兼类

虚词的兼类相对较少，大致有以下几种情形：

兼介词和连词：和、跟、同、与、因为

兼助词和语气词：的、了、着

3．实词与虚词的兼类

实词与虚词的兼类现象较为普遍，并且大多可身兼三类或四类。具体有以下几种情形：

兼动词和介词：在、跟、比、拿、沿、靠、凭、通过

兼副词和连词：又、越、也、只有

兼副词、介词和连词：就

兼动词、副词和连词：就是、可

兼名词、动词和介词：根据、依据、经过

兼名词、形容词、副词和连词：自然

（二）词的活用

词的活用又称“词类活用”，是指某些词在特定语言环境中，临时改变其基本的性能，在句中用作其他词类的现象。活用就是说话人有选择地偶尔将甲类词当作乙类词用，以取得某种特定的表达效果。因此，词的活用与其说是一种语法现象，倒不如说是一种修辞现象。活用具有鲜明的灵活性和临时性，往往能给人以陌生感和新鲜感。这就意味着所有词的活用都不是词本身所固有的，一旦离开特定的语境，往往就不复存在。例如：

只有那眼珠间或一轮（“转动”），还可以表示她是一个活物。

大约那有弹性的胖绅士早在我的空白处胖开了他的右半身了。

这个连长太军阀了！官不大，脾气可不小。

今天你被霸王了吗？

在意义相关的情况下，用法的经常与否是区分词的兼类与活用现象的唯一尺度。

思考和练习

1. 为什么要划分词类？划分汉语词类的标准是什么？

2. 汉语词类与句法成分之间是否具有对应关系？

3. 请按实词性的强弱给所有实词排个次序。

4. 你如何看待副词修饰限制名词的现象？

5. “会、要、可以、愿意”既可以作谓语或者谓语中心，也可以作状语，是否都能看成能愿动词？

6. “起来、过去、上来、下去”既可以作谓语或者谓语中心，也可以作补语，是否都能看成趋向动词？

7. 如何区分区别词与形容词？请举例说明。

8. 如何区别“突然”与“忽然”、“一致”与“一概”？请举例说明。

9. 汉语虚词的来源是什么？试举例说明。

10. 请按虚化程度的强弱给虚词排次序。

11. 如何区分叹词与语气词？如何区分助词与语气词？

12. 连词和介词有无共性？二者如何区别？

13. “我跟他去北京”可以有不同的理解，请分别加上适当的词以显示其不同意义并说明其中“跟”的词性。

14. 任意找一篇短文，标注出其中的虚词并列出一个虚词简表。

15. 如何看待汉语实词的兼类和活用现象？

16. 现代汉语的词类活用与古代汉语的词类活用是否为一回事？

第三节 短　语

短语是词的组合，是意义上和语法上都能逐层搭配而没有语调的一组（两个以上）词，所以又叫词组，如“那位老师、大力实施品牌战略”等。短语和句子的一个重要区别在于：短语没有表述性，句子有表述性。而语调是表述性的重要标志。短语在汉语语法单位中处于一种中枢地位，可以上通句子，下连单词。掌握了短语的结构规律就基本掌握了汉语的结构规律。毫无疑问，汉语构成短语的主要语法手段是语序和虚词。例如：

红太阳——太阳红　　老人与孩子——老人的孩子

一切为了学生——为了学生一切——为了一切学生

短语可以从多角度去进行观察，从而区分出各种不同的类别，最常见的有三种分类：其一是结构分类，即它的内部结构类型；其二是功能分类，即它的外部功能类型；其三是意义分类，即它的语义关系类型。

一、短语的结构分类

汉语的短语结构和句子结构的构造原则基本上是一致的。根据使用频率和辐射范围的差异，短语的结构可以分成基本类型和非基本类型两个系列。

（一）基本类型

1. 联合短语。联合短语的词和词之间在语法方面没有轻重主次之分，彼此地位平等。联合关系具体包含三种关系：(1) 并列关系，如“爸爸和妈妈”、“研究商量”“真善美”等；(2) 选择关系。如“今天或明天”、“棉的或者毛的”、“米饭还是面条”等；(3) 递进关系。如“妈妈甚至奶奶（都同意）”、“研究并决定”、“多而好”等。构成联合短语的词通常须是同类词。具体如下：

名＋名：文化教育、今天或明天、老师和同学

动＋动：调查研究、愿意并实行、讨论并通过

形＋形：光辉灿烂、庄严肃穆、勤劳而勇敢

代＋代：这和那、我和他、这样那样

数量+数量：四面八方、千秋万代、半斤八两

2. 述宾短语。述宾短语又称动宾短语，也是由两部分组成：前一部分通常由动词性词语充任，表示某种动作行为，称之为述语（动语），是整个短语的核心；后一部分常由名词性词语充任，也可以由动词、形容词性词语充任，是受前一部分影响、支配的对象，称之为宾语。述宾短语的述语和宾语之间是支配与被支配、关涉与被关涉的关系。例如：

踢大门、丢下它、像珍珠、发展生产、骗取信任、有幽默感、觉得他不错

3. 偏正短语。偏正短语包含两部分，前一部分用来限制或描写后一部分。前一部分是附加成分，后一部分为中心语。根据前后两部分之间不同的语义和语法关系，偏正短语又可定中短语和状中短语。例如：

定语+中心语：我的书、中国工人、伟大祖国、长长的影子

状语+中心语：马上来、非常好、慢慢地看、热烈欢迎

4. 补充短语。补充短语包含两个部分，前一部分是中心语，后一部分为补语，起限制或说明的作用，又称"述补短语"、"中补短语"。根据中心语和补语之间不同的语义关系和语法关系，补充短语可以分为动补短语和形补短语。例如：

动补短语：摆整齐、坐端正、说得好、写得好、红得发紫

形补短语：坏透了、美丽极了、高兴坏了、动听得不得了

5. 主谓短语。主谓短语由主语和谓语两部分构成，主语在前，谓语在后。两部分的关系是陈述和被陈述的关系。例如：

公鸡打鸣、学校放假、科技发达、国家富强、今天星期一、老舍北京人

（二）非基本类型

1. 连动短语。连动短语由两个或两个以上的谓词性成分连用，共用一个主语，谓词成分之间无语音停顿，也不用任何关联词语。例如：

走过去开门、上街买东西、拿来看、看着着急、听了很高兴、开着一辆车去请医生

2. 兼语短语。兼语短语是由述宾短语的宾语和主谓短语的主语套叠而来，内中有一个宾语兼主语的成分。例如：

请他进来、通知同学们来上课、请医生看病、称他为王老师、有人不乐意

连动短语与兼语短语的区别：连动短语的不同谓词共用一个主语；兼语短语的不同谓词则分属不同的主语。

3. 同位短语。同位短语多由两部分组成，前后各部分的词语不同但所指相同，语法地位也相同，又叫复指短语。例如：

战斗英雄黄继光、首都北京、二胡名曲《二泉映月》、班长小王(名+名)

你们年青人、我们学生(代+名)

壶口瀑布那里、海南岛这边(名+代)

我自己、咱们大家、我这个人[代+代+(量+名)]

父子这二人、国庆节那几天(名+代+数+名)

4. 方位短语。方位短语由方位词直接附在名词性或动词性词语后面组成,主要表处所、范围或时间,具有名词性。例如:

表处所:窗外、脸颊上、教室里、小河边

表时间:千年前、吃饭后、进行中、营业中

表方向:朝西、坐北、面南、沿中间

5. 量词短语。量词短语由数词或指示代词加量词组成。由数词加量词组成的叫数量短语,由指示代词加量词组成的叫指量短语。例如:

数词+量词:两个人、三棵树、看了三次、走了三趟

指示代词+量词:这回算了、这件比那件好、那次你赢了、这条是我的

6. 介词短语。介词短语由介词附着在名词等词语前面组成,可用来表动作的工具、方式、因果、施事、受事、对象等。介词有时还跟方位短语一起组成介词短语。例如:

表工具:[用枪]打、[拿手]吃饭、[凭嘴皮子]混饭

表原因:[因雨]推迟、[由爱]生恨

表方式、手段:[经研究]决定、[通过自学]成才、[靠乞讨]维持生活

表施事、受事:[把他]绊倒了、[被人]打了

表方位、条件:在校园里、在这种情形之下、从屋子里向外

7. 助词短语。助词短语由助词附着在词语上组成,包括"的"字短语、比况短语和"所"字短语等。

(1)"的"字短语:由"的"附着在实词或短语后组成,指称人或事物,属于名词性短语,一般只能作主语、宾语。例如:

这里吃的、穿的都不缺。/该来的不来,不该来的来了。

这本书是图书馆的。/那儿有一个打球的。

卖鱼的一清早就来了。/远远地看见园子里一片红的、绿的。

"的"字短语后面若添加上相应的名词,就变为偏正短语。有的则习惯上不加中心语。例如:

掌柜的、剃头的、做爹的、狗日的、干活的、吃现成的

(2) 比况短语：由比况助词“似的、一样(般)”附在名词等词语后组成，大多表示比喻，有时也表示推测。比况短语有两个特点：一是可作定语、状语、补语、谓语，属形容词性短语；二是常跟动词“像、好像、貌似”组配，引进比喻的对象。例如：

表示比喻：(雷鸣般)的掌声、(死一般)的寂静、(疯了似的)大笑不止、(傻子一样)站着、浇得(落汤鸡似的)、急得(像热锅上的蚂蚁一样)

表示推测：他俩好像认识似的、这两个人亲兄弟似的、父子二人貌似仇人一样

(3) “所”字短语：由“所”字加在及物动词前面组成，指称动作所支配或关涉的对象，是名词性短语。它在句子里一般要借助“的”字组成“的”字短语，或者借助“的”字组成偏正短语来修饰名词。例如：

所答非所问。/大家各取所需。

他所想的和你不同。/我所讲的都是重点。/所带来的效益是不可估量的。

二、短语的功能分类

短语的功能主要指短语作为一个整体在外部环境中的应用能力。这种功能包括：在句中充当句子成分的能力；自身独立成句的能力。根据语法功能，可以将短语分为体词性短语、谓词性短语和附加性短语三类。

(一) 体词性短语

体词性短语即名词性短语，能作主语、宾语，功能相当于名词，通常以名词为中心语。体词性短语包括：定中短语、联合短语(名 + 名)、同位短语、“所”字短语、“的”字短语、量词短语和方位短语等。

(二) 谓词性短语

谓词性短语能作谓语，功能相当于谓词，通常以动词、形容词为中心语。谓词性短语包括：述宾短语、述补短语、联合短语(动 + 动、形 + 形)、状中短语、连动短语、兼语短语等。

(三) 附加性短语

附加性短语主要作状语修饰谓词性词语，一般不能单说或单用，不能作主语、谓语和宾语，包括介词短语和比况短语等。

功能类短语和结构类短语的大致对应关系图示如下：

<table>
<tr><td rowspan="7">体词性短语</td><td>联合短语(名+名)</td><td rowspan="7">谓词性短语</td><td>联合短语(动+动、形+形)</td><td rowspan="7">附加性短语</td><td rowspan="3">介词短语</td></tr>
<tr><td>定中短语</td><td>状中短语</td></tr>
<tr><td>同位短语</td><td>述宾短语</td></tr>
<tr><td>方位短语</td><td>中补短语</td><td rowspan="4">比况短语</td></tr>
<tr><td>量词短语</td><td>连动短语</td></tr>
<tr><td>“的”字短语</td><td>兼语短语</td></tr>
<tr><td>“所”字短语</td><td>比况短语</td></tr>
</table>

需要特别强调的是，主谓短语属于无中心结构，可以充任句子的主语、谓语、宾语和定语、状语、补语，没有主导性的整体性能。主谓短语的具体性能可以根据充任谓语的词语性质来确定：谓语若是体词充任，则整个短语视为体词性短语，如“今天星期一”、“小张上海人”等；谓语若是谓词充任，则整个短语视为谓词性短语，如“阳光灿烂”、“我们出发”等。

三、短语的意义分类

与句子所不同的是，短语属于一种静态语法单位，内部的词与词之间存在着复杂而稳定的语义关系。这些语义关系包括并列、限定、补充、施动、动受、评议、判断、同一、描写等关系。详情如下：

并列关系：机关学校、阅读欣赏　限定关系：秀丽景色、大胆设想

补充关系：解释清楚、热得淌汗　施动关系：北风呼啸、万马奔腾

动施关系：坐着客人、跑进老鼠　动受关系：展览书画、维修房屋

评议关系：应该参加、能够胜任　判断关系：是大世界、叫王宝强

同一关系：首都北京、班长小李　描写关系：衣着朴素、成就辉煌

根据语义关系的繁简情况，短语还可分为单义短语和多义短语。只有一个意义的短语叫单义短语。绝大部分的短语都属于单义短语。一个短语如果同时拥有两种或多种意义，这样的短语就被称作多义短语或歧义短语。

多义短语属于汉语的同形异义现象之一。汉语是一种非形态并且重感悟的语言，任何单位的深层语义往往都要大于表层结构。因此，汉语中多义短语的出现频率是比较高的。短语产生多义的原因大致有以下五种：(1) 短语中包含多义成分；(2) 短语中包含可隐含理解的成分；(3) 短语中包含多种功能的成分；(4) 短语中包含多种范畴的成分；(5) 短语中包含多种组合的成分。例如：

快到情人节了，我去楼下买东西。老板问我："先生买花吗?"我问老板："买花干什么吗?"老板回答："买花送女朋友啊!"我又问："哦，买多少花能送个女朋友啊?"老板一听，默默地把花收回去了。

一驾驶员在路边倒车，看到旁边站着一位老人就说："大爷，要撞上了麻烦您告诉我一声。"老头："好的，好的，倒吧。倒，倒，倒……"只听得"咣"的一声巨响。老头："好了，撞上了。"

冬天：能穿多少就穿多少；夏天：能穿多少就穿多少。

剩女产生的原因有两个：一个是谁都看不上，另一个是谁都看不上。

不少多义短语在孤立地分析时是多义的，但只要进入具体的语言环境之中，就会受到前后词语的制约或限定，一般只能显示其中一个意义。例如，"咬死了猎人的狗"在"捉住了那条咬死了猎人的狗"中只能是定中短语，而在"什么东西咬死了猎人的狗"中只能是述宾短语。在口语中，由于有语音停顿等的作用，多义短语也会单义化，不会产生歧义。例如，"看打乒乓球的少先队员"如果读成"看打乒乓球的｜少先队员"，就只能是定中短语；如果读成"看｜打乒乓球的少先队员"，就只能是述宾短语。

此外，多义短语还可采用换用词语、变换语序以及添加或删除某些词语的方法来进行化解。

四、短语的层次分类

语言的构造是有层次性的。根据短语所含词语的多少以及内部层次的多少可以把短语分为简单短语和复杂短语。简单短语一般由两个词构成，内部仅有一层语法结构关系；复杂短语则由三个或三个以上的词构成，内部具有两层以上的语法关系。

分析复杂短语，目前最合适的分析方法是层次分析法。层次分析法也叫直接成分分析法或框式图解法，是目前识别多义短语的最有效方法。框式图解的分析程序有两种：一种是由小到大的组合式图解法，另一种是由大到小的分解式图解法。例如：

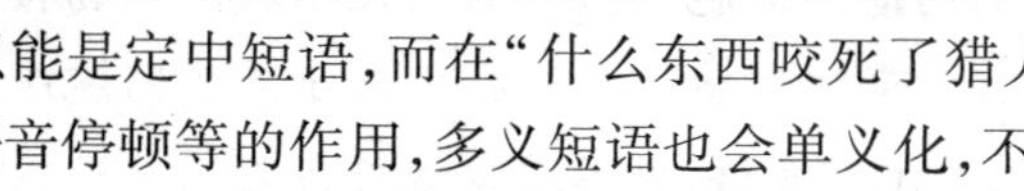

（组合式图解法）　　（分解式图解法）

在分析一个复杂短语时，必须按照它内部的层次构造逐层分析，不断找出每一层面的直接组成成分,并指出直接组成成分之间的句法关系,一直分析到词为止。由于层次分析法在每一层面上基本都是实行二分,所以又被称为“二分法”。层次分析法的基本步骤:一是辨析实词虚词,二是理清结构层次,三是指明结构关系。

复杂短语结构分析示例:

1. 你们/三个一组(主谓短语,表示你们每三人一个组。)
   你们三个/一组(主谓短语,表示你们三人是一个组。)
2. 警惕/衰退的美国要搞垮别国(述宾短语,表示对美国要加以警惕。)
   警惕衰退的美国/要搞垮别国(主谓短语,表示美国对衰退加以警惕。)
3. 发现/敌人的哨兵(述宾短语,表示发现了敌人的哨兵。)
   发现敌人的/哨兵(偏正短语,表示哨兵发现了敌人。)
4. 拉着孩子的/母亲(偏正短语,表示是一位拉着孩子的母亲。)
   拉着/孩子的母亲(述宾短语,表示拉着的是孩子的母亲。)
5. 殷勤接待/我们的港澳同胞(述宾短语,表示我们殷勤接待港澳同胞。)
   殷勤接待我们的/港澳同胞(偏正短语,表示港澳同胞殷勤接待我们。)
6. 进口/机电产品(述宾短语,表示进口这种行为。)
   进口/机电产品(偏正短语,表示机电产品的来源。)

思考和练习

1. 试述短语在汉语语法体系中的地位。
2. 多义短语有哪些因素造成?如何消除?
3. 请用层次分析法的两种方式分析若干复杂短语。
4. “主谓短语”一般被归入谓词性短语。你是否同意?若不同意,又当如何处理?
5. 层次分析法在短语的结构分析中具有什么优势?又存在哪些不足?
6. 如何区分连动短语与兼语短语?请举例说明。

第四节　句子成分

句子成分是句子的组成成分或结构成分。按照词语在句子中的不同地位和作用,现代汉语的常规句子成分通常被确定为七种,即主语、谓语、述语、宾语、定语、状语和补语。独立语尽管不是常规成分,但应用正日趋普遍。

一、主语和谓语

主语与谓语是陈述关系：主语是一句话的话题，谓语是对话题的陈述，二者互为依存。

（一）主语的构成和意义类型

主语多表示人或事物，是句子里的被陈述对象，能回答“谁”或者“什么”的问题，一般处于句首。

1. 主语的构成

（1）名词和代词经常作主语。例如：

天才‖就是2%的灵感加上98%的汗水。

人民‖是创造历史的真正力量。

我们‖来自祖国的四面八方。

哪里‖有压迫，哪里‖就有反抗。

（2）数量词或数词作主语，一般是在表示数量关系的句子里，或者它所指的事物在上文出现过。例如：

一斤‖是500克。

（他买了两本书，）一本‖是小说集，一本‖是论文集。

（3）动词作主语时，谓语一般具有描写或判断性质，谓语或谓语中心常由形容词或表示开始、停止、判断、使动、应该等意义的动词充当。例如：

翻译‖不容易。／ 浪费‖可耻。／ 贪污‖真不应该。

（4）形容词作主语，谓语一般表示判断或使令意义等。例如：

谦虚‖是一种美德。／ 谦虚‖使人进步。

美丽‖是同善良分不开的。／ 美丽‖叫人嫉妒。

（5）短语作主语。名词短语常作主语，动词短语、形容词短语、主谓短语也可以作主语。例如：

人的天职‖在于勇于探索真理。

放光的‖不都是金子。

天安门前‖灯火辉煌。

吃鲜荔枝‖正是时候。

在江河里游泳‖可以锻炼人的意志。

沉着、勇敢‖是战士应有的品质。

全世界人民大团结‖万岁！

2. 主语的意义类型

主语的意义类型取决于做主语的词语和做谓语的词语之间的语义关系。主语的意义类型大致可以分为施事主语、受事主语和当事主语。

(1) 施事主语

主语表示发出动作、行为的主体,主谓的语义结构是“主动者+动作”。例如:

狼‖咬死了羊。

他‖在高山上瞭望、倾听。

她的泪水‖欺骗了在场的每一个人。

主语是施事的句子叫施事主语句,也就是主动句。这种句子的谓语动词如果是及物动词,一般要求带宾语,否则句子在语义上就不能自足,难以成句。例如,“狼咬死了羊”不能说成“狼咬死了”,“他骑了一辆车”不能说成“他骑了”。

(2) 受事主语

主语表示承受动作、行为的客体,也就是动作、行为所涉及的对象,主谓的语义结构是“受动者+动作”。例如:

这本书‖看完了。/ 饭‖做好了。

头发‖理好了。/ 鸡‖杀死了。

(3) 当事主语

当事主语在句子中既不是施事,也不是受事,而是被描写、说明、判断的对象,包括系事主语、与事主语、工具主语、处所主语、范围主语、关系主语、目的主语、原因主语、描写主语等。例如:

北京‖是中国的心脏。

那只猫‖丢了。

刀子‖切菜,铲子‖炒菜。

上海‖去过了。

公务员‖考过了。

这件事‖你是怎么搞的。

家里的窗户‖破了一个洞。

谓语不用动词而用形容词、名词的句子,其主语通常也属于当事主语。例如:

远近高低‖各不同。/ 爱你‖没够。

她那光溜溜的脸上,‖一双大而亮的眼睛。

（二）谓语的构成和意义类型

1. 谓语的构成

（1）动词或动词短语经常作谓语，主要叙述主语的动作、行为或变化。谓语动词在主动句中说明主语发出什么动作，在被动句中说明主语受到什么动作。“是”、“应该”等非动作性动词主要用来判断、说明主语的类属或说明能够怎样、应当怎样、愿意怎样等。例如：

客人‖来了。

人类‖早就幻想飞向太空。

耐心和恒心‖总会得到报酬的。

她‖唱得优美、动听。

轮船‖在江面上缓慢地行驶着。

带双宾语的动词短语和连动短语、兼语短语也可作谓语，后面将详细讨论。

（2）形容词或形容词短语作谓语，主要用来描写主语的性状，说明主语本身怎么样。例如：

树叶‖绿了。/她‖对人很热情。

他‖高兴在脸上，我‖高兴在心里。

他‖已经累得精疲力竭了。

（3）代替动词或形容词的代词也可以直接作谓语。例如：

天气‖怎么样？/这人‖怎么啦？

（4）名词或名词短语作谓语，一般用于说明天气、日期、籍贯的简短的句子，有些名词短语作谓语则是描写人物的容貌或说明事物的情况、价值等。例如：

昨天‖晴天。/今天‖星期三。/他‖上海人。/这个人‖长头发。

（5）数词、数量词作谓语，常用来说明事物数量、价值、年龄等；重叠的量词作谓语，常用来描写事物之多。例如：

青菜‖五棵，萝卜‖三根。/　苹果‖十块钱。/　小姑娘‖二十岁。

雷声‖阵阵。/鹅毛‖片片。

（6）主谓短语作谓语。主谓短语作谓语的句子叫主谓谓语句，是汉语中很有特色的一种句子。主谓短语作谓语的情形比较复杂，后面将作详细介绍。例如：

场外‖喊声阵阵。/大家‖谁也不吭声。

苹果‖一斤五块。/这里的青菜‖味道真不错！

2. 谓语的意义类型

谓语的意义类型大致也分三类：叙述性谓语、描写性谓语、判断说明性谓语。

(1) 叙述性谓语

叙述性谓语即对施事主语或受事主语加以叙述的谓语,一般由动词性词语充当。例如:

她昨天逛了一天的街。

大家一路欣赏着山里的风光。

(2) 描写性谓语

描写性谓语即对主语的性状加以描写的谓语,一般由形容词性词语充当。例如:

她的穿着非常时髦。

秋天的枫叶太漂亮了!

(3) 判断说明性谓语

判断说明性谓语即对主语的情况加以判断或进行说明的谓语,一般由"是、有"等非动作性动词或名词性词语充当。例如:

知识就是力量。/中国有悠久的历史和灿烂的文化。

明天中秋。/先生好眼力!

二、述语和宾语

述语(动语)与宾语是谓语的两个下位成分,彼此具有支配关系:述语是句中起支配、关涉作用的部分,宾语是句中被支配、被关涉的部分,二者互为依存。

(一) 述语的构成

述语通常必须由动词性词语构成,其中的绝大部分动词都是及物动词。例如:

中国‖不断学习世界各国的先进经验。

农民‖收割田里的庄稼。

雨水‖打湿了他的衣服。

天空‖终于露出了太阳。

某些兼属动词的形容词也能带宾语。例如:

多一个人,就多一份力量。

小张‖小老李二十岁。

他‖不想满足孩子的愿望。

(二) 宾语的构成和意义类型

1. 宾语的构成

宾语的构成与主语完全一样,所有能充任主语的词语都能毫无例外地充任宾语。例如:

宝玉‖一把抓住了|笔。

我‖总还时时记起｜他。

三乘三‖等于｜九。

村长‖牵挂着｜老人和孩子。

一亩田‖多收了｜三五斗。

东北‖有｜三宝：人参、貂皮、乌拉草。

开宴的时候，服务员‖可以从走廊进出｜宴会厅。

楼房‖是｜农民亲手造的。

他一生都在想着改革。

我是为你着想。

2. 宾语的意义类型

宾语的意义类型繁多，可以分为真宾语和准宾语两大系列。所谓真宾语，指的是受及物动词支配的实质性宾语，即受事宾语；所谓准宾语指的是不及物动词和形容词所带的非受事宾语，如施事、数量、处所、结果、原因、目的、工具等宾语。

（1）受事宾语

宾语表示动作行为直接支配、关涉的人或事物：一是指动作的承受者，二是指动作的对象。例如：

流氓打人。/商店开门。/农民砍树。/老板拍桌子。

老师批评你。/谁在骂人。/运动员感谢祖国。

（2）施事宾语

宾语表示动作行为的发出者、主动者，可以是人或自然界的事物。例如：

来了一位客人。/　门口站着一个人。

天上飞着一只鸟。/　高粱抽穗了。

这种句子的动词一般是不及物动词，动词后通常要带动态助词或补语等才能成句，这种宾语可以根据语用需要移位到动词前，充当主语。

（3）当事宾语

当事宾语又称关系宾语，除施事、受事以外的宾语都可称为当事宾语。当事宾语可细分为以下几种小类：

① 处所宾语：离开车站、吃食堂、回老家

② 时间宾语：混日子、度蜜月、过新年

③ 工具宾语：编柳条、喝小杯、吃大碗

④ 方式宾语：讲普通话、寄快件、发传真
⑤ 原因宾语：歇病假、闹情绪、发泄不愉快
⑥ 目的宾语：赶火车、求职、说明原因
⑦ 结果宾语：画了一个圆、写文章、做出成绩、考了100分
⑧ 类属宾语：我是学生、作家属于文人、敌人都是纸老虎
⑨ 存在宾语：这里有画、外面是人、墙上写着标语

三、定语、状语和补语

(一) 定语

定语是句中用来修饰、限定、说明名词或代词的品质与特征的成分。定语和中心语之间是修饰和被修饰、限制和被限制的关系。据此，定语大致可以分为两种：一种是修饰性定语，如"漂亮的朋友"、"飞驰的火车"；一种是限制性定语，如"过去的岁月"、"大量的现金"。

1. 定语的构成

定语构成十分广泛，几乎所有的实词（副词除外）和短语都可充任句子的定语。

（1）名词、形容词、区别词、动词、代词、拟声词常作定语。例如：

（家乡）的特产 /（先进）的技术 /（微型）电视机

（澎湃）的歌声 /（我）的祖国 /（哇啦哇啦）的哭声

（2）数量短语、指量短语也常作定语。例如：

（一架）飞机 /（一串）葡萄 /（五年）计划 /　（三五个）人

（3）联合短语、偏正短语、述宾短语、补充短语、主谓短语、复指短语、介词短语、方位短语等都能作定语。例如：

（勤劳而勇敢）的人民是国家发展的基础。（联合短语）

（最可爱）的人是天真烂漫的孩子。（偏正短语）

（保卫国家）的战士应该得到尊重。（述宾短语）

（走累了）的孩子到家了。（补充短语）

（中国统一）的希望在不断增长。（主谓短语）

（他们三个）的梦想终于破灭了。（同位短语）

（对他）的态度十分恶劣。（介词短语）

（十米后）的地方是一片草地。（方位短语）

2. 定语标记"的"的使用

"的"用在定语的后边，是定语的标记，但并非所有的定语都要用"的"。用不用"的"大

致取决于下面几个因素：

（1）看是否会影响结构关系。如有影响，则“的”非用不可；反之，则可以不用。如“讨论的问题”中的“的”非用不可，而“人民的公仆”中的“的”就可不用。

（2）看是否出于强调定语的目的。若强调定语，就要加“的”。如“处置方法”只是说一种方法，而“处置的方法”则重在说明怎么样的方法。像“男的朋友”、“正确的思想”等也是一样，用了“的”就强调了定语的修饰或限制作用。

（3）看是否符合汉语的节律。双音节定语修饰限制单音节中心语时一般要加“的”，如“光荣的家”、“美丽的花”、“新鲜的菜”等。单音节定语修饰限制双音节中心语时一般不需加“的”，如“好人家”、“女同学”、“大房间”等。

（4）看是否有充分的语境支撑。如“购买一批参考资料”中，“参考”后就不必用“的”；而“我需要参考的资料”中，“参考”之后就需用“的”。

（5）看作定语的词语性质。例如，介词短语、主谓短语、动词、叹词、拟声词作定语一般需用“的”，而区别词、数量短语作定语则不用“的”。

3. 多层定语的排序

多层定语的排序问题比较复杂，有的定语位置比较灵活。多层定语一般是按照逻辑关系来排列的，与中心语关系越密切的定语往往越靠近中心语。多层定语从远到近的一般顺序：表领属关系（谁的）的词语；表示时间、处所（什么时候或地方）的词语；表指代或数量（多少）的词语；表动作的动词性词语和主谓短语（怎样的）；表状态的形容词性短语（什么样的）；表性质、类别或范围（什么）的词语。例如：

（我们学校）的（两位）（有三十年教龄）的（优秀）（语文）教师当上了人大代表。

（他刚买）的（一件）（产自新疆）的（新）（羊皮）夹克也拿来了。

多层定语的排列通常还需遵循以下三条基本规律：

其一，带“的”的定语一般放在不带“的”的定语之前。例如，可以说“蓝色的呢子大衣”，而不能说“蓝色呢子的大衣”。

其二，不带“的”动词或动词短语作定语时，通常会紧挨着中心语，如“一顿丰盛的（清蒸）羊肉”、“一台新型的（取暖）设备”。

其三，结构复杂的定语一般放在结构简单的定语之前。例如，“刚从国外进口的教学用的数码录音设备”，一般不能说成“教学用的刚从国外进口的数码录音设备”。

（二）状语

状语是动词或形容词前面的附加或连带成分，用来修饰、限制动词或形容词表示动作的状态、方式、时间、处所或程度等。根据状语和中心语之间的关系,状语也可以分为两种:一种是修饰性状语,如“热烈欢迎”、“热情拥抱”;一种是限制性状语,如“刚刚过去”、“在大城市工作”。

1. 状语的构成

状语的构成也十分广泛,几乎所有的实词(区别词除外)和短语都可充任句子的状语,只是出现的频率不同而已。

(1) 副词、形容词经常作状语。例如:

她的模样[十分]可爱。/太阳[逐渐]地下山了。

候选人[仔细]地了解选民们的需求。/老人[慢慢]学会了舞蹈。

(2) 表时间、处所的名词或名词短语常作状语,一般名词则很少作状语。例如:

老挝国家最高领导人[昨天]访问我校。

中国运动员[在伦敦奥运会上]再创佳绩!

我们要[历史]地看待历史上的民族英雄。

(3) 能愿动词(助动词)常作状语,其他动词很少作状语。例如:

一切都[可以]重新开始。

民众的生活[应该]得到重视。

身体[来回]地摇晃。

(4) 拟声词也常作状语。例如:

特务[哎哟哎哟]地喊了起来。

暴雨[哗哗]地下个不停。

(5) 联合短语、偏正短语、述宾短语、主谓短语、介词短语、方位短语等也可以作状语。例如:

大家[坦诚而热烈]地交谈起来。(联合短语)

他[十分动情]地唱起歌来。(偏正短语)

老师[颇感自豪]地朗诵起来。(述宾短语)

小张[头也不回]地走了。(主谓短语)

生活[在平淡中]过去。(介词短语)

这里[一百年前]还是一片荒漠。(方位短语)

2. 状语标记“地”的使用

“地”常用在状语之后,是状语的标记,可是并非所有的状语都要用“地”。用不用“地”

的情形大致取决于以下几个因素：

（1）看作状语的词语性质。短语（介词短语和方位短语除外）、形容词的重叠形式、数量词的重叠形式和动词作状语，一般要用“地”；副词（某些程度副词除外）或处所名词、数量词、代词、形容词、方位短语、介词短语作状语，一般不用“地”。

（2）看是否出于强调状语的目的。若强调则加“地”，否则就不必加“地”。试比较：

他[慢慢]爬起来了。/ 他[慢慢]地爬起来了。

天气[一天天]凉起来了。/天气[一天天]地凉起来了。

（3）看是否符合汉语的节律。单音节状语修饰限制单音节中心语时一般不要加“地”，如“快说”、“慢走”。双音节状语修饰限制单音节中心语时一般要加“地”，如“飞快地走”、“缓慢地说”。

（4）看状语自身的性质。一般说来，修饰性状语多用“地”，而限制性状语则很少用“地”，如“马上做”与“认真地做”、“很喜欢”与“十分地喜欢”。

3. 多层状语的排序

与多层定语一样，多层状语也存在一个排序问题。多层状语排序取决于状语内部的逻辑关系和表义的实际需要，一般遵循以下次序：表目的或原因的介词短语；表时间的名词或介词短语；表处所的名词或介词短语；表范围或频率的副词；表情态的形容词或动词；表对象的介词短语。例如：

那位失主[为表谢意]，[昨天][在电视台][又][诚挚]地[为他]点了一首歌。

他[为了记住这篇演讲稿]，[今天早晨][在寝室里][还][仔细]地[把它]看了一遍。

[在会务组的安排下]，许多代表‖[昨天][在休息室里][都][热情]地[同他]交谈。

（三）补语

补语是动词或形容词后面的附加或连带成分，补充说明述语的结果、程度、趋向、可能、状态、数量等。补语与述语之间是补充与被补充、说明与被说明的关系。

1. 补语的构成

（1）补语一般由动词（尤其是趋向动词）、形容词、表动量或时量的数量词、谓词性代词“怎么样”、副词“很”和“极”、表示时间或处所的介词短语等充当。例如：

他‖带〈走〉了所有的书。

天上‖飘〈过来〉几朵白云。

教室‖打扫〈干净〉了。

女人的心‖突地动了〈一下〉。

我们‖在路上走了〈三天〉。

他们‖谈得〈怎么样〉?

天气‖冷得〈很〉。

大家‖高兴〈极〉了。

(2) 各种短语也时常可作补语。例如:

小姑娘高兴得〈眼泪都快流出来〉了。(主谓短语)

小伙子说得〈没有分寸〉。(述宾短语)

伤员痛得〈昏了过去〉。(述补短语)

手下的工作人员长得〈又精干又潇洒〉。(联合短语)

这个胆小鬼逃得〈比兔子还快〉。(状中短语)

他气得〈流着眼泪跑了出来〉。(连动短语)

昨天的事情奇怪得〈令人无法捉摸〉。(兼语短语)

头上的伤口痛得〈钻心一般〉。(比况短语)

2. 补语的意义类型

补语的意义类型繁多,可以用来说明动作行为的结果、状态、趋向、数量、时间、处所、可能性或者说明性状的程度、状态等。

(1) 结果补语。结果补语表示动作行为的结果,主要由形容词来充当,也可由某些单音节动词来充当。例如:

赶〈走〉、吓〈跑〉、打〈死〉、写〈完〉、晒〈干〉、讲〈清楚〉、洗〈干净〉、打得〈落花流水〉、看〈不清〉

(2) 时间补语。时间补语表示与动作行为相关的时间,主要由表时间的词和短语来充当。例如:

生〈于1950年〉、写了〈三天〉、住了〈一宿〉、干了〈一辈子〉

(3) 趋向补语。趋向补语表示事物运动的方向,主要由趋向动词“来”、“去”、“出”、“上”、“下”、“上来”、“出来”、“回来”、“下去”等充当。例如:

摔〈下〉、跑〈开〉、拿〈出来〉、坐〈起来〉、躺〈下去〉

(4) 处所补语。处所补语表示与动作行为相关的处所,主要由表处所的词和短语来充当。例如:

坐在〈地上〉、生于〈美国〉、发生〈在北京〉

（5）程度补语。程度补语表示述语所达到的程度或状态，主要由表程度的副词和形容词“极、很、透、慌、死、坏、多、万分”和“一些、一点”来充当。例如：

快〈极〉了、好得〈很〉、喜欢得〈不行〉、少〈一些〉、快了〈一些〉、稍慢〈一点〉

（6）数量补语。数量补语表示动作行为的数量，主要由表动量的数量短语来充当。例如：

跑了〈三回〉、闹了〈一次〉、说过〈三遍〉、来过〈两趟〉、打了〈一下〉

（7）可能补语。可能补语表示能怎么样或不能怎么样，其生成方式主要有两种：一是在述语和补语之间加入“得”或“不”；二是直接将“得”或“不得”放在述语之后作补语。例如：

写得〈完〉、看得〈不清楚〉、这个人你惹〈不得〉、这东西吃〈得〉

（8）情态补语。状态补语表示的是因动作或性质而呈现出来的状态。例如：

来得〈太急〉了、雨下得〈猛〉、讲得〈眉飞色舞〉、气得〈脸色发青〉、美得〈像花一样〉

需要特别提醒的是，可能补语和结果补语都要在补语前加“得”或“不”，二者极易混淆，必须善加辨别。试比较：

吃〈饱〉——→吃得〈饱〉吃〈不饱〉？（可能）
　　　　　　吃得〈饱〉/吃〈不饱〉。（可能）
　　　——→吃得〈饱不饱〉？（结果）
　　　　　　吃得〈很饱〉/　吃得〈不饱〉。（结果）

3. 补语标记“得”的使用

补语之前用不用“得”也是有规律的，要么用，要么不用，不存在两可的情形。具体结论如下：

（1）看作补语的词语的性质：趋向动词、数量词、副词“极”、介词短语作补语都不用“得”；各种短语、副词“很”、代词“怎么样”、形容词的重叠形式和本身已表示程度意义的形容词（如“笔直、雪白、通红、飞快”等）作补语，都要用“得”。

（2）看补语本身的意义类型：程度补语、可能补语、结果补语通常加“得”，其他类型的补语则一般不加“得”。

结构助词“得”很容易同“觉得、值得、晓得、记得、认得、懂得”等动词中的“得”相混淆，在分析句子时应注意甄别。

4. 补语与宾语的区别

（1）从意义上说，宾语是谓语动词所表示的动作行为的涉及对象，补语是对谓语加以补

充说明的;宾语回答"谁"、"什么",补语回答"怎么样"。例如:

他写文章写得<好>。/ 他唱歌唱得<好>。

他高兴得<跳了起来>。/他唱了一首歌。

(2) 从谓语构成说,带宾语的谓语只能是动词,带补语的谓语可以是动词,也可以是形容词。例如:

他能吃饭。(宾语)/他很快好<起来>了。(补语)

(3) 从词序方面说,补语一般在宾语前,宾语一般在补语后,但有例外。例如:

他拿<出来>一本书。/他拿一本书<出来>。

(4) 从内部构成来说,补语一般是谓词性成分,宾语多数是名词性成分。例如:

她吃东西。/她吃<起来>。

他买了一本。/他买了<一次>。

他吃了一顿。/他打了<一顿>。

(5) 从能否移位来看,宾语一定条件下可以移至谓语甚至主语前,而补语则不可。例如:

他没缺一节课。/ 他一节课(都)没缺。

他没吃一口饭。/一口饭他(都)没吃。

他吃完了饭。/他[把饭]吃完了。

四、独立语

独立语是句子中不与其他句法成分发生主谓、述宾、中补、定中、状中等结构关系,又是句子表意上必需的成分。句子里的某个实词或短语,如果跟它前后的词语或语法成分没有结构关系(即不互为句法成分),但又是表达上有作用的成分,就可视为独立语。由于独立语与句子的其他成分之间不存在任何依存关系,因此,它看起来更像是一种语义成分。

独立语不仅在句中没有配对成分,而且位置也比较灵活,既可以置于句首,又可以置于句中,还可以置于句末。例如:

说真的,我根本不认识他。

△△△

汽车,不用说,当然要买最好的。

　　△△△

你的本事真不小,阿庆嫂!

　　　　　　△△△

依据表意作用，独立语可以分为插入语、称呼语、感叹语和拟声语四类。

（一）插入语

插入语意在使句子的表述严密化，起补足句意的作用，或表明说话者的态度，或为引起听话者的注意，有时还可以起到语篇衔接的作用。插入语又可细分为以下几类：

1. 表示肯定或强调的语气，以引起注意或加深印象，常用“毫无疑问、不可否认、不用说、十分明显、尤其是、主要是、特别是”等。例如：

毫无疑问，你们今天所付出的都将得到回报。

△△△△

严格地说，你们的作业没有一个人是全对的。

△△△△

不瞒你说，我现在还没吃饭呢？

△△△△

2. 表推测和估计的意思，口气较委婉，留有回旋的余地，常用“看来、算起来、我想、充其量、少说一点”等。若引用了别人的意思，就会用“听说，据说”等来加以说明。例如：

今年，看样子是个丰收年。

△△△

据我看，在我们中间，多数人是愿意学习的。

△△△

我们所掌握的汉字，充其量也就五千多。

△△△

据说，最美的城市应该在山与水之间。

△△

听说，北京很快就要举办奥运会了。

△△

3. 表示委婉的建议，希望听话一方接受或同意自己的见解，常用“请看、你想、你瞧、你说”等。例如：

你听，这孩子的嘴多巧！

△△

你们看，外面的天空多么美！

△△△

事情明摆着,你看,我们还能不管?

△△

4. 表示在客观叙述中重点突出某一部分。例如:

虎姑娘一向,他晓得,不这样打扮。

△△△

猪头肉,我认为,是肉中的上品。

△△△

5. 表总括或承上启下,常用"总之、综上、总而言之、总的说来"等。例如:

总的说来,这个人还是不错的。

△△△△

综上,我们一定要多注意学习的方法。

△△

6. 表内容的注释、补充、举例等,常用"也就是、包括、正是、例如"等。例如:

一个人的读书习惯,包括其他习惯,总是逐步养成的。

△△△△△△

我的钱,也就是我现在所有的钱,只有一块。

△△△△△△△△△△

(二) 称呼语

称呼语指的是在称呼某人或者某物时所用的词语,一般用于对称和他称,意在引起对方注意或明确说话对象。例如:

你放着吧!祥林嫂。

△△△

小家伙,你这是怎么说话呢?

△△△

(三) 感叹语

感叹语是表示感情的呼声,如惊讶、感慨、喜怒哀乐以及会话中的应答语等。例如:

啊呀,你怎么来了。/ 啊,多么漂亮的雪景啊!

△△ △

唉,你有什么办法呢?/ 哦,原来如此!/ 嗯,我马上就来。

△ △ △

（四）拟声语

拟声语是摹拟事物的各种声音的词语，意在对具体情景进行生动形象的描写，以加强表达的音响效果。例如：

哗啦啦，雨越下越大了

△△△

轰隆，轰隆隆，雷声由远而近。

△△ △△△

句子成分简表

名称	定义	常用词或词组	举例
主语	谓语陈述的对象，指出襄助语说的是“谁”或“什么”。	名词	*经济*好
		代词	*他*天天锻炼身体
		短语	*学习语法*很有必要
谓语	对主语加以陈述，说明主语“做什么”、“怎么样”或“是什么”。	动词	他*走*了
		形容词	身体*健康*
		短语	他*又说又笑*
宾语	动词后的连带成分。 表示动作的对象、结果。 回答“谁”或“什么”。	名词	我写*字*，你读*书*
		代词	大家喜欢*他*
		短语	我看见*他来*了
补语	用在动词或形容词后，作补充说明的成分。 指出行为动作的情况、结果、可能性，动作延续的时间或性状的程序。	动词	你继续说*下去*
		形容词	这本书写得*好*
		数量词	文章看了*几遍*了
		代词	你学得*怎么样*了
		短语	他做得*又快又好*
定语	修饰、限制名词、代词的一种成分。	形容词	*红*的花
		数量词	*两辆*车
		名词	*银行的*人
		代词	*他*的车
		短语	*你来*的时候

续表

名称	定义	常用词或词组	举例
状语	修饰、限制动词、形容词的一种成分。	副词	*很*好
		形容词	*慢慢*地说
		代词	*这么*说
		短语	*很高兴*地说
独立语	不作主语、谓语、宾语、补语、定语、状语，不同它们发生结构关系的一种成分。	插入语	满山的枫树，*你看*，叶子全红了。
		拟声语	*呜呜*，北风在呼啸。
		感叹语	*啊*，祖国——母亲！
		称呼语	*同志们*，加油干哪！

思考和练习

1. 汉语的句子成分与英语的句子成分在构成上有何不同？

2. 结构助词“的”、“地”、“得”的使用与否受哪些因素的制约？这三个成分标记彼此又有什么不同？

3. 如何区分汉语的宾语和补语？请举例说明。

4. 汉语的定语、状语和补语在构成上有何明显的不同？请举例说明。

5. 汉语的程度补语和结果补语有时难以区分。请以“牛皋气死了”为例，说明二者之间的区别。

6. 汉语的可能补语和结果补语有时也难以区分。请分别以“写不完、洗不干净”说明二者之间的区别。

7. 层次分析法和成分分析法各有什么利弊？

8. 独立语与其他句子成分有何不同？

第五节　句　型

一、句型概说

句型是句子的结构类型。根据构成句子的语词的类别、序列、搭配方式等，汉语的句子可分成不同的句型，如主谓句、非主谓句、兼语句、连动句等。句型研究是句法研究的重要内容之一。

语言的组织架构是有层次的，句型同样讲究层次，不同的层次有不同的句型。因此，句型的确认必须按照层次来展开，从上位到下位，先确定上位句型，再确定下位句型乃至更下位句型。现代汉语的句型大致可分为四个层次：

第一层次为单句和复句。单句是由一个结构成分或简单或复杂的词语构成的，复句是由两个以上的单句作为分句，按照一定的逻辑关系构成的。

第二层次为单句和复句的下位句型。例如，单句可以分为主谓句和非主谓句两大类，复句可以分为联合复句和偏正复句两大类。

第三层次为第二层次的下位句型。例如，主谓句可以根据谓语的性质分为动词谓语句、形容词谓语句、名词谓语句、主谓谓语句等，联合复句也可以进一步分出并列复句、顺承复句、选择复句、递进复句等。

第四层次是对第三层次句型的再分类。例如，按照谓语的构成状况，将动词谓语句分出连动句、兼语句等；按照意义转折的程度，将转折复句分成重转复句、弱转复句等。通常所说的一些句式如“是”字句、“有”字句、“比”字句等都属于这一层次。

汉语的句型系统

- 句子
  - 单句
    - 主 谓 句
      - 名词谓语句：今天星期二
      - 动词谓语句：狼来了！门开了。
      - 形容词谓语句：你好！脸红了。
      - 主谓谓语句：你脸红了，你头发长长了。
    - 非主谓句
      - 名词性非主谓句：谁？你？太阳！
      - 动词性非主谓句：前进！来了？出去！
      - 形容词非主谓句：好！热！好冷！
      - 叹词非主谓句：哎呀！噢！
  - 复句
    - 简单复句
      - 联合复句：并列、顺承、递进……
      - 偏正复句：因果、条件、假设……
    - 多重复句 二重复句、三重复句……

在确定句子的句型时，必须重点考虑其句法结构方面的因素，排除那些与句法结构无关的因素。对单句句型而言，句子的语音、语义、语气、语用状况以及句子的附加成分（含独立语）和修辞色彩都属于无关紧要的因素，均不影响句型的确认与划分。

二、单句的句型

（一）主谓句

主谓句是最为常见的句型。由主语、谓语两个部分构成的单句叫主谓句。主谓句的核心是谓语。因此,划分主谓句的下位句型通常依据其谓语的性能。根据充当谓语的词语的功能,通常把主谓句分为四个下位句型:名词性谓语句、动词性谓语句、形容词性谓语句和主谓谓语句。

1. 名词谓语句

名词谓语句是名词性词语充当谓语的句子。现代汉语中,名词性词语充当谓语是有条件的,而单个名词充当谓语时尤其受限制。单个名词只有在满足以下三个条件后才能充当谓语:一是句式上限于表肯定的短句;二是语体上限于口语句;三是内容上限于说明时间、天气等情况。例如:

今天端午节。/昨天晴天。

普通名词直接做谓语在语义和句法上都有些特殊要求,通常只有在对举的情况下才可行,并且这些名词往往表示身份、职衔、学历、职称等。例如:

王刚董事长,李刚总经理。/张正东上校,陈忠中尉。

弟弟本科,哥哥研究生。/王老师教授,陈老师副教授。

名词性短语作谓语的句子,也常常以说明数量、年龄、价格、容貌、籍贯、所属等为主。例如:

小姑娘‖一双大眼睛。/鲁迅‖浙江绍兴人。

苹果‖五块,葡萄‖十块。/小王‖都十五岁了。

一人‖就一本。/山下‖一片草地。

作谓语的名词已完成了从指称到陈述的转变,其自身性能实际上已经动词化。因此,名词谓语句不妨看成是动词谓语句的蜕变或省略形式。例如:

今天端午节。——今天不是端午节。

姚明上海人。——姚明不是上海人。

2. 动词性谓语句

动词性词语充当谓语的句子叫动词谓语句。动词谓语句在日常交际中占了很大的比重,是汉语中最为常见的一种句型。

动词性短语类型多,结构复杂,可以据此对动词性谓语句进行再分类。动词单独作谓语在句法上往往受到限制,一般需与其他成分组配。动词谓语的常见形式是动词前面有状语或后面有宾语、补语或动态助词,也可以是这几个成分同现。例如:

(你)脸上‖[又]添了(新)伤疤了!(主+状+动+定+宾)

春天‖[悄然]爬<上>树梢。(主+状+动+补+宾)

小王‖说<明白>了。(主+动+补)

他‖[最近][又]读了<一遍>《红楼梦》。(主+状+动+补+宾)

我‖借图书馆(一本)书。(主+动+宾+宾)

由连动短语、兼语短语充当谓语的句子也比较多见。例如:

他‖放<下>行李┆走<过来>┆[跟我]说了(几)句。

屋里‖有人[轻轻]地哼着小调。

单个及物动词作谓语是有限制的,或者采用重叠形式,或者采用对举形式。例如:

我们马上*研究研究*。/大家再*考虑考虑*。

饭好*吃*,钱难*挣*。/饭*做*了,水*烧*了。

3. 形容词谓语句

形容词谓语句是形容词性词语充当谓语的句子,其主要的作用是描写主语的性质状态。例如:

天晴了。/吸烟对健康不利。(性质)

学校里十分安静。/女孩子的皮肤雪白。(状态)

形容词做谓语也常常使用复杂形式,或是并列形式,或是重叠形式,或有附加成分。例如:

这孩子*老实憨厚*。/房间里*干干净净*。

天气*冷极*了。/表演*真精彩*啊!

这小姑娘*确实乖得很*。/外面*冷清清*的。

单个性质形容词作谓语时,一般出现在对举句(有比较意味)、前后句或者问答句之中。例如:

小王*胖*,小李*瘦*。/这件*贵*,那件*便宜*。

我喜欢女孩,女孩*文静*。/天气*冷*,出门要多带些衣服。

4. 主谓谓语句

主谓谓语句是汉语中很有特点的一类句型,使用广泛,类型繁多,下文再作详细讨论。

(二) 非主谓句

非主谓句是由单个词或主谓短语以外的其他短语构成的单句。非主谓句本身不可能分析出主语和谓语来,所以不能叫"无主句"。无主句通常是指有主语但主语省略的句子。

1. 名词性非主谓句。名词性非主谓句是由名词或名词性短语构成的单句。例如:

证件！/你的钱！/多好的孩子！/老张和老李呢？/卖菜的！

2. 动词性非主谓句。动词性非主谓句是由动词或动词性短语构成的单句。例如：

听！/到点了。/吃完！/祝你健康！/打开窗户透透气！

3. 形容词性非主谓句。形容词性非主谓句是由形容词或形容词性短语构成的单句。例如：

好！/好极了！/真棒！/非常漂亮！

4. 特殊非主谓句。特殊非主谓句主要是由名词、动词和形容词之外的词语构成的单句。例如：

不！/没有！/哼！/哎哟！/砰！/哗啦！/啥？/怎么啦？

（三）几种重要的动词谓语句

1. 连动句

连动句是用连动短语充当谓语的句子，或者是由连动短语直接构成的句子。例如：

大家到观前街看电影。/他俩站着说了几句话。

同学们爬山爬累了。/大伙听到这件事都傻了。

乘客上车买票。/人们纷纷排队上车

连动句的基本结构特点：(1) 几个动词短语，互不作成分，而是共同作谓语，拥有同一个主语。(2) 动词尽管可以分别连着主语单说，但之间不能有停顿，也没有关联词语。(3) 动作之间有特定的次序（时间、空间或认知），在语义上存在目的与方式、原因与结果、前面与后面等关系，位序不能随意颠倒。例如：

我拉开门走出教室。

他搜集着一片片的干树叶烧水喝。

凭着坚强的求生意志，他还是挣扎着蠕动爬行。

由于长期的劳累过度，李老师终于生病住院了。

就内部构成而言，连动句一般可以分为以下几类：

第一，V_1+V_2， V_2是V_1要实现的目的。例如：

李明来学校学习了。/我去图书馆看书了。

妈妈上街买菜了。/奶奶进城看戏了。

第二，V_1+V_2， V_1是V_2进行的方式。例如：

老师每天开车去学校。/张秘书平时用钢笔写字。

同学们唱着歌走进教室。/部队马上跑步前进。

第三，V_1 + 不 + V_2，V_1 和 V_2 分别以肯定否定形式来表示动作的两个方面。例如：

她拽着李老师不放。/小张把自己关在屋子里不出来。

第四，V_1 + N + V_2，N 是 V_1 和 V_2 共有的受事。例如：

老师倒了杯水喝。/妈妈削了个苹果吃。

第五，有（没有）+ N + V，即第一个动词是"有/没有"。例如：

你有权力发表意见。/他有病不能来学校。/我没有希望去留学。

总之，连动句的两个动词结构之间存在某种逻辑联系，或目的，或方式，或条件，或正反两面。如果两个动词结构之间没有这些内在的逻辑联系，则不是连动句。

仅从构成成分的形式上看，连动句同联合短语作谓语、谓词性词语作宾语、介词短语作状语、能愿动词作状语、趋向动词作补语的句子和紧缩复句等有些相似，因此要注意辨认，防止混淆。例如：

他看书写字。（联合短语作谓语）

这一年秋季，她们学会了射击。（动词作宾语）

她们一点也不知道疲倦。（形容词作宾语）

马克思十分重视学习外国语言。（述宾短语作宾语）

我们沿着河边行走。（介词短语作状语）

你应该到他那里去一趟。（能愿动词和介词短语作状语）

里面走出来一个人。（趋向动词作补语）

他一来就走。（紧缩复句，中间有关联词语）

2. 兼语句

一个短语里边有两个动词，第一个动词后边的宾语同时又是第二个动词的主语，这个同时有两种功能的成分叫兼语。兼语短语实际上是由述宾短语和主谓短语套叠而来，兼语就是述宾短语与主谓短语的叠加成分。并非所有含有兼语短语的句子都是兼语句。兼语句必须是由兼语短语充当谓语或独立成句的句子。兼语句的基本格局是：$S_1 + V_1 + O_1(S_2) + V_2 + O_2$。例如：

老师让*他*读课文。/小明请*朋友*吃饭。

与其他动词谓语句相比，兼语句在结构和语义上具有如下特点：

第一，兼语句的谓语是由述宾短语链接主谓短语构成的，述宾短语的宾语兼做主谓短语的主语。

第二，兼语句的前一个谓语多由使令动词、情感动词或存在动词"有"充当。常见的谓语动词有“使、让、叫、派、称赞、表扬、命令、吩咐、选举、号召”等。

第三,兼语前后两个动词在语义上有一定联系,后一个动词的动作是前一个动词的动作所要达到的目的或产生的结果。

根据兼语短语中前一个动词的语义状况,兼语句可分出以下四种类型:

(1) 使令式:前一动词有请求或使令意义,如“请、求、托、使、叫、让、派、催、逼、命令、吩咐、禁止、请求”等。例如:

老师叫大家安静。/上级派工作组检查工作。

(2) 表情式:前一动词为表赞许、责怪或其他心理活动的及物动词,如“夸、笑、骂、爱、恨、嫌、称赞、表扬、喜欢、感谢”等。例如:

我感谢你告诉我一个好信息。/他埋怨我没给他办成这件事。

(3) 选定式:前一动词为“选”、“聘”、“推荐”这样的及物动词。例如:

同学们一致选他当班长。/苏州大学聘请张教授为特聘教授。

(4) 存在式:前一动词为“有、轮”等表示领有或存在的动词。例如:

我们没有人反对他的意见。/轮到你值班了。

(5) 普通式:前一个动词是一般动词。例如:

妈妈送弟弟去参军。/风吹雪花飘。/是一个骑自行车的人撞倒了他。

在实际运用中,兼语句和连动句经常可以出现在同一个句子里,形成两种复杂的句式:一种是融合式,即句中融合了连动和兼语两种格式;另一种是交错式,即句中的连动式和兼语式交错出现。各举二例如下:

温总理昨晚陪着普京总理看戏。

今天我请大家在北京饭店吃烤鸭。

他们单位的领导派他去上海联系出版古籍的事。

王团长打电话通知齐连长马上回部队来。

兼语句与主谓短语作宾语的句子形式上高度相似,应特别注意它们之间的区别。试比较:

我请他来。→我希望他来。

我派你去。→我通知你去。

综上,可以将二者的不同归结如下:

(1) 句中停顿的位置不同。在第一个动词后,兼语句不能停顿,而主谓短语作宾语的句子则可以。

（2）插入状语的位置不同。在第一个动词后，兼语句不可以插入状语，主谓短语作宾语的句子则可以。

（3）第一个动词的性质不同，该动词可支配的对象也不同。兼语句的动词多是使令动词或是情感动词，支配的是人，不是一件事；主谓短语作宾语的句子动词无使令意义，一般是言语动词或感知动词，如"说、告诉、想、希望、知道、证明、标志"等。

（4）兼语句中，兼语的前后成分之间往往有因果、目的等关系；而主谓短语作宾语的句子则不然。

（5）兼语句可以针对兼语来提问，问的是人；而主谓短语作宾语的句子只能针对主谓短语来提问，问的是事。

3. 双宾句

双宾语由直接宾语和间接宾语组成。动词之后先后出现直接宾语、间接宾语两个宾语的句子叫双宾句。双宾句的基本结构模式是：$S+V+O_1+O_2$。

直接宾语是谓语动词的直接承受者，间接宾语表示谓语动作的方向或动作的目标。间接宾语一般紧跟在谓语动词后，又称近宾语；直接宾语处于间接宾语之后，又称远宾语。近宾语一般指人，回答"谁"的问题；远宾语一般指物，回答"什么"的问题。例如：

我‖也曾送他一两样东西。

服务员给我一杯茶。

这个时期母亲‖教给我许多生产知识。

大家‖都叫她祥林嫂。

有时候，远宾语也可以指人（物化的人），但仍是回答"什么"的问题，近宾语也可以指物（人化的物），但仍是回答"谁"的问题。例如：

市政府‖分给我们十名大学生。

图书馆‖给资料室一套丛书。

双宾句的两个宾语一般都是名词性词语，但远宾语有时也可以是非名词性的词语甚至是主谓短语。例如：

师傅教徒弟打牌。

秘书‖请示经理怎样回绝客户借款的要求。

丈夫‖没有告诉妻子自己要去打仗。

我问他这件事该怎么办。

根据谓语动词的意义，双宾语句大致可分出授受类、获取类、问告类、称谓类等。各举二例如下：

父亲留给儿子一套房子。/王老师教学生汉语知识。

我拿了资料室一本书。/我以前得过他一点好处。

路人问警察市政府在什么地方。/学生请教老师一个数学问题。

大家都叫他“老顽童”。/父母喊他“小不点”。

归结起来，双宾句大致具有以下几个特点：

（1）全句的谓语动词通常是三价动词，如“给予”、“接受”、“询问”、“请示”、“告诉”等。

（2）近宾语是生物体（一般指人）或生物体的代表物，中间无语音间歇，常由简短的代词、名词充当；远宾语多数指非生物，有时也可指人，构成一般较复杂，可由词、短语、复句形式充当。

（3）有的双宾句可变换为非双宾句的同义句，一般用介词将远宾语或近宾语提前即可。例如，“我给他去国外的机会”可以转换成“我把去国外的机会给他”，“县里请示省里下一步该怎么办”可以转换为“县里向省里请示下一步该如何办”。

4. 主谓谓语句

主谓短语充当谓语的句子叫主谓谓语句。与印欧语相比，主谓谓语句堪称汉语句型的一大特色。主谓谓语句使用率虽高，却难以识别，是语法学界颇多分歧的一种句式。分歧的焦点在于各人所秉持的鉴定标准宽严不同。

作为一种特定句式，主谓谓语句具有两大特点：其一，主谓谓语句中的大小主语之间必须具有某种特定的语义关系；其二，主谓谓语句的状语可放在句首，但更多是出现在大主语之后、大谓语之前。大谓语之后不能带任何补语。

主谓谓语句的构成比较复杂，相关的类别自然也就丰富多样。一般说来，主谓谓语句大致有以下八种类型。

（1）大主语同小主语在逻辑上有施受关系。其中又分两种情况：其一，大主语是受事，在意念上是受小谓语支配的，小主语是施事；其二，大主语是施事，小主语是受事，在意念上是受小谓语支配的。各举二例如下：

这个道理‖任何人都能讲得清清楚楚。

任何困难‖我们都能克服。

他‖祖国的名山大川都走遍了。

我们‖任何困难都能克服。

（2）大主语同小主语在逻辑上有领属关系。小主语代表的事物隶属于大主语，是大主语所管辖的一部分。例如：

他‖身体健康。/山里人‖胆子本来就小。

这些战士‖眼睛熬红了。/沙漠地区，‖空气干燥。

（3）大主语是主谓谓语叙述的情况所关涉的对象。例如：

这部影片，‖观众有不同的意见。/那个地方，‖他并不陌生。

这个问题，‖研究的人太多了。/这类事，‖我们的经验很丰富。

（4）作谓语的主谓短语是主宾同形结构。例如：

他们俩‖手拉着手。/全世界人民‖心连心。

咱们‖谁也别忘了谁。/他们‖一个帮着一个。

（5）大主语同主谓谓语中的某一词语（常常是代词）存在复指关系。例如：

高耸入云的桥堡，‖这是多么宏伟的建筑。

雷锋，‖他是我们时代的新人。

这个孩子，‖我也疼他。

他的两个妹妹，‖一个是教师，一个是医生。

（6）大主语是时间、处所词语，谓语对大主语进行描写或说明。整个句子属于主谓谓语型存现句。例如：

江南的夏夜，‖蛙声如潮。/天安门的夜晚，‖灯火辉煌。

湖面上，‖波光粼粼。/那边山沟里，‖枫树的叶子全红了。

（7）大主语和大谓语一样，都是主谓短语。大谓语是对大主语进行评议或说明的。例如：

他分析问题，‖头头是道。/小杨办事，‖钉是钉，铆是铆。

（8）作大谓语的主谓短语是名词性的，全句几乎不存在谓词。例如：

这套书‖一本两块钱。/这套书‖两块钱一本。

这种拖把‖一把多少钱？/这种拖把‖多少钱一把？

在实际语境中，主谓谓语很少单独出现，即主谓谓语句中常常会有两三个甚至更多的主谓谓语。例如：

记忆中的父亲‖总是脸色红润，满头乌发，胡子刮得很干净的。

中国‖历史悠久、幅员辽阔、物产丰富、人口众多。

这里‖文化昌盛、经济发达、交通便利，所以吸引了很多投资者。

（四）变式句

一个句子出于修辞或语用的需要，有意增删、替换其中的成分或调换成分的位置，这样就形成了变式句。变式句显然是针对常式句而言的。变式句大致可以分为省略句和异位句。

1. 省略句

省略句是指在特定的语境中，出于语言的经济原则，句中的某个句法成分暂时隐而不现的句子。省去的成分通常可以填补出来，否则就会造成语句信息的缺失。省略句与非主谓句有着明显的区别：省略句必须借助一定的条件，无条件就不能成句；非主谓句可以独立生成，一般不需要什么特定条件。省略一般有以下两种情形：

（1）因对话而省。例如：

甲：他上哪儿了？乙：____上公园了。/甲：你吃饭了么？乙：____吃了。

（2）因上下文而省。例如：

他看看天，____已经暗了。

____展望新世纪，我们对前途充满了信心。

2. 异位句

调换句子成分的常规位置，由此而产生的变式句叫异位句，又称倒装句。在异位句中，句法关系和语义关系保持不变，被移位的成分均可以恢复原位。异位一般有以下几种情形：

（1）主谓异位。主谓异位往往是为了强调谓语，或者是因说话急促而先说出谓语。主语属于后来追加的，一般表现为弱读。另外，谓语和主语之间一般有较为明显的停顿，书面上要用逗号隔开。这种现象常见于疑问句、祈使句和感叹句。例如：

终于跑出来了，我们。（陈述句，但有感叹意味）

吃饭了吗，你？（疑问句）

放心吧，爸爸妈妈！（祈使句）

终于过去了，中国的封建王朝！（感叹句）

（2）定语、状语和中心语异位。定语、状语在中心语前，这是常规语序，而放到中心语之后则属于非常规语序。后置的定语多限于一些形容词、"的"短语，后置的状语多限于副词和介词短语。定语、状语后置不仅突出了定语和状语，并且还能给原本复杂的结构消肿，从而使句子节奏变得简洁明快。例如：

我吃了三个汤圆，（芝麻的）。/他吃了一碗八宝粥，（甜甜的）。

你没迟到，[幸亏]。/同学们都不约而同地来了，[从祖国的四面八方]。

（3）综合异位。在口语中，有些句子会同时出现主谓异位和状中异位的情况，还有的则属于主谓和宾语的异位。例如：

太离谱了，这也！

谁说的，这是？

三、单句的分析

单句的分析是一种多元分析，大致包括句子的结构分析、句子的语义分析、句子的功能分析、句子的变换分析等。

（一）句子的结构分析

现行的句子结构分析主要采用两种方法：句子成分分析法和层次分析法。

1. 句子成分分析法

句子成分分析法又叫“中心词分析法”，是传统语法学广泛使用的句子分析方法。该方法奉行的析句原则：总观全句，把握结构，先抓主干，再找枝叶。为了求得分析结果的简洁，句子成分分析法通常采用不同的线条符号来标注各种句子成分，因而又被称为“线条符号法”或者“加线法”。有关符号的使用说明如下：

主语：在成分下边双横线　　谓语和述语：在成分下边加单横线；

宾语：在成分下边加单曲线　　兼语：在成分下边加单横线和单曲线；

定语：在成分外边加小括号　　状语：在成分外边加中括号；

补语：在成分外边加尖括号　　连动语：在谓语之间加竖虚线；

插入语：在成分下边加三角

主谓分界线：双竖线　　述宾分界线：单竖线。

以下为分析举例：

(1) 他‖拿＜走＞了｜(我)的书。

他‖［把我的书］拿＜走＞了。

(2) (我)的书‖［被他］拿＜走＞了。

(我)的书‖「他拿走了」。

(3) (我们)连队‖［把敌人的碉堡］攻＜破＞了｜两个。

(敌人)的碉堡‖［被我们连队］攻＜破＞了｜两个。

(4) 他‖「什么都不懂」。

(我)的书‖「你看完了没有」？

(你刚才看)的(那本)书‖「我只看过目录」。

(5) 你‖[会]唱山歌[不会]?

成瑶‖绕过┆客厅┆走了〈出去〉。

我们‖出去┆买┆东西〈回来〉┆吃。

(6) 他‖告诉我(一个)秘密。

同事‖倒给我(一杯)茶。

(7) 他‖叫┆我‖去┆请‖医生‖看┆病。

他‖拿了┆茶壶┆倒┆茶┆给客人‖喝。

2. 层次分析法

如前所述,层次分析法就是逐层将一个句法单位(联合短语除外)切分成两个直接相关的成分,直到不能再切分为止的句子分析方法。层次分析法的分析过程主要包括两个步骤:第一步是切分结构层次,第二步是确定结构关系。层次分析法常以图解的方式加以显示,又称图解法。按照图解的实际结果,图解法又分为框式图解法和树形图解法。例如:

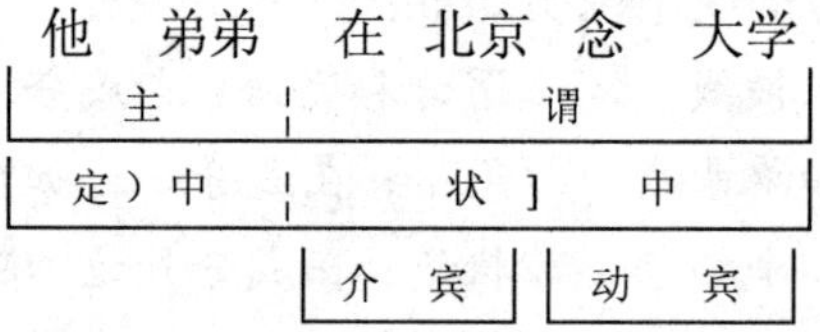

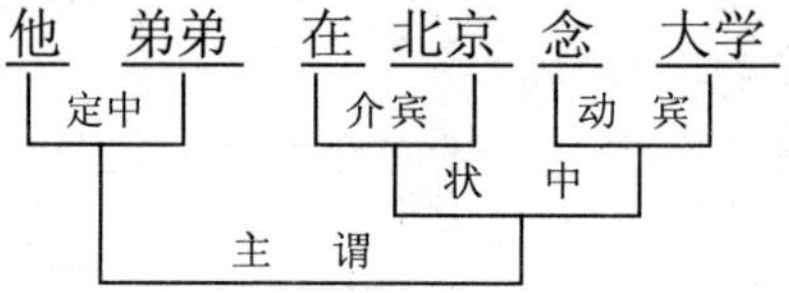

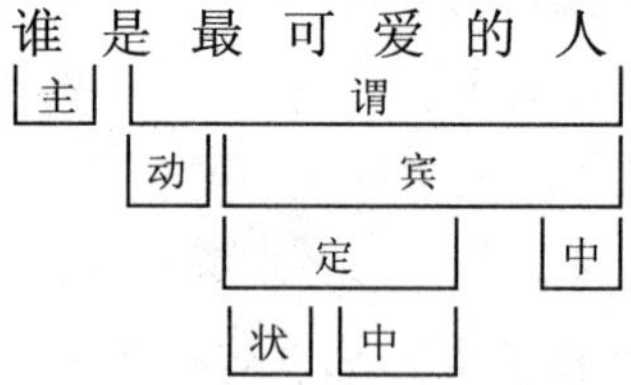

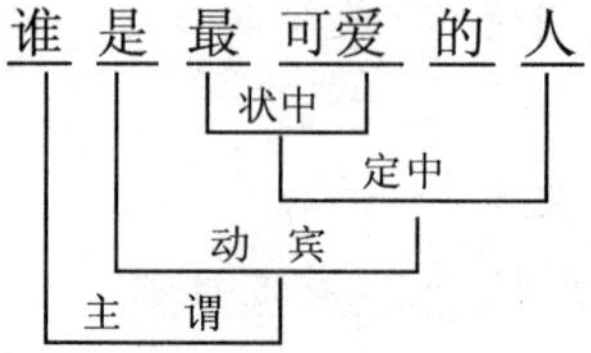

（二）句子的语义分析

句子的语义分析包括语义关系分析、语义指向分析和语义特征分析。语义分析对识别和消除句子的歧义现象具有十分显著的作用。

所谓语义关系，是指隐藏在句法结构后面、由词语的语义范畴所建立起来的关系。例如，“头发剪短了”具有两层意义：一层表示“结果实现义”，客观描述理发后的实际状况；一层表示“结果偏离义”，说明对理发结果的一种主观评价。考察发现，只有当中性动词进入该构式时，歧义才会发生。

所谓语义指向，是指句法结构中某一成分与其他成分在语义上的联系。语义指向分析的重点是非直接成分之间的语义关系。语义指向分析的重点是定语、状语和补语的语义指向。例如，“他浓浓地泡了一杯茶”中状语“浓浓的”语义上指向宾语“茶”。

所谓语义特征，是指词语中符合某种组合选择的有区别性特征的最小语义成分。例如，在“他吃饭”、“我喝水”两句中，“吃”与“喝”的语义特征如下：

吃：[+动作][+固体物][+使物体消失][+……]

喝：[+动作][+液体物][+使物体消失][+……]

（三）句子的功能分析

句子的功能分析即句子的语用分析。句子的语用分析就是研究人怎样运用句子来进行相互间的交际的。句子的结构分析和语义分析无论讲句型还是讲施受关系，都只是停留在静态的层面。而语用分析则偏重于讲表达，所以是一种典型的动态分析。对有些句子来说，进行结构分析的意义可能不大，而功能分析也许是最恰当而紧要的分析。

譬如，反问句的主要价值就体现在语用功能上。作为现代汉语中应用十分广泛并相当有特点的一种假性疑问句式，反问句与一般疑问句在句式上并无多大区别。不过，双方在语用特点和语用功能方面却相距甚远。据考察，反问句至少具有以下六种语用功能：表达不满情绪的功能，申辩、反驳的功能，提醒、催促的功能，表达疑惑的功能，抒情、说理的功能，表达谦逊、客气的功能。例如：

你总是跟我过不去，我惹你了吗？（表达不满）

难道这件事全是我的错？（表达申辩）

情况这么紧急，你还磨蹭个啥？（表达催促）

这种事还能惊动您老的大驾？（表达客气）

此外，反问句与一般疑问句在语用方面还存在如下区别：反问句常用于否定回答，常能充当答句，常取复杂的问句形式，常用作话题衔接的有效手段，而一般疑问句则极少如此。

（四）句子的变换分析

根据表义的需要，按照一定的规则把甲句变成乙句，这叫句子的变换。进行句子变换，有时是为了突出或强调某种事物，有时是为了更好适应具体的语言环境，有时是为了追求语言表述的简洁与精练，有时则是为了消除语句的歧义现象。句子的变换通常是在同义句之间进行的。例如：

弟弟打破了哥哥的玻璃杯。

弟弟把哥哥的玻璃杯打破了。

哥哥的玻璃杯被弟弟打破了。

哥哥的玻璃杯给弟弟打破了。

哥哥的玻璃杯弟弟打破了。

一般说来，句子变换的方法大致有四种：移位、添加、删除、替换。所谓移位，就是改变句法成分的位置。前面提到的倒装句其实就是一种句法移位现象。移位通常可以改变句式的语法结构关系和语义结构模式。试比较：

台上坐着主席团。←→主席团坐着台上。

所谓添加和删除，就是适当增添或去除句子的某些附加成分，使句子的句法关系和语义关系更趋明晰或简约。在一般情况下，添加和删除并不会导致句子的语法结构和语义结构的改变。例如：

翠绿的树枝上点着几千支明晃晃的蜡烛。→树枝上点着蜡烛。

天亮就出去锻炼。→只要天一亮，就出去锻炼。

所谓替换就是用性能相同或相近的词语进行互换，以检测彼此的异同，并进而显示句子在句法和语义层面的细微差别。例如：

他晚饭吃过的。←→他晚饭吃过了。

句子间的变换大致涵盖两种情形：一种是句类之间的变换，一类是句型之间的变换。

句类变换就是句子不同语用类型之间的转换，像肯定句和否定句、主动句和被动句、陈述句与疑问句之间的变换就属于句类变换。例如：

人都到齐了。（陈述句）——人都到齐了吗？（是非问）

他已经准备好了。（陈述句）——他已经准备好了吗？（是非问）

他已经准备好啦？（反问句）——他是不是已经准备好啦？（正反问）

你想什么？（特指问）——你想什么了吗？（是非问）

句型变换就是句子不同句法格局之间的转换，像长句与短句、主谓句与非主谓句的变换、“把”字句与“被”字句的变换都属于句型变换。例如：

今天真是一个阳光明媚、空气清新的好日子。（长句）——今天是个好日子。（短句）

天气多么好！（主谓句）——多么好的天气！（非主谓句）

老板把我炒了。（“把”字句）——我被老板炒了。（“被”字句）

思考和练习

1. 句类、句型、句式有何不同？请举例说明。
2. 句子分析和句法分析是否一回事？请举例说明。
3. 有人将“把”字句、“被”字句、连动句、兼语句、双宾句、存现句、比较句都视为句式。你是否同意？若不同意，请说明理由。
4. 如何区分连动句和兼语句？请分别造一例“连动＋兼语”、“兼语＋连动”的混合句。
5. 主谓短语在句中的分布比较广泛。请尽量列举其在句中的不同分布状况。
6. 常式句和变式句是从什么角度划分出来的？变式句有哪些常见类型？
7. 句子变换有哪几种手段？又包括哪些具体内容？
8. 句子成分分析法和层次分析法各有何利弊？

第六节 句 类

一、句类概说

句子是语言的基本运用单位，同时又是最重要的语法单位。句子可以从不同角度按不同标准进行不同分类。按表达语气分，有陈述句、疑问句、祈使句、感叹句等；按表意内容分，有叙述句、描写句、判断句、评议句等；按句法结构分，有单句与复句、主谓句和非主谓句、偏正复句和联合复句等。

句类是句子在语用平面分出来的类型，是指句子的语用价值或表达用途的类别。与句型相比，句类至少具有以下三个鲜明的特点：

（1）非单一性。一句多类是语言中的一种客观存在，这完全由语用因素的多样性所决定。例如，一个否定句有可能兼属判断句和疑问句，一个肯定句则有可能兼属叙述句和感叹句。

（2）非一统性。汉语的句类存在多个并行不悖的系统，句子按语气分是一个系统，按情态分又是一个系统，彼此独立，互不包容。因此，汉语的句类系统是一个多维网络系统，很难从一而终。

(3) 非限定性。一种语言中到底有多少种句类或者句类数量的极限值是多少一直难有定论，因为语用始终是交际中的裂变因素，具有不可控性。一个新的语用因素的产生就有可能导致一种新的句类的诞生。另一方面，句类跟着句子走，句子的无穷性也在一定程度上造就了句类的非限定性。

如同词汇有基本词汇与一般词汇之别一样，汉语的句子也有基本句类与非基本句类之分。基本句类居于句类体系的中心位置，代表了汉语句类的主流，承载着语言交际的主体功能，起着保证语言系统稳定性和连续性的重要作用。基本句类一般具有经久性、常用性、广泛性、发展性和系统性等特点。判断句、处置句、被动句、存现句、比较句、祈使句、疑问句、致使句等都是汉语里不折不扣的基本句类。

二、句子的语气分类

语气是关于句子用途的一种语法范畴，表示说话人对交际中所谈情况的看法和态度，是人在思想感情的支配下所体现出的声音形式。语气主要由两个方面构成：一是特定的思想感情，一是具体的声音形式。人说话时气息的缓急、轻重、多少、粗细都能影响感情的表达。例如，气徐声柔一般表示爱的感情，气促声硬一般表示憎的感情，气沉声缓一般表示悲的感情，气满声高一般表示喜的感情。任何语气都不能独立生成，只能存身于具体语境的语句当中。

汉语表达语气的主要手段是语调(在书面语中用句末点号表示)，其次是语气词。此外，句子的结构也可在一定条件下用来表达语气。例如，主谓倒装句常用来表示感叹语气，述语的肯定与否定形式则可用来表示疑问语气。

1. 陈述句

陈述句是叙述或说明事实、具有陈述语调的句子，本身不带强烈的感情色彩。陈述句是思维的最一般表现形式，也是使用最为广泛的句类。具体特点如下：

(1) 句子使用降调(书面上以句号结尾)。——常规标记

(2) 句末可带语气词“了、的、呢、罢了、嘛、啊”等。——非常规标记

陈述句有肯定的陈述，也有否定的陈述。表肯定的陈述句，可以用“是”或一般的肯定句式表示。表否定的陈述句，则要在谓语中心语前边使用“不、没、没有”等。例如：

沙漠是人类最顽强的自然敌人之一。

沙漠地区空气干燥，日光的照射特别强烈。

邓稼先是中国核武器事业的奠基人和开拓者。

沙丘的前进并不是整体移动的。

苏州园林绝不讲究对称。

这座桥从没出过事，足见它的坚固。

双重否定的陈述句要在一句话内使用两个互相抵消的否定词，以此来表示肯定的意义，正如数学中的"负负得正"。口语中常用"非……不……"、"没有……不……"等，而书面语中则多用"无不、无非、不无、未必不"等。双重否定句的肯定语气要比一般肯定句来得强烈或委婉。例如：

我不得不告诉你事情的原委。（强烈）

没有谁不惧怕他的威严。（强烈）

你若是想在这个世界留下值得让人怀念的事迹，那就非得有毅力不可。（强烈）

他不会不同情我的。（委婉）

他的话不无道理。（委婉）

他无非是想多捞点退休金罢了。（委婉）

有些句子，虽然含有疑问代词或疑问结构，但并不表示疑问，全句带有陈述语气，应该看作陈述句。例如：

谁也不知道这是怎么回事。

什么苦他都能吃。

今天咱哪儿都不去。

我知道他为什么不来。

2. 疑问句

疑问句是具有疑问语调、提出疑问并且通常需要给予回答的句子。疑问语调是疑问句的常规标记（书面上以问号结尾），疑问代词和疑问语气词则为非常规标记。

根据句子的结构特点和语义状况，疑问句又分为以下四类：

（1）是非问句。是非问句是要求做出肯定或否定回答的问句。是非问句是对整个命题进行提问，常用"是、对、嗯"或"不、没有"等作答，也可用点头或摇头来回答。陈述句只要加疑问语调就构成了是非问句，语气词"吗"、"吧"可用可不用。例如：

你会原谅我吗？／　这事儿你知道吧？

这事你真的不管？／　你看见了他的，是吗？

（2）特指问句。特指问句是用疑问代词代替未知的部分进行提问，要求对方针对未知的部分做出回答的疑问句。特指问句是由疑问代词（如“谁、什么、怎样”等）或由它组成的短语（为什么、什么事、做什么、怎么做等）来表达疑问的句子，一般需要对方就此作答。句子往往用升调，有时也用降调，常用语气词“呢、啊”，一般不用“吗、吧”。例如：

谁今天值日？/ 我什么时候开始工作啊？

你怎么不看黑板呢？/ 你为什么这么不高兴？

什么事不能好好商量的？

特指问句还可以由名词性词语和疑问语气词“呢”构成，不用疑问代词。例如：

钢笔呢？/你的呢？/我的手表呢？/那本字典呢？

（3）选择问句。选择疑问句是指提出两个或两个以上可能的答案供对方选择的问句，它以一般疑问句的结构为基础，只是在语调上有所区别。通常的情况是，前面的选择项常用低升调，最后一个选择项则用降调。选择问句常用“是、还是”连接分句，起辅助作用的语气词有“呢、啊”（可单用，可联用）。与其他问句不同的是，选择问句通常采用的是复句结构。例如：

是早上读书好啊，还是晚上读书好？

喝汽水还是喝咖啡？/ 明天你去呀还是我去？

是这个意见好，还是那个意见好呢？

是保持沉默，还是指出缺点？

（4）正反问句。正反问句是用肯定和否定并列的方式进行提问，希望对方从中做出选择的疑问句。正反问句针对谓语部分而发问，一般采用“V 不 V”或“A 不 A”的格式（如“是不是、行不行、好不好”等）和“V 不”或“A 不”（如“是不、行不、好不”）的格式。正反问句一般不使用疑问代词或疑问语气词，需要时可用“呢、啊”，很少使用“吗、吧”。例如：

昨天玩得高兴不高兴（呢）？/ 你愿意不愿意（啊）？

你买的东西便宜不？/ 明天你来不？

你根本就没看过书，是不是（呢）？/ 我先走一步，行不行（啊）？

需要说明的是，通常所谓的反问句和设问句是从语用角度划分出的特殊类型，有疑问之形，而无疑问之实，目的是为了增强句子的表达效果，属于修辞学的研究范畴。

3. 祈使句

祈使句是说话人要求听话人做或不做某事、带有祈使语气的句子，一般使用降调，书面上多以感叹号结尾，但当祈使的语气较弱时，也可以用句号结尾。祈使句的语调特点：语音强度一般比陈述句重，句末部分的音节速度较快。句子的祈使语气主要依靠语调来表达，有时也借助语气词“吧、啊（呀、哇、哪）”等。

根据祈使句的语用意义和语气的强弱,祈使句可以分为以下三类。

(1) 表命令、禁止的句子。此类祈使句带有强制性,一般不用主语、语气词,结构简短,语调急促,否定句多用"不准、不许、别"等。例如:

小明,快去做作业。/　你来!/　出去!

不许乱说乱动。/　别说了!/　不准睡觉!

(2) 表请求、乞免的句子。此类祈使句的语气相对舒缓一些,可以使用语气词"吧、啊",主语可以出现,也可以不出现。例如:

请进来坐吧。/　请给我一杯茶。

快说呀,为什么不说呢? 说吧。

算了,没什么过不去的。

甭说啦,我都知道。/　不要闹啦!

如果请求或敦促别人做事时,祈使句多使用动词的重叠形式,或用"请"。例如:

您说说。/　您帮帮忙吧。/　您请坐。/　请喝茶。

(3) 表建议、劝阻的句子。此类祈使句的语调比较平缓,常用语气词"吧、啊"。例如:

试一试吧。/　仔细看啊。

别去了,电影已经放完了。/　不要再说了。

4. 感叹句

感叹句是带有浓厚情感的句子,多表示快乐、惊讶、悲伤、愤怒、讥讽、恐惧等情感,使用降调,书面上一般以感叹号结尾。就构成而言,感叹句大致可分为以下四类:

(1) 由叹词构成的句子。例如:

哇! 这衣服真漂亮!/哎哟! 你还真自以为是!

唉,真没办法呀!/哼,等着瞧吧!

(2) 名词、形容词+"啊"构成的句子。例如:

天哪! 这可怎么办?/　我的上帝呀!

我的妈呀!/苦哇!

(3) 由口号、祝词构成的句子。例如:

中华民族万岁!/　为幸福的明天干杯!

学习雷锋好榜样!/　我们的明天会更美好!

(4) 由"多、多么、好、真"等副词构成的句子,句尾有语气词。例如:

那该有多好哇!/　好热的天气呀!

多么可爱的小孩呀！／ 想法真不错呀！

感叹句的形式不同，其蕴涵的意义和发挥的功能也各有不同。据此，感叹句又可分为以下几类。

（1）告知式感叹句。例如：

我家乡可美了！／你不知道，他可恶毒了！

昨天她打扮得可怪啦！／我们去湖边走走吧，那儿可安静啦！

（2）评价式感叹句。例如：

这么多桃花，真好看！／你们这儿的咖啡煮得真好。

这箱子好沉啊！／妈！您好胡涂！

（3）提醒式感叹句。例如：

你瞧，那儿多热闹啊！／你看她笑得多美！

你看这副珠子多大呀！／唉，瞧你多性急！

三、句子的表达分类

句子归根结底是要表达意义的，因此从意义角度对句子进行分类也是一种可行的方法。句子的意义有局部和整体之分，由此分出的句类自然有别。例如，根据谓语的意义，句子可以分成叙述句、描写句和判断句。而处置句、被动句、存在句和比较句则显然是依据句子的整体意义进行分类的结果。

1. 处置句

所谓处置，就是甲事物对乙事物施加某种影响并造成某种结果。处置句就是施事对受事施加影响并产生一定结果的句子。一般说来，处置句中的受事通常是有定的已知信息，而句中的处置行为及其结果是要强调的新信息。将有定的已知信息置于句首，而让未知信息居于句末，这是汉语句子擅长的基本格局。

现代汉语中最典型的处置句就是“把”字句。“把”字句是指在谓语动词前头用介词“把”引出受事，对受事加以处置的一种主动句。在句中，谓语动词所表示的动作对由“把”引进的受事施加影响，使它产生某种结果、发生某种变化或处于某种状态。例如：

我们一定要干好这件事。——我们一定要把这件事干好。

你吃饭吧！——你把饭吃了吧！

随着“把”字功能的扩展，“把”字句还逐渐衍生出了一种表致使的情形。句中的“把”类似一个虚化的动词，其意义相当于“使”。例如：

请把头扭过来！／他快把妈妈急疯了！

与其他句子相比，“把”字句在结构和意义方面具有如下显著的特点：

（1）“把”字句的谓语动词不能是光杆动词，即动词或者前有状语，或者后有补语、宾语、动态助词等。动词的重叠式和动补型双音节词则可以在句中单独出现。不过，韵文中的“把”字句可以不受上述限制。例如：

你把茶喝了。（动态助词）/　学生把书放在桌子上。（补语）

秘书把介绍信盖上章。（宾语）/　你把情况谈谈。（重叠式）

你不要把直线延长。（动补型双音词）

那一天同志们把话拉。/夫妻双双把家还。（光杆形式）

（2）表处置的“把”字句中“把”引进的主要是动作的受事，也可是工具、处所。表致使的“把”字句中“把”引进的则是动作的施事。例如：

小孩把花瓶摔了。/小两口把世界各国都跑遍了。

这事把大娘乐得合不拢嘴。/他把爹妈高兴坏啦。

（3）“把”的宾语在意念上一般是有定的、已知的人和事物，因此前面常带上“这、那”一类修饰语。如果用无定的词语，则通常是泛指一般的道理。例如：

出门把家里的钱带上。/　小刘把那个人打了。/　你把这道题做了。

莫把真理看成谬误。/　他把一天当做两天用。

（4）谓语动词一般都有较强的动作性，因此不及物动词、能愿动词、判断动词、趋向动词和“有、没有”等非动作动词不能用来作“把”字句的谓语动词。试比较：

把这个杯子打了。——＊把这个杯子有了。

我把书看了。——＊我把书理解了。

（5）“把”字短语和动词之间一般不能加能愿动词、否定词，这些词只能置于“把”字前。例如：

＊他把青春愿意献给家乡的建设。/＊我把他没有带来。

＊为什么把消息不告诉他？

2. 被动句

被动句是表示被动意义的句子。被动句是人类语言的基本表达方式之一，在不同语言中有不同的表现。被动句的主语是谓语动词的受事，而不是施事。汉语中的被动句主要有两大类型：一是有标记的被动句，即借助一些表被动的词语来表示；二是无标记的被动句，又叫意念被动句。例如：

饭被小李吃完了。/饭小李吃完了。

现代汉语中最通用的标记性被动句就是“被”字句，与“被”同义的介词“给、叫、让、挨”等也可以用作被动标记。“被”字句是指在谓语动词前面，用介词“被”引出施事或单用“被”的被动句。“把”字句有“处置”意义，“被”字句相对地就有“被处置”的意义。对主语（受事）来说，这种被处置的意义往往是不如意或不希望的，因此早先的“被”字句多用来表示一些不愉快的事情。不过，“被”字句的意义现在已呈现出中性化的趋势。例如：

树叶被风刮跑了。/ 衣服被雨淋湿了。

小姑娘叫蜜蜂蜇了一下。/ 我让他给骗了。

他被老师的才华所征服。/ 他的心灵第一次被震撼了。

“被”字句是典型的受事主语句，有自身的构成特点，并非由主动句任意变换而来。“被”字句大体有如下五类：

（1）由“被”引进施事的句式：受事 + 被十施事 + 动词性词语。例如：

教室被我们打扫干净了。/小姑娘被小偷盯上了。

（2）“被”后的施事没有出现的句式：受事 + 被 + 动词性词语。句中的“被”会被人看作助动词。如：

大楼被炸倒了。/课被推迟了。/车子被骑走了。

（3）由“被”与“所”构成的固定句式：受事 + 被 + 施事 + 所 + 动词性词语。这种格式一般多用于书面语，句中的动词多为双音节。例如：

我们不能被表面现象所迷惑。

同学们深深地被老师的话所感动，决心好好学习。

（4）由“被”与“给”构成的固定句式：受事 + 被 + 施事 + 给 + 动词性词语。例如：

突然觉得手被什么东西给划了一下。

我的书被小王给拿走了。

（5）“被”字与“把”字的套用句式：受事 + 被 + 施事 + 把 + 受事 + 动词性词语，其中的两个受事往往有领属、同一等关系。如：

*他*被炸药把一条*腿*给炸掉了。

*小偷*被人家把*他*抓住了。

和“把”字句类似，“被”字句在结构和意义上也有自身的一些特点。具体如下：

（1）谓语动词一般是带有处置性的动作行为动词，因此能愿动词、判断动词、趋向动词和“有、没有”等非动作行为动词通常被排除在外。试比较：

这个杯子被他打碎了。——＊这个杯子被他有了。

书被我看完了。——＊书被我懂了。

（2）进入“被”字句谓语部分的动词一般不能是光杆形式。前面一般要有能愿动词、时间词语、否定副词等状语，后面一般要有补语或别的成分。例如：

他们*没有*被土匪收买。/孩子们*一定会*被感动。

他被老板看中*了*。/小王被骂*了一顿*。

（3）主语所表示的受事一般必须是确定的，即是交际双方共知的或说话者假定双方共知的事物，或是专称，或是周遍性事物，或有其他限制修饰语。例如：

*那些学生*被老师批评了一顿。/*迟到的学生*都被老师叫去了。

小*郭*被老师给喊走了。/*所有的学生*都被放回家了。

（4）句中的能愿动词和表否定、时间等的副词只能置于“被”字前。例如：

这事*可能*被人发现了。/我们*决不能*被洪水吓倒。

大家的意见*已经*被领导采纳了。/他*也许*被小梁叫走了。

3. 存现句

存现句是表什么时间或空间存在、出现或消失了什么人或事物的一种句子。存现句结构上一般有三段，即时空词语＋存现动词＋存在主体。除了存在主体外，时空词语和存现动词都可在一定条件下隐而不现。例如：

飞机！/有一架飞机。/　天上有一架飞机。

现在有一架飞机。/　现在天上有一架飞机。

与其他句子相比，存现句在构成上具有如下特点：

（1）主语必须是时间词语或处所词语。例如：

昨天牺牲了两位战士。/台上坐着主席团。

（2）中介动词一般由表存在、产生、消失的动词充任，通常不表示动作，只表示事物的存在方式或状态。例如：

天上悬挂着一轮明月。/田里长着庄稼。/家里跑掉了一只鸡。

（3）句子的宾语往往不是动作的施事或受事，而是一种当事。因此，存现句与相应的主谓句并不同义。例如：

台上坐着主席团。≠主席团坐在台上。

墙上挂着一幅画。≠一幅画挂在墙上。

就意义而言，存现句可以分存在句和隐现句两种。存在句是表示何时何处存在何人或何物的句子，隐现句表示何时何处出现或消失何人何物的句子。例如：

山上有个庙。/台上演着话剧。

他的脸上透出了一丝笑意。/昨天村里死了两头牛。

存现句还可以按语用功能分出以下三类：

(1) 叙述性存现句。叙述性存现句只单纯说明事物的存在，对其情状不加任何渲染和描绘，表意上不具形象色彩，谓语动词一般由非动作动词“有”、“没”、“没有”充任。例如：

门外有一个人。/沙漠里没一点生命的迹象。/这里没有什么奇迹。

(2) 描写性存现句。描写性存现句则在说明事物或情况存在的同时，还对其存在方式和情状给予一定的描绘，因而表意上带有相当的形象色彩。这类句子包括行为动词中介句和主谓谓语句。例如：

门外站着一个人。/里面锣鼓喧天。

(3) 判断性存现句。与叙述句和描写句不同，判断性存现句在叙述的基础上注入判断的性质，因而使全句比一般存现句多了某种程度的确认性。倘变换一个角度，判断性存在句也可称为表存在意义的判断句。判断性存现句包括“是”字句和无中介动词句等。例如：

门外是一个人。/前面一个十八九岁的女生。

4. 比较句

比较句是用来比较不同人或事物在性状、程度方面差别的句子。比较句在结构上通常由比较主体、比较客体、比较词、比较点、比较值等成分构成。例如：

小张　　比　　小王　　矮　　半头。

比较主体 + 比较词 + 比较客体 + 比较点 + 比较值

比较句从语义上可分为三类：等比句、差比句、极比句。等比句是用来表示两个事物的性质、特点相同或者相近的句子；差比句是用来表示两个事物的性质、特点存在一定差别的句子；极比句是用来表示特定范围内的某个事物在性质、特点等方面最为突出的句子。各举二例如下：

他跟我一样高。/他的房间和我的房间一样大。

这个孩子比那个孩子聪明不少。/现在的天气比夏天舒服多了。

他是我们班同学中最厉害的。/小张最喜欢追星了。

汉语的比较句有两种基本形式：一种是隐性的比较句，即比较主体、比较客体不同时出现，比较词也不出现，句中承担比较意义的是形容词、副词或数量词。例如：

她长得漂亮。/她长得漂亮一点。

她长得很漂亮。/她长得尤其漂亮。

另一种是显性的比较句,即比较主体、比较客体同时出现,并且使用比较词“比”,句中经常承担比较意义的还有程度副词(“很、最、非常”除外)或数量词语。这类比较句包括以下三种具体格式:A+B+(还/更)+形容词/动词性词语,A+B+形容词+数量补语,A+B+多(少)/早(晚)+动词性词语。例如:

妹妹的成绩比姐姐好。/弟弟比哥哥还高。

这个教室比那个教室要大一点儿。/天津的物价要比上海便宜不少。

他比我早来十分钟。/男孩比女孩多吃了一个汉堡包。

否定式的比较句一般以否定词“不”、“不如”、“没有”为标记,通常用来显示事物的异同。例如:

小刘不比小李学习认真。/这件衣服的颜色跟那件不一样。

这幅画不如那幅画好看。/这棵树没有三层楼那么高。

思考和练习

1. 何谓句类?除了按语气分类外,句类是否还有其他的分类?

2. 语调和语气词之间是什么样的关系?它们对句类各产生哪些影响?

3. 陈述句能否进行下位分类?倘若可行,请提供一个恰当的分类方案。

4. 是非问句、特指问句、选择问句、正反问句能否重新进行归并?该如何归并?

5. 试对是非问句、特指问句、选择问句、正反问句四种问句的疑问焦点、疑问标记、疑问程度的情况分别进行说明。

6. 主动句和被动句有哪些共性表现?试举例说明。

7. 当说话人处于强势地位时,一般会运用表示命令、禁止的祈使句,但也会有例外。请举例说明例外情况。

8. 疑问句有时可以起到叙述的作用或祈使的作用,请举例说明并分析其中的原因。

第七节　复　句

一、复句的内涵

复句是由两个或两个以上意义上相关、结构上互不包含的分句组成的相对复杂的句子。所谓意义相关,是指前后意义具有内在的逻辑关系或特定的认知次序;所谓结构上互不包含，是指前后部分互不作句法成分，这是与单句的区别所在；所谓分句，是一种类似单句而没有句调的语言单位，但有相对完整的意思，可以是主谓句，也可以是非主谓句。复句的各分句之间一般有停顿，书面上可用逗号或分号、冒号表示。复句句末有较大的停顿，用句号或问号、叹号表示。例如：

我定睛望着他的脸，｜可是我不认识他，｜但我又十分熟悉他。

老师走进教室，｜来到讲台前，｜打开电脑，｜开始讲起课来。

分句之间的关系是一种内在关系，可以用也可以不用关联词语来表达。不用关联词语的复句，叫意合复句，一般多见于口语。借助关联词语来表达的复句，叫关联复句，一般多见于书面语。关联词大都是连词，还有少量副词（如“也”、“又”），还包括个别动词（如“还是”、“不是”等）和名词（如“一方面”、“另一方面”等）。关联词语是复句的形式标记，除了能使分句之间的关系明确稳定外，还能区别相同分句间的不同关系。例如：

如果你面对现实，就会获得新的机会。（假设）

只有你面对现实，才能获得新的机会。（条件）

因为你面对现实，所以获得了新的机会。（因果）

尽管关联词语并不能决定分句间的关系，但对有些复句（如转折复句、递进复句等）而言，关联词语往往是不可或缺的。

二、复句的类型

复句的分句间有一定的逻辑事理关系。根据分句间不同的逻辑事理关系，复句首先可分为两大类：联合复句和偏正复句。联合复句的各分句之间在意义上平等，无主从之分，包括并列复句、顺承复句、递进复句、解说复句和选择复句等。而偏正复句的各分句之间在意义上有正有偏或有主有从。正句承担了复句的中心意思，偏句则对正句起衬托或补充作用。根据正句和偏句之间的关系，偏正复句可以分为转折复句、条件复句、假设复句、因果复句、目的复句和倚变复句等。

（一）联合复句

1. 并列复句

并列复句由两个或两个以上的分句并列组合而成，叙述相关的几件事情，或说明相关的几种情况。常用的关联词语有：既……也（又）、又（也）……又（也）、有时……有时、一方面……另（又）一方面、一边……一边、一会儿……一会儿、不是……而是、是……不是；也、又、还、同时、同样、另外、而、而是。例如：

绿既是美好的标志，又是科学、富足的标志。

创作自由与社会责任感是应该统一的，也是可以统一的。

我不是要人装傻，而是要人保留一片天真。

她的眼睛里已经不再迷蒙着浑浊的泪水，而是流动着明澈的秋水。

虚心使人进步，骄傲使人落后。

2．顺承复句

顺承复句也称承接复句或连贯复句，前后分句按时间、空间或逻辑事理上的顺序说出连续的动作或相关的情况，分句之间有先后相承的关系。常用的关联词语有：首先（起先）……然后（后来）、刚……就；就、便、才、又、再、于是、然后、后来、接着、跟着、继而、终于。例如：

他们俩手拉着手，穿过树林，翻过山头，回到草房。

树上飞下来一只鸟，叽叽喳喳叫了几声，又向天空飞去。

世界上有思想的人应先想到事情的终局，随后着手去做。

没有天哪有地，没有地哪有你，没有你哪有我？

3．解说复句

解说复句也称总分复句，由总说和分说两部分组成。总说用一个分句，分说与总说相应，一般用几个分句来表达。总说与分说之间一般具有解释或说明关系，通常不需要借助关联词语。有的是先总后分，有的是先分后总。例如：

历史上的战争分为两类：一类是正义的，一类是非正义的。（先总后分）

来客也不少，有送行的，有拿东西的，有送行兼拿东西的。（先总后分）

对自己，学而不厌，对别人，诲人不倦，我们应采取这种态度。（先分后总）

一种是教条主义，一种是经验主义，两种都是主观主义。（先分后总）

4．选择复句

选择复句是由几个分句分别说出几件事，并从中加以选择的句子。根据说话人对选择项的倾向性，选择复句可以分为未定选择复句和已定选择复句两类。

未定选择复句就是分句提供几种可能的情况，让人从中选择。未定选择句的关联词语包括：或者（或/或是）……或者（或/或是）、是……还是、不是……就是、要么……要么；或者、或是、或、还是。例如：

或者你去，或者他去，或者我去。

断然的反对，还是警告他不要抱幻想？

要么被困难吓倒，要么把困难克服。

已定选择复句就是在几个选择项中选定其中的一项而舍弃其他项。已定选择句的关联词语分为先舍后取和先取后舍两类。表先舍后取的词语：与其……不如（无宁/宁肯）、还不如、倒不如；表先取后舍的词语：宁可（宁肯/宁愿）……也不（决不/不）。例如：

文章与其长而空，还不如短而精。

事情迟早是要解决的，还不如现在就解决。

宁可信其有，不可信其无。

宁肯被打死，也绝不能被吓死。

5. 递进复句

在递进复句的几个分句中，后面分句所表示的意思比前面分句更进一层，一般由轻到重、由小到大、由浅到深、由易到难，反之亦可。各分句之间的顺序固定，不能随意变动。递进复句可分为一般递进复句和衬托递进复句两种。

一般递进复句的几个分句都表示肯定的意思。常用的关联词语：不但（不仅/不只/不光/非但）……而且（还/也/不/更/就连）、不但（不但不/非但没）……反而（反倒还/相反还/偏偏还）；而且、并且、何况、况且、甚至、更、还、甚至于、更何况。例如：

这种桥不但形式优美，而且结构坚固。

他不认识我，甚至连我的名字都不知道。

衬托递进复句则是前面分句衬托后面分句，后面分句的意思更进一层。常用的关联词语：尚且……何况（更不用说/还）、别说（慢说/不要说）……连（就是）；尚且、何况、反而。例如：

这种道理小学生都知道，何况我们大学生呢？

见面尚且怕，更不必说向他提意见了。

（二）偏正复句

1. 转折复句

转折复句的前后分句的意思相反或相对，后面分句是说话人所要表达的真正意思所在。关联词语是其中必不可少的标记。根据转折程度和关联词语的差异，转折复句分为重转复句、轻转复句和弱转复句三类。

重转句的分句之间的对立明显，转折语气浓重，又叫让步转折句。常用的关联词语：虽然（虽是/虽说/虽则/虽/尽管）……但是（可是/然而/但/却/还/也/而）、虽然、虽、但是、但、然而。例如：

虽然金子很名贵，但我还是要做一块钢。

这间屋子很大，但是光线很差。

轻转句的分句之间意思上没有明显的对立，转折语气很轻，只用承上的关联词语。常用的关联词语：可是、可、却。例如：

波涛非常汹涌，可是我们的船仍然奋力地往前冲。

别人给了他很大的帮助，他却并不领情。

弱转句的分句之间意义上没有明显的对立，转折语气特别弱，只用承上的关联词语，常用的关联词语：只是、不过、倒。例如：

他长得结结实实，只是比原来瘦多了。

这个菜的味道不错，不过有点咸。

2. 条件复句

在条件复句中，偏句提出一种真实或假设的条件，正句说明在这种条件下所产生的结果。根据条件的不同，条件复句可以分为充分条件句、必要条件句和无条件句三类。

充分条件句是指只要具备某种条件就可能产生某种结果的句子。常用的关联词语：只要（只需/一旦）……就（那/便/总）、便、就。例如：

只要怀抱着信心，就能创造奇迹。

多读多写，作文就会有进步。

必要条件句是指缺少了偏句所提供的条件，正句所提出的结果就根本无法实现的句子。常用的关联词语：只有（唯有/除非）……才（否则/不）、才、否则、要不然。例如：

只有春天到来了，才能看见这种鲜花。

你们一定要努力，否则不能取得好成绩。

无条件句是指不以偏句的条件为依据，在什么情况下都会产生正句所提供的结果的句子。常用的关联词语：无论（不论/不管/任/任凭）……都（总/总是/也/还）。例如：

不管雄鸡叫不叫，天总会亮。

无论你是谁，都得遵守法纪。

3. 假设复句

假设复句的偏句假设某种情况的存在，正句则说明由这种假设而带来的结果。根据偏句和正句之间的意义关系，假设复句可以分为一致性假设复句和相背性假设复句。

一致性假设复句是指分句所表示的假设和结果是一致的，只要假设成立，结果就成立。常用的关联词语：如果（假如/假使/假若/假设/倘若/倘使/若是/若/要是）……就（那么/那/便/则/也）、那、那么、就、便、则。例如：

如果你愿意,我就陪你去白云山看看。

天上的彩虹落到江面上,我们就可以踏着彩虹过江去了。

你有更好的意见,我们一定采纳。

相背性假设复句又称让步假设复句,偏句提供一种假设并且承认这种假设的真实性,正句则转而述说一种与之相反或相对的结果。常用的关联词语:即使(就是/就算/纵使/纵然/哪怕)……也(还)、再……也、也、还。例如:

即使所有的人都放弃了,我也要继续向前。

前途有再多的险阻,也改变不了我前进的决心。

相背性假设复句和转折复句很相近,其区别在于相背假设偏句表示的是未实现的事实,转折复句的偏句表示的是已实现的事实,两者的关联词也不同。试比较:

尽管政府和学校采取了发放奖学金、组织勤工助学等措施,但仍有相当一部分学生支付学费和生活费存在困难。(转折复句)

虽然这几年只是当了一个合同制技术员,但他还是对未来充满着希望。(转折复句)

即使我们有什么过错,他也一定会原谅我们。(假设复句)

纵然他这次侥幸过关,他也无法走到终点。(假设复句)

4. 因果复句

因果复句是指正句和偏句之间存在原因和结果关系的句子,一般是说明原因的偏句在前,说明结果的正句在后。因果复句分为说明因果句和推论因果句两类。

说明因果句是对客观存在的因果关系进行说明的复句。偏句提供一种事实,正句表示这种事实所必然导致的结果。常用的关联词语:因为(由于)……所以(才/就/便/于是/因此/因而/以致)、之所以……是因为(是由于/就在于)、因为、由于、是因为、是由于、所以、因此、因而、以致、致使。例如:

因为你的工作不称职,所以我要炒掉你。

知识的海洋是无穷无尽的,因此学习是无止境的。

说明因果句涉及的关联词语较多,并且使用上有一些差别:"因为"常和"所以"合用;"由于"常单用,也可和"因此,因而,所以"合用;"因此,因而"一般单用在后面分句,作用相当于"因为……所以";"以致,致使"多用于后果不好的情况或说话人所不希望的结果。例如:

由于违反了公司的规定,他被开除了。

好心有好报，因此人要多做好事。

河里结了冰，致使轮船不能开航。

他来晚了，以致没有听到经理说的话。

推论因果句的偏句提供某种理由或根据，而正句则表示从该理由或根据推断出的某种结果。常用的关联词语：既然……那么（就/不/便/则）、既然、既、就、可见。例如：

既然我把那么深厚的感情灌注在我的歌里，她怎么会听不见呢？

现在大家还纪念屈原，可见他的精神感人之深。

5. 目的复句

目的复句的偏句表示行为，正句表示行为的目的，句中的关联词语往往单用。根据说话人的意图，目的复句可以分成达到目的句和避免情况句两种。

达到目的句就是希望发生的事情发生、希望出现的结果出现的句子。常用的关联词语：以、以便、以求、用以、借以、好、好让、为的是。例如：

你们把笔记整理一下，以便复习用。

我不停地写，为的是能尽快写完。

避免情况句就是不希望某种事情发生、不希望某种结果出现的句子。常用的关联词语有：以免、免得、省得、以防。例如：

夏天外出时最好打一把伞，以免太阳晒伤皮肤。

不要随便大叫，免得影响其他人。

6. 倚变复句

在倚变复句中，主句的意思必须随着从句意思的变更而变更，并且各分句一定有相同的词语起着前后呼应的作用。常用的关联词语：就、越。例如：

哪里有压迫，哪里就有反抗。

路修到什么时候，我就什么时候退休。

你越害怕，罪犯越猖狂。

农药用得越多，害虫的抗药性越强。

倚变复句其实是一种形式上多少有点特殊的条件复句或假设复句。

三、紧缩复句

紧缩复句大多由普通复句压缩而成。紧是紧凑，即没有分句间的语音停顿；缩是缩减，即精简了一些辅助性的词语。紧缩复句常在口语中运用，其内部可以用单个或成对的关联词语来显示关系，也可以不用关联词语。

紧缩复句是分句间没有语音停顿的特殊复句,也可以视为单句形式的复句。紧缩复句和普通复句之间通常是可以相互转化的。例如:

只要心诚,就会灵验。⟷心诚则灵。

就是下雨,我们也要干。⟷下雨我们也要干。

只要天一亮,他就出去锻炼。⟷他天一亮就出去锻炼。

当然,也有少量紧缩复句不能或不必还原为普通复句。例如:

他越说越有劲。/你不来也行。/一说就懂。

紧缩句有一些常见的固定格式:"A 就 B"、"一 A 就 B"、"再 A 也 B"、"不 A 也 B"、"非 A 不 B"、"不 A 不 B"、"越 A 越 B"。例如:

他有空就看书。/ 小孩子一饿就哭。

事情再难也要做。/ 问题非弄清楚不可。

财富不理不行。/ 语言越精练越好。

紧缩复句与单句中的连动句尽管十分相似,但彼此的差别还是明显的:紧缩复句内部具有假设、条件等关系,而连动句内部则无此关系;紧缩复句通常使用关联词语,而连动句则绝不使用。试比较:

他一回家就吃饭。/ 他越爬山越累。(紧缩复句)

他回家吃饭。/ 他爬山爬累了。(连动句)

四、多重复句

复句有简单复句和多重复句之分。简单复句就是只含一个结构层次、只有一种意义关系的复句,而多重复句则是拥有两个以上的结构层次、表示两种以上的意思关系的复句。因此,多重复句是简单复句的拓展或扩充形式,它只取决于复句的内部层次和意义关系,而与分句的数目无根本的关联。复句有几个层次,就可称为几重复句。例如:

他应当以恒心为友,|以经验为顾问,|以希望为守护者。(简单复句/一重复句)

启明星把黑暗送走,‖却从不与朝霞争辉;|红梅花把寒冬送走;‖却从不与百花争春。(二重复句)

想有乔木,‖‖想看好花,|||一定要有好土;‖没有好土,|||便没有好花,|所以土实在较花木还重要。(四重复句)

分析多重复句通常采用线条符号法,即用"|"表示第一层次,用"‖"表示第二层次,以此类推。这种方法其实在一定程度上体现了层次分析的理念。分析多重复句的基本步骤如下:

(1) 总观全句,确定分句界限,在每个分句开头标明数码。

(2) 找出关联词语或重要的标点符号(如分号),判定分句的层次和分句间的关系。

(3) 采用一分为二的方法,先用单竖线隔开第一层次的分句,并在上方注明前后分句间的关系,然后用双竖线隔开第二层次的分句,并且注明关系。依次类推,一直分析到都是单个分句为止。

(4) 通过添加相关的关联词语对分析的结果进行验证。如果加进关联词语后,句义显得不协调或不通顺,就说明原先的分析存在问题,需要推倒重来。

对多重复句的分析而言,第一层次的确认与划分至关重要,需要审慎处理。要准确无误地划定多重复句的第一层,必须兼顾句子内容、关联词语、关键词语,综合考量句子提供的所有信息。

以下为多重复句的一些分析实例:

(并列)　　　　(因果)

① 唐代的诗最多最好,‖② 宋代的词最多最好,|③ 所以有"唐诗"、"宋词"之称。

(因果)　　　　(假设)　　　　(并列)

① 生命是以时间为单位的,|② 浪费别人的时间,|||③等于谋财害命;‖④ 浪费

(假设)

自己的时间,|||⑤ 等于慢性自杀。

(假设)　　　　(并列)　　(假设)　　　　(并列)

① 想收获庄稼,‖② 就得先拿种子;|③ 想骑马,‖④ 就得先支出草料;|⑤ 想搞革

(假设)

命这样的大事业,‖⑥ 就得投入血本。

(并列)

① 人类可以听到20到30万赫兹范围内的声音,‖② 蝙蝠发出的超声波是30万到

(递进)　　　　(因果)

70万赫兹之间,|||③ 有的达到100万赫兹,|④ 所以,我们听不到蝙蝠发出的声音。

(因果)　　　　(递进)　　　　(顺承)

① 北京是美丽的,我知道,|② 因为我不但是北京人,‖③ 而且到过欧美,|||④ 见过许多西方的名城。

(并列)　　　　(解说)　　　　(顺承)

① 这座桥有1600多公尺长,|② 上下两层:‖③ 上层是公路桥面,||||④ 可以容纳

（并列）　　　　　　　　　　　　（并列）

六辆汽车并排通过；Ⅲ⑤ 下层是铺设双轨的复线铁路，Ⅲ⑥ 铁道两侧还有人行道。

复句类型简表

名称	分句间的逻辑关系	常用的关联词语	例句
并列复句	各分句平等地排列在一起，说明或描写几件事情、几种情况或同一事物的几个方面。	也 既……又 一方面……一方面 不是……而是	内容多的数万字，少的*也*有几百字。 对后进学生，我们*既要*严格要求，*又要*耐心帮助。 我们写对联*不是*装文雅，*而是*学知识。
顺承复句	各分句间按时间顺序说出连续发生的动作或事件。	便　于是	过了那林，船*便*弯进了叉港，*于是*赵庄*便*真在眼前了。
解说复句	由总说和分说两部分组成，总说与分说之间一般具有解释或说明关系。	没有关联词语	来客也不少，有送行的，有拿东西的，有送行兼拿东西的。 对自己，学而不厌，对别人，诲人不倦，我们应采取这种态度。
选择复句	两个以上的分句分别说出几件事情，然后在这几件事情中选择一件。	是……还是 要么……要么 宁可……也(决)不 与其……不如	你*是*卖手机呢，*还是*卖电脑? *宁可*站着死，*决不*跪着生!
递进复句	后一分句比前一分句有进一层的意思。	不但(不仅　不光)……而且(还　并)	我们*不但*要有为人民服务的愿望，*还*要掌握为人民服务的本领。
转折复句	在语义上，后一分句同前一分句相反或相对。	虽然(尽管)……但是(却)	文章*虽然*短，内容*却*很丰富。
假设复句	前一分句提出假设，后一分句推论结果。	如果(假如　要是)……那么(就) 即使(即便　纵然　就算　就是　哪怕)……也	*如果*不在战略上藐视敌人，我们*就*要犯机会主义的错误。 *纵*有千难万险，*也*挡不住我们前进的步伐。
条件复句	前一分句提出条件，后一分句推论结果。	只有……才 无论(不管　不论　任凭)……也(都、还)	*只有*先做群众的学生，*才能*做群众的先生。 我们*无论*做什么工作*都*要依靠群众。
因果复句	前一分句提出原因，后一分句说明结果。	由于……因此 既然……就(可见)	*由于*革命力量代表历史发展的方向，*因此*，它在本质上是不可战胜的。

续表

名称	分句间的逻辑关系	常用的关联词语	例句
目的复句	前一个分句提出行为，另一分句说明目的。	为了　以便　用以　以免　免得	为了写好文章，必须认真学好语法。 我们要把法律知识学好，*免得*犯错误。
倚变复句	主句的意思必须随着从句意思的变更而变更。	就　越	哪里有压迫，哪里*就*有反抗。 你*越*害怕，罪犯*越*猖狂。
紧缩复句	分句间没有语音停顿的单句形式的复句。	也　就　越	下雨我们*也*要干。 天一好*就*热起来了。

思考和练习

1. 复句和关联词语是一种什么样的关系？分句和单句又是一种什么样的关系？
2. 如何区分并列复句和顺承复句？如何区分让步假设复句和转折复句？
3. 条件复句和假设复句之间有没有共性？二者如何加以区分？
4. 紧缩复句和一般复句有何不同？二者如何转换？
5. 分析多重复句的基本步骤是什么？试举例说明。
6. 分析下列多重复句。

（1）困难是欺软怕硬的，你要硬，它就变成豆腐；你要软，它就变成岩石。

（2）我们无论认识什么事物，都必须全面地看，不但要看到它的正面，而且要看到它的反面，否则，就不能有比较完全和正确的认识。

（3）任何思想，如果不和客观的实际的事物相联系，如果不为人民群众所掌握，即使是最好东西，即使是马克思列宁主义，也是不起作用的。

（4）只有确切地了解人类全部发展过程所创造的文化，只有对这种文化加以改造，才能建设当代最先进的文化，否则，我们就不能完成这项任务。

（5）虽然是满月，天上却有一层淡淡的云，所以不能朗照；但我以为这恰是到了好处——酣眠固不可少，小睡也别有风味的。

第八节　常见的句法错误及其修改

受主观和客观因素的影响，语言在运用过程中难免出现各种语病。而句子则是多种语病聚集之处，因此病句是最为寻常的语病现象。凡是违反语言规则或客观事理的句子都是病句。句子有了毛病，就必须指出并加以修改。修改病句的基本步骤：首先审读全句，其次找出语病，再次指明病因，最后加以改正。为了确保病句修改得当有效，在修改过程中应注意遵循以下三条原则：

一是保全原则。修改病句一定要尊重原句的意思，切忌大删大改，做到原句有的意思不要删，原句没有的意思不要添。否则，即使修改得正确无误，也是不恰当的。因此，修改病句时必须要尽可能地保留原意，不可改走样。例如：

一走进西湖公园，就看到公园里彩旗飘扬，歌声嘹亮。

上句犯的是搭配不当的毛病，“彩旗飘扬”可以看到，“歌声嘹亮”却看不到。修改这个病句时，不能直接把“歌声嘹亮”删去，否则就会造成句子信息的丢失。这个句子可以改成：

一走进西湖公园，就看到彩旗飘扬，听到歌声嘹亮。

二是如实原则。病句可能是一处有毛病，也可能是两处或多处有毛病。因此，在修改病句时，就应该做到实事求是，有多少毛病，就改多少毛病，既不可多改，也不可少改。例如：

从云龙山北望，不远处有一个高耸的土山，这便是被项羽尊称为亚父的范增墓。

上句存在两处语病：其一，“高耸”与“土山”语义上搭配不当；其二，“亚父的范增墓”中“的”位置不当。全句可改正如下：

从云龙山北望，不远处有一个隆起的土堆，这便是被项羽尊称为亚父范增的墓。

三是经济原则。修改病句必须力求少动原句，能不改的地方尽量不改，尤其不能随意改变句型和句类，否则就会将病句修改变成了句子改写。例如：

自行车把他的脚不小心轧伤了。→他的脚不小心被自行车轧伤了。

例中的病句本是个“把”字句，修改后却成了“被”字句，句式发生了转换。这种修改就属于过度修改。

一、单句的句法错误及其修改

单句常见的语病大致有八类：成分残缺；成分多余；搭配不当；语序不当；句式杂糅；用词不当；歧义现象；逻辑错误。前五类属于句法错误，后三类属于修辞或逻辑错误。这里主要针对句法错误展开分析。

（一）成分残缺

成分残缺是指句子中应该具有的成分没有，并且语言环境又不允许省略现象的存在。成分残缺主要有下列类型：缺少主语、缺少谓语、缺少宾语、缺少附加成分或中心语。

（1）缺少主语。例如：

听了他的报告，给我很大的启发和教育。

“听了他的报告”不能作主语，因此句子缺主语。可以去掉“听了”，将“他的报告”提升

为主语,也可将“给我很大的启发和教育”改成“我受到了很大的启发和教育”。类似的用例还有:

看到老师们认真负责地工作,忘我地劳动,使我很受教育。

风儿掠过麦田时,恰似黄河的滚滚波涛上下起伏。

(2) 缺少谓语。例如:

最近,为了响应上级的质量大检查运动,我们要努力建立与加强技术管理制度等一系列的工作。

句中的“建立与加强”貌似谓语,其实不是。应该在“建立与加强”前添加上述语“完成”,使句子的谓语部分达到完整。类似的用例还有:

这是一批有志之士,他们有不畏艰苦的精神,勇敢地向着世界科学的高峰。

炮一连战士朱柯忠在去炮兵阵地的路上,突然有一个打扮成割猪草模样的人迎面向他走来。

(3) 缺少宾语。例如:

我们要尽一切力量使我国农业走上机械化、规模化。

“走上”要求有一个名词做它的宾语,“机械化”、“规模化”都是动词,不是宾语。句子应改为:我们要尽一切力量使我国农业走上机械化、规模化的道路。类似的用例还有:

人的消化系统正常进行,人的营养状况就好。

校党委讨论了发动全校师生开展爱国卫生运动。

(4) 缺少其他成分。例如:

要想取得杰出的成就,就必须付出劳动。

“成就”之前有“杰出”作定语,“劳动”之前也应加上“艰苦”、“辛勤”之类的修饰语。这样,句子的前后部分在意义上才协调。类似的用例还有:

那种不顾林区实际,片面强调粮食生产,到头来只能是得不偿失。

北京市区的二氧化硫含量普遍要比郊区高出好几倍。

(二) 成分多余

成分多余又称成分赘余,是指句子因多了某个成分而致使意思不清楚。一般有主语多余、谓语多余、宾语多余、附加成分多余等情况。

(1) 主语多余。例如:

转会截止日期的最后一天快到了,中国足协又接到25名球员递交的转会申请。

句中的“截止日期”和“最后一天”说的是同一内容,同时使用反而使得句子的意思变得含糊不清。上半句可以改为“转会的最后一天快到了”或“转会的截止日期快到了”。类似的用例还有：

一般地说，这些中学生在上语文课的时候，他们都能认真听课。

半个世纪以来，他有关古建筑和文物的测量、摄影、分析、研究达2000项之多。

(2) 谓语多余。例如：

这份期刊的阅读对象，主要是面向中文专业的研究生、本科生、中小学语文教师及其他语文工作者。

句中的谓语动词“面向”多余，不仅造成结构的臃肿，也影响了语句的通顺，应该去掉。类似的用例还有：

他的这篇小说曾经在著名文学杂志《小说月报》上连载发表。

一进车间，只见上夜班的工人们正在进行炼钢，来厂里实习的大学生们正在进行观察。

(3) 宾语多余。例如：

高等学校必须充分考虑市场的需求，更多地根据市场的需要进行学科专业的配置工作。

“进行”只能带谓词性宾语，不能带名词性宾语。“工作”不仅多余，而且与“进行”之间也不能搭配，应去掉，让位于“学科专业的配置”。类似的用例还有：

听了妈妈的话，我感到又喜悦又满意的心情。

爸爸和哥哥挣来的钱还不够养活一家人的生活。

(4) 附加成分的多余。例如：

那里有肥沃的土地，有丰富的各种矿藏，有原始的山村。

句中的“丰富的”和“各种”语义重复，根据前后的行文格式，应删掉“各种”。类似的用例还有：

为了精简文章的字数，他不得不把这篇文章略加删改些许。

网络游戏带有暴力情节和色情内容，这势必肯定严重影响青少年的身心健康。

(5) 其他成分的多余。例如：

这种感冒新药经过在北京、上海、南京、杭州、开封等地医院的400多个病例中临床试用，80%反映确实有疗效。

句中的介词“在”与方位词“中”赘余，应去掉。类似的用例还有：

我国一向坚持和平共处的五项原则，诉诸于武力无助于问题的解决。

青岛是一座非常美丽的城市,我们不能忘记曾经在那里生活过的每一天。

(三) 搭配不当

搭配不当是指句子成分之间的搭配不符合汉语的结构规律或人们的语言习惯。搭配不当主要包括主谓搭配不当、述宾搭配不当、主宾搭配不当以及附加语和中心词搭配不当等。

(1) 主谓搭配不当。例如:

贝多芬的一生,创作了不少脍炙人口的钢琴变奏曲。

"创作了不少脍炙人口的钢琴变奏曲"的是贝多芬,而不是"一生",将"一生"作主语必然造成主谓不能搭配。此句应该改为:贝多芬一生创作了不少脍炙人口的钢琴变奏曲。类似的用例还有:

他一进教室,同学们的眼睛都集中到他的身上。

春风一阵阵吹来,树枝摇曳着,月光、树影一齐晃动起来,发出沙沙的声响。

(2) 述宾搭配不当。例如:

郭沫若的《女神》,开拓了新诗的领域,为新诗运动奠定了显著的实绩。

句中的"奠定"和"实绩"不符合常规的搭配习惯,可以改为"奠定了坚实的基础"。类似的用例还有:

大会上,代表们认真地注视和倾听着温总理的报告。

他经常穿戴着一件灰色上衣、一顶蓝布帽子。

(3) 主宾搭配不当。例如:

春天百花盛开的北京植物园是吸引许多人都来观赏的好季节。

句子的主语是"北京植物园",宾语是"季节",二者在语义上不能搭配。可以改为:百花盛开的北京植物园的春天是吸引许多人都来观赏的好季节。类似的用例还有:

有无正确的学习态度,是我们取得进步的重要条件。

一个人学习成绩的好坏取决于他平时的勤奋。

(4) 附加成分和中心语搭配不当。例如:

我仿佛又看见他那既严肃又慈祥的目光,又看见他那既严峻又开阔的额角。

"严峻"可以用来修饰有表情变化的目光、态度、面孔等,不能用来修饰没有表情变化的额角。可将句中的"严峻"改为"分明"。类似的用例还有:

我们有一双聪明能干的手,什么东西造不出来?

这次大会上,职工代表对工资问题交换了广泛的意见。

（四）语序不当

语序不当是指句子的某个成分违反正常的语序，没有出现在它应该出现的位置。语序不当主要包括多项定语次序不当、多项状语次序不当、虚词位置不当等几种情况。

（1）多项定语次序不当。例如：

他向我们讲述了一个未成年的工人的女儿误入歧途的故事。

句中的“未成年”可以指“工人”，也可以指“工人的女儿”。按照常理，“未成年”只能指向“工人的女儿”，因此必须后移到“女儿”之前。全句应改为：他向我们讲述了一个工人的未成年的女儿误入歧途的故事。类似的用例还有：

博物馆一一陈列着各式各样的列宁曾使用过的东西。

这种主观主义的反科学的反马克思主义的方法是十分有害的。

（2）多项状语次序不当。例如：

许多老师昨天在办公室里都同他热情地交谈。

句中“同他”是表示对象的状语，通常需要紧挨在谓语中心“交谈”之前，应该移到表示情态的状语“热情”的后边。类似的用例还有：

他埋头今天上午在实验室里工作了三个小时。

我们顺利地按照守林人画的那张简图找到了密林深处的那堆火山岩。

（3）并列性成分次序不当。例如：

对调整工资、发放奖金、提高职工的福利待遇等问题，文章从理论上和政策上作了详细的规定和深刻的说明。

句中的“理论上和政策上”以及“详细的规定和深刻的说明”都是并列短语，但前后不对应。例句的后半句应改为“文章从政策上和理论上作了详细的规定和深刻的说明”。类似的用例还有：

文章的主题确定以后，还要根据主题的需要分析、组织、选择材料，以确保材料为主题服务。

闻一多先生是大智大勇的革命烈士，是热情的优秀诗人，是卓越的学者。

（4）其他句法成分次序不当。例如：

对于我们来说，这个城市发生的日新月异的变化都是非常了解的。

句中的主客体被颠倒了，句子应该改为：对于这个城市发生的日新月异的变化，我们都是非常了解的。类似的用例还有：

这家老字号食品厂从加工制作到选料都非常讲究，生产的食品一直都是新老顾客备受信赖的。

不远的地方，有一个人的脸，下半截身子长在水里，在那肥大的荷叶下面。

（五）句式杂糅

把两种不同的句法结构混杂在一个表达式中，从而造成语句结构混乱、语义纠缠，这样的语病就叫句式杂糅。句式杂糅其实是思维不清、逻辑混乱的产物，大致又可分为以下两种情形。

其一，两句混杂。同一表达内容，往往可以采用不同的说法。如果说话、写作时拿不定主意，把两种说法揉捏到一起，就会形成两句混杂。例如：

这种慷慨悲歌的壮举的背后还是自信心不够的表现。

此句应该是“这种慷慨悲歌的壮举的背后还是自信心不够”和“这种慷慨悲歌的壮举还是自信心不够的表现”混杂的产物，应该从中选用一个。类似的用例还有：

如何才能让大家富起来呢？关键的问题是知识在起决定性作用。

这些蔬菜长得这么好，是由于菜农们精心管理的结果。

其二，前后牵连。把前一句的后半句用作后一句的开头，硬把应该前后分开的两句“焊接”在一起，就会造成前后牵连。例如：

曾获金鸡奖最佳处女作奖的青年导演黄军最近又创作新片《悲烈排帮》在京试映引人注目。

上句显然是由两个句子拼接起来的一个句子，可以改为：

曾获金鸡奖最佳处女作奖的青年导演黄军最近又创作新片《悲烈排帮》。该片在京试映，引人注目。

在修改这种杂糅句时，尽量不要随意删掉一些成分，这样不仅没有切中要害，反而会造成作者本意的丢失。类似的用例还有：

这封信邮寄给一个叫张惠芳的居民住在本市十全街52号。

挑选合适的培训基地是该市“阳光工程”的重要环节，也最容易出现弄虚作假现象，市政府特别重视。

二、复句的句法错误及其修改

复句是由几个分句按照一定的逻辑关系组合而成的，层次较复杂，并且往往借助关联词语来加以标记。复句运用中的一些常见错误通常表现为以下几个方面。

（一）分句之间关系混淆。例如：

这部作品虽然写的是农民，但却深刻地表达了广大农民的愿望。

例中的前后分句之间没有转折关系，却用了表转折关系的关联词语“但”，属于典型的逻辑紊乱。类似的用例还有：

大家如果不认真学好语文，就不会有较高的思想水平。

一方面钢材质量屡屡出现问题，一方面销售人员在积极拓宽销售渠道。

（二）结构混乱，层次不清。例如：

① 他工作上困难比较多，② 所以请你多帮助，③ 因为来这里之前没有经过训练，④ 过去也没搞过这项工作。

以上分句③和④旨在解说分句①的原因，应放到分句②之前。类似的用例还有：

与会代表不仅见多识广，而且专业知识精湛，能得到他们的首肯，靠的不是溢美之词，而是材料、事实、理论和数据。

场院的屋门大开着，遍地是被践踏乱了的干草，屋里弥漫着一股火药味儿，草上还有星星点点的几点鲜血和几颗亮晶晶的手枪弹壳。

（三）关联词语运用错误

1. 配错关联词语。例如：

一个球的输赢，不仅关系到个人的面子，而是关系到伟大祖国的荣誉啊！

关联词语“不仅”通常应与“而且”组配，“不是”通常应与“而是”组配。上例的关联词语明显属于混搭。类似的用例还有：

只有从思想上解决了为什么人的问题，就能更好地为人民服务。

只要增加投入，才能使粮食生产稳步增长。

2. 缺少关联词语。例如：

新加坡的竹节虫，不仅体色几乎和竹子一样，体形在安静时完全像一根竹枝。

复句中的关联词语有时可用可不用，有时则必用。对于成组或成套的关联词语来说，则有一个同隐同现的问题。上例中的“不仅”就必须要与“而且”同现。类似的用例还有：

我们要把困难告诉群众，更好地得到群众的支持。

一个经历了生活磨难的青年，如果没有因磨难而倒下，可能会更坚强地创造新的生活。

3. 混用关联词语。例如：

尽管你的帮助多么微薄，但在他的心上，却像千斤重的砝码。

句中的“尽管”和“不管”因混淆而错用。此句有两种改法：一是把“多么”改为“这么”；二是把“尽管”改为“不管”，同时删去“但”，将“却”改为“都”。类似的用例还有：

既然在思想和思想方法上经过苦心的锻炼,就能把文章写好。

他不是没有完成承包合同规定的各项指标,而是使企业负债累累。

三、病句的常规辨析方法

现实中的病句形形色色,病句的成因也各有不同。应该说,一个句子是否有毛病,毛病在什么地方,如何改正毛病,是有一些常规的解决方法的。在发现病句、修改病句方面,下面三种方法可资借鉴。

1. 语感审读法。语感是比较直接、迅速地感悟语言文字的能力,通常建立在个人语言经验的基础上。一个经历过专门语文训练的人往往具有比较可靠的语感。因此,我们要积极调动语感,审读全句,从感性上察觉语句的毛病,看句子是否符合习惯的说法,是否存在别扭之处。如有发现,把不合习惯的别扭之处修改即可。例如:

对于文章中那些多余的废话,要毫不留情地删去。

句中"多余的废话"听起来感觉有点别扭。审视一下,就会发现问题出现在"废话"上。因为"废话"本身已包含有"多余"的意思,所以之前的"多余"显然多余,应该删除。

2. 主干梳理法。句子的主干是指把句子的定语、状语、补语逐层压缩后的剩余部分,一般由主语或主语中心、谓语或谓语中心和宾语或宾语中心组成。碰到一个有可能存在问题的句子,我们可以先将句子中的附加成分(即"枝叶")去掉,紧缩出主干,看主干是否有毛病;如果主干没问题,再检查局部,看修饰语和中心词之间、修饰语内部是否有毛病。例如:

大批灾区的失学儿童重新走进了宽敞明亮的教室,坐上了崭新的木制桌凳,广大家长对此十分满意。

这句话较长,粗看很难发现问题,可以先压缩为:儿童走进教室,坐上桌凳,家长满意。这样一来,"坐上桌凳"的毛病就暴露无遗,只要作相应的修改即可。

3. 仿句替换法。有的句子是否有毛病,一时拿不准,可仿照原句的结构造出类似的句子。两相比较,隐含的问题往往就会显露出来。例如:

这个经验值得文教工作者特别是中小学教师的重视。

原句结构复杂,可先压缩为"这个经验值得他们的重视",再按照它的结构造类似的句子,诸如"这个经验值得他们的学习"、"这个经验值得我们的参观"等。相比之下,就会感觉其中"的"是共同症结所在,应该删除。

必须指出,上述几种方法彼此之间并不是孤立或排斥的。有时,一个句子可以同时用其中的两种或三种方法来进行处理。

思考和练习

1. 句法失误有哪些类型？导致句法失误的根本原因是什么？
2. 句式杂糅有哪两种情形？试举例说明。
3. 层次分析法和成分分析法在识别、修改句子语病各有什么作用？
4. 修改病句的原则是什么？有哪些常规方法？
5. 单句和复句的误用类型有哪些不同？原因何在？
6. 请仔细阅读“铁路旅客乘车须知”，指出并修改其中的语病。

铁路旅客乘车须知(2011版)

(1) 请按票面标明的日期、车次凭票乘车，并在规定时间内至到站。直达票中途下车，未乘区间失效。通票中途换乘需中转签证。

(2) 免费携带品：成人20千克、儿童10千克，长、宽、高之和不超过160厘米(动车组列车130厘米)，超过规定需办理托运。禁止携带危险品及违章物品进站、乘车。

(3) 车站在开车前提前停止检票，进站安检、验证排队人数较多，请提前至指定场所候车，以免耽误旅行。

(4) 实名制车票须凭乘车人有效身份证件原件，票、证一致方可退票、换票、中转签证；票、证、人一致方可进站、乘车。

(5) 未尽事项请参阅《铁路旅客运输规程》。如有变化以车站公告为准，敬请关注。旅行中请关注有关安全提示。如有疑问，请拨打12306客服电话垂询。

第五章　文　字

第一节　汉字概说

一、汉字的性质

文字是用来记录有声语言的书写符号系统，是人类最重要的辅助性交际工具。文字是在语言之后产生的，是社会进化、语言成熟的产物。它突破了语言在时间与空间上的限制，扩大或延伸了语言的功能。有了文字，才有了书面语；有了书面语，人类的文明才得以更好地延续和传播。因此，文字也是人类摆脱蒙昧、进入文明的重要标志。任何一个民族都毫无例外地拥有各自的语言（有的可能后来消失），但并非每种语言都有相应的文字。现今的一些原始部族仍停留在口语交际阶段，没有自己的文字。

文字是用来记录语言的。不同的记录语言的方式，就形成了不同体制的文字。文字与语言之间的记录方式可以图示如下：

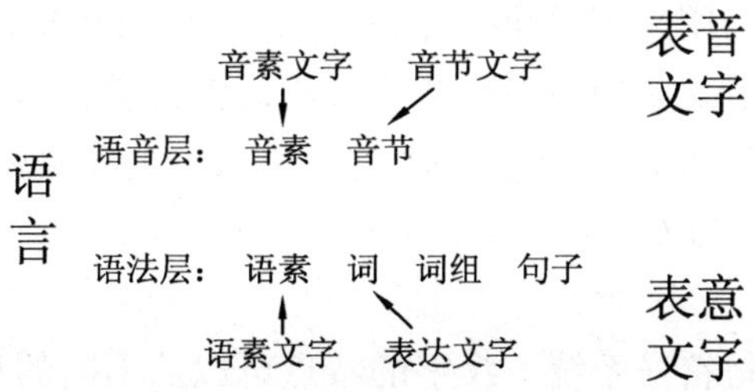

文字记录语言情况示意图

从上图中可以看出，记录语言的文字系统，既可以记录语言中的语音，也可以记录语言中的语素、词。而记录词组和句子则非常困难，因为词组和句子的数量无数，要记录它们，就要有无数多的记录符号。从文字体制上看，现在世界上使用的文字主要有三大类：音素文字、音节文字、语素文字。

（一）音素文字和音节文字

音素文字是以一定数量的字母为书写单位，用字母来记录语言中的音素或音位的文字。对使用音素文字的语言来说，所有的词都是由字母按照一定的拼写规则拼合而成的，字母本身不表示词的意义，像英语、俄语、德语等采用的就是音素文字。音节文字是以音节为最小的书写单位，一个书写符号表示一个音节，不同的符号代表不同的音节。一个词有几个音节就使用几个符号。世界上现行的最典型的音节文字就是日本的“假名”。

音素文字和音节文字一般合称为表音文字。由于语言的音节和音素的数目是有限的，因而表音文字的书写符号也是有限的，如拉丁字母、斯拉夫字母和日本的“假名”。表音文字的字符本身不表示语言中的意义。

（二）语素文字

语素文字，又称表意文字，是表示语素（语言的最小语义单位）的文字。历史上发展成熟而又代表高度文化的语素文字有西亚的楔形文字、北非的圣书字和中国的汉字。

汉字的字形不仅记录了语言中的一个音节，而且还能显示出特定的意义。例如，汉字“手”不仅读出来是一个音节“shǒu”，而且字形本身还蕴涵着语言中的意义：人体上肢前端能拿东西的部分。因此，汉字所记录的不只是一个语音单位，而且还是一个有意义的语言单位。

当然，汉字也可以用来记录少量非语素的音节。例如，“玻璃”、“蜻蜓”、“蜘蛛”、“苏打”等词语中的“玻”、“璃”、“蜻”、“蜓”、“蜘”、“蛛”、“苏”、“打”等字就只有读音，只代表一个音节，不表示任何意义。但是，这些汉字所记录的音节不同于音节文字中的文字符号，音节文字中的文字符号是专门用来记录语言中的音节的，而汉语中的这类音节仅仅是某个多音节语素或词中的具体音节。它们在多音节语素或词中，虽然不表达意义，但字形却有一定的区别意义的作用，像“蝴”、“蝶”二字显然跟“虫”有关，“骆”、“驼”二字显然跟“马”有关。另外，这些字在汉字中所占比例极小，不能改变汉字的原有本质。

二、汉字的特点

汉字是记录汉语的书写符号系统。汉字的特点可以从不同的角度来加以认识。从起源上说，汉字是自源性文字；从形体上说，汉字是方块文字；从语言跟文字的关系说，汉字是语素文字。综合各方面的认识，汉字的特点可以概括如下：

1. 从书写形式来看，汉字是平面型方块体文字

汉字是由笔画组成的，但字体构造并不是由一个笔画接着一个笔画呈线性展开的，而是在一个二维平面里按照一定的顺序和结构多向展开的。一个汉字不论其笔画多少，所有的笔画总是分布在一个方块里。例如，构成“家”的 10 个笔画（包括重复的）有秩序地分布在一个平面型的方框里。可见，汉字是平面型方块体文字。

2. 从形音义的关系来看，汉字是形音义的统一体

拼音文字只有形和音，没有义。汉字是表意文字，是形音义的组合。古代汉字或象形、指事，或会意、形声，字形本身就有显示意义的功能。不过，古代汉字在经过隶变、楷化之后，符号性越来越强，字形显义的特点越来越减弱。尤其到了现代，汉字经过简化后，字形的显义功能已经不明显，许多字的形义之间的关系要经过一定的分析才能看出，更有一部分字的字义跟字形之间已经失去了联系。例如，“燕”本是象形字，但现代字形上已经很难看出“燕子”之形了；“亦”字本是指事字，指人的腋下，现在从字形本身也看不出原先的字义了；形声字中，“镜”为“金”字旁，“妄”为“女”字旁，“管”为“竹”字头，“杯”为“木”字旁，“贱”为“贝”字旁，这些意符跟形声字的实际意义之间也很难看出有什么联系了。

3. 从汉字记录汉语的方式来看，汉字是不实行分词连写的文字

音素文字一般是自左向右或自右向左横向展开，一个词里的所有字母连着写，词与词之间留有空隙，以显示彼此的界限，这种书写规则就叫作分词连写。如英语的“学校”写作“school”，“我们的学校”写作“our school”。因此，音素文字的书面语在词的界限方面比较分明，很容易分辨词与非词。而汉字记录的语句如“我们的学校在苏州”则是一个字接着一个字，词与词之间在书面上没有分界。由于一个汉字基本上对应于汉语中的一个语素，因而在汉语的书面语中分别语素相对容易，分别词就比较困难。

4. 从汉字自身形体状况来看，汉字是数量多、字形繁的文字

汉字记录的是汉语语素。汉语语素的数量很多，因而汉字的数量也非常多。从 3000 多年前的甲骨文发展到现在，汉字的总数在五六万以上。即使是现代常用汉字和通用汉字，也在 3500 到 7000 个之间。要使如此众多的汉字在形体上有所分别，汉字的构造单位和构造方式必然是多种多样的，这样就形成了汉字在内部结构和外在形体上的一个明显特点：结构复杂，形体多变。而音素文字的字母对应的是音位，一种语言的音位数目是有限的，这样音素文字的字母数目也是有限的，如英文字母只有 26 个，俄文字母只有 33 个。另外，这些

字母本身的内部结构和外在形体都较为简单。

5. 从汉字跟时间和空间的关系来看，汉字是具有超时空性的文字

汉字跟语音的关系并不密切，跟意义的关系较为密切，这就使得汉字具有一定的超时空性。就时间来说，虽然古今汉语语音系统发生了很大的变化，但由于汉字字形本身大体上是稳定的，因而所代表的字义变化并不大。因此，上古或中古的文献，对有一定文化水平的人来说，并不存在阅读理解方面的巨大障碍。音素文字由于记录的是语音系统中的音位，语音系统变化了，拼音字母也就必然变化。所以，后代的人如果不经过专门的训练，就很难识读前代的文献。就此而言，汉字是特别有利于继承和传播中国古代文化遗产的。

就空间而言，尽管同一个汉字在不同的方言区可能有不同的读音，但不同方言区的人对同一个汉字的字义理解却是相同的。有些方言虽然语音差别很大，难以进行口头交流，可是只要把说的话用汉字写下来，就基本能互相理解了。至于音素文字，如果方言的语音系统差别太大，无论口头和书面都难以交流。显然，汉字在一定程度上具有了超方言的特性。

总之，汉字具有贯通古今、沟通四方的功能，有利于传承中国古代文化，有利于不同方言区人民之间的沟通。汉文化源远流长，汉语地域辽阔并且方言分歧严重，汉字在一定程度上适应了汉文化和汉语方言的这些特点。

三、汉字的起源、作用和传播

（一）汉字的起源

汉字是世界上历史最悠久的文字之一，即便从殷商时代的甲骨文算起，汉字也有三千多年的历史了。甲骨文是迄今发现的最早的成批的古代汉字。从文字体系上看，甲骨文已经是相当成熟的汉字，可以肯定地说，甲骨文绝不是最早的汉字。

一般来说，汉字的起源可以追溯到五六千年前的原始社会末期。据考古研究，早在新石器时代，某些文化发达地区的陶器上就刻有一定的符号，如西安半坡村出土的彩陶上的刻画符号、山东大汶口和陕西临潼县姜寨出土的陶器上的刻画符号等。这些“陶符”被普遍认为是古代的“文字”，其中的一些符号已经可以跟甲骨文或金文进行一一比对了。

（二）汉字的作用

几千年来，汉字在中国文化的发展和繁荣过程中做出了巨大的贡献。汉字的作用是多方面的，既是历史化石、信息载体，又是民族纽带和文化使者，还是推动社会发展的动力。概括起来说，汉字具有以下三大作用：

其一，汉字的产生突破了口头汉语在语言交际上的时空限制。口语即有声语言，只能口耳相传，当面交谈。从空间上看，眼前的人说出的话无法让远方的人听到；从时间上看，过去

人说出的话无法让现在的人听到。口语交际的这种时空特性,既限制了语言的交际功能,也不利于文化的继承和传播。汉字的出现突破了汉语在时间和空间上的限制。被汉字记录下来的汉语和汉文化不仅能传之远方,而且能传之未来。

其二,汉字的产生使得中华民族的悠久文化得以保存和传播。几千年来,中华民族遗留下了难以计数的图书典籍、文物宝器。这些典籍和宝器,大多以汉字为载体,详细记录下了中国政治、历史、经济、文化、科学技术等方面的进展情况,在中国的历史发展进程中起到了无可估量的作用,一直被视为我们祖先的宝贵财富。由此可见,汉字在推动中国历史和中国文化的发展中功勋卓著。另外,汉字的超方言性也对维护华夏民族和华夏文明的统一起到了积极的作用。

其三,汉字的产生使得汉语有了第二种存在形态——书面语。书面语的出现使得人们有条件对汉语语法结构和表达形式进行耐心细致的加工和规范,进而产生了文学语言,产生了标准语。书面语的改善又反过来促进口语的规范和提高。可见,汉字的产生在一定程度上促进了汉语自身的发展。

汉字自产生以来,几千年来一直为汉民族服务,走过了一条独立发展的道路。不过,汉字的演变只是在其体系内部进行局部的变革,汉字的自身体制没有发生根本性的变化,因而汉字没有像古埃及的圣书字和古巴比伦的楔形字那样很早就消失,并未为其他体制的文字所取代。当今世界虽已进入信息社会、知识经济时代,但汉字依然能很好地为汉民族服务。汉字编码技术及汉字信息处理技术的发展和完善,使得汉字很好地顺应了时代的要求。

（三）汉字的传播

汉字不仅是世界上历史最悠久、使用最持久的文字,而且也是世界上使用人口最多的文字。汉字不仅为汉民族的文化繁荣做出过特殊的贡献,也为其他民族的文化发展做出过重要的贡献。秦汉时期,汉字传入越南,促成了“字喃”;汉魏六朝时期,汉字传入日本,促成了“假名”;晋初,汉字传入朝鲜半岛,促成了“谚文”。至今,日本和韩国还在使用部分汉字。正是由于汉字在东亚和东南亚的持久渗透和深远影响,“汉字文化圈”应运而出。在国内,汉字曾经对一些少数民族的文字创制起到重要作用,如“契丹国书”、“女真字”、“西夏文”等都是仿照汉字而创制出的文字。随着中国改革开放的不断深入,中国的对外交流日趋广泛,学习汉语的外国人不断增加,学习汉字的人数自然也会随之增长。目前,汉字已随着互联网,随着“汉语热”传播到了世界各地。

思考和练习

1. 什么是文字？为什么说汉字是一种表意文字？
2. 与拼音文字相比，汉字有哪些特点？
3. 汉字适应汉语的特点体现在哪些方面？
4. 汉字在历史发展进程中具有哪些明显的作用？

第二节 汉字的形体

一、汉字的形体演变

汉字的形体简称为“字体”，是指各个汉字的不同体式。从殷商时代的甲骨文算起，至今三千多年来，汉字的形体经历了从甲骨文、金文、篆书、隶书到楷书的重大变革。

汉字形体的特点跟书写工具、文化普及水平等都有直接关系，而不同的书写工具对汉字形体特点的形成尤其具有直接的影响。

汉字除了甲骨文、金文、篆书(大篆/小篆)、隶书、楷书等正式形体外，还有行书、草书两种非正式形体。

(一) 甲骨文

甲骨文是我国目前所能见到的最早的成体系的较成熟的汉字，它是三千多年前殷商时代通行的文字。甲骨文的别称有殷墟文字、卜辞、契文、殷契、殷商文字等。甲骨文属于早期的汉字，以象形字、会意字居多，但已拥有一定数量的形声字。由于书写工具是“刻刀＋龟甲/兽骨”，所以甲骨文看起来笔画细瘦、线条苍劲、多方笔与直笔、字形瘦长且大小不一。甲骨文结构不定型，同一字往往有若干变体。

图1 甲骨文

(二) 金文

金文是浇铸或刻在青铜器上的文字，其书写工具是“棍棒＋沙土(模子)”。青铜器早见于殷商，盛于周代，战国也不乏见。青铜器以钟鼎为多，所以金文又称钟鼎文。金文是西周时期的代表性文字，还可称为西周文字。

金文用模范铸就，自身有极强的工艺性。就字体而言，金文笔画丰满粗壮，多圆笔，字形匀称，渐趋方块形。较之甲骨文，金文象形性差，线条化明显，形声字多，是一种更为成熟的形体。

图2　金文

（三）篆书

篆书有大篆和小篆之分。大篆又有广义和狭义之分。广义的大篆指先秦时期的所有文字，包括甲骨文、金文、籀文和六国文字（如玺印文字、帛书等）；狭义的大篆专指春秋战国时秦国的文字，以籀文和石鼓文为主。狭义的大篆直接脱胎于金文，故尚有较浓的金文痕迹，但笔画更趋均匀，字形更趋整齐。

小篆由大篆发展而来，是秦统一六国后，作为"书同文"的产物而采用的全国标准字体。推行小篆是汉字发展史上一次十分重要的汉字规范化运动，一扫前代字体混杂的局面。小篆正式通行时间不长，汉代即被隶书取代，后世仅在印章制作中有所保留。小篆的书写工具是"毛笔＋简帛"，但当时的毛笔较为粗陋。较之大篆，小篆结构匀称整齐，线条略带弧形，偏旁较为固定，异体字数量减少，字形趋于定型。

图3　石鼓文（大篆）

图4　泰山石刻（小篆）

（四）隶书

隶书分秦隶和汉隶。秦朝以小篆为标准字体，同时还通行隶书。隶书是下级人员（徒隶）用于日常书写的辅助字体。由于书写者希望毛笔蘸一次墨水能够多写几笔，毛笔于是得到改进。随着书写工具的进化和使用频率的提高，秦隶在汉代得到了进一步发展，字体更加简单易写。汉隶是汉代通行的正式字体，在当时被称为“今文”。

图5　秦隶

图6　汉隶

隶书的诞生在汉字发展史上占有重要地位，它是古代汉字演变为现代汉字的转折点。隶书的主要书写工具是“毛笔 + 竹简”。隶书的形体特点：线条为直线，拐角为方折，字体为扁方形。每个字都用“挑法”，捺笔带波磔，笔势舒展。“挑法”和“波磔”可以使在不太吸墨的竹简上书写的文字更加清晰易认。隶书形成了点、横、竖、撇、捺等基本笔画。文字学上把从小篆到隶书的演变过程称为“隶变”。隶变使汉字进一步变成纯粹符号性质的文字，是古今文字的分水岭。

（五）楷书

楷书又称“真书”、“正书”，一般认为始于汉代，魏晋以后开始流行，是现代汉字的标准字体。楷书是从隶书演变而来的，其书写工具是“毛笔 + 纸张”。由于纸张比起秦汉时期的竹简有较好的吸墨性，所以楷书取消了隶书的波磔笔法，笔画平直，字形方正，易于书写。楷书使汉字完全变为由笔画组成的方块形符号。

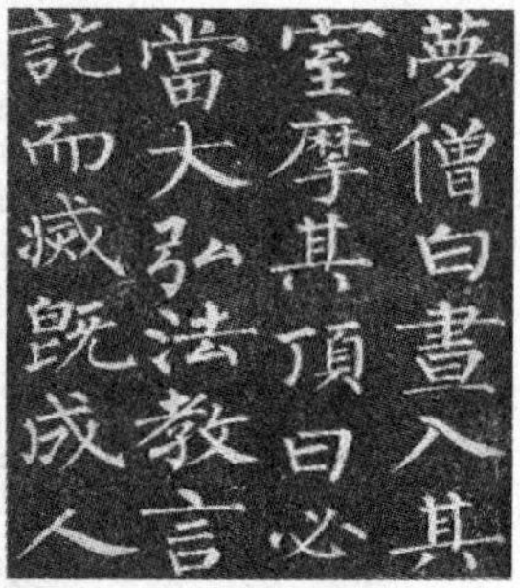

图7　柳体楷书

（六）草书和行书

广义的草书是指比正式字体潦草的字体。因此，草书是一种辅助性字体，与标准字体相伴而生。可以说，所有正式字体包括甲骨文、篆书、隶书和楷书都存在相应的草体。

狭义的草书专指章草、今草和狂草三种。章草是隶书的草写体，因盛行于东汉章帝时而得名。章草的特点：笔画带草意，多连笔，但字字独立，不相牵连，明显保留了汉隶的波势。今草是楷书的草写体，始于唐代。今草的特点：笔画连接，字体连绵，一笔到底，一气呵成，无章草的波势。狂草起于唐代，书写诡奇多变，极难辨认，基本没有实用性，但在书法艺术领域却有独特的美学价值。草书均有一定的章法，不可任意而为。

行书产生于东汉末年，稍晚于楷书。行书介于楷书和草书之间，兼得二者之妙，所谓"近楷不拘，近草不放"，好写易认，方便实用。行书又分行楷、行草二类，前者近于楷书，后者近于草书。行书是应用最为广泛的手写体。

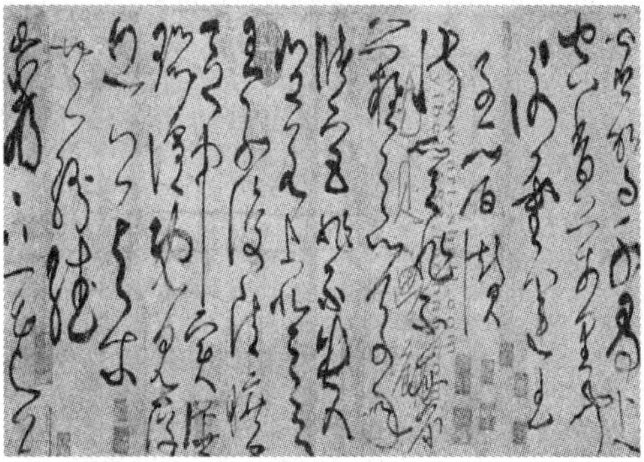

图8　张旭草书

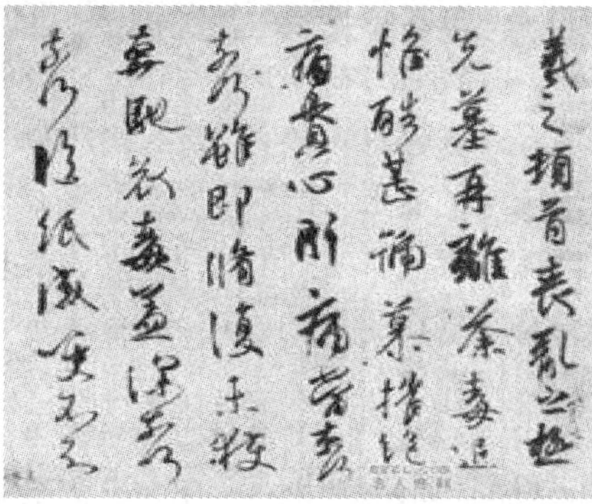

图9　王羲之行书

由于书写工具的变革，毛笔和纸张成了普及的书写工具。笔墨纸砚自汉末以来，成了中国的"文房四宝"，汉字也由简单的记录语言的书写符号，逐步演变成书法艺术。真草隶篆行等字体在汉字书法中不断得到发扬光大。

二、现代汉字的形体

现代汉字是指现代汉语的用字，即记录现代汉语的书写符号。现代汉字经过了一个不断简化的过程，包括精简笔画和淘汰异体字。20 世纪五六十年代，国家有关部门陆续公布了一些关于文字改革的文献，如 1955 年公布的《第一批异体字整理表》、1964 年公布的《简化字总表》、1965 年公布的《印刷通用汉字字形表》等。这些文献是现代社会用字的立足点，对现代汉字起到了规范和稳定的作用。

从形体上看，现代汉字经常运用的是楷书和行书。只有在某些特殊场合，如刻章、签名、书写对联和匾额、书法创作时，草书、隶书、篆书乃至甲骨文、金文才会有所运用。楷书是现代汉字的标准字体，国家正式公布的文件和正规出版的报刊、书籍通常都用楷书。行书作为主要的辅助字体，一般用于日常手写。应当指出，存储在计算机字库中的各种字体，如宋体、仿宋体、楷体、黑体、幼圆体、琥珀体、魏碑体等，都应当看成楷书的变体。

现代汉字的字体从使用手段上看又分为印刷体和手写体。现代汉字的手写体是指用手执笔直接写成的汉字，书写多少有点随意；印刷体主要用于铅字排版印刷和计算机排版印刷，有固定的模式。现代汉字印刷体的标准字体是楷书以及楷书的各种变体。楷书印刷体的常见变体有如下几种：

宋体又叫老宋体、古宋体、灯笼体、普通体、白体（相对于黑体），笔画横细竖粗，结构严谨端正，是印刷体中最通用的一种字体，适用于一般报刊、图书中的正文和注释语。

楷体又称正楷体、活体、大宋体，字体接近于毛笔手写的楷书，字形端庄自然，适用于通俗读物、儿童读物、小学课本以及零星印刷品。

仿宋体又称真宋体，笔画匀称细腻，字迹秀丽，常用来排印古书和杂志的正文。长仿宋体是仿宋体的变形，比仿宋体细长且有立体感，常用来排印诗词文集和古籍。

黑体又称黑头字、粗体、方体（方头体）、平体，字形粗壮醒目，可用于文章大小标题以及文章中需要重点突出的内容。

随着计算机技术的发展，在排印文章、书籍等时，人们常常选用更多的楷书变体和其他字体，以达到醒目和美化的效果。

印刷体除了有不同的字体外，还有不同的字号。我国的字号从大到小原来只有七种，即一号字到七号字（如下表），后来还增加了初号、特号、特大号、八号等字号。

如果用计算机排版，字号选择的空间可以更大，包括小初号、小一号、小二号、小三号、小四号、小五号、小六号等。另外，人们还可以根据实际需要进行字号的放大和缩小，更加灵活自由地选择字号。

印刷体各种字体字号表

	宋体	仿宋体	楷体	黑体
初号	永	永	永	永
小初号	永	永	永	永
一号	永	永	永	永
小一号	永	永	永	永
二号	永	永	永	永
小二号	永	永	永	永
三号	永	永	永	永
小三号	永	永	永	永
四号	永	永	永	永
小四号	永	永	永	永
五号	永	永	永	永
小五号	永	永	永	永
六号	永	永	永	永
小六号	永	永	永	永
七号	永	永	永	永

思考和练习

1. 汉字的形体在历史上经历了哪些阶段？各种形体各有什么特点？
2. 如何界定古文字和现代文字？
3. 汉字的形体演变呈现出什么样的发展趋势？
4. 现代汉字经常运用的是什么形体？
5. 印刷体的不同字体和字号在使用上各有什么特点？

第三节　汉字的构造

汉字的构造可以从两个方面加以审视：一是平面静态地分析汉字结构的形式，可称为“结构类型”；一是立体动态地考察汉字的生成方式，可称为“造字方法”。

一、汉字的构造方式

汉字的结构和字义有密切的关系，分析汉字的结构有助于对字义的把握。古人早就对汉字的构造方式进行了研究。秦汉时期，有关汉字构造的“六书”说应运而生并趋于成熟。所谓“六书”即古代学者总结出的关于汉字构造的六种条例，包括象形、指事、会意、形声、转注、假借等。一般认为，前四种属于造字法，后两种属于用字法。

现代汉字除了少数新造字和一些简化字外，多数是从古代汉字传承下来的，因而了解古人分析汉字构造的方法对学习现代汉字很有实用价值。下面仅简单介绍四种造字法。

（一）象形字

象形是用类似图画的方式描摹事物形状来表示字义的造字方式，用这种方法造出的字就是象形字。象形字属于最早批次的汉字。例如：

燕（）：像燕子的形体

人（）：像人的侧身

日（）：像太阳的形状

山（）：像山的样子

火（）：像火焰的形态

木（）：像树木的形状

刀（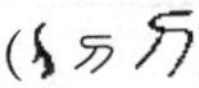）：像刀形

口（）：像张开的嘴巴

首（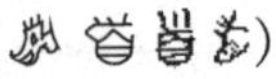）：像人头

目（）：像人的眼睛

鸟（）：像鸟的外形

雨（）：像下雨状

贝（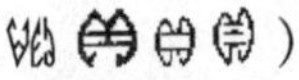）：像贝壳的形状

牛（）：像牛头的轮廓

羊(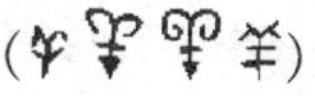)：像羊头的轮廓　　　　虎(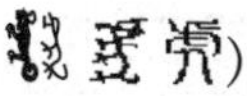)：像老虎的样子

车(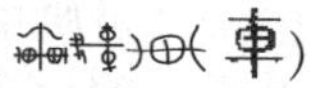)：像车之轮廓　　　　瓜(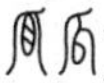)：像瓜蔓上的瓜

象形字有的简单，只像事物的轮廓；有的复杂，接近逼真的图画。象形字跟图画的根本区别：象形字代表了汉语中的一个语素，有特定的音义，并能跟其他字一起记录汉语；图画只表示混沌模糊的意义，并且不跟特定的语音相对应。

随着汉字形体的演变和事物自身的发展变化，古代的象形字到现代只有少数可以依稀看出或想象出所像之物的形状，如“人”、“口”、“田”、“网”、“井”、“雨”、“日”、“火”、“山”等，多数已经很难看出或想象出其所像之物了，如“燕”、“鸟”、“牛”、“羊”、“鱼”、“车”、“舟”、“首”、“自”、“击”、“耳”、“米”、“水”、“马”等。

（二）指事字

指事是用抽象的符号或者在象形字的基础上加提示性的符号来表示某个意义的造字方式，用这种方式造出的字就是指事字。指事字可以分为两类：

一类是使用象征性符号的指事字。例如：

上()：用一条弧线作基准，弧线上面加一短横，表示“上”这一方位。

下()：在基准线下面加一短横，表示“下”这一方位。

一、二、三、四：分别用短横“一”、“二”、“三”、“亖”表示。

另一类指事字则是在象形字上加提示性符号构成的。例如，“刀”上加一点是“”(刃)字，口里加一短横是“”(甘)，木字下部加一横是“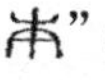”(本)字，木字上部加一横是“”(末)字，木字中间加一点是“”(朱)字等。

（三）会意字

会意是汇集两个或两个以上的字的意义来合成一个新字的造字方式，用这种方法造的字就是会意字。会意字分两类：一类是同体会意，如双木为“林”、三木为“森”、三人为“众”、三石为“磊”、三日为“晶”、三车为“轟”(轰)、三耳为“聶”(聂)等；另一类是异体会意，如日月为“明”、人有目为“”(见)、止戈为“武”、人背靠树木为“休”等。常见的会意字还有“犇”、“鑫”、“淼”“伐”、“采”、“呆”、“涉”、“信”、“取”、“从”、“北”、“益”、“看”、“吠”、“出”、“析”、“烦”等。

会意字属于合体字，一般由象形字和指事字汇合而成，这样就减少了造字的难度，提高了造字的效率。因此，会意字的数量远远大于象形字和指事字，不过还是要远远少于形声字。

关于会意字,有三点值得注意:第一,图画会意与文字会意不同。早期的会意字多是以象形或指事等所表示的图画符号合成的。例如,“武”([illegible])从止从戈,“止”([illegible])是脚的象形符号,“戈”([illegible])是古代一种兵器的象形符号,“武”表示“讨伐”、“攻打”的意思。而后来问世的新造会意字,多数是以文字符号进行合成的,如“歪”“孬”“夯”“尘”“尖”等。第二,合字表义的造字方式具有明显的局限性:一方面可以用来合字的象形字、指事字毕竟数量不多;另一方面较复杂的事物或抽象的事物无法使用会意造字法。第三,随着字形的演变,古代的会意字不少已经面目全非,如“弄”、“祝”、“集”、“祭”、“聂”、“轰”、“匠”、“寒”、“友”等,普通人很难弄清其原来的造字方式。

（四）形声字

形声就是一个表意成分跟一个表音成分合起来组成一个新字的造字方式,用这种方式造出来的字就是形声字。例如,“淋”字的“氵”表示字义的类属,“林”表示字音;“扶”字的“扌”表示字义的类属,“夫”表示字音;“斧”字的“斤”表示字义类属,“父”表示字音;“花”的字“艹”表示字义的类属,“化”表示字音。极少数形声字的声旁也可显示字义,这就是所谓的会意兼形声字,如“功、娶、驷、裹”等。

形声字的表意部分被称为意符,也叫形符、形旁,表示该字的意义类属,即相关的事物、动作、状态等;形声字的表音部分被称作音符,也叫声旁、声符,表示该形声字的读音。一般情况下,形旁和声旁各占字的一半,但相互的位置可以多种多样,常见的有以下六种:

左形右声:肝、惊、糊、祩、纲、松、理、越、河、铜

右形左声:鹦、鹁、雌、刚、甥、雕、期、鸿、救、攻

上形下声:霖、茅、耄、竿、崮、空、简、管、爸、晨

下形上声:盂、岱、悠、鲨、腐、基、裳、姿、梨、案

外形内声:圆、衷、裹、固、痼、园、闾、街、匾、病

内形外声:辩、辫、闷、戽、辨、闻、雠、问、瓣、阙

除此而外,还有一些位置较为特殊的形声字,如“疆、旗、荆、颖、修、蔼”等。在所有结构的形声字中,以左右结构尤其是左形右声者居多。

形声字在字形中增添了表音成分,从而使得汉字跟语言的语音系统联系密切起来。由于形声字的音符跟所记录的语素的读音相关,因而要比没有表音成分的象形字、指事字、会意字更具优越性:一是造字数量多,二是造字效率高。因此,形声造字法一经产生,就体现出强大的生命力。东汉许慎的《说文解字》中,形声字就占有 80% 之多,现代形声字更是超过了汉字总数的 90%。形声字的大量出现充分显示了汉字字形的表音化趋势。可以说,形

声字改变或者挽救了汉字的命运。

形声字的出现使汉字完全摆脱了图画性，成为一种真正的抽象符号。不过，形声字的音符自身毕竟不是音位或音素符号，只说明了汉字的某种表音趋势，并没有从根本上改变汉字的性质。因此，汉字离表音文字的距离依然十分遥远。另外，形声字的形旁由于不能与时俱进，很多只能显示历史信息，无法反映现代事物和观念，如“笔、税、财、奸”等。

二、汉字的构造单位

由于汉字字形的演变，现代汉字的符号性越来越强，“六书”分析法已不再适用于现代汉字的构造。分析现代字形，现在通常采用构字要素分析法，即从整字中分析出部件，从部件中分析出笔画，具体路径：汉字→部件→笔画。

（一）笔画

1. 笔画的种类

笔画是构成汉字的最小单位。写字时，从起笔到收笔留下的痕迹叫一笔或一画。有的字可以直接由笔画组成，如“人”、“手”、“厂”、“月”、“日”、“木”、“小”、“一”、“二”、“禾”、“口”等；有的字则先由笔画构成部件，再由部件构成整字，如“休”、“明”、“和”等。笔画的具体形状称为笔形，如横笔、竖笔等。

笔画可以概括地分为两大类：一是基本笔画，一是派生笔画。基本笔画包括横（一）、竖（丨）、撇（丿）、点（丶）、折（乛）等5种。派生笔画是书写时运笔方向有所变化的笔画，又叫变形笔画。基本笔画中往往涵盖着变形笔画，如“提”（㇀）属于横、“竖钩”（亅）属于竖、“捺”（㇏）属于点。

掌握基本笔画很重要，它们不仅是构成汉字的基础，而且也制约着汉字按笔画和笔形排序的方式。《现代汉语通用字笔顺规范》、《GB13000.1字符集汉字笔顺规范》、《GB13000.1字符集汉字字序（笔画序）》等文件规定了汉字基本笔画的排列顺序：横→竖→撇→点→折。

根据数量，笔画还可分为单一笔画和复合笔画。单一笔画只具有一种笔形，而复合笔画则由两种以上基本笔画连接而成。汉字的派生笔画有20多种，其中绝大部分属于复合笔画，尤以各种各样的折笔居多。很多汉字都包含“折”的变形笔画，如“马、又、凹、朵、计、幻、山、孔、专、飞、乙、部、陪、乃、凸、及、与、么、女”等。

现代汉字笔画表

笔画类型	序号	笔画形状	名称	例字
基本笔画	1	一	横	“大”的第一笔
	2	丨	竖	“十”的第二笔
	3	丿	撇	“大”的第二笔
	4	丶	点	“立”的第一笔
	5	㇏	捺	“个”的第二笔
	6	㇀	提	“况”的第二笔
派生笔画	1	㇕	横折	“口”的第二笔
	2	㇇	横撇	“夕”的第二笔
	3	㇖	横钩或折	“宝”的第三笔
	4	㇆	横折钩	“内”的第二笔
	5	㇊	横折提	“讲”的第二笔
	6	㇍	横折弯	“设”的第四笔
	7	㇅	横折折	“凹”的第二笔
	8	⺄	横折斜钩	“凤”的第二笔
	9	乙	横折弯钩	“丸”的第二笔
	10	㇌	横撇弯钩	“陈”的第二笔
	11	㇋	横折折撇	“极”的第六笔
	12	㇡	横折折折钩	“仍”的第三笔
	13	㇎	横折折折	“凸”的第四笔
	14	㇙	竖提	“即”的第四笔
	15	㇗	竖折	“凶”的第三笔
	16	亅	竖钩	“于”的第三笔
	17	㇄	竖弯	“西”的第五笔
	18	㇟	竖弯钩	“毛”的第四笔
	19	㇜	竖折撇	“传”的第五笔

续表

笔画类型	序号	笔画形状	名称	例　字
派生笔画	20	ㄣ	竖折折	“鼎”的第六笔
	21	ㄣ	竖折折钩	“弓”的第三笔
	22	ㄑ	撇点	“女”的第一笔
	23	ㄥ	撇折	“勾”的第三笔
	24	㇂	斜钩	“式”的第五笔
	25	㇁	弯钩	“豕”的第三笔
	26	㇃	卧钩	“心”的第二笔

2. 笔画的组合方式

汉字笔画的组合方式多种多样，但大致有以下三种：

相离：北、公、六、元、仁　　相接：入、丁、上、万、久

相交：也、毛、井、力、车

大多数汉字都是上述两种或三种方式组合而成的。例如，“甘”、“五”、“丑”运用了相接、相交两种方式，“亢”、“回”、“江”运用了相离、相接两种方式，“活”、“泽”、“斗”运用了相离、相交两种方式，“笔”、“参”、“知”运用了相离、相接、相交三种方式。在书写汉字时，笔画虽然相同，但如果组合方式不同，所构成的字也就不同，如“天”和“夫”、“田”和“由”等。

3. 笔画的书写顺序

笔顺是书写汉字时笔画的走向和先后次序。汉字笔顺的基本规则：

先横后竖：下、正、丰、于、亚

先撇后捺：八、人、义、天、朱

从上到下：二、立、合、丽、召

从左到右：川、做、他、打、的

从外到内：月、周、风、肉、凡

先中间后两边：小、办、水、承

先里头后封口：国、酒、田、由

汉字的笔顺是人们在长期使用汉字的过程中，根据汉字的笔画和结构特点总结出来的。按照这些规则书写汉字，不仅写起来方便、快捷，而且有利于把字写得匀称、美观。

除了上述基本规则以外，笔顺还有一些补充规则，具体如下：

其一，多笔的横、竖笔画相接或相交时，最后一个横笔要与竖笔相接，即先竖后横，如“土”、“王”、“正”等；

其二，长竖与短横相接时，也要先竖后横，如“非”、“甘”等。

其三，撇与折的先后要视情而定。有的是先撇后折，如“儿”、“几”、“九”、“久”、“勾”等；有的是先折后撇，如“刀”、“方”、“皮”、“女”等。

其四，点在上边或左上的先写，如“衣、穴、为”等；点在右上或字里的后写，如“发、我、载、戊、瓦、叉”等。

其五，上右和上左包围结构的字先外后里，如“司、厅”等；左下包围结构的字先里后外，如“远、延”等。

其六，三面包围结构的字中，缺口朝上的字先里后外，如“凶”；缺口朝下的字先外后里，如“同”；缺口朝右的字先上后里再左下，如“区、臣、匿、匪”等。

较为复杂一点的字的笔顺往往需要基本规则与补充规则综合起来运用，如“凹、凸、舅、再、片、释”等。

有少数字的笔顺，社会上往往流行不止一种的写法，应以《印刷通用汉字字形表》、《现代汉语通用字表》、《现代汉语通用字笔顺规范》为标准。《现代汉语通用字笔顺规范》列出了7000个通用汉字的笔顺。下表列举的是一些容易算错笔画和写错笔顺的字：

例字	笔顺											笔画
九	丿	九										2
乃	㇋	乃										2
义	丶	丷	义									3
叉	㇇	又	叉									3
与	一	亐	与									3
及	丿	乃	及									3
五	一	丅	丏	五								4
车	一	𠂇	𠂉	车								4
丹	丿	冂	冃	丹								4
比	一	⺊	𠤎	比								4
瓦	一	丆	瓦	瓦								4

续表

例字	笔顺											笔画
方	丶	亠	广	方								4
火	丶	丷	少	火								4
丑	㇆	ヨ	丑	丑								4
区	一	フ	又	区								4
毋	ㄴ	口	贝	毋								4
凹	丨	卜	卢	凹	凹							5
凸	丨	亅	𠃌	凸	凸							5
北	丨	十	丬	北	北							5
讯	丶	讠	讯	讯	讯							5
必	丶	心	心	必	必							5
皮	乛	厂	广	皮	皮							5
出	ㄴ	凵	中	出	出							5
母	ㄴ	口	母	母	母							5
再	一	厂	冂	而	再	再						6
舟	丿	厂	月	舟	舟	舟						6
臼	丿	亻	𠂤	臼	臼	臼						6
巫	一	丅	丌	巫	巫	巫	巫					7
辰	一	厂	厂	户	辰	辰	辰					7
里	丨	冂	日	曰	甲	甲	里					7
坐	丿	人	从	从	坐	坐	坐					7
卵	丿	卜	卵	卵	卵	卵	卵					7
戒	一	二	开	开	戒	戒	戒					7
垂	一	二	千	手	垂	垂	垂	垂				8
肃	乛	彐	彐	肀	肃	肃	肃	肃				8
虎	丨	卜	卢	虍	虍	虍	虍	虎				8
妻	一	ヨ	彐	彐	妻	妻	妻	妻				8

续表

例字	笔顺											笔画
非	丨	‖	刂	刂	刲	非	非	非				8
重	一	二	𠂊	亓	肓	盲	垂	重	重			9
叟	丶	𠂆	𠂉	𦥑	𦥑	臼	申	叟	叟			9
姜	丶	丷	䒑	亠	兰	羊	差	姜	姜			9
脊	丶	丷	丷	丷	龹	龹	龹	脊	脊	脊		10
乘	一	二	千	千	千	千	乖	乖	乖	乘		10
鬯	丿	乂	乂	乂	乂	※	凶	凶	凶	鬯		10
爽	一	一	丆	丆	丆	丆	丆	丆	丆	爽	爽	11

（二）部件

1．部件的分类和名称

部件又称为字根、字元、字素，是由笔画组成的能独立运用且具有组配汉字功能的基本构字单位。例如，“林”、“领”、“爆”等字都可以分离出两个或两个以上的部件：林——木、木，领——令、页，爆——火、日、共、氺。可见，部件是对整字进行一次或几次切分后所得出的基本构字单位。

一般情况下，部件大于笔画，但有时也等于笔画。由单一笔画组成的部件叫单笔部件，如“一”、“乙”等。大多数部件是由不止一个笔画构成的，叫多笔部件。部件通常要小于整字，但有时也等于整字。按能否独立成字，部件还可以分为成字部件和不成字部件。成字部件如“明”中的“日”和“月”、“熄”中的“火”“自”“心”等，不成字部件如“红”中的“纟”、“宝”中的“宀”等。

以能否拆分为标准，部件可分为基础部件和合成部件。最小的不能再拆分的部件叫基础部件。由两个或两个以上基础部件组成的部件叫合成部件。例如，“语”字中的“讠”是基础部件，“吾”是合成部件，而“吾”中的“五”和“口”又属于基础部件。

汉字部件名称的确定，要依赖汉字结构部位的名称。汉字结构部位的名称，可以概括为五组（八种）：

左“旁”右“边”：左右结构的字，左边部位为“旁”，右边部位为“边”。例如，“陈”是“阝”旁、“东”字边，“柱”是“木”字旁、“主”字边。

上“头”下“底”：上下结构的字，上面部位为“头”，下面部位为“底”。例如，“盅”是

“中”字头、“皿”字底，“笔”是“竹”字头、“毛”字底。

内“心”外“框”：全包围和三面包围的字，外面部位为“框”，里面部位为“心”。例如，“因”是大“囗”框、“大”字心，“闷”是“门”字框、“心”字心。

中“腰”。上中下结构和左中右结构的字，中间部位为“腰”。例如，“葬”是“死”字腰，“辩”是“讠”字腰，“粥”是“米”字腰。

四“角”：字的左上、左下、右上、右下部位为“角”。例如，“骑”的右上角是“大”、右下角是“可”，“赢”的左下角是“月”、右下角是“凡”。

一般来说，成字部件的名称就用该字的读音去称说，“日”作为部件读“rì”，“车”作为部件读“chē”。不成字部件的名称则往往有习惯性的称说。例如：

宀：宝盖儿	冖：秃宝盖	忄：竖心儿	亻：单立人
艹：草字头	辶：走之儿	廴：建之儿	灬：四点底
刂：立刀旁	冫：两点水	讠：言字旁	卩：单耳旁
阝：双耳旁	扌：提手旁	囗：大口框	彳：双人旁
彡：三撇儿	犭：反犬旁	攵：反文边	氵：三点水
纟：绞丝旁	耂：老字头	疒：病字头	夂：折文旁
冂：同字框	衤：衣字旁	礻：示字旁	虍：虎字头
⺮：竹字头	𧾷：足字旁	⺍：党字头	钅：金字旁
饣：食字旁	爫：采字头	丩：纠字边	匚：区字框

2. 部件的拆分

汉字是由部件构成的，原则上任何汉字都可以拆分成部件（作为部件的字可以理解成拆分出来的一个部件）。将汉字拆分为部件，就叫作部件拆分。部件拆分必须注意以下两点：

一是离接可拆，交重不拆。部件和部件之间的组配关系也有相离、相接和相交三种状况。相离就是部件和部件之间完全相分离，有明显的分隔沟，如“明”字中的“日”和“月”；相接就是部件和部件之间有一点或几点相接触，如“名”字中的“夕”和“口”；相交就是部件和部件之间有一点或几点相交叉，笔画穿插重叠，如“串”字中的“中”和“中”。进行部件拆分时，相离和相接关系结构可以拆分，相交关系结构则不能拆分。

二是尽量做到有理据拆分。在进行部件拆分时，对于有理据的字，一定要尽可能参照理据拆分，而不要任意拆分。例如，“湖”应先按形声理据拆分成“氵”、“胡”，而不能先拆分成“沽”、“月”。

三是拆分要突出层次性。部件在组配为汉字的过程中是讲究层次的，进行部件拆分应该照顾部件之间的层次性,即按照组配意图来拆分。例如,在对“蒲”进行拆分时,应该先把“蒲”字拆分成“艹”和“浦”,再把“浦”字拆分成“氵”和“甫”。这个过程可以图示如下:

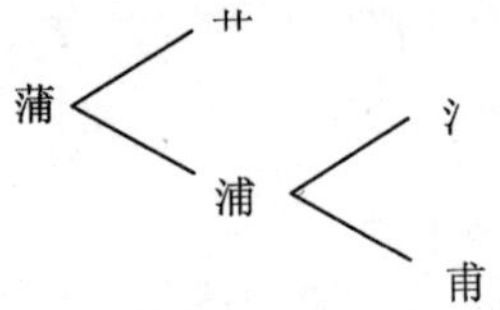

对构造复杂的汉字进行部件拆分时,要遵循逐级拆分的原则,这样就可以明确地显示字的结构层次。这种逐层拆分所得的部件分别叫作一级部件、二级部件、三级部件、四级部件等。一级部件又叫直接部件,其余级别的部件都叫间接部件。例如:

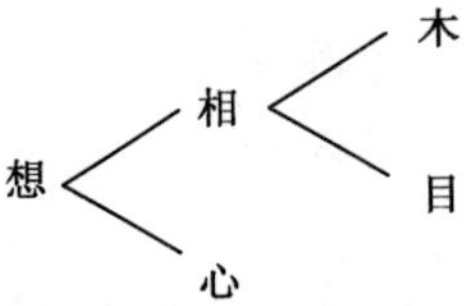

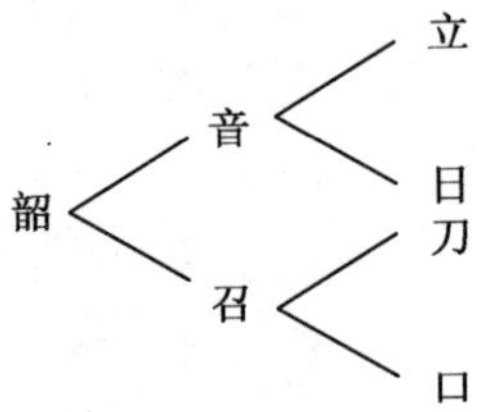

3. 部件与偏旁、部首的关系

偏旁、部首和部件都是介于汉字笔画和整字之间的构成成分,只是它们适用的范围有所不同。

偏旁是传统汉字学依据造字理据分析合体字时使用的一个概念。汉字有独体字与合体字之分,起初称合体字的左部为“偏”、右部为“旁”,后来则把合体字的左右、上下、内外各个部位的构成成分统称为偏旁。由于偏旁的结构复杂、形体过大、数量过多、不够稳定,既难以形成独立的体系,又不便于掌握和应用,所以,现代汉字分析过程中一般很少采用。

部首是汉字检索方面使用的一个概念。它是汉语的字典辞书中属于同一形体偏旁的部目,凡是含有同一形体偏旁的字均隶属其下,成为一部,所以叫部首。部首是成体系的,但哪些结构成分可以作为部首却是因时因人而异的。部首的主要功能在于汉字编排与检索,同样不大适用于汉字分析。

部件是“由笔画组成的具有组配汉字功能的构字单位”,上可以等于整字,下可以等于笔画。从功能上看,部件并不一定具有音义;从存在形式上看,部件是一个独立的书写单位。

三、现代汉字的结构模式

现代汉字中,合体字是由两个或两个以上的部件按照一定组合方式组合而成的。部件组合成合体字的部位关系构成了合体字不同的结构模式。

（一）上下组合模式

两个部件按上下关系构成整字，结构图形是“⿱”，如“笔、岩、吕、李、要、艺、臭”。

上下关系的字可以派生出上中下关系，结构图形是“⿳”，如“曼、器、葬、案、密”。有些上下关系的字甚至有四层以上，如“蔓、幂、熏、膏、囊”。

（二）左右组合模式

两个部件按左右关系构成整字，结构图形是“⿰”，如“明、代、即、位、切、科”。

左右关系的字可以派生出左中右关系，结构图形是“⿲”，如“斑、瓣、鞭、锹、惭”。少数字有四层以上的构造，如“摊、滩、雌、䳄”。

（三）包围组合模式

包围关系的字按部件包围和被包围的具体情况可以细分为全包围、三面包围、两面包围等三种。

全包围关系即四面包围关系，结构图形是“⿴”，如“回、因、团、困、图、固、卤”。

三面包围的字又可以细分为上包围、下包围、左包围三种。上包围字的结构图形是“⿵”，如“凤、冈、凡、向、周”；下包围字的结构图形是“⿶”，如“凶、函、幽、击、画”；左包围字的结构图形是“⿷”，如“区、匠、医、匣、匡”。

两面包围的字也可以细分为左上包围、左下包围、右上包围三种。左上包围字的结构图形是“⿸”，如“应、压、厄、届、病”；左下包围字的结构图形是“⿺”，如“越、送、建、勉、毡”；右上包围字的方块结构图形是“⿹”，如“勾、旬、习、司、刁”。

（四）框架组合模式

框架组合又称对称组合，指汉字的外形上呈现对称的形式，但又无法分为左右或上下结构，如“巫、爽、夾、噩、乖”。框架组合的字又可以分为一层框架、二层框架两种。一层框架的字如“巫、坐”，二层框架的字如“噩、爽”。框架组合模式的字数较少。

（五）品字组合模式

品字组合的字如“品、森、晶、鑫”等。相比之下，品字组合模式的字最少。

思考和练习

1. 举例说明什么是象形字、指事字、会意字和形声字。

2. 了解汉字的造字法对学习现代汉字有什么帮助？

3. 请指出下列汉字所属的造字类型。

马 鱼 汤 泪 渔 蝴 休 我 它 锦 盒 背 行 吹 明 期 肚 颜 村 觉 宿

4. 试对下列汉字的部件进行拆分。

嫩 恁 婴 哪 馁 矮 赢 鹰 颖 淼 砻 焱 镕

5. 请逐笔指明下列汉字的笔顺。

敝 区 火 皮 不 九 怅 肃 义 噩

6. 试说明下列合体字的结构模式。

有 句 网 杨 进 幽 载 葬 辩 慧 湖 蓬 匪 圆 品 乖 衔 噩

7. 请指出下列汉字的笔画数。

普 乙 札 扬 连 修 都 囊 虚 澳 滑 鬼 真 摇 黄 凸 阶 降 弓 之

8. 试举例说明部件、偏旁和部首三者之间的异同。

第四节 现代汉字的标准化和规范化

一、汉字的整理

汉字的整理自汉字产生起就开始了，中国历史上曾有过几次大规模的汉字整理，如秦始皇的“书同文”政策。汉字的整理主要指汉字的简化。从汉字形体发展的历程来看，汉字一直有简化的趋势，既存在通俗流行的民间简体，也存在正式规范的官方简体。汉字简化的内容主要包括简化笔画、精简字数以及整理异读词和异形词。

（一）简化笔画

汉字简化古已有之，汉字的形体演变过程其实就是一个简化过程。“五四”以后，一批知识分子意识到简化是汉字发展的必然趋势，提出了简化汉字的要求。1935 年 8 月，国民政府教育部发布《第一批简化字表》，第一次确认了简化字的合法地位。后因遭到国民党政府高层的一些人的反对，此表不久便宣布收回。新中国建立之后，国家成立了专门的文字改革委员会，相继开展了以汉字简化、异体字淘汰、标准字形的确立等为标志的汉字改革运动。1955 年，中国文字改革委员会公布了《汉字简化方案草案》，公开征求意见。1956 年，经汉字简化方案审定委员会审定，国务院公布了《汉字简化方案》，并在全国范围内加以推广。

1964 年，有关部门根据简化字的推广情况，重新整理、编制了《简化字总表》。1986 年，为了纠正社会用字混乱现象，便于人民群众使用规范的简化字，国家语言文字工作委员会重新发布了《简化字总表》,共收录简化字 2235 个。

从形体结构上看,汉字简化笔画的方式主要有以下六种。

(1) 简化偏旁。简化偏旁主要是通过简化形声字的形旁或声旁来达到简化汉字笔画的目的。例如:

金→钅:钱(錢)　铜(銅)　锡(錫)　银(銀)　锌(鋅)

倉→仓:沧(滄)　创(創)　抢(搶)　枪(槍)　怆(愴)

侖→仑:沦(淪)　论(論)　伦(倫)　抡(掄)　纶(綸)

(2) 保留局部。保留局部即通过抽取能体现原字特征的局部来代替原字的一种简化方式。例如:

开(開)　亲(親)　杀(殺)　声(聲)　厌(厭)　寻(尋)　业(業)　孙(孫)

(3) 符号替代。符号替代是指用笔画较少的抽象符号来代替原先繁难的汉字部件。例如:

汉(漢)　劝(勸)　刘(劉)　区(區)　戏(戲)　邓(鄧)　枣(棗)　风(風)

(4) 同音替代。同音替代是用形体简单的同音字、近音字来替代原有的汉字。例如:

谷(穀)　丑(醜)　干(幹)　几(幾)　后(後)　姜(薑)　板(闆)　借(藉)

(5) 草书楷化。草书楷化就是将草书字形按照楷书的笔画写下来。例如:

长(長)　书(書)　为(為)　东(東)　专(專)　乐(樂)

(6) 全部更换。全部更换是运用造字法新造出笔画较为简单的字以代替原先笔画繁难的字。例如:

灭(滅)　体(體)　义(義)　灵(靈)　丛(叢)　卫(衛)　千(韆)　尘(塵)

(二) 精简字数

精简字数主要包括整理异体字、规范印刷体字形、更改生僻地名用字、统一计量单位名称。

(1) 整理异体字

异体字即与规定的正体字同音、同义而写法不同的字。例如,“并”字的另外三种写法“竝”、“併”、“並”就是“并”的异体字。现行汉字中还存在着一定数量的异体字,它们没有任何积极作用,只会增加人们的负担,必须加以整理,如“異(异)、廡(寓)、羣(群)、邨(村)”等。

1955 年 12 月,文化部和文字改革委员会公布了《第一批异体字整理表》。该表本着“从简从俗、书写方便”的原则,对 810 组汉字逐一进行了规范。每组汉字中除一种形体被定为规范字体外，其余的均为异体字（1053 个）。表中所列的异体字在公开出版的报纸、杂志、图书中一律停止使用，只在翻印古书或作姓氏时可以有限地使用。经过调整后，《第一批异体字整理表》由原来的 810 组异体字减少到 795 组，淘汰的异体字变为 1025 个。

（2）规范印刷体字形

1965 年，文化部和文字改革委员会公布了《印刷通用汉字字形表》，规定了 6196 个通用汉字的字形、笔画和笔顺。1988 年 3 月，国家语言文字工作委员会、中华人民共和国新闻出版署发布了《现代汉语通用字表》，收字 7000 个。这两个字表明确规定了每个字的字形标准。

（3）更改生僻地名用字

从 1956 年到 1964 年，经国务院批准，全国有 8 个省和自治区的 35 个地区和县更改了生僻的地名用字。例如，盩厔县改为周至县，和阗县改为和田县，鰼水县改为习水县。

（4）统一计量单位名称

1977 年 7 月 20 日，文字改革委员会和国家标准计量局发出《关于部分计量单位名称统一用字的通知》，要求“采用附表选定的译名，淘汰其他旧译名”，共精简了旧译名用字 20 多个。例如，“浬”改称海里，“吋”改称英寸，“呎”改称英尺，“瓩”改称千瓦等。

（三）整理异读词和异形词

异读词是指同一个词有两种或两种以上不同读音的现象，包括习惯上的异读词和异读字。例如：

嚼[jiáo]——嚼[jué]——嚼[jiào]　　钥[yào]——钥[yuè]

异形词是书面语中并存并用的同音、同义而书写形式不同的词语。例如：

倒霉——倒楣　订单——定单　笔画——笔划　联结——连结

毕恭毕敬——必恭必敬　发人深省——发人深醒　丰富多彩——丰富多采

2001 年，教育部和国家语委发布了《第一批异形词整理表》。该表选取普通话书面语中经常使用、公众取舍倾向比较明显的 338 组异形词进行了整理，给出了每组异形词的推荐使用词形。

二、现代汉字的标准化

汉字的标准化，就是对现行汉字的用字数量、标准字形、标准字音和排列顺序做出明确的规定，即定量、定形、定音、定序，简称“四定”。

1. 定量

定量就是规定汉字使用的数量，具体包括规定现代汉字的常用字、通用字、专用字（人名、地名、物名、文言等用字）的字数。

汉字的数量十分庞大，汉代许慎《说文解字》只收录了 9353 个字，而当代《汉语大字典》则收录了 54678 个字。然而，人们在实际生活中并不需要逐一掌握每一个汉字，处理这些汉字应以“现代通用、分层定量”为标准。所谓“现代通用”，就是指在全面统计、科学分析现行汉字覆盖率的基础上，制定出《现代汉字通用字表》（该表 1988 年发布，共收录汉字 7000 个）；所谓“分层使用”，就是在通行汉字的基础上进一步分级，细化不同层次、不同领域用字的数量，为教材编写、书籍出版、汉字信息处理提供依据。

为了适应语文教学、辞书编纂以及汉字机械处理和信息处理等各方面的需要，国家语言文字工作委员会和国家教育委员会于 1988 年联合发布了《现代汉语常用字表》。该表共收常用汉字 3500 个，被分为两级：一级常用字 2500 个，二级次常用字 1000 个。这些字都是使用频率高、构词构字能力强、学科分布广和日常生活中使用度高的字。经过对 200 万字语料的计算机抽样统计检测，该表的一级常用字的覆盖率是 97.97%，二级次常用字的覆盖率是 1.51%，合计为 99.48%。

2013 年 6 月 5 日，国务院公开发布了《通用规范汉字表》，收录通用汉字 8015 个，分为三级：一级字表为常用字，收字 3500 个；二级字表收字 3000 个，为次常用字；三级字表收字 1605 个，为较通用的字。《国务院关于公布〈通用规范汉字表〉的通知》指出：“《通用规范汉字表》是贯彻《中华人民共和国国家通用语言文字法》，适应新形势下社会各领域汉字应用需要的重要汉字规范。制定和实施《通用规范汉字表》，对提升国家通用语言文字的规范化、标准化、信息化水平，促进国家经济社会和文化教育事业发展具有重要意义。《通用规范汉字表》公布后，社会一般应用领域的汉字使用应以《通用规范汉字表》为准，原有相关字表停止使用。”

2. 定形

定形就是确定每个现行汉字的标准字体，具体内容包括规定现代汉字印刷体和手写体（包括行、草）的字形、确定正体、淘汰繁体和异体。

历史上的汉字整理研究也非常注重对字形的规范和整理，并取得了相当大的成效。《简化字总表》、《印刷通用汉字字形表》、《第一批异体字整理表》、《现代汉语常用字表》、《现代汉语通用字表》等文献的发布，基本上确立了现代汉字的标准形体。

不过，汉字的定形还有许多工作要做，如需要进一步整理异体字和异形词，还需要进一步规范书写笔顺等。

另外，在已经公布的《第一批异体字整理表》中，还有个别地方需要修订。如“楞［愣］”

条，把“愣”作为“楞”的异体字来处理是不够妥当的。因为“楞”音 léng，义同“棱”，而“愣”音 lèng，义为“发愣”，二者的音义均不同，不能作为异体字来处理。

经过《印刷通用汉字字形表》和《现代汉语通用字表》的规范，汉字的书写笔顺基本上有了一定的依据，但也还存在一些不够统一的地方。例如，“乃”和“及”结构相似而笔顺不同：“乃”字的起笔是折笔，“及”的起笔是撇。再如包围结构，有的是先外后内（如“匥”、“厘”），有的是先内后外（如“幽”、“凶”）。同类结构的这些不统一现象，似乎也应该加以协调。

除了上述三个方面外，现代汉字定形工作还需要对汉字笔画和汉字偏旁的种类、名称和具体写法进行研究，尽快制定出相应的规范和标准。

3. 定音

定音就是规定现代汉字的普通话读音，确定正音，消除不必要的多音、异读现象。定音的主攻方向是规范异读词的字音。

异读词是指读音有差异但词义完全一样的词，属于现代用字字音不确定的现象之一。例如，“凹陷”中的“凹”字曾有 āo、wā、yào 三种读音，“庇护”中的“庇”曾有 bì、pì 两种读音，“发酵”的“酵”有 jiào、xiào 两种读音。1957 年和 1962 年，国家曾两度推出《普通话异读词审音表初稿》。1985 年，国家又审定、公布了《普通话异读词审音表》。今后的定音工作要重点对人名和地名中的异读现象以及轻声词、儿化词、多音多义字的读音进行审定和规范。

4. 定序

定序就是规范现行汉字的排列顺序并确定标准的检字法，以提高人们学习和使用汉字的效率。

汉字的排序对于工具书编撰、图书资料索引、计算机字库的编制等，都具有十分重要的意义。历史上，人们曾经采用过义序法、音序法、形序法等检字法。

义序法是按照字义来排列汉字顺序的方法，早期的字书如《尔雅》、《释名》以及《方言》等都采用义序法来排列汉字。因为一个汉字往往意义不单一，无法确定按哪个意义来排序，所以后世的字典和词典很少采用义序法。

音序法是按照字音来排列汉字顺序的做法。古代的韵书如《切韵》、《广韵》等都采用音序法即按照汉字的声调和韵部编排。现当代的字典和词典大多是按注音字母或汉语拼音方案的拉丁字母顺序来排列汉字的，如《国语辞典》、《新华字典》、《现代汉语词典》以及《简化字总表》（1986 年新版）、《普通话异读词审音表》等。

在按汉语拼音方案字母的顺序排列汉字时，同音的字排在一块儿，同音字内部则按字形的笔画多少以及偏旁的情况来排序。不过，从现行的字典和词典来看，不同的字典和词典对同音字的排列顺序往往不一致。如 huà 音节的字,《新华字典》的顺序：化、华、桦、划、画、婳、话;《现代汉语词典》的顺序：化、划、华、画、话、桦、婳。可见,现行的音序法还必须制订相应的细则。

形序法是按照字形来排列汉字的,包括笔画法、部首法、号码法等。

笔画法是根据笔画数和笔形的顺序来排列汉字的,又叫笔画笔形法。一般是先按笔画数从少到多排列,同笔画数的字再按起笔笔形的顺序排列,起笔笔形还相同的字再按第二笔的笔形顺序来排列,依次类推。至于笔形,目前通常采用一、丨、丿、丶、乛(“札”字法)这样的起笔顺序。不过,对同笔画数、同笔形顺序的字,不同的字典或文献在排列顺序上仍可能有分歧,仍有加以规范统一的必要。例如：

《印刷通用汉字字形表》：勺、丸、凡、夕、么、及、久

《现代汉语常用字表》：勺、久、凡、及、夕、丸、么

《现代汉语通用字表》：么、久、勺、丸、凡、夕、及

《新华字典》(部首检字表)：么、久、丸、及(“勺”、“夕”不在“丿”部)

《现代汉语词典》(部首检字表)：久、么、及(“丸”、“勺”、“夕”不在“丿”部)

部首法是按照部首来编排汉字的方法。东汉许慎的《说文解字》首创部首法,按小篆字体把全书的 9353 个字分为 540 个部。后来的楷书字典和词典则对部首大加归并。例如,明代梅膺祚的《字汇》、清代《康熙字典》、1936 年刊行的旧《辞海》都是 214 部,新《辞海》调整为 250 部,《现代汉语词典》是 188 部,当代流行最广、影响很大的《新华字典》从 1980 年以来一直是 189 部,而《汉语大字典》和《汉语大词典》则是 200 部。1983 年 6 月,国家有关部门制订了《汉字统一部首表(草案)》,共设 201 部。1998 年出版的《现代汉语规范字典》和随后出版的《现代汉语规范词典》即采用了这个方案。

号码法是按字形确定的号码来排列汉字的方法,实际上属于一种从字形着眼的确定汉字字序的方法。辞书界通行的是王云五 1925 年发明的四角号码法。《现代汉语词典》、新版《辞海》和《辞源》都有四角号码检字法。这种方法是把汉字四角的笔形分为 10 种,用 0 到 9 十个数目字来代表。详情如下：

0：亠　1：一　2：丨丿亅　3：丶㇏　4：十乂

5：扌丰　6：口囗　7：乛ㄱ㇆　8：八丷人　9：小⺌忄

四角号码查字法的口诀：“横一垂二三点捺,叉四插五方块六,七角八八九是小,点下有横变零头”。取角的顺序：左上角 + 右上角 + 左下角 + 右下角。为区别同码的字,又增加了“附号”,即取右下角上方的笔形为附号,标以下标形式。例如：

端 02127　　迹 30301　　避 30304　　幢 40215

总之,现代汉字标准化工作已经取得了许多成绩,对汉字教学、汉字应用及汉字的现代化和规范化都起到积极的作用,但也还有许多问题有待进一步的研究和解决。

三、现代汉字的规范使用

规范汉字是指符合中华人民共和国颁布的有关汉字规范标准的汉字,即国家《简化字总表》等文献中发布的简化字、标准字和未被整理简化的传承汉字。而“不规范汉字”则包括已被简化的繁体字、已经被废除的异体字、已经被废弃的“二简字”和社会上随意创造的简体字和错别字。规范使用现代汉字包括正确书写汉字和纠正错别字两方面的内容。

1. 正确书写汉字

要正确书写汉字,首先必须认真学习并掌握国家相关部门发布的《第一批异体字整理表》、《简化汉字总表》、《现代汉语常用汉字表》、《现代汉语通用字表》、《第一批异形词整理表》、《部分计量单位名称统一用字表》、《汉字统一部首(草案)》、《现代常用字部件及部件名称规范》等文献,然后按照规范化的字形标准来书写汉字,不用已经淘汰的繁体字、异体字、异形词和来路不正的简体字。

在现实生活中,有的人喜欢使用繁体字。事实上,除了文物古籍、书法篆刻、题字招牌等特殊情况,繁体字通常不能乱用。另外,由于汉字的繁简字并非简单的一一对应关系,稍不留神极易导致繁体字的混用和误用。例如,“干净”的“干”是“乾”的简化字,而“相干”的“干”则是与之同形的非简化字。

2. 纠正错别字

错别字是错字和别字的合称。错字是指因多笔或少画而写错的汉字,在字典中根本查不到。例如,把“低”字右边的偏旁写作“氐”,把“祝”字左边的偏旁写成“衤”等。别字是将汉字用错地方,把甲字误写为乙字。例如,“作”字常用于内容抽象或书面色彩较重的词,如“作恶”、“作怪”、“作茧自缚”等;而“做”字常用于内容具体或口语色彩较重的词,如“做手脚”、“做生意”、“做练习”等。如果二者用错位,就会产生别字。错别字产生的原因有外部因素(包括汉字的使用环境、教师的教学方法等),也有内部因素(如汉字的自身性质特点、学习过程中的负迁移等),有时还涉及心理因素。

生活中的错别字形形色色,常见的错别字有以下四种类型(括号内是正确的字):

(1) 增减笔画。例如:

县(县)长　喉(喉)咙　工具(具)　压(压)迫　澳(澳)门　淘汰(汰)

（2）形近误写。例如：

膛(瞠)目结舌　竭(谒)见　潜(潸)然泪下　抵(抵)掌而谈　瞻(赡)养

（3）音同音近误写。例如：

孤柱(注)一掷　遗(贻)笑大方　调(掉)以轻心　如法泡(炮)制　杯盘狼籍(藉)

（4）受上下字影响而误写。例如：

清淅(晰)　糢(模)糊　辉煌(煌)　脉膊(搏)　沾(玷)污　赴汤滔(蹈)火

纠正错别字应该分别从汉字的字形、字音、字义入手。只有对汉字的形、音、义有了准确无误的掌握,才能尽可能地少写或不写错别字。

1. 从字形上分辨

汉字中有不少音符相同、意符形似的字。例如,“盲”和“肓”、“瞠”和“膛”、“睑”和“脸”三组字中,两个字的音符相同、意符相似。再如,“弧”、“狐”、“孤”三个字是音符相同、意符形似。

有些错别字是因某些部件形似而致误。例如,“步”误作“歩”,是把部件“少”误为“少”;“尧”、“侥”、“烧”误作“尭”、“侥”、“烧”,则是把部件“戈”误为“戈”。

有些形似的字可以通过字形分析来区别。例如,“戊”、“戌”、“戉”、“戍”、“戎”、“戒”等字极容易相混,这可以结合古文字的字形来分析它们的不同,以加深印象。

“戊”wù(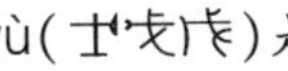)是象形字,在甲骨文中像一种斧头,一种武器,第一笔是“丿”,字的中间是空的,“茂”字下面是“戊”。

“戌”xū(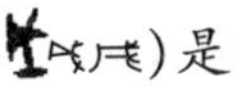)是象形字,在甲骨文中像平口大斧头,一种武器,字的中间有一横。

“戉”yuè(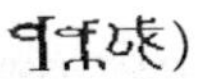)也是象形字,在甲骨文中像大斧头,一种武器,第一笔是竖钩。“越”、“钺”、“樾”中的一个部件是“戉”。

“戍”shù(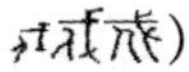)是会意字,一人持戈,原义是守边,楷书字体使“人”部件变形,中间是一点。“蔑”、“篾”等字的下部是“戍”。

“戎”róng(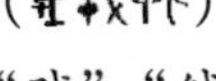)也是会意字,从戈从甲(甲胄),原义是武器,引申为军队、军事。现代汉字中的“贼”、“绒”、“娀”等字右边是“戎”。

“戒”jiè(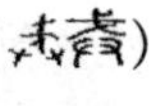)也是会意字,在甲骨文中像双手持戈,原义是警戒。“诫”、“械”等字的右边是“戒”。

除了字形和字义分析,上面这些字还可以通过组词练习来说明用法,如“戍边”、“戍守”、“甲乙丙丁戊己庚辛”、“申酉戌亥”、“投笔从戎”、“戎马一生”、“警戒”等。

2. 从字音上分辨

有些形似字的字音差别较大。例如,"亨"读 hēng,凡由"亨"组成的形声字,韵母是"eng"(如"哼"、"烹"等);"享"读 xiǎng,凡由"享"组成的形声字,韵母一般是"uen"(如"谆"、"淳"、"鹑"等)。利用形声字的声旁能够类推的特点,可以批量掌握同声旁的形声字。例如:

艮:跟、根、哏、茛、很、狠、恨、痕、恳、垦(以上字的韵母为 en);银、垠(以上字的韵母为 in)

良:良、粮、踉、莨、娘、酿(以上字的韵母为 iang);浪、狼、廊、郎、朗、榔、琅、烺、啷、螂、锒(以上字的韵母为 ang)

段:锻、缎、椴、煅(以上字的韵母为 uan)

叚:假、葭、霞、暇、遐、瑕、煆、睱(以上字的韵母为 ia)

舀:稻、蹈、滔、韬(以上字的韵母为 ao)

臽:陷、馅、焰、焰、阎、谄(以上字的韵母为 ian 或 an)

仓:沧、舱、苍、伧(以上字的韵母为 ang),枪、抢、戗、呛、炝、跄(以上字的韵母为 iang),创、疮、怆(以上字的韵母为 uang)

仑:论、轮、抡、伦、沦、纶、囵(以上字的韵母为 uen)

3. 从字义上分辨

了解字义等于了解字的用法,而一旦掌握了字的用法,人们就很少会写错别字。例如,"栗"和"粟"常常有人用混。如果了解了"栗"是一种树、"粟"是一种粮食即小米,那么二者就会一目了然。又如,"眨"、"贬"、"砭"容易相混。如果知道了"眨"跟眼睛有关(如"眨眼")、"贬"跟钱财货物有关(如"贬值")、"砭"是用石针扎皮肉治病(如"针砭"),那么这三个字就会一清二楚。

在现实生活中,人们经常会把"汗流浃背"写成"汗流夹背"、"一唱一和"写成"一唱一合"、"提纲"写成"题纲"、"规矩"写成"规距"、"变本加厉"写成"变本加利"、"一筹莫展"写成"一愁莫展"、"玷污清白"写成"沾污清白"、"滥竽充数"写成"烂芋充数"、"一鼓作气"写成"一股作气"。究其原因,都与不明相关字义脱不开干系。

总之,纠正错别字是人的学习生涯中无法回避的一项终生任务。只要人们主观上高度重视,以人为师,以字典为师,那么就一定能将错别字现象降到最低。

思考和练习

1. 举例说明异体字、异读字和异形词的差别。
2. 现代汉字的标准化工作包括哪些具体内容?
3. 写出下列词语中拼音所对应的汉字。

dǐng(　)盛时期	战略 bù(　)署	dān(　)误时间
计日 chéng(　)功	优 róu(　)寡断	反 yìng(　)情况
反 yìng(　)强烈	xiū(　)身养性	一 shēn(　)正气
操劳一 shēng(　)	tuò(　)手可得	一 chóu(　)莫展
尾大不 diào(　)	duōduō(　)怪事	相形见 chù(　)
wū(　)人清白	páo(　)制中药	居心 pǒ(　)测
自 yuàn(　)自 yì(　)	艺术造 xíng(　)	

4. 从公共场所或正规书刊中搜集 10 个错别字,并分析这些错别字产生的原因。
5. 从广播电视的播音中搜集几个读错了的字,并分析读错字的原因。
6. 1986 年重新公布的《简化字总表》,对 1964 年的《简化字总表》作了哪些调整?

附录一　容易写错的字

爱	ài	爱护　热爱	下边是“友”，不是“夂”。
俺	ǎn	俺们　俺村	右上是“大”，不是“夾”。
岸	àn	河岸　岸上	中间是“厂”，不是“广”。
昂	áng	高昂　昂贵	下边是“卬”，不是“卯”。
袄	ǎo	夹袄　棉袄	左边是“衤”，不是“礻”。
傲	ào	骄傲　傲慢	中间不能写成“青”。
疤	bā	伤疤　疤痕	左上是“疒”，不是“广”。
般	bān	一般	不是“服”。
版	bǎn	版本　版面	不是“瓶”。
瓣	bàn	花瓣　瓣儿	中间是“瓜”，不是“爪”。
帮	bang	帮助　帮忙	右上是“阝”，不是“卩”。
榜	bang	榜样　光荣榜	不是“搒”。
被	bèi	棉被　被动	左边是“衤”，不是“礻”。
庇	bì	包庇　庇护	左上是“广”，不是“疒”。
痹	bì	麻痹　大意	右下是“畀”，不是“卑”。
弊	bì	弊病	下边是“廾”，不是“丌”。
冰	bīng	冰冷　冰天雪地	左边是“冫”，不是“氵”。
屏	bǐng	屏住　呼吸	上边是“尸”，不是“户”。
步	bù	步伐　步骤	下边不能多写一点。
部	bù	部分　部署	右边是“阝”，不是“卩”。
残	cán	残忍　残杀	右边不要多写一横。
策	cè	政策　计策	下边不要封口。
厕	cè	厕所	左上是“厂”，不是“广”。
察	chá	观察　警察	中间是“夕”，不是“癶”。
缠	chán	纠缠　缠绕	右边不是“厘”。
臭	chòu	臭气　臭名昭著	下边是“犬”，不是“大”。

续表

垂	chuí	垂直	最后一横要短,不能长。
淳	chún	淳朴　淳厚	右边是“享”,不是“亨”。
醋	cù	老陈醋　醋酸	左边是“酉”,不是“西”。
篡	cuàn	篡改	下边是“厶”,不是“么”。
窜	cuàn	逃窜	上边是“穴”,不是“宀”。
导	dǎo	教导　导演	上边是“巳”,不是“己”。
德	dé	品德　德育	右半部分心上的横不能少。
滴	dī	点滴　滴水	右半部分是“啇”,不是“商”。
低	dī	高低　低头	右半部分是“氐”,不是“氏”。
愕	è	惊愕　愕然	右边是“咢”,不是“粤”。
罚	fá	惩罚　罚款	右下是“刂”,不是“寸”。
范	fàn	模范　范围	右下是“㔾”,不是“巳”。
废	fèi	废除　废物	左上是“广”,不是“疒”。
逢	féng	相逢　重逢	中间是“丰”,不是“丯”。
负	fù	胜负　负责	上边不是“刀”。
改	gǎi	改革　改变	左边是“己”,不是“㔾”。
隔	gé	隔离　相隔	右边是“鬲”,不是“鬲”。
恭	gōng	恭敬　恭维	下边不是“水”。
巩	gǒng	巩固　巩县	右边是“凡”,不是“几”。
孤	gū	孤立　孤独	右边是“瓜”,不是“爪”。
辜	gū	辜负　无辜	下边是“辛”,不是“幸”。
冠	guān	衣冠　整齐	上边“冖”,不是“宀”,不能多一点。
	guàn	冠军	
惯	guàn	习惯　娇惯	右上是“毌”,不是“母”。
轨	guǐ	轨道　正轨	右边是“九”,不是“丸”
滚	gǔn	滚动　翻滚	右边是“衮”,不是“哀”。
国	guó	国家　爱国	当中是“玉”,不是“王”。
裹	guǒ	包裹	中间是“果”,不是“里”。
含	hán	含蓄　含义	上边是“今”,不是“令”。

续表

函	hán	公函　函授	中间不是“水”。
壑	hè	沟壑	左上不能丢掉一横。
黑	hēi	黑色　黑白	上边不是“里”。
哼	hēng	哼声	右边是“亨”,不是“享”。
喉	hóu	歌喉　咽喉	右边是“侯”,不是“候”。
狐	hú	狐狸	右边是“瓜”,不是“爪”。
慌	huāng	惊慌　慌张	右边的“荒”不能多写一点。
或	huò	或许　或者	右边是“戈”,不是“弋”。
缉	jī	通缉　缉私	左边是“纟”,不是“幺”。
吉	jí	吉利	上边是“士”,不是“土”。
棘	jí	棘手　荆棘	两边是“朿”,不是“束”。
祭	jì	祭墓　公祭	上边是“⺼又”,不是“癶”。
记	jì	记住　记录	右边是“己”,不是“已”。
假	jiǎ	假的　假冒	右边是“叚”,不是“段”。
	jià	假日　放假	
拣	jiǎn	挑拣	右边是“东”不是“东”。
浇	jiāo	浇水　浇灌	不是“浇”。
劫	jié	抢劫　浩劫	不是“刼”
杰	jié	杰出　豪杰	上边是“木”,不是“术”。
炯	jiǒng	炯炯　有神	不是“烱”。
卷	juǎn	试卷	下边是“㔾”,不是“巳”。
菌	jūn	细菌　香菌	不是“菌”。
凯	kǎi	凯旋　凯歌	右边是“几”,不是“凡”。
考	kǎo	考试　考查	下边不能写成“与”。
恐	kǒng	恐怕　恐怖	上边的“巩”不能少一点。
寇	kòu	敌寇　贼寇	上边是“宀”,不是“冖”。

续表

款	kuǎn	条款　存款	右边是“欠”，不是“攵”。
亏	kuī	亏损　吃亏	不是“亐”。
葵	kuí	葵花　葵扇	中间是“癶”，不是“夊”。
喇	lǎ	喇叭　喇嘛	中间是“束”，应当封口。
蜡	là	蜡烛　蜂蜡	左边是“虫”，不是“火”。
赖	lài	信赖　依赖	左边是“束”，应当封口。
类	lèi	种类　类型	下边是“大”，不是“犬”。
例	lì	举例　条例	左边是“亻”，不是“⺅”。
敛	liǎn	收敛	右边是“攵”，不是“欠”。
练	liàn	练习　熟练	右边是“𫠣”，不是“东”。
梁	liáng	桥梁　鼻梁	右上是“刅”“不是“刃”。
流	liú	河流　流行	右半部分不能丢掉上边的一点。
柳	liǔ	柳树	右边是“卯”，不是“印”。
隆	lóng	隆重　兴隆	“生”上不能丢掉一横。
弄	nòng	弄堂　里弄	下边是“廾”，不是“大”。
虏	lǔ	俘虏　虏获	上边是“虍”，不是“广”。
录	lù	记录　目录	上边不能写成“彐”。
旅	lǚ	旅行　旅居	右半部分下边是“𠂢”，不是“氏”。
卵	luǎn	鸟卵　卵石	右边不是“卩”。
裸	luǒ	裸露　赤裸	左边是“衤”，不是“礻”。
盲	máng	盲目　文盲	上边是“亡”，不是“云”。
莽	mǎng	莽撞	下边是“廾”，不是“卉”。
茂	mào	茂盛　茂密	下边是“戊”，不是“戍”。
昧	mèi	愚昧	右边是“未”，不是“末”。
蒙	méng	启蒙　蒙蔽	中间有一横，不能省。
	měng	蒙古族	

续表

慕	mù	爱慕　思慕	下边是“⺗”,不是“水”,也不是“小”。
嫩	nèn	娇嫩　鲜嫩	右边是“攵”,不是“欠”。
念	niàn	思念　念书	上边是“今”,不是“令”。
佞	nìng	奸佞　佞人	右边女上加二横,不是“亡”。
拗	niù	执拗	右边是“幼”,不是“幻”。
虐	nüè	虐待　暴虐	下边是“⺕”,不能写反了。
殴	ōu	殴打　斗殴	右边是“殳”,不是“攵”。
藕	ǒu	莲藕　藕粉	上边有“艹”。
爬	pá	爬行　爬山	左边是“爪”,不是“瓜”。
牌	pái	门牌　招牌	左边是“片”,不是“爿”。
佩	pèi	佩服　钦佩	右边是“凬”,不是“風”。
配	pèi	分配　调配	右边是“己”,不是“已”。
汽	qì	汽车　蒸汽机	右边是“气”,不是“乞”。
掐	qiā	掐断　掐住	右下是“臼”,不是“日”。
牵	qiān	牵连　牵强	上边是“大”,不是“云”。
敲	qiāo	推敲　敲打	右边是“支”,不是“支”。
侵	qīn	侵略　侵犯	左边是“亻”,不是“彳”。
琴	qín	钢琴　弹琴	下边是“今”,不是“令”。
庆	qìng	庆祝　国庆	下边是“大”,不是“犬”。
券	quàn	餐券　入场券	下边是“刀”,不是“力”。
缺	quē	短缺　缺少	左边是“夬”,不是“矢”。
却	què	退却　推却	右边是“卩”,不是“阝”。
染	rǎn	印染　感染	右上是“九”,不是“丸”。
绕	rǎo	围绕　缭绕	右边的“尧”上不能多加一点。
	rào	绕远　绕口令	
热	rè	热水　热心	右上是“丸”,不是“九”。
忍	rěn	忍受　忍辱	上边是“刃”,不是“刀”。
融	róng	融洽	左边的“鬲”,不能多加一横。
润	rùn	润湿　红润	右边门里是“王”,不是“玉”。

续表

撒	sǎ	撒手　撒娇	中间是“背”,不是“昔”。
丧	sāng	丧事　丧礼	不是“衷”。
	sàng	丧失	
商	shāng	商量　商人	下面是“冏”,不是“冋”。
烧	shāo	烧火　发烧	右边不是“尧”。
赊	shē	赊账　赊欠	右边是“佘”,不是“奈”,也不是“余”。
涉	shè	交涉　涉及	右边的“步”,不能多加一点。
驶	shǐ	驾驶　行驶	右边是“史’,不是“吏”。
瘦	shòu	瘦小　瘦弱	下边的“叟”字上半部不能写成“由”。
薯	shǔ	甘薯	中间是“罒”,不是“日”。
束	shù	一束花	中间应当封口。
瞬	shùn	瞬间	左边是“目”,不是“日”。
诉	sù	告诉　控诉	右边是“斥”,不是“斤”。
肃	sù	严肃　甘肃	下面是两点,不是“米”。
祟	suì	作祟	下边是“示”,不是“宗”。
贪	tān	贪心　贪污	上边是“今”,不是“令”。
痰	tán	吐痰　痰盂	上边是“疒”,不是“广”。
誊	téng	誊写　誊清	下边是“言”,不是“马”。
踢	tī	踢腿　踢球	右边是“易”,不是“昜”。
添	tiān	增添　添砖	右下是“⺗”,“不是“水”。
统	tǒng	统治　统一	右边是“充”,不是“㐬”。
驮	tuó	驮运	右边是“大”,不是“犬”。
唾	tuò	唾液　唾弃	右下最后是一短横。
袜	wà	袜子　鞋袜	右边是“末”,不是“未”。
忘	wàng	忘记　忘却	上边是“亡”,不是“云”。
望	wàng	希望　声望	左上是“亡”,不是“云”。

续表

危	wēi	危险　危急	右下是“㔾”，不是“巳”。
微	wēi	微小　微妙	中间的“几”上一短横不能丢。
畏	wèi	畏惧　可畏	不是“畏”。
污	wū	污秽　污辱	右边是“亏”不是“亐”。
武	wǔ	武器　武术	不是“武”。
熙	xī	熙熙　攘攘	左上是“𦣞”，不是“臣”。
锡	xī	锡壶	右边是“易”，不是“昜”。
隙	xì	空隙　无隙	可乘右上是“小”，不是“少”。
羡	xiàn	羡慕　欣羡	左下是“冫”，不是“氵”。
协	xié	协作	左边是“十”，不是“忄”。
欣	xīn	欣喜	右边是“欠”，不是“攵”。
胸	xiōng	胸怀　胸膛	右半部分中间的“匈”字不能丢掉最后一笔。
袖	xiù	袖子　衣袖	左边是“衤”，不是“礻”。
嗅	xiù	嗅觉	右下是“犬”，不是“大”。
厌	yàn	讨厌　厌倦	右下是“犬”，不是“大”。
养	yǎng	抚养　休养	上边不是“关”。
漾	yàng	荡漾　漾出	右下边是“永”，不是“水”。
屹	yì	屹立　屹然	左边是“山”，不是“立”。
逸	yì	安逸　劳逸	右上是“兔”，不是“免”。
抑	yì	抑制　压抑	右边是“卬”，不是“卯”。
吟	yín	吟诗　呻吟	右边是“今”，不是“令”。
婴	yīng	婴儿　妇婴	上边是两个“贝”，不是两个“目”。
勇	yǒng	勇敢　奋勇	前进上边是“甬”，不是“角”。
幼	yòu	幼小　幼稚	左边是“幺”，不是“纟”。
预	yù	预备　预见	左边是“予”，不是“矛”。
枣	zǎo	红枣　枣红	上边不是“束”，不应封口。
泽	zé	沼泽　光泽	右下是两横，不能写成三横。
贼	zéi	盗贼	右边是“戎”，不是“戒”。

续表

摘	zhāi	摘录　摘取	右边是“啇”，不是“商”。
展	zhǎn	展开　发展	下边不能多加一撇。
真	zhēn	真实　认真	里面是三横，不能丢掉一横。
植	zhí	种植　培植	“直”字里是三横，不是二横。
执	zhí	执笔　执行	右边是“丸”，不是“九”。
纸	zhǐ	纸张　报纸	右边不是“氐”。
昼	zhòu	昼夜　白昼	下边是“旦”，不是“田”字加一横。
抓	zhuā	抓紧　抓住	右边是“爪”，不是“瓜”。
庄	zhuāng	村庄　庄严	右下是“土”，不能多一点。

附录二

容易读错的字

(一)容易读错的形声字

A

皑 ái 皑皑,形容雪的白色。不读 kǎi(凯)。
隘 ài 狭隘,关隘,要隘。不读 yì(益)。
谙 ān 谙练。不读 àn(暗)或 yīn(音)。
凹 āo 凹陷,凹凸不平。不读 wā(洼)或 yāo(腰)。
翱 áo 翱翔。不读 gāo(皋)。
媪 ǎo 指年老的妇女。不读 wēn(温)。

B

稗 bài 稗子。不读 bǐ(比)或 bēi(卑)。
浜 bāng 沙家浜。不读 bīng(兵)或 bīn(滨)。
傍 bàng 傍晚,依山傍水。不读 páng(旁)。
胞 bāo 同胞,细胞。不读 pào(泡)。
蓓 bèi 蓓蕾。不读 péi(赔)。
焙 bèi 焙干。不读 péi(陪)。
悖 bèi 悖谬。不读 bó(勃)。
迸 bèng 迸发,迸裂。不读 bìng(并)。
庇 bì 包庇,庇护。不读 pī(批)或 pì(屁)。
痹 bì 小儿麻痹,麻痹大意。不读 pí(脾)。
婢 bì 奴婢,奴颜婢膝。不读 bēi(卑)。
愎 bì 刚愎自用。不读 fù(复)。
濒 bīn 濒临,濒危。不读 pín(频)。
哺 bǔ 哺乳,哺育。不读 pǔ(普)或 fǔ(甫)。
捕 bǔ 逮捕,捕捉。不读 pǔ(谱)。

C

糙 cāo 粗糙,糙米。不读 zào(造)。
阐 chǎn 阐明,阐述。不读 shàn(善)。
忏 chàn 忏悔。不读 qiān(千)。

伥 chāng 为虎作伥。不读 chàng(唱)或 zhǎng(掌)。
偿 cháng 偿还，赔偿，如愿以偿。不读 shǎng(赏)。
怅 chàng 惆(chóu)怅，怅惘(wǎng)。不读 zhàng(帐)。
掣 chè 风驰电掣，掣肘。不读 zhì(制)。
嗔 chēn 嗔怒，嗔怪。不读 tián(填)。
瞠 chēng 瞠目结舌。不读 táng(堂)。
撑 chēng 撑船，撑腰，撑竿跳。不读 zhǎng(掌)。
笞 chī 鞭笞。不读 tái(台)。
炽 chì 炽热，炽烈。不读 zhì(帜)。
憧 chōng 憧憬。不读 tóng(童)。
舂 chōng 舂米。不读 chūn(春)。
杵 chǔ 杵臼。不读 wǔ(午)。
怆 chuàng 凄怆，怆然泪下。不读 cāng(仓)。
绰 chuò 绰号，绰绰有余。不读 chāo(抄)或 zhuó(卓)。
淙 cóng 淙淙流水。不读 zōng(宗)。

D

殆 dài 百战不殆，殆尽。不读 tái(台)或 yí(移)。
悼 dào 悼念，追悼。不读 dǎo(倒)或 diào(掉)。
惮 dàn 肆无忌惮。不读 chán(禅)。
涤 dí 洗涤。不读 tiáo(条)。
谛 dì 真谛。不读 tì(替)。
蒂 dì 瓜熟蒂落，根深蒂固。不读 tì(替)。
淀 diàn 沉淀，淀粉，白洋淀。不读 dìng(定)。
玷 diàn 玷辱，玷污。不读 zhān(沾)或 zhàn(战)
恫 dòng 恫吓(hè)。不读 tóng(同)。
咄 duō 咄咄怪事。不读 chū(出)或 zhuó(茁)。
踱 duó 踱步。不读 dù(度)。

F

藩 fān 藩篱，藩镇。不读 pān(潘)。
沸 fèi 沸腾，沸点。不读 fú(弗)或 fó(佛)。

拂 fú 拂拭,拂晓。不读 fó(佛)。

讣 fù 讣告,讣闻。不读 pú(仆)或 fú(福)。

G

舸 gě 百舸争流。不读 kě(可)。

垢 gòu 垢骂,污垢。不读 hòu(后)。

犷 guǎng 粗犷,犷悍。不读 kuàng(矿)。

诡 guǐ 诡计,诡辩。不读 wēi(危)。

刽 guì 刽子手。不读 kuài(快)。

H

皓 hào 皓月。不读 gào(告)。

涸 hé 干涸。不读 gù(固)。

阂 hé 隔阂。不读 hái(孩)。

壑 hè 沟壑。不读 huō(豁)。

徊 huái 徘徊。不读 huí(回)。

讳 huì 隐讳,忌讳。不读 wéi(韦)。

J

畸 jī 畸形。不读 qí(奇)。

歼 jiān 歼灭,围歼。不读 qiān(千)

佼 jiǎo 佼佼者。不读 jiāo(交)。

矫 jiǎo 矫正,矫健。不读 jiāo(骄)

剿 jiǎo 围剿。不读 chāo(抄)。

酵 jiào 发酵,酵母。不读 xiào(孝)

粳 jīng 粳米。不读 gěng(梗)。

狙 jū 狙击。不读 zǔ(阻)。

咀 jǔ 咀嚼。不读 zǔ(阻)。

沮 jǔ 沮丧。不读 zǔ(阻)。

K

忾 kài 同仇敌忾。不读 qì(气)。

瞰 kàn 鸟瞰。不读 gǎn(敢)。

铿 kēng 铿锵。不读 jiān(坚)。

脍 kuài 脍炙人口。不读 huì(会)。

岿 kuī 岿然不动。不读 guī(归)或 kuì(愧)。

廓 kuò 寥廓,轮廓,廓清。不读 guō(郭)。

L

岚 lán 山岚,晓岚。不读 fēng(风)。

捞 lāo 打捞,捞摸。不读 láo(劳)。

烙 lào 烙印,烙铁。不读 luò(洛)。

例 lì 例外,条例。不读 liè(列)。

砾 lì 砂砾,瓦砾。不读 lè(乐)。

赂 lù 贿赂。不读 luò(洛)。

戮 lù 杀戮,戮力同心。不读 chuō(戳)。

缕 lǚ 千丝万缕。不读 lóu(楼)。

履 lǚ 履行,履历。不读 fù(复)。

裸 luǒ 赤裸裸,裸体。不读 guǒ(果)。

M

霾 mái 阴霾。不读 lí(狸)。

袂 mèi 分袂,联袂。不读 jué(决)。

懑 mèn 愤懑。不读 mǎn(满)。

虻 méng 牛虻。不读 máng(忙)。

娩 miǎn 分娩。不读 wǎn(晚)。

藐 miǎo 藐小,藐视。不读 mào(貌)。

蓦 mò 蓦然,蓦地。不读 mù(暮)。

陌 mò 陌生,阡陌。不读 bǎi(百)。

N

捺 nà 按捺。不读 nài(奈)。

挠 náo 阻挠,不屈不挠。不读 ráo(饶)。

匿 nì 匿藏,隐匿,匿名。不读 ruò(若)。

拈 niān 拈轻怕重。不读 zhān(沾)。

酿 niàng 酿酒,酝酿。不读 rǎng(攘)或 ràng(让)。

懦 nuò 怯懦,懦夫,懦弱。不读 rú(儒)。

诺 nuò 诺言，允诺。不读 ruò(若)。

P

湃 pài 澎湃。不读 bài(拜)。
畔 pàn 河畔，湖畔。不读 bàn(半)。
咆 páo 咆哮。不读 bāo(包)。
庖 páo 庖丁解牛，庖厨。不读 bāo(包)。
怦 pēng 怦怦(心跳)，象声词。不读 píng(平)。
抨 pēng 抨击。不读 píng(平)。
砰 pēng 砰地(一声)，象声词。不读 píng(平)。
毗 pí 毗邻。不读 bǐ(比)。
骈 pián 骈文。不读 bìng(并)。
瞥 piē 瞥见，一瞥。不读 piě(撇)。
鄱 pó 鄱阳湖。不读 bō(播)或 fān(番)。
瀑 pù 瀑布。不读 bào(暴)。

Q

栖 qī 栖身。不读 xī(西)。
畦 qí 菜畦。不读 wā(洼)。
掐 qiā 掐算。不读 niē(捏)。
掮 qián 掮客。不读 jiān(肩)。
堑 qiàn 天堑。吃一堑，长一智。不读 zàn(暂)。
憔 qiáo 憔悴。不读 jiāo(焦)。
惬 qiè 惬意，惬怀。不读 xiá(匣)或 jiā(加)。
沁 qìn 沁人心脾。不读 xīn(心)。
倾 qīng 倾向，倾盆大雨。不读 kēng(坑)。
擎 qíng 引擎，众擎易举。不读 jìng(敬)。
龋 qǔ 龋齿。不读 yǔ(禹)。
觑 qù 面面相觑。不读 xū(虚)。
悛 quān 怙恶不悛。不读 jùn(俊)或 suō(梭)。

R

茸 róng 鹿茸。不读 ěr(耳)。

冗 rǒng 冗长，冗杂。不读 chén(沉)。

蕊 ruǐ 花蕊。不读 xīn(心)。

S

瑟 sè 萧瑟，琴瑟。不读 bì(必)。

僧 sēng 僧侣。不读 zēng(增)。

苫 shān 苫布。不读 zhàn(占)。

晌 shǎng 晌午。不读 xiǎng(响)。

摄 shè 摄影，摄取。不读 niè(聂)。

慑 shè 慑服，震慑。不读 niè(聂)。

娠 shēn 妊娠。不读 chén(辰)。

恃 shì 有恃无恐。不读 chí(持)。

墅 shù 别墅。不读 yě(野)。

涮 shuàn 涮羊肉，洗涮。不读 shuā(刷)。

吮 shǔn 吸吮。不读 yǔn(允)。

悚 sǒng 毛骨悚然。不读 shù(束)。

溯 sù 溯流而上，追溯。不读 shuò(朔)。

塑 sù 雕塑，塑料，塑像。不读 shuò(朔)。

T

獭 tǎ 水獭。不读 lài(赖)。

挞 tà 鞭挞。不读 dá(达)。

绦 tāo 绦虫，绦子。不读 tiáo(条)。

恬 tián 恬不知耻，恬静。不读 tiǎn(舔)。

迢 tiáo 千里迢迢。不读 zhào(召)或 chāo(超)。

汀 tīng 汀州，汀江。不读 dīng(丁)。

彤 tóng 红彤彤。不读 dān(丹)。

湍 tuān 湍急，湍流。不读 chuǎn(喘)

疃 tóng 多用作地名，如，白家疃，李家疃。不读 tóng(童)。

蜕 tuì 蜕化，蝉蜕。不读 tuō(脱)或 shuì(税)。

臀 tún 臀部。不读 diàn(殿)。

椭 tuǒ 椭圆。不读 suí(隋)。

唾 tuò 唾液，唾弃，唾得。不读 chuí(垂)。

W

娲 wā 女娲补天。不读 wō(蜗)。

侮 wǔ 欺侮，侮辱。不读 huǐ(悔)。

X

檄 xí 檄文。不读 jī(激)或 jiǎo(缴)。

铣 xǐ 铣床。不读 xiān(先)。

葸 xǐ 畏葸不前。不读 sī(思)。

峡 xiá 峡谷，海峡。不读 jiá(夹)。

纤 xiān 纤维。也读 qiàn(欠)。拉纤，纤夫。不读 qiān(千)。

涎 xián 垂涎三尺。不读 yán(延)。

骁 xiāo 骁将，骁勇。不读 ráo(饶)、náo(挠)或 yáo(尧)。

楔 xiē 楔子。不读 qì(契)。

偕 xié 偕同。不读 jiē(皆)。

屑 xiè 木屑，不屑。不读 xiāo(肖)。

酗 xù 酗酒。不读 xiōng(凶)。

恤 xù 抚恤，体恤。不读 xuè(血)。

绚 xuàn 绚丽。不读 xún(旬)。

逊 xùn 逊色，谦逊。不读 sūn(孙)。

Y

揠 yà 揠苗助长。不读 yàn(堰)。

妍 yán 百花争妍。不读 yàn(艳)。

谒 yè 谒见。不读 jié(竭)。

贻 yí 贻害无穷。不读 tái(台)。

诣 yì 造诣。不读 zhǐ(旨)。

屹 yì 巍然屹立，屹然不动。不读 qǐ(乞)。

龈 yín 齿龈。不读 gēn(根)。

映 yìng 映照，放映，反映。不读 yāng(央)。

莠 yǒu 良莠不齐。不读 xiù(秀)。

妪 yù 老妪。不读 ōu(鸥)，也不读 qū(区)。

垣 yuán 颓垣断壁。不读 héng(恒),也不读 huán(桓)。

苑 yuàn 文苑,御苑,鹿苑。不读 fàn(范)。

蕴 yùn 蕴藏。不读 wēn(温)。

Z

绽 zhàn 破绽。不读 dìng(定)。

砧 zhēn 砧子。不读 diàn(店)或 zhàn(占)。

箴 zhēn 箴言。不读 jiān(缄)或 xián(闲)。

圳 zhèn 深圳(地名,在广东省)。不读 xùn(训)或 chuān(川)。

帧 zhēn 装帧。不读 zhēn(贞)。

拯 zhěng 拯救。不读 chéng(承)。

峙 zhì 对峙。不读 shì(侍)或 chí(持)。

滞 zhì 停滞,滞留,滞销。不读 dài(带)。

幢 zhuàng 一幢楼房。不读 tóng(童)。

谆 zhūn 谆谆教导。不读 chún(醇)。

滓 zǐ 渣滓。不读 zǎi(宰)。

(二)容易读错的形近字

庇 bì 包庇,护庇。不读 pì(屁)。

谄 chǎn 谄媚。不读 xiàn(现)。

郴 chēn 郴县(在湖南省)。不读 bīn(彬)。

舂 chōng 舂米。不读 chūn(春)。

皴 cūn 皴裂。不读 zhòu(皱)。

悼 dào 哀悼,悼念。不读 diào(掉)。

滇 diān 云南省的别称。不读 tián(填)。

陡 dǒu 陡直,陡峭,陡然,陡变。不读 tú(徒)。

厄 è 困厄,厄运。不读 wēi(危)。

亘 gèn 连亘,亘古。不读 hù(互)。

弧 hú 弧度,弧光,括弧。不读 gū(孤)。

淮 huái 淮河。不读 zhǔn(准)。

桓 huán 姓。不读 héng(恒)。

豢 huàn 豢养。不读 quán(拳)或 juǎn(卷)。

浣 huàn 浣衣。不读 wǎn(皖)。
肓 huāng 病入膏肓。不读 máng(盲)。
喙 huì 鸟喙。不读 chuán(椽)或 yuán(缘)。
棘 jí 荆棘,棘手。不读 là(辣)。
缄 jiān 缄默。不读 xián(咸)。
菅 jiān 草菅人命。不读 guǎn(管)。
柩 jiù 灵柩。不读 shū(枢)。
迥 jiǒng 迥然。不读 huí(回)。
戮 lù 诛戮,戮力。不读 chuō(戳)。
掠 lüè 劫掠,掠夺,掳掠。不读 liàng(谅)。
赧 nǎn 赧颜,面赧。不读 shè(赦)。
抔 póu 一抔黄土。不读 bēi(杯)。
券 quàn 入场券。不读 juǎn(卷)。
蜃 shèn 海市蜃楼。不读 chén(辰)或 chún(唇)。
恃 shì 有恃无恐。不读 chí(持)。
戍 shù 卫戍。不读 wù(戊)、xū(戌)或 róng(戎)。
祟 suì 鬼鬼祟祟。不读 chóng(崇)。
荼 tú 荼毒生灵,如火如荼。不读 chá(茶)。
斡 wò 斡旋。不读 gān(干)。
徙 xǐ 迁徙。不读 tú(徒)。
呷 xiā 呷茶。不读 yā(押)。
荥 xíng 荥阳(在河南省)。不读 róng(荣)。
肄 yì 肄业。不读 sì(肆)。
喑 yīn 万马齐喑。不读 àn(暗)。
臾 yú 须臾。不读 sǒu(叟)。
隅 yú 向隅而泣,负隅顽抗。不读 ǒu(偶)。
驭 yù 驾驭。不读 shǐ(驶)。
粤 yuè 广东省的简称。不读 ào(奥)。
眨 zhǎ 眨眼。不读 biǎn(贬)。
湛 zhàn 学识湛深。不读 kān(堪)。

稚 zhì 幼稚。不读 yǎ(雅)。

惴 zhuì 惴惴不安。不读 chuāi(揣)。

灼 zhuó 灼热,灼见。不读 sháo(勺)或 shuò(烁)。

纂 zuǎn 编纂。不读 cuàn(篡)。

第六章　修　辞

第一节　修辞概说

修辞原本是指修饰言词的行为，后来泛指一切旨在提高语言表达效果的言语活动。修辞通常还可以指语言运用的方法、技巧和规律，即修辞手段。具体说来，修辞就是针对特定的表达内容，选择最恰当的语言形式，从而获得最佳表达效果的手段或行为。修辞和人们的言语活动相伴而生，应该是人类最早开展的一项智力活动。总之，修辞是一项全方位的言语活动，不仅包括各种辞格的运用，还涵盖词语的锤炼、句式的调配以及文章的写作等。因此，修辞学是一门边缘学科，横跨语言学、语体学、文章学、写作学、逻辑学、心理学等多个领域。

汉民族十分讲究思想和情感表达，修辞活动自然活跃频繁，修辞手段也必然丰富多样。汉语修辞不仅与汉民族的文化传统密不可分，也跟汉语的自身特点息息相关。汉民族的审美情趣和汉语言的语言特点决定了汉语修辞的多样性和灵活性，从而导致了汉语特有的一些修辞手段如对偶、回环、顶真、谐音双关等。

一般说来，修辞行为贯穿于言语交际活动的始终。为了保证言语活动的正常进行，修辞行为必须注意遵循以下三条基本原则：

第一，得体原则。一切修辞活动首先必须与特定的语境相协调，这是关乎修辞活动成败的关键。这里的语境除了通常所谓的上下文语境外，还包括社会语境，即语言运用的背景因素。人们的修辞活动只有与语境相契合，言语活动才能得以持续。

第二，美辞原则。修辞本来就是修饰、美化的意思。因此，追求、展示言辞之美应该是修辞活动的要务之一。当然，美辞并不仅指优美华丽的文辞，还应包括具有审美价值、给人带来心灵美感的语句。运用美辞的根本目的就是打动人或影响人。

第三，价值原则。修辞是为语言表达效果服务的，因此任何修辞手段都不是无价值的。说话人讲究修辞的意图就是提高或改善语言表达效果，促使听话人接受自己的观点并作出相应的合作行为，以此实现自身的愿望。

在遵循上述原则的基础上，一次成功的修辞活动还应该同时达到以下三条要求：

一是贴切，即要求言语表达恰如其分，切合语境，能够体现"辞"与"意"的统一。例如：

老栓慌忙摸出洋钱，抖抖地想交给他，却又不敢去接他的东西。那人便焦急起来，嚷道："怕什么？怎的不拿！"老栓还踌躇着；黑的人便抢过灯笼，一把扯下纸罩，裹了馒头，塞与老栓；一手抓过洋钱，捏一捏，转身去了。嘴里哼着说，"这老东西……"

这段文字中的"摸"、"抢"、"扯"、"塞"、"抓"等几个动词，用得就很贴切、准确，一方面恰如其分地揭示了老栓惶恐不安的情态，另一方面也形象地刻画了刽子手丑恶贪婪的嘴脸。

二是简明，即要求言语表达简洁明了，遣词造句力求避免含混模糊和晦涩难懂，尽量少绕弯子，尤其要杜绝歧义现象。例如：

元宵清明谨防"祝融"肆虐。

"祝融"是古代神话传说中火神的名字，不仅普通民众一无所知，就是知识阶层也未必全都知晓。某家报纸将之用在新闻报道的标题中，看起来标新立异，其实欠妥。

三是生动，即要求言语表达具体可感，活泼有趣，避免干枯乏味。语言生动的一个突出表现就是说法既新鲜又传神。例如：

老头子恋爱听说像老房子着了火，烧起来没有救的。

她身材矮小，浑身都是圆滚滚的，肥得要流油；手指也肉鼓鼓的，关节像用绳子勒了一圈，活像一串串短香肠。

修辞是一项综合性的语用活动，涉及多元人文因素。不过，说到底，修辞是一门说话的艺术，因此跟语言的关系似乎尤为密切。许多修辞现象就是利用汉语的语音、词汇、语法特点甚至汉字特点来生成的。例如：

药材好，药才好。/ 黑夜里黑作坊流出黑猪血。/ 今天你被霸王了吗？

秋
似酒
味醇厚
岁月悠悠
转身又回首
再抚喜乐哀愁
往事如烟花依旧
唯友谊绵长如水流
只缘一路有您陪着走
沐晨曦撷彩霞雨中漫游
待到红叶浓时再聚首
饮酒品茶观菊叙旧
落英满地云舒袖
欢声笑语不休
夕阳挂枝头
红尘看透
别无求
静候
秋

因此，修辞既要关注双声、叠韵、叠音、谐音、拟声、押韵、儿化、平仄、重音、轻声、停顿、语调等语音问题，又要关注多义词的关联、同义词的选用、词语色彩的显现、词语的搭配、词语的仿造、词语的创新和词语的活用等词汇问题，还要关注词的兼类和活用、长句和短句、整句和散句、主动句和被动句、肯定句和否定句、常式句和异式句、完全句和省略句、口语句和书面语句、单句和复句等语法问题。

修辞存在于语言实践之中。人们只要开口说话、拿笔作文，就必须考虑表达效果，就必然涉及修辞。修辞能最大程度地充分发挥语言的效能，因此学习修辞和学习语言是互利互惠、相得益彰的两件事。语言是基础，修辞是手段。精通语言才能善于修辞，善于修辞才能弘扬语言。学习修辞除了能大大增强语言的表现力外，还可有效提升语言的理解力、语言的鉴赏力以及语言的创造力。

思考和练习

1. 谈谈你对修辞的理解。

2. 修辞应遵循哪些基本原则和要求?

3. 修辞学和语言学是怎么样的关系?请分别从语音、词汇、语法角度各举一个修辞实例。

4. 修辞是否只有书面语中才需要讲究?

5. 请结合实例谈谈修辞与语境的关系。

第二节 词语的锤炼

任何语句都是由词语构成的。词语的运用情况往往决定了句子的表达效果。因此,遣词造句必须慎之又慎。词语的选择和使用,修辞学上称为词语的锤炼,又称炼字。古人十分注重词语的选用,所谓“吟安一个字,拈断数茎须”(僧归仁《自遣》)、“二句三年得,一吟双泪流”(贾岛《题诗后》),反映的就是他们字斟句酌的苦吟生活。

一、词语选用的基本要求

1. 词语要规范

语言生活越丰富多彩,语言规范就越加重要。语言规范覆盖语音、词汇、语法等诸多方面。运用规范词语是语言表达的最起码要求。现代汉语词汇包罗万象,除了普通话语词外,还包括一定数量的古语词、方言词、外来词、新造词以及简称等。这些词的使用都有一个规范化的问题。尽管古语词、外来词、方言词、新词和简称的使用规范不尽相同,但一般都要遵循三个原则:

第一,必要性原则,即要考虑是否确实需要,防止滥用。例如,使用本族词“小提琴”,不用外来词“梵婀玲”。

第二,普遍性原则,即要选择人们普遍使用的词语。例如,使用人们通晓的“火神”来取代生僻的“祝融”。

第三,明确性原则,即要运用意义明确的、易为人们理解的词语。例如,像“喜大普奔、人艰不拆、累觉不爱、细思恐极、不明觉厉”这类模糊词语就应慎重使用。

2. 用词要准确

准确贴切也是选词、用词的基本要求。要做到这些,首先必须确切地理解词义。词义是词的全部特征的概括，其中包括一般特征和本质特征。掌握了词的本质特征，才不至于把词用错，才能把词用得贴切。在这方面，同义词语的选用尤为重要。同义词语在意义方面有同有异、大同小异，如果善于运用，可增进表达的精确性和严密性。例如，鲁迅先生在小说《伤逝》中描写子君的神情时先后用了三个词："凄然""凄苦""凄惨"。当子君知道涓生被辞退之后，用的是"凄然"；当子君饲养的油鸡因生活所迫被吃掉之后，用的是"凄苦"；当子君心爱的小狗阿随被迫丢掉之后，用的是"凄惨"。三者都具有"凄凉、悲伤"的核心意义，意义相近，但在表义程度上由轻到重，轻重有别，准确、细腻地反映了涓生和子君生活境况的日趋窘迫。

相反，用词不当则不仅会影响意义的精确表达，也会削弱语句本身的感染力。例如：

我们伟大的祖国历史悠久，物产丰硕。

上句中的"丰硕"应改为"丰富"，因为"丰硕"一般是指实物（多指果实）又多又大，而"丰富"则是指事物（多指财富、学识、经验等）种类多或数量大。

二、词语选用的高级要求

1. 词语表达艺术化

用词不在于堆砌华丽的辞藻，而在于将寻常词语用得恰到好处，从而达到艺术化的境界。具体说来，寻常词语艺术化是指普通词语经过精心选择，巧妙安排在一定的上下文里，能够把人物形象或情景事件生动而恰当地表达出来，在感染听者或读者的基础上获得理想的审美效果。在汉语的句子中，动词的选用似乎尤其讲究。例如：

红杏枝头春意闹。/春风又绿江南岸。

鸟宿池边树，僧敲月下门。/风乍起，吹皱一池春水。

月光如流水一般，静静地泻在这一片叶子和花上。薄薄的青雾浮起在荷塘里。

上例中的"闹"、"绿"、"敲"、"皱"、"泻"、"浮"都是寻常动词，但由于运用巧妙，使整个语句显得十分精彩，起到了画龙点睛的作用。

艺术化的语言往往是精心揣摩、反复提炼的产物。据说，王安石在酝酿"春风又绿江南岸"诗句时，句中的动词曾先后用过"到"、"过"、"入"、"满"，最后才确定为"绿"。

2. 词语韵律和谐化

汉语是特别强调韵律的语言。韵律和谐往往是遣词造句所追求的终极目标之一。所谓韵律就是语句的声韵和节律，包括押韵、平仄、叠音等，其中最重要的是音节匀称的问题。一般说来，汉语的词偏重于双音模式，而固定短语则偏重于四音模式。中国的历代韵文尤其是古典诗词非常注重韵律的和谐。例如：

寻寻觅觅，冷冷清清，凄凄惨惨戚戚。乍暖还寒时候，最难将息。三杯两盏淡酒，怎敌他晚来风急？雁过也，正伤心，却是旧时相识。

除了韵文，汉语的散文也对词语的韵律有所要求。对一篇优美的散文作品来说，韵律和谐的语句不仅有利于诵读，也有利于情感的抒发。例如：

荷塘的四面，远远近近，高高低低都是树，而杨柳最多。

他们讲究亭台轩榭的布局，讲究假山池沼的配合，讲究花草树木的映衬，讲究近景远景的层次。

在韵律表现方面，音节声调的平仄往往备受关注。自古以来，国人就十分注重平仄的调配得当，以追求和谐、悦耳的音律美。例如：

海阔凭鱼跃，天高任鸟飞。(||— —|，— —||—)

乌龙摆尾，鸾凤朝阳。(— ||，|| —)

3. 词语使用多样化

用词除了考虑准确、生动之外，还要尽量避免重复，力求多样化。用词重复，语言就会平淡乏味，读起来啰唆，听起来枯燥。而多样化的词语则会使语言显得活泼而新鲜。汉语的词汇系统丰赡无比，客观上为行文的多样化提供了充足的条件。例如：

这时，锅热了。她打开油瓶，慢慢地往锅里倒了一些油，又从碗柜里拿出一个蓝边粗瓷碗放在案板上，一手攥着一个鸡蛋，撞了一下，“咚”的一声，蛋清蛋黄流在碗里。她把四个鸡蛋都打在碗里，端起碗，另一只手拿起筷子，“哗哗哗”地搅打着碗里的鸡蛋，蛋清蛋黄都混在一起，黄澄澄的大半碗。

上文用一系列动词对人物的行为进行了详细描写，动作传神，极富生活情调。另外，在同一句话里或相邻的几个句子里说到同一个对象时，要尽量使用不同的语词，避免单调、呆板，使语言富于变化美。例如：

攻城不怕坚，攻书莫畏难。科学有险阻，苦战能过关。

男人就要有天空一样的胸怀、深山一样的气度、大海一样的抱负。

思考和练习

1. 锤炼词语包括哪些内容？如何才能实现词语的艺术化？
2. 汉语的音律美体现在哪几个方面？请举例说明。
3. 请你找出下面句子中运用得好的词语，并分析一下其表达效果。

(1) 雨是最寻常的,一下就是两三天。可别恼。看,像牛毛,像花针,像细丝,密密地斜织着,人家屋顶上全笼着一层薄烟。树叶儿却绿得发亮,小草儿也青得逼你的眼。

(2) 昨夜雨疏风骤,浓睡不消残酒。试问卷帘人,却道海棠依旧。知否,知否,应是绿肥红瘦。

4. 如何理解词语选用的基本要求和高级要求。

第三节 句式的选用

句式是句子的结构模式。句式与思想内容之间的关系是较为复杂的:不同的句式既可以表达不同的思想内容,也可以表达相同的思想内容;同样的句式既可以表达相同的思想内容,也可以表示不同的思想内容。所谓句式的选择与使用,就是根据语言环境在一组同义句式中,选择最恰当的句式来增强表达效果。这种现象在修辞学上被称为炼句。

一、句子成分的易位

汉语的句子都有常规语序和非常规语序。所谓非常规语序就是句子成分的特殊易位,也就是通常所说的倒装或异位。倒装或异位既是一种语法现象,也是一种修辞现象,往往都是为了追求某种特定的表达效果。例如:

招谁惹谁了,我?/写好了,编者按。

老头早先是干吗的,我说?/干吗呢,站在街上?

气都喘不过来了,跑得。/他已经回来,听说。

挤兑谁呢,你们这是?/快回去,叫他。

上哪儿啊,这是?

汉语句子的基本信息结构是一个由强到弱的结构:焦点信息在前,非焦点信息靠后。有时为了突出某个信息的强度,就可以将相关的词语提前。在上述口语句中,说话人出于急切表达的需要,一反常规,把承载重要意思的词语提到前面先说出来,而把表次要信息的词语置后。

二、主动句和被动句

主动句就是主语是动作行为的发出者(即施事者)的句子。而被动句就是主语是动作行为的承受者(即受事者)的句子。

主动句的作用在于说明主动者(施事)怎么样,施事是全句的话题。主动句有弱主动句和强主动句之分,“把”字句属于典型的强主动句。

他打死了老虎。⟷他把老虎打死了。

被动句的作用在于说明被动者(受事)怎么样,受事是全句的话题。被动句的表达效果除了突出受事外，还能顺应语势、传递感情或隐却施事。被动句有多种格式，而被动意义最强的要数“被”字句。

杯子被他打破了。←→杯子他打破了。

杯子被打破了。←→杯子打破了。

三、肯定句和否定句

对事物做出肯定表述的句子叫肯定句，对事物做出否定表述的句子叫否定句。判别一个句子是肯定句还是否定句，必须兼顾形式和意义两个方面，不能仅凭形式来断定，也不能仅凭意义来断定。例如：

他是一个不认真的人。（肯定句）

他不是一个认真的人。（否定句）

我知道他是一个认真的人。（肯定句）

我不是不知道他是一个认真的人。（否定句）

同样一个意思，既可用肯定句表示，也可用否定句表示，但二者在情态和语气上都有细微的差别。肯定句表示的语气一般较为直接、强硬，而否定句表示的语气较为委婉、和缓。例如：

他这个人很坏。←→他这个人不好！

这人说话粗俗！←→这人说话不文明！

否定句经常会有所谓的多重否定现象，包括双重否定和三重否定。双重否定表示肯定的意思，而三重否定则表示否定的意思。例如：

这里没有人不说他好。←→这里没有人不说他不好。

和一般肯定句相比，双重否定的语气往往更强硬、更坚定，但也有趋于委婉的现象。例如：

你不得不佩服他的话。←→这点事你不会不帮忙吧。

四、长句和短句

长句指字数多、容量大、结构比较复杂的句子，短句指字数少、容量小、结构比较简单的句子。长句之所以长，短句之所以短，主要在于修饰语和联合成分的多少不同。只要适当删减一些修饰语和联合成分，长句就可以缩成短句；反之，只要适当增添一些修饰语和联合成分，短句就会变成长句。因此，长句和短句在一定条件下可以实现互相转换。

长句以复句居多，但也可以是单句；短句以单句为多，但也可以是复句。例如：

鲁迅是在文化战线上，代表全民族的大多数，向着敌人冲锋陷阵的最正确、最勇敢、

最坚决、最忠实、最热忱的空前的民族英雄。(单句)

不管是吉是凶,逃!(复句)

长句和短句各有特定的修辞效果。长句的定语、状语多,联合成分多,内部结构复杂,内容含量大,表达上一般有精确、严密、细致的效果。短句结构简短,内容紧凑,表达上往往有简洁、明快、急切的效果。例如:

在常温下利用压力造成很大的塑性变形,使两金属件连接处的原子或分子相结合,从而达到牢固连接的焊接方法叫作冷焊。

"传球!——快传,笨蛋!——好,上篮!——太棒了!"我在球场上大呼大叫,汗流浃背地奔跑着。

长句严密,多见于书面语,一般用来说理;短句活泼,多见于口语,一般用来对话。当然,任何写作和对话都不能只用长句或短句。在实际语境中,人们往往会根据表达的需要,轮换使用长句和短句,以实现语句的多姿多彩。

五、整句和散句

整句是指相邻的几个句子或分句在结构上相同或相似的现象。整句或者句式相同,或者长短相同,或者词语相同。因此,整句具有结构匀称、节奏鲜明、语调连贯的效果。排比、对偶等辞格采用的都是整句。例如:

大理花多,多得园艺家定不出名字来称呼;大理花艳,艳得美术家调不出颜色来点染;大理花娇,娇得文学家想不出词句来描绘;大理花香,香得外来人一到这苍山下、洱海边,顿觉飘飘然不酒而醉。

白日放歌须纵酒,青春作伴好还乡。

最霸气的保健品广告词:我们的目标是让医生下岗,让医院关门,让火葬场倒闭!

整句有鲜明的整齐美,古代的骈体文(如王勃的《滕王阁序》)几乎通篇由整句构成。欧阳修的《醉翁亭记》尽管属于散文,但句子却以整句为主。例如:

豫章故郡,洪都新府。星分翼轸,地接衡庐。襟三江而带五湖,控蛮荆而引瓯越。

其西南诸峰,林壑尤美,望之蔚然而深秀者,琅琊也。山行六七里,渐闻水声潺潺而泻出于两峰之间者,酿泉也。峰回路转,有亭翼然临于泉上者,醉翁亭也。

散句指相邻的几个句子或分句在结构上参差不齐的现象。散句变化多端,无拘无束,自然活泼,具有典型的参差美。例如:

进入天山,戈壁滩上的炎暑就远远地被撇在后边,迎面送来的雪山寒气,立刻会使你感到像秋天似的凉爽。蓝天衬着高矗的巨大的雪峰,在太阳下,几块白云在雪峰间投下云影,就像白缎上绣上了几朵银灰的暗花。那融化的雪水,从高悬的山涧,从峭壁断崖上飞泻下来,像千百条闪耀的银链。

你瞧,西面山洼里那一片柿树,红得是多么好看。简直像一片火似的,红得耀眼。古今多少诗人画家都称道枫叶的颜色,然而,比起柿树来,那枫叶却不知要逊色多少呢。

整句和散句各有所长,也各有所短。一般情况下,人们往往会把整句和散句结合起来使用,形成整散兼行的情况,这样既可避免单调、呆板,又可避免零散、缭乱。例如:

南西门外不远是草桥,那里的人从明朝以来就靠种花为业。春天出迎春、碧桃;夏天卖芭兰、晚香玉;秋天菊花品种齐全;冬天的蜡梅、水仙誉满京华。

桃树、杏树、梨树,你不让我,我不让你,都开满了花赶趟儿。红的像火,粉的像霞,白的像雪。花里带着甜味儿;闭了眼,树上仿佛已经满是桃儿、杏儿、梨儿。花下成千成百的蜜蜂嗡嗡地闹着,大小的蝴蝶飞来飞去。野花遍地是:杂样儿,有名字的,没名字的,散在草里像眼睛,像星星,还眨呀眨的。

六、口语句和书面语句

口语里经常出现而书面语里较少出现的句式,叫口语句。口语句的结构比较简单,句子短小,附加成分少,常用口语色彩浓的词语,单音词和语气词用得较多,关联词语则用得很少。口语句生动明快,特别能体现生活的趣味。例如:

我还没说完哪,您猜怎么着,他把衣裳塞在我手里,说:拿去,给我四万块钱!不赔五千,赶明儿你填老沟的时候,把我一块儿埋进去!大妈,您想得到这一招吗?

家里,自然有别人照顾。可是咱的庄子小,这一次参军的就有七个。庄上青年人少了,也不能全靠别人,家里的事,你就多做些,爹老了,小华还不顶事。

书面语里经常出现而口语里较少出现的句式,叫书面语句。书面语句结构较复杂,句子较长,常用书面色彩浓的词语,双音词较多,关联词语也用得多,常有欧化句式、文言句式夹杂其中。相比之下,书面语句具有严密的逻辑性。例如:

在研究矛盾特殊性的问题中,如果不研究过程中主要的矛盾和非主要的矛盾以及矛盾之主要的方面和非主要的方面这两种情形,也就是说不研究这两种矛盾情况的差别性,那就将陷入抽象的研究,不能具体地懂得矛盾的情况,因而也就不能找出解决矛盾的正确的方法。

值此联合国教科文组织举行的世界文化政策大会召开之际,我谨代表中国政府向大会致以热烈的祝贺。

思考和练习

1. 举例说明句式与语言表达之间的关系。

2. 将下列长句化为短句,短句化为长句,并说明长句和短句各自的修辞效果。

(1) 我看见那些用一张席片挡住了潮湿的泥土,货物和人就这么一同挤在上面,冒着寒风在嚷嚷叫卖的衣衫褴褛的小贩子,我总是感到有说不出的惆怅。

(2) 在那部电影里,她演的是一个从穷山沟里出来的农村姑娘,当上了飞行员,驾驶着银鹰,翱翔在蓝色的天空,保卫着祖国的疆土。

3. 请举例说明口语句和书面语句的语言特点。

4. 试从语句的信息结构入手分析常式句和变式句的差异。

第四节　辞　格

修辞格也称辞格,是为了增强说话的表达效果而运用的一些修饰描摹的特殊方法。修辞格尽管在修辞学中最为引人注目,但只是修辞学的一个有机组成部分,绝非修辞学的全部。修辞格既可看成是修辞手法,又可看成是修辞程式。自古以来,汉语的修辞格就一直层出不穷,有所谓的六十三大类、七十八小类之说。仅比喻一格,就被分成了明喻、暗喻、借喻、博喻(复喻)、倒喻(逆喻)、反喻、互喻(回喻)、较喻(强喻)、譬喻、饰喻、引喻等十一种。陈望道的《修辞学发凡》共列举了三十八种辞格,包括四大类:(甲类)材料上的辞格,有比喻、借代、映衬、摹状、双关、引用、仿拟、拈连、移就等九种;(乙类)意境上的辞格,有比拟、讽喻、示现、呼告、铺张、倒反、婉曲、讳饰、设问、感叹等十种;(丙类)词语上的辞格,有析字、藏词、飞白、镶嵌、复叠、节缩、省略、警策、折绕、转品、回文等十一种;(丁类)章句上的辞格,有反复、对偶、排比、层递、错综、顶针、倒装、跳脱等八种。限于篇幅,这里仅介绍其中较为常见的几种。

一、比喻

比喻俗称打比方。它是人们在描绘事物或说明道理时,用跟它有相似点的事物或道理来打比方的一种修辞方式。完整的比喻通常由三个部分构成:本体、喻体、比喻词。被描绘或说明的对象叫本体,用来描绘或说明的对象叫喻体,联系本体和喻体的词语叫比喻词。比喻中的本体和喻体必须同时具备以下两个条件:第一,它们必须是有着质的差别的截然不同的两种事物;第二,它们之间存在某种相似点。例如:

这人的相貌不大好看，脸像个葫芦瓢子。

叶子出水很高，像亭亭的舞女的裙。

对比喻而言，喻体必不可少，而本体和比喻词则可有可无。按照本体和比喻词的表现情况，常规的比喻分为明喻、暗喻、借喻三类。明喻的比喻词是"像、好像、如同、犹如"之类；暗喻的比喻词是"是、成了"之类；借喻的本体不出现，直接用喻体代本体，因而不需要比喻词。例如：

我好像一只牛，吃的是草，挤出的是牛奶、血。(明喻)

他犹如一道闪电从空中划过，留下了璀璨的瞬间。(明喻)

啊，祖国，你是无数中华儿女的母亲。(暗喻)

一时间，天安门广场成了欢乐的海洋。(暗喻)

城市牛皮癣何时才能彻底治愈？(借喻)

结果大家一下车，感觉都有"唱歌"的欲望，只是不好意思表露出来而已。(借喻)

以上是比喻的基本形式。按本体、喻体的外部特征，有些比喻还可以冠以另外一些名目。例如：

白杨树算不得树中的好女子。(反喻)

远远近近全是电灯，比天上的星星都密。(较喻)

层层的叶子中间，零星地点缀着些白花，有袅娜地开着的，有羞涩地打着朵儿的；正如一粒粒的明珠，又如碧天里的星星，又如刚出浴的美人。(博喻)

比喻可以把本体表述得更加通俗易懂、生动形象，从而使抽象的事物具体化、深奥的道理浅显化、概念的东西形象化。恰当运用比喻，必须做到三点：一要通俗，即喻体要比本体更为听话人所熟悉；二要贴切，即喻体和本体之间要有相似点，相似的程度越高越贴切；三要新颖，即在喻体和本体之间建立的联系是一种新的发现或创造。例如：

但她(三仙姑)又爱美，涂了厚厚的脂粉，像驴粪蛋上下了一层霜。

那双眼睛，如秋水，如寒星，如宝珠，如白水银里头养着两丸黑水银……

夏天过去，我没有如期瘦得像一道闪电，却意外又黑又胖，像是一朵乌云。

有些姑娘和房价一样，只有回过头来看才知道你当初没有下手是错的。

渊博的人是多么神奇啊！他们的大脑像蜘蛛网，粘住所有知识的小昆虫。而我们的大脑是块西瓜皮，所有的知识一踩上去，就滑得无影无踪。

二、借代

不直接说出要说的人和事物，而用跟它密切相关的名称去代替，这种修辞格叫借代。借代由本体、借体两个部分构成。用来代替的人和事物叫借体，被代替的人或事物叫本体。借代是事物的一种别称，往往需要通过相关性联想来建立起借体与本体之间的关系。在语句中，本体不允许出现，只能以借体代替本体。例如：

大团结乃上个世纪六十年代发行的币种，至今已半个世纪过去了，已经退出流通好多年了。

糟了，这小眼镜一定是被恶鬼附体了，胖子快抄黑驴蹄子，他好像还没死，要救人还来得及。

运用借代，一要注意突出借体的典型性和代表性，二要注意把握好借体的感情色彩。根据借体和本体之间的不同关系，可以将借代分为若干类型。

（1）特征代本体，即用人或事物的某个特征或标记来代替该事物。例如：

一个黄头发喊道："这个是黄皮鬼陆小守，满脑子都是花花肠子，但对刀哥最是忠心！"

三四顶旧毡帽从石级下升上来。旧毡帽下面浮现着希望的酱赤的面孔。

（2）专名代泛称，即用人或事物的专名来代替与它有密切关联的人或事物。例如：

本来是想当李清照的，不料她却成天读起莎士比亚来啦。

中国人民中间实在有千千万万个诸葛亮。

（3）具体代抽象，即用具体形象，能给人以直观感受的事物代替可以被人理解的某种抽象含义。例如：

搞好菜园子，丰富菜篮子。

好吧，咱们多勒勒裤腰带吧！

（4）部分代整体，即用事物最显著最典型的部分来代替事物的整体。例如：

焦裕禄从不拿群众的一针一线。

他对人说话，总是满口之乎者也，教人半懂不懂。

借代与借喻的本体事物都不出现，二者非常容易混淆。借代和借喻的区别在于：从内容上看，构成借代的基础是相关性联想，构成借喻的基础是相似性联想；从形式上看，借喻可以改写成明喻，借代则不能。当然，实际语境中也有一些介于借喻和借代之间的情形，例如：

这是一个中间粗、两头尖枣核样的胖女人……大枣核存心把剩下来的钱往少处说。

女生们要向王菲学习，人人争做"排骨精"。

三、比拟

运用联想把物当作人写，或把人当作物，或把甲事物当作乙事物来写，这种修辞格叫比拟。比拟由本体和拟体两个要素构成。被比拟的人或事物叫本体，用来比拟的人或事物叫拟体。不过，拟体不能在句子里出现，要直接把本体当成拟体来写。因此，比拟采用的是一种移花接木式的嫁接手法。恰当运用比拟，一要情感自然，二要联想贴切。例如：

春天来了，百花拉着手，唱着柔婉的曲子。

油蛉在这里低唱，蟋蟀们在这里弹琴。

根据拟体的不同属性，比拟可分为拟人和拟物两类。

（1）拟人，即把非生物或生物当作人来表现，赋予它们人的思想感情、声情笑貌，使之人格化。例如：

萤火虫在夏夜的草地上低飞，提着一盏小小的灯笼，殷勤地照看这花草的世界。

那耗子尖着嗓子急着嚷道："要是你做了我，你也喜欢猫吗？"

（2）拟物，即把人当作物来写，使人具有物的动作情态，或者把甲事物当作乙事物来写，使甲事物具有乙事物的属性。例如：

牛皮不要吹得太大，尾巴不要翘起来。

在长江上游泥沙的推动下，崇明岛越长越大了。

钱放在家里是死的。只有学会理财，钱才会生钱。

比拟与比喻也有相通之处，注重的都是两种事物（或人与事物）之间的比较。比拟与比喻的主要区别在于：比拟的拟体不出现，比喻的喻体一定要出现。比拟和比喻在一定条件下可以同现于一体。例如：

有些河活像调皮的小姑娘，突如其来地从岩洞窜出来，蹦蹦跳跳，在河谷中晒晒太阳，换换新鲜空气，闲荡一阵，人不知鬼不觉地又躲进岩洞，杳无踪影了。

四、夸张

在描写人或事物时，故意超乎事实，作扩大或缩小、强化或弱化的描述，这种修辞格就是夸张。夸张可以视为一种超常或失常的比喻现象，旨在使对象的本质特征更明显地表现出来，给人以深刻的印象。夸张一方面要以真实性为基础，一方面又要言过其实。夸张有较为明确的使用范围：文艺作品中可以经常使用，政论文要慎用，科学论文应禁用，其他如新闻报导、调查报告、经验总结等文章里也要避免使用夸张。

夸张一般分为扩大性夸张、缩小性夸张、超前性夸张等三种。

（1）扩大性夸张，即把一般事物朝大的、多的、高的、重的、强的、快的等方面夸张。例如：

鸿渐气得心头火直冒，仿佛会把嘴里香烟衔着的一头都烧红了。

人们都说索罗斯很不道德，同他握过手之后，你都要数一下自己的手指头少没少。

(2) 缩小性夸张,即把一般事物朝小的、少的、矮的、轻的、弱的、慢的等方面夸张。例如:

湖边上有个鼻子眼大小的胡同,里边有个小店。

我们家就巴掌大的地方,身都转不开。

(3) 超前性夸张,即故意把实际上后来才出现的事提前说出。例如:

李大双刚掀开酒罐,就觉醉意已有三分。

刚闻到红烧肉的味道,他就迈不开腿了。

总之,运用夸张是为了更突出地说明事物的特点,更深刻地揭露事物的本质,更好地渲染环境气氛,给人留下深刻的印象。使用夸张的时候,一定要注意切合对象、照顾场合,做到夸而有效、夸而有节。

五、双关

在一定的语言环境中,利用词句的语音或语义等条件,故意使语言表达有双重意义,言在此而意在彼,这种辞格叫双关。双关的显著特点是让一句话同时关顾两种不同的事物,并产生两种不同的理解。一般说来,双关语的表层意思往往是虚假的,而深层意思才是说话人的真实意图所在。不过,这两层意义都必须说得通才行。

根据构成双关所凭借的词语音义条件,双关可分为谐音双关和语义双关两种。

(1) 谐音双关。谐音双关是利用词语的音同或音近现象来构成的。例如:

我多次为一双小儿女打扫碗底,并因此被他们郑重授予"大尉(胃)"军衔。

你的健康是"天大"的事——天大药业。

东边日出西边雨,道是无晴却有晴。

(2) 语义相关。语义双关是利用词句的多义关系在特定的语言环境中生成的。例如:

蘩漪:好,你去吧!小心,现在,(望窗外)风暴就要来了。

莫向外求。(苏州西园寺北大门门楣语)

双关不仅具有生动形象、幽默风趣、含蓄有力的表达效果,有时还富有哲理,给人以无穷的启迪。例如:

黑夜,寂静得像死一般的黑夜!但是,黎明的到来,毕竟是无法抗拒的。索洛警告美国人当心枕木下的尸首,我也想警告某一些人,当心呻吟着的那些锭子上的冤魂。

雾里看花,水中捞月,你能分辨这变幻莫测的世界?涛走云飞,花开花谢,你能把握这摇曳多姿的季节?

六、反语

反语就是说反话，即字面上是一个意思，而实际表达的意思则相反。故意使用跟本来意思相反的词语或句子来表达本意，这种辞格叫反语。反语又可分为“反话正说”和“正话反说”两种情形。

“反话正说”又称嘲讽性反语，旨在对人物进行讽刺或挖苦，其特点是褒义词语贬用。此类反语大多无情而辛辣，一般用于敌对一方。例如：

胡老爹方才这个嘴巴打的亲切，少顷范老爷洗脸，还要洗下半盆猪油来！

我们单位有你这样的正人君子，大家一定会感到无上的荣光。

没见过这样的宝地！房子没有一间整的，一下大雨就砸死人，宝地！

“正话反说”又称喜爱性反语，旨在表达人物的喜欢或欣赏，其特点是贬义词语褒用。此类反语大多诙谐友善，一般用于自己一方。例如：

他抗议无用，苏小姐说什么就要什么，他只好服从她善意的“独裁”。

几个女人有点失望，也有些伤心，各人在心里骂着自己的狠心贼。

这个小淘气，整天给我制造麻烦，也给我带来了很多快乐。

反语与双关尽管都有两层意思，但彼此的区别还是很明显的：双关同时拥有字面、字里两层意思，反语不能按字面意思去理解；双关的深层意思是由特定的上下文赋予的，而反语的真正意思则是与字面意思截然相反的。

七、排比、层递、反复

1. 排比

三个或三个以上结构相似、意义相关、语气一致的句法单位巧妙地组成一串，这是排比。构成排比的各项，可以是句子成分、分句或句子。排比有严格和宽泛之分：严格的排比通常会在相应的位置上出现相同的词语，而宽泛的排比只要句式相似即可。例如：

1 岁时，哭笑都帅；10 岁时，分高就帅；20 岁时，人美就帅；30 岁时，有房有车就帅；40 岁时，有钱有闲就帅；50 岁时，头发乌黑就帅；60 岁时，腰板硬朗就帅；70 岁时，牙齿健全就帅；80 岁时，谈笑风生就是帅；90 岁时，生活自理就是帅；100 岁时，还能活着就是帅。

友谊是一把雨伞下的两个身影，是一张课桌上的两对明眸，是理想土壤中的两朵花，是宏伟乐章上的两个音符。

不管天气多善变，我都要把温暖发给你；不管世事多无常，我都要把快乐发给你；不管距离多遥远，我都要把牵挂发给你。

质量意味生命，服务赢得机遇，信誉决定未来。

读书人家的子弟熟悉笔墨，木匠的儿子会玩斧凿，兵家儿早识刀枪，没有这样的环境和遗产，是中国的文学青年的先天的不幸。

排比具有三大修辞效果：一是形式整齐，二是组织紧密，三是语势强烈。运用排比一定要从实际需要出发，从具体内容出发，杜绝生硬拼凑。

2. 层递

把意义上有递升或递降的三个或三个以上的短语或句子按逻辑顺序排列在一起，以增强表达效果，这种辞格叫层递。层递其实是一种特殊的排比，其特殊性在于排列的各项在内容上呈递进或递降之势。例如：

贼来如梳，兵来如篦，官来如剃。

我爱我的家庭，我爱我的家乡，我爱我的国家。

3. 反复

为了突出、强调某种内容、某种感情或某种气氛，让特定的词语、句子反复出现，这就是反复。反复分连续反复和间隔反复两种。

(1) 连续反复，即重复出现的词语连续出现，中间不被其他词语隔开。例如：

拖！拖！拖！我们一定要把敌人拖垮。

在我的后园，可以看见墙外有两株树，一株是枣树，还有一株也是枣树。

(2) 间隔反复，即重复出现的词语被其他词语或句子隔开。这种现象在诗歌或散文中较为多见。例如：

十里桃花，十里杨柳，十里红旗。

花儿为什么这样红？首先有它的物质基础……花儿为什么这样红？还需要用物理学的原理来解释……花儿为什么这样红？还有它生理上的需要。

排比、层递和反复三种辞格既有联系，也有区别。排比与层递的区别在于：排比的各项在意义上互相平行，层递的各项则有升有降。排比、层递和反复的区别在于：前两种辞格要求句式在结构上相同或相似，而后一种辞格则要求相同的词语或句子重复出现。当然，现实语境中不排除三种辞格之间的兼用现象。例如：

与天斗，其乐无穷；与地斗，其乐无穷；与人斗，其乐无穷。

这是革命的春天，这是人民的春天，这是科学的春天。

八、对比、映衬、对偶

1. 对比

对比是把互相对立的两个事物或一个事物的两个对立面放在一起加以对照的修辞格。对比旨在突出事物的特征，使之形成强烈的反差，以给人留下深刻的印象。例如：

我们创造了一种独具风格的生活方式：有钱的真讲究，没钱的穷讲究。

大家捧你时你是个玻璃杯子，大家松手时你就是个玻璃碴子。

所谓两种事物的对比就是把两种对立的事物放在一起加以对比。例如：

亡国论者看敌人如神物，看自己如草芥；速胜论者看敌人如草芥，看自己如神物。

人在高兴的时候笑，悲伤的时候哭，却往往在最高兴的时候哭出声来，在最悲伤的时候笑出声来。

所谓事物两个方面的对比就是把一种事物矛盾的两个方面放在一起加以对比。例如：

这种态度，有实事求是之意，无哗众取宠之心。

听说孩子考取了清华大学，她真是悲喜交加：悲的是这些年来自己和儿子承受了巨大的压力，尝尽了生活的艰辛；喜的是一切努力都没有白费，儿子有了出息。

2. 映衬

映衬又叫衬托，是用相关、相反的事物从旁陪衬、烘托主体事物的一种修辞格。运用映衬的目的就是为了使要表达的对象更加鲜明、突出，或者是为了强调所要表达的某种思想、情感，让人产生难忘的印象。例如：

耕者忘其犁，锄者忘其锄。来归相怨怒，但坐观罗敷。

蝉噪林愈静，鸟鸣山更幽。

衬托分正衬和反衬两种。正衬又叫旁衬，即用跟主体事物相类似的事物来做陪衬；反衬是用跟主体事物相反或相异的事物来做陪衬。各举二例如下：

从篷隙向外一望，苍黄的天底下，远近横着几个萧索的荒村，没有一丝活气。我的心禁不住悲凉起来了。

今天真好啊，阳光明媚，鲜花盛开！我觉得，我们“秋之韵”合唱队从来没有唱得像今天这样好，这样动听！

教室里那么安静，只听见钢笔在纸上沙沙地响。

大舅妈尽管身量小，咳嗽的声音可很洪亮。

衬托重在用含蓄、深沉的方式来突出被衬体，作者的情感和思想不大外露。因此，在运用衬托时一定要充分考虑情与景的关系，力求因景生情、借景抒情、以景衬情，避免为情写景、为情造景。

3. 对偶

结构相同或基本相同、字数相等、意义密切相关的两个短语或句子组织在一起，这种辞格叫对偶或对仗。对偶又称对联，因此构成的两项一般又被称为上联和下联。对偶的最大特征是对称性，这种对称性不仅体现在形式上，也体现在内容上。另外，对偶在语音上还有一些要求，诸如讲究平仄、下联的末字应是平声等。例如：

诗书继世，忠厚传家。

满园春色催桃李，一片丹心育新人。

从形式上看，对偶可以分成严对和宽对两种。严对又称工对，即对仗十分工整的对偶，要求对称的两项不仅字数、词性、句式相同，并且还要符合平仄的规则。另外，工对中一般不能出现相同的字，相对应的字尤其不能同。宽对，即对仗相对宽松的对偶，一般只要结构基本相同、音韵大致和谐即可，用字上基本没有什么禁忌。例如：

两个黄鹂鸣翠柳，一行白鹭上青天。（工对）

惨象，已使我目不忍睹；流言，尤使我耳不忍闻。（宽对）

从内容上分，对偶可分为正对、反对、串对三种。正对是指上下两联意义相近或内容互补的对偶；反对是上下两联意义相反或对立的对偶；串对又叫流水对，是上下两联意义相承或相接的对偶。各举二例如下：

感时花溅泪，恨别鸟惊心。

脚踢天下好汉，拳打五路英雄。

害人之心不可有，防人之心不可无。

你走你的阳关道，我走我的独木桥。

即从巴峡穿巫峡，便下襄阳向洛阳。

金猴奋起千钧棒，玉宇澄清万里埃。

对比、映衬、对偶三种辞格都涉及两种事物之间的比较，因此需要加以鉴别。对偶、对比的不同在于：对偶重在形式，对比重在内容；对比、映衬的不同在于：对比是突出两个事物或事物的两面，映衬是突出一个事物或事物的一面。当然，现实中不排除两种辞格（尤其是对偶和对比）的交叉现象。例如：

朱门酒肉臭，路有冻死骨。

胡适既是新文化中旧道德的楷模，又是旧伦理中新思想的师表。

九、拈连、通感、仿词

1．拈连

利用上下文的联系，故意把只适用于甲事物的词语巧妙地顺势连用于乙事物，这种修辞格叫拈连。例如：

我们人穷志不穷。

铁窗和镣铐，锁得住自由的身，锁不住革命精神！

拈连中出现的甲乙两事物，在思想内容上是有联系的，而在语言表达上却并无共通之处。把不适用于甲事物的词语临时用到乙事物上，往往会使人感到明快而又别致。对拈连来说，前一项一般是正常搭配，而后一项则是转义搭配。构成拈连的关键是动词、形容词的本用和变用。例如：

要投就投中国人寿。（姚明的广告语）

她把线儿缝进衣服里，也把情意缝进了我心里。

拈连除了常见的语义拈连外，还有语音拈连和句式拈连。例如：

来也匆匆，去也冲冲。（公共厕所文明语）

药材好，药才好。（河南宛西制药厂广告语）

2．通感

把甲种感官获得的感觉说成是乙种感官的感觉，这种修辞格叫通感。通感是完全借助人的感觉转移实现的，因此又叫移觉。通感在语言中的表现比比皆是，像"响亮"说明的是视觉和听觉之间的相通，而"冷静"则说的是感觉和听觉之间的相通。历史上脍炙人口的"高山流水"的故事不仅揭示了通感在艺术欣赏中的重要作用，也证实了通感是一种古已有之的现象。

伯牙鼓琴，钟子期听之。方鼓琴而志在太山，钟子期曰："善哉乎鼓琴！巍巍乎若太山！"少选之间，而志在流水。钟子期又曰："善哉乎鼓琴！汤汤乎若流水！"（《吕氏春秋·本味》）

在人们的日常情感体验中，眼、耳、鼻、舌、身等五种感官获得的视觉、听觉、嗅觉、味觉、触觉往往是可以互相沟通的。颜色似乎会带上温度，声音似乎会平添形象，味道似乎会赋予情义，这是产生通感的心理基础。通感由于实现了感觉之间的过渡，因此往往能给人以出乎意料的感觉，不仅新颖别致，而且别有情趣。另外，多种感觉器官的贯通无疑也会促使人们更加深入细致地去领略意境，从而获得更为丰富真切的艺术享受。例如：

微风过处，送来缕缕清香，仿佛远处高楼上渺茫的歌声似的。

塘中的月色并不均匀，但光与影有着和谐的旋律，如梵婀玲上奏着的名曲。

夜晚的彩灯亮，这边红、那边绿，这边明、那边暗，整个城市奏响了一曲欢腾的乐曲。

月光下，那低头思故乡的离愁，已被古老的潮水年复一年地打磨得光滑如许了，在湖边浅水里静泊成一叶沉思的小舟。

3. 仿词

比照现成词语，更换其中的某个成分，临时仿造出语言中没有的新词语，这种辞格叫仿词。运用仿词可以极大地增强语言的生动性、深刻性和创新性。仿词不单单是一种修辞手法，而且已演变为一种超强的造词手段。例如：

的姐——空姐——高姐　军嫂——警嫂——空嫂

金领——银领——白领—灰领——蓝领——黑领

（1）反义仿词，即更换的成分与原有的成分在意义上相对或相反。例如：

我不知道上了多少石级，一级又一级，是乐趣也是苦趣。

阔人——狭人　的哥——的姐　包二奶——包二爷　农民工——农民农

（2）近义仿词，即更换的成分与原有的成分在意义上相同或相近。例如：

看到眼前美景，陶醉了的艺术家们诗兴大发，画兴大发。

古人是胸有成竹，而他则是胸有成马。

（3）谐音仿词，即更换的成分与原有的成分在语音上相同或相近。例如：

大中城市年轻人，超前消费成“负翁（富翁）”。

天下无蚊纱窗——默默无“蚊”的奉献。（广告语）

受仿词的影响，现代语言中还出现了仿句现象，可以看作是仿词的扩大化。例如：

男儿有泪不轻弹，只因未到伤心处。——男儿有泪不轻弹，只因未到评衔时。

不管你信或者不信，爱情就在那里，不离不弃。——不管你信或者不信，菩萨就在那里，不离不弃。

金钱不是万能的，没有金钱是万万不能的。——爱情不是万能的，没有爱情是万万不能的。

拈连、通感、仿词三种修辞格都涉及语言形式的创新，三者之间或多或少存在一些容易模糊之处。拈连和通感的不同之处在于：用来拈连的词语必须要在句中出现本用，通感则没有这个要求；通感是感觉相通，拈连不是。拈连和仿词的不同之处在于：拈连是词语临时取得的一种新用法，用过即完；仿词尽管也是词语的一种临时改造，但有可能发展成为新词。

十、设问和反问

1. 设问

为了引起听者或读者的注意和思考，本无疑问而自设疑问，有时自问自答，有时问而不答，这种辞格叫设问。例如：

人类的远古时期，有没有生产劳动？当然有。有没有生产力？当然有。但是有没有科学技术？那就说不上了，大概只是生产劳动的经验而已。

人的正确思想是从哪里来的？是从天上掉下来的吗？不是。是自己头脑里固有的吗？不是。人的正确思想只能从社会的生产斗争、阶级斗争、科学实验三项实践中来。

吃鲜荔枝蜜，倒是时候。有人也许没听说这稀罕物吧？

设问的修辞效果是引人注目、发人深省。设问如果用作文章标题或置于文章开头，往往能启发思考，帮助读者掌握主题思想；设问如果放在段落之间，则可起到承上启下、自然过渡的作用；设问如果用来分析阐述问题，则可以使文气产生变化，避免语句的呆板；设问如果用于收尾，则可以点明主题，留下悬念，给人以无穷的回味。例如：

中国人失去了自信力了吗？

什么叫自律？自律就是自己管束自己的行为。

我们能不能移居到别的星球上去呢？不，不能。科学家已经证实，在以地球为中心的40万亿千米的范围内，没有适合人类居住的第二个星球。

太守谓谁？庐陵欧阳修也。

2. 反问

反问又称反诘，用疑问的形式从反面表达自己的看法或结论，属于明知故问。反问的答案寓于问话的反面，即肯定的意思用否定的反问来表达，而否定的意思则用肯定的反问来表达。例如：

虽然天山这时并不是春天，但是有哪一个春天的花园能比得过这时繁花无边的天山呢？

看到这惊心动魄的一幕，有谁会无动于衷呢？

人民不就是创造历史的真正英雄么？

如果说贪污浪费是极大的犯罪，那么浪费和摧残人才不是更大的犯罪吗？

反问句一般由陈述句改变而来，但也可以采用疑问句形式。疑问句中，是非问和特指问用作反问的情况比较普遍，而特指问和选择问则较少用于反问。无论是陈述句还是疑问句，一旦用于反问，其情感色彩和语言力量都会明显趋强。例如：

你像小学生吗?(陈述式的反问句)

我不是已经跟你交代过了吗?(是非问式的反问句)

你有什么不行的呢?(特指问式的反问句)

你是来帮我呢,还是来拆台呢?(选择问式的反问句)

你说这样做公平不公平?(正反问式的反问句)

反问和设问都是无疑而问,但二者之间有明显的区别:反问明确地表示肯定或否定的内容,设问不表示肯定什么或否定什么;反问主要是加强语气,用确凿的语气表明作者的态度,设问主要是提出问题,引起注意,启发思考;设问是自问自答,有问有答,答在问外,反问寓答于问,有问无答;反问可以使用"难道"、"怎么"、"什么"等标记,而设问则不需要。

在实际语境中,反问有时甚至可用来回答设问。例如:

朋友们,当你听到这段英雄事迹的时候,你的感情又如何呢?你不觉得我们的战士是可爱的吗?你不以我们的祖国有着这样的英雄而自豪吗?

十一、顶真和回环

1. 顶真

用上一句末尾的词语作下一句的开头,使相邻的句子首尾蝉联、上递下接,这种辞格叫顶真或顶针,也叫联珠。例如:

名不正,则言不顺;言不顺,则事不成;事不成,则礼乐不兴;礼乐不兴,则刑罚不中;刑罚不中,则民无所措手足。

竹叶烧了,还有竹枝;竹枝断了,还有竹鞭;竹鞭砍了,还有深埋在地下的竹根。

顶真不仅能够反映事物之间的有机联系,还可以使语句结构更加严密紧凑,进而贯通语势、强化说理,增进语句的逻辑性和表现力。顶真格中,首尾相连的词语往往不止一处。首尾相连的词语越多,语句就越长,语势也就越强。例如:

遥远的夜空,有一个弯弯的月亮。弯弯的月亮下面,是那弯弯的小桥。小桥的旁边,有一条弯弯的小船。弯弯的小船悠悠,是那童年的阿娇。阿娇摇着船,唱着那古老的歌谣。歌声随风飘啊,飘到我的脸上。脸上淌着泪,像那条弯弯的河水。弯弯的河水流啊,流进我的心上。

没有道德感的人,自然也没有来自道德的痛苦和纠结。没有道德痛苦纠结的人,也就没有道德负担和道德顾忌。没有道德负担和道德顾忌的人,常常就显得果断和有力量。

顶真有严式和宽式之分。严式顶真中的相同词语一定是前后相接、环环相扣,而宽式顶真则允许在中间插进其他一些词语。例如:

布匹是哪儿来的呢？是织布厂用纱织成的。纱呢？又是纺纱厂用棉花纺成的。棉花呢？必须从地里种出来。地呢？也得经过耕作播种，还要两次三番地浇水。水呢？又得挖掘灌溉渠，从河里引到地里来。

2. 回环

前一句结尾部分作后一句的开头部分，前一句的开头部分作后一句的结尾部分，利用语句循环往复的形式来显示事物间的有机联系，这种辞格叫回环。回环的最大特点是前后相继的两个句子词语相同而排序相反。例如：

长城电扇，电扇长城。

长相知，才能不相疑；不相疑，才能长相知。

戏就是我们的命，命就是我们的戏。

文人像流氓，流氓像文人。

回环的主要作用在于能深刻揭示两种事物或现象之间的辩证关系，能更好抒发人物跌宕起伏的感情，并在深化认识的基础上，增强语言的趣味和美感。回环也有宽严之分。宽式的回环允许在词语方面出现一定的差异。例如：

科学需要社会主义，社会主义更需要科学。

好事不瞒人，瞒人没好事。

用人不疑，疑人不用。

情节的重复有时也可视为一种特殊形式的回环。例如：

从前哪有座山，山上有座庙，庙里住着两个和尚：一个老和尚，一个小和尚。有一天，老和尚对小和尚说："从前哪有座山，山上有座庙，庙里住着两个和尚：一个老和尚，一个小和尚……"

有人问一个放羊娃："放羊干啥？"放羊娃回答："挣钱。"那人又问："挣钱干啥？"放羊娃又答："娶媳妇。"那人再问："娶媳妇干啥？"放羊娃再答："生娃。"那人接着又问："生娃干啥？"放羊娃于是又答："放羊。"……

汉语中还有一种叫作"回文"的传统修辞格。这种辞格的特点是语句既可正读，又可反读，形式上与回环明显不同。例如：

落花闲院春衫薄。薄衫春院闲花落。迟日恨依依。依依恨日迟。梦回莺舌弄。弄舌莺回梦。邮便问人羞。羞人问便邮。

顶真和回环尽管都是拥有句子相同词语的辞格，但二者的差别还是比较明显的：顶真是顺连而下，其轨迹是直线形的；四环是循环往复，其轨迹是圆周形的。

十二、辞格的综合运用

在实际语言实践中，修辞格有单独运用的，也有综合运用的。修辞格的综合运用，大致可分为连用、套用和兼用三种形式。

1. 辞格的连用

辞格的连用是指同类辞格或异类辞格在同一段文字中的接连使用。例如：

太阳还不能从云里挣扎出来，空气也感到疲乏。（拟人＋拟人）

监房突然像沉入无底的黑暗之中，就是落下一根针也仿佛可以听见。（比喻＋夸张）

盼望着，盼望着，东风来了，春天的脚步近了。（反复＋拟人）

前句是两个比拟的连用，中间句是一个比喻加上一个夸张，后句则是反复与拟人的连用。

2. 辞格的套用

辞格的套用是指一种辞格里包含着其他辞格的现象。套用现象反映的是大套小的包容（包孕）关系。例如：

树缝里也漏着一两点路灯光，没精打采的，是渴睡人的眼。

这种感情像红松那样，根深蒂固，狂风吹不动，暴雨浸不败，千秋万载永不凋谢。

前句总体是一个暗喻，但中间套着两个连用的比拟；后句首先是个比喻，而比喻的主体部分"狂风……凋谢"则又是夸张，其中的"狂风吹不动"与"暴雨浸不败"又是对偶。因此，全句比喻中套用了夸张、对偶。

3. 辞格的兼用

辞格的兼用是指一种语言表达形式兼有多种辞格。例如：

勤奋是点燃智慧的火花，懒惰是埋葬天才的坟墓。（对偶和对比兼用）

举着红灯的游行队伍河一样流到街上。（比喻、夸张和拟物的兼用）

有理走遍天下，无理寸步难行。（对比和对偶兼用）

如果辞格的连用、套用和兼用现象同时出现在同一段语句中，就会出现所谓的辞格混用。混用其实就是辞格的交错使用。由于混用调动了不同方面的多种因素，所以往往被用来表达复杂的思想和情感。例如：

队伍虽然出罗网，英雄不幸入铁窗。

上例总体上属于对比和对偶的兼用。不过，"罗网"和"铁窗"又分别用作借喻和借代，显然属于辞格的连用。这两个连用的辞格同时又被对比、对偶所包含，所以又可以看成是套用现象。

思考和练习

1. 举例说明比喻和比拟之间的联系与区别。
2. 举例说明借喻和借代之间的联系与区别。
3. 举例说明比喻辞格和词的比喻义之间的区别。
4. 你如何看待仿词与新生词的关系?
5. 试指出对比、映衬、对偶三种辞格之间的不同。
6. 试指出拈连、通感、仿词三种辞格之间的不同。
7. 辞格的综合运用有哪些类型?
8. 请创作一段300字以内的话语,内中运用的修辞格不得少于八种。

第五节 语 体

语体即语言的表达体式,是指以语言表达功能为依据建立起来的语言风格类型。语体是适合于某一类语言环境、服务于一定交际领域、具有一定语言特征的言语功能变体。因此,不同的交际场景、不同的交际对象、不同的交际目的、不同的交际方式都会对语体产生影响。作为一种社会现象,语体是长期语言运用的产物,属于一种动态的言语现象。社会性和言语性是语体的本质属性。而所谓的言语风格则是语体的决定性因素之一。言语风格不同,修辞风格自然有异。

交际是一场多元化的活动,语体也是一种多因素的组合。依据的标准不同,划分出的语体自然也就不同。根据语体场的标准,语体可分为九类:日常交际语体、官方事务语体、时评政论语体、新闻报道语体、法律诉讼语体、科学技术语体、文学艺术语体、字典辞书语体和史传记实语体;根据交际场景的标准,语体可先分为口头书体和书面语体两大类,然后每类再分出它的下位类型;按照适用领域的标准,语体可以先分为谈话语体和书卷语体,然后再分为艺术语体和实用语体等;按照交际方式的标准,语体可以区分出口语体、书面语体和声像语体。

语体与文体既有联系又有区别。首先,语体要跟文体相匹配,要服务于文体。其次,语体并不等同于文体:第一,覆盖范围不同。文体是指文章的体裁即文章的表现形式,而语体只是文体的一种表现形式。第二,涉及对象不同。文体不仅涉及语言因素,还涉及材料、主题、结构等文章因素,而语体只涉及语音、词汇、语法等语言因素。下面只对语体的常规分类作些介绍。

一、口头语体

口头语体是语体的两大类型之一，是书面语体的基础。口头语体以口语为典型形式，具有口语运用的广泛性、交际过程的生动性、语言表达的简略性和交际内容的随意性等特点。口头语体完全是为适应口头交际的需要而形成的，具有平易、自然、易懂的修辞风格，在语言的结构和条理方面均有明显的跳跃性。

（一）单向独白式口语体

单向独白式口语体是在由一人或一方进行较长时间的口语活动中，说话者与听话者之间不发生即时性的角色易位的一种口语体。它包括发言和演讲两种类型。

发言属于事务口语体，一般用于正式的社交场合，它以所交际的事务为话语内容，发言者以冷静的阐述表达方式为手段，以求得听众接受和理解为目的。发言可分为有备式和即兴式两种。无论哪一种发言，都必须注意突出礼仪性、简短性和精彩性。例如：

从最开始的一只土鳖带着一群海龟干活，到一群海龟拉着一只土鳖干活，再到一只土鳖和一群海龟共同干活，这就是新东方的发展，而我就是那只土鳖！（俞敏洪的发言）

如果你已经过了20岁但还不到25岁的话，你必须找到除了爱情之外，能够使你用双脚坚强站在大地上的东西。你要找到谋生的方式。现在考虑不晚了。（李开复的发言）

今天很残酷，明天更残酷，后天很美好，但是绝大部分人是死在明天晚上，只有那些真正的英雄才能见到后天的太阳。（马云的发言）

演讲属于典雅口语体，通常用于公众聚集的场合，它以宣讲的主旨为话语内容。演讲者以宣传、鼓动的语言表达方式为手段，旨在使自己的观点得到更多人的赞成或认可。演讲一般是事先做好充分准备的预谋演讲，也可以是由于偶然因素而诱发的即兴演讲。清晰的条理性和积极的鼓动性是演讲的最大特点。例如：

我从来不以为学历有什么重要，天才都不是科班，但，不是科班，连龙套都跑不了。你必须把那些浮如飘絮的思绪，渐渐转化为清晰的思路和简单的文字。华丽和漂浮都不易长久。你要知道，仅给予文字阅读快感是不够的，内容、思想、境界、灵魂、精神和智慧，这些才重要。不要多看那些和你一个路数的女作家的文字。不要琐碎，无病呻吟。不要想到什么就写。不要流连于小感伤和小感动。

我要你相信温暖、美好、信任、尊严、坚强这些老掉牙的字眼。我不要你颓废、空虚、迷茫、糟践自己、伤害别人。我不要你把自己处理得一团糟。节制自己的感情并且珍惜它，明白这种感情不是任何人都能要。体验生活，是另外一回事，并不意味着堕落和放纵。千万不要认同那些伪装的酷和另类。他们是无事可做的人找出来放任自己无事可做的借口，真正的酷是在内心。你要有强大的内心。要有任凭时间流逝，不会磨折和屈服的信念。不是因为在学校的象牙塔中，才说出我爱世界这样的话，是知道外面的黑、脏、丑陋之后，还要说出这样的话。好好去爱，去生活。青春如此短暂，不要叹老。偶尔可以停下来休息，但是别蹲下来张望。走了一条路的时候，记得别回头看。时不时问问自己，自己在干嘛？（李开复的演讲）

（二）双向会话式口语体

双向会话式口语体是在由双方或多方直接参与的即时性互动口语活动中，说话者与听话者之间随时可以进行角色易位的一种口语体。它包括交谈和论辩两种类型。

交谈属于日常口语体，可用于正式场合，也可用于非正式场合，它以交换意见或交流感情为主要内容。交谈者通过谈话，彼此交换或传递信息，以取得双方或多方的沟通与认同。交谈可以是漫无边际的闲谈（如闲聊、聊天），也可以是有固定话题的答问（如组织与个人之间的谈话）。从语言表达的角度看，交谈一般具有合作性和灵活性的特点。例如：

郭：谢谢，好多人都来了。

于：嗯。

郭：等这个机会等了很长时间了。

于：哦。

郭：你，认识我么？

于：这上来半天我不认识您。

郭：哈哈哈哈哈，孤陋寡人。

于：寡人？

郭：你得剐了。

于：不至于，为啥非得认识你呀？

郭：连我都不认识呀？

于：不认识。

郭：我有外号儿。

于：您说。

郭：善人。

（郭德纲、于谦相声《你本善良》）

论辩属于争执口语体，可用于正式场合(如法庭辩论)，也可用于非正式场合(如生活中的争吵)，意在通过说理来驳倒或降服对方。论辩大致可分为生活论辩、公务论辩、赛场论辩等。论辩十分讲求技巧性，但无论运用何种技巧，都必须借助语言的力量。从语言表达的角度看，论辩一般具有三个特点：一是用语简洁，二是逻辑严密，三是语势强烈。因此，论辩是较高层次的双向口语表达形式。例如：

正方：各位评委，各位来宾，对方辩友，大家好。为政论政，在商言商，辩论会自然要涉及辩。今天我方的立场是真理越辩越明，真理是人们对客观事物及其规律的正确认识，所谓辩则是以一定的逻辑基础为规则，通过摆事实、讲道理的方式与不同的观点交流、交锋，而明即清楚明晰。真理越辩越明就是说真理在与其他思想的论辩中更加清晰明白。人类的历史是追求真理、探索真理、传播真理，进而摆脱蒙昧、无知、愚笨的历史。我们热爱真理，敬仰真理，正如亚里士多德所说："吾爱吾师，吾更爱真理。"然而，认识真理的过程并非一帆风顺，它是一个去伪存真、去粗取精的过程。在这一个过程中，辩论是必不可少的一个环节。人们为了寻求真理，要同无知辩，同偏见辩，向未知挑战，与荒谬斗争，同强权抗衡。俗话说：鼓不敲不响，理不辩不明。人们在长期追求真理的过程中，正是认识到了真理越辩越明的道理。当然，我们不否认实践在探索真理和检验真理中的巨大作用。它是必要条件，而我们认为辩是使真理明的充分条件。

反方：大家中午好。第二次世界大战的时候，英国人说："我是为真理而战。"德国人也说："我是为真理而战。"就连法国人也说："我是为了真理呀！"大家都各言其说。结果我们发现真理是什么？真理是躺在地上的千千万万具尸体呀！培根说："研究真理，认识真理和相信真理，那是人最崇高的美德。"真理是对客观事物本质及其规律的正确认识，它又可分为主观与客观真理，我觉得今天的主席非常英俊，这是主观真理。地球绕着太阳转，这只是客观真理。辩只是一种行为，不是规律，它建立在两个或更多的对立观点之上。对方辩友犯的最令我们遗憾的错误就是将辩等同于一定是善的，讲道理、说真话就是辩。可是，在现实的生活中辩是这样子的吗？显然不对呀！而我方今天要说的口舌之战、笔墨之战就是辩的表现了。而越辩越明则是指将真理从局部到整体、从相对到绝对的整个不断升华过程。我方认为：真理不会越辩越明。

二、书面语体

书面语体是在口头语体的基础上，为适应书面交际的需要而形成的语体。书面语体以文字为媒介，以文章为形式，具有表达的严密性和体系的完整性。书面语体毕竟经过了精心加工，因而在语言上更讲究结构完整和条理清晰，也更注重规范性。与口头语体相比，文雅和规范是书面语体突出的风格特征。

书面语体和口头语体之间的实际差距大致取决于民族的文化水平。一般说来，民族的文化素质越高，两类语体间的差距就越小；民族的文化素质越低，两类语体间的差距就越大。

书面语体通常可以分为公文语体、科技语体、政论语体、文艺语体。

（一）公文语体

公文语体又称事务语体，是指为处理组织和个人之间的有关事务，而在所使用的书面材料中形成的一种书面文字表达体式。

公文材料大致包括公文文件、规章制度和日常应用文等，涉及政党和国家机关的文件、法令、条约、照会，社会团体和企事业单位的规章制度、合同、协议书、广告、启事，个人的书信、便条、申请书等，基本覆盖了政治事务、外交事务、军事事务、机关事务和个人事务。

公文语体为处理实务、解决实际问题而生，特别讲求效率和作用。这一性质注定了语言必须是记述的而不是描绘的，必须是平实的而不是华丽的，必须是简练的而不是繁复的，必须是庄重的而不是诙谐的。因此，准确性、简明性、规范性是公文语体的三大基本特征。例如：

中华人民共和国主席令

第三十七号

《中华人民共和国国家通用语言文字法》已由中华人民共和国第九届全国人民代表大会常务委员会第十八次会议于2000年10月31日通过，现予公布，自2001年1月1日起施行。

中华人民共和国主席　江泽民

2000年10月31日

为推动国家通用语言文字的规范化、标准化及其健康发展，使国家通用语言文字在社会生活中更好地发挥作用，促进各民族、各地区经济文化交流，根据宪法，制定本法。

（《中华人民共和国国家通用语言文字法》第一章“总则”第一条）

××市政务服务中心：

兹介绍我单位正式工作人员×××同志携带我单位有关资料原件，凭该同志有效身份证原件到贵单位办理××市国家投资工程建设项目网上招标投标注册确认及密匙购买事宜。之前，我单位在××市公共资源交易网“登记注册”时提交了相关资料，该资料与现所提供的原件一致。我单位对资料的真实性、合法性和完整性完全负责。

此致！

××市第一建筑工程公司（盖章）

2010年3月22日

除了三大基本特征外，公文语言还有如下一些具体特点：

(1) 有专用词语。为追求庄重、典雅的效果，公文中常用到一些文言词语，如介绍信习用的“兹有”、“为荷”等语，私人信函中常见的“顺颂、教祺”等语。

(2) 有固定的句式。公文中有一些使用频率较高的句式，如以“为”、“为了”开头的目的句式，以“数词”为特征的浓缩句式。另外，公文多用陈述句和祈使句，基本不用疑问句和感叹句。

(3) 绝少使用修辞格。公文语言一般不追求形象生动的效果。因此，除了对偶、排比等少数修辞格外，绝大部分的修辞格尤其是比喻、夸张、婉曲等均不宜进入公文之中。

（二）科技语体

科技语体又称科学语体，是发布科学研究成果，普及科学知识的论著所使用的一种书面文字表达体式。科技语体注重严密的逻辑思维和可靠的科学论证，既涉及自然科学领域，又涉及社会科学领域，还涉及技术领域和生产领域。科技语体通常可分为专门科技语体（如学术专著、学术论文、学术报告等）和通俗科技语体（如非文学的科普读物、读书笔记等）两大类。

专门科技语体是一种长于理性的语体，素以科学、严密、明晰为基本要求。它在语言运用上具有四个基本特征：科学性、严密性、明晰性和规范性。例如：

某些无机化合物，如I_2、Cl_2、Br_2、AsI_3和OsO_4等，是稳定的共价化合物，它们在水溶液中主要以分子形式存在，不带电荷。利用CCl_4、$CHCl_3$、苯等惰性溶剂，可将它们萃取出来。

PM2.5是指大气中直径小于或等于2.5微米的颗粒物，也称为可入肺颗粒物。它的直径还不到人的头发丝粗细的1/20。虽然PM2.5只是地球大气成分中含量很少的成分，但它对空气质量和能见度等有重要的影响。与较粗的大气颗粒物相比，PM2.5粒径小，富含大量的有毒、有害物质且在大气中的停留时间长、输送距离远，因而对人体健康和大气环境质量的影响更大。PM2.5产生的主要来源，是日常发电、工业生产、汽车尾气排放等过程中经过燃烧而排放的残留物,大多含有重金属等有毒物质。一般而言,粒径2.5微米至10微米的粗颗粒物主要来自道路扬尘等;2.5微米以下的细颗粒物(PM2.5)则主要来自化石燃料的燃烧(如机动车尾气、燃煤)、挥发性有机物等。PM2.5不仅会对环境造成严重污染,对人自身的危害也是巨大的。

除了上述几个基本特征,专门科技语体在语言运用上还存在如下具体特点:一是较多使用科技术语和外来词;二是较多使用数字、图表、公式等非自然语言符号;三是较多运用缩略语;四是表述上忌语句重复和辞藻修饰;五是基本杜绝采用修辞格。

通俗科技语体通常体现在科普读物之中,属于一种生动有趣的科技语体。在遵循科技语体的科学性、严密性、明晰性和规范性的前提下,通俗科技语体还具有通俗性、生动性和趣味性等特点,语句的修辞色彩较为明显。例如:

翻车鱼是世界上最大、形状最奇特的鱼之一。它们的身体又圆又扁,像个大碟子。鱼身和鱼腹上各有一个长而尖的鳍,而尾鳍却几乎不存在,于是使它们看上去好像后面被削去了一块似的。翻车鱼主要以水母为食,用微小的嘴巴将食物铲起。它们常常在水面晒太阳,尽管其形状笨拙,但有时也会跃出水面。

在南天极那儿有一个南极星座,可是南极星座里的星星都很暗,没有一颗星能担当得起"南极星"的重任。但是,全天第二亮的星——老人星,因岁差现象正在逐渐靠近南天极。有朝一日,老人星或许将登上"南极星"的宝座。

(三)政论语体

政论语体又称宣传鼓动语体,是专门对社会政治生活各种问题进行阐述或论述而形成的一种书面文字表达体式。政论语体覆盖面广,涉及各种政治评论、经济评论、文化评论、法律评论、伦理评论、时事评论、文艺评论、新闻报道以及演讲报告等。政论语体旨在通过相关问题的阐述,影响或打动受众,以求得观念上的认同和行动上的配合。总之,政论语体既要以理服人,又要以情动人。

政论语体以宣传鼓动为目的,一向强调多种语言手段的综合运用。它既有科技语体的准确性和严密性,又有文艺语体的生动性和形象性;既有逻辑上的说服力,又有情感上的感染力。政论语体又可以分为评论语体和杂文语体两个分支。评论语体与社会科学语体相接近,杂文语体则与文艺语体相接近。各举一例如下:

1945年9月2日,日本政府代表在停泊于东京湾的美军密苏里号战列舰上正式向同盟国签署投降书,宣告了日本侵略者的彻底失败,标志着中国人民抗日战争暨世界反法西斯战争的最终胜利。回首那段苦难的历史，我们不能忘记，当年日本侵略者在中国烧杀抢掠，无恶不作，犯下令人发指的罪行，使中华民族蒙受深重灾难。我们同样不能忘记，其他亚洲国家人民在那场战争中也深受日本军国主义的毒害。中华民族在这场战争中付出了空前重大的牺牲，成就了百年来中国人民反抗外敌侵略、争取民族解放的首次完全胜利，显示了民族觉醒、团结、进步的巨大力量。这场战争的胜利对中华民族发展和世界文明进步都具有重大而深远的意义。

中国一向是所谓"闭关主义"，自己不去，别人也不许来。自从给枪炮打破了大门之后，又碰了一串钉子，到现在，成了什么都是"送去主义"了。别的且不说罢，单是学艺上的东西，近来就先送一批古董到巴黎去展览，但终"不知后事如何"；还有几位"大师"们捧着几张古画和新画，在欧洲各国一路的挂过去，叫作"发扬国光"。听说不远还要送梅兰芳博士到苏联去，以催进"象征主义"，此后是顺便到欧洲传道。我在这里不想讨论梅博士演艺和象征主义的关系。总之，活人替代了古董。我敢说，也可以算得显出一点进步了。

与其他语体相比，政论语体在语言表述方面还存在如下一些具体特点：语词多采用社会热点词汇，并且词汇覆盖社会各领域；句类多样，尤其偏爱使用疑问句和祈使句；句式多变，长句（尤其是复句）被大量运用，对语句的气势和节奏特别讲究；文中多引用、引证他人的语言；各种修辞格得到广泛而频繁的运用。

（四）文艺语体

文艺语体全称文学艺术语体，是指为创造文艺形象、反映社会现实而形成的一种书面文字表达体式。文艺语体注重给人以美的享受，注重形象思维，注重艺术创新，因此在语言表达方面具有形象性、生动性、逼真性、变异性等特点。文艺语体包括散文体、韵文体和戏剧体等三种类型。

散文体与韵文体相对而言，又称散言体，包括狭义的散文以及小说等。散文体意思连贯，重情景描写，句式错综，词语繁富。例如：

我们先到梅雨亭。梅雨亭正对着那条瀑布；坐在亭边，不必仰头，便可见它的全体了。亭下深深的便是梅雨潭。这个亭踞在突出的一角的岩石上，上下都空空儿的；仿佛一只苍鹰展着翼翅浮在天宇中一般。三面都是山，像半个环儿拥着；人如在井底了。

韵文体是讲究押韵的文体或文章，包括诗赋、词曲、快板、顺口溜等。韵文体追求语言的音乐美，因而特别讲究韵律和节奏。例如：

土地是弯曲的
我看不见你
我只能远远看见
你心上的蓝天
蓝吗？真蓝
那蓝色就是语言
我想使世界感到愉快
微笑却凝固在嘴边
还是给我一朵云吧
擦去晴朗的时间
我的眼睛需要泪水
我的太阳需要安眠

戏剧体即剧本所采用的语体。除了常规的情景描写之外，戏剧体特别注重凸显人物语言。剧本中的对白不仅讲求个性化，而且口语色彩较浓。例如：

[门大开，周朴园进。他现在精神很饱满，沉重地走出来。]

萍、冲（同时）：爸。

冲：客走了？

朴（点头，转向繁漪）：你怎么今天下楼来了。完全好了么？

繁：病原来不很重——你回来身体好么？

朴：还好。——你应当在到楼上去休息。冲儿，你看你母亲的气色比以前怎么样？

冲：母亲原来就没有什么病。

朴（不喜欢儿子们这样答复老人家的话，沉重地，眼翻上来）：谁告诉你的？我不在的时候，你常来问你母亲的病么？（坐在沙发上）

繁（怕他又来教训）：朴园，你的样子像有点瘦了似的。——矿上的罢工究竟怎么样？

朴：昨天早上已经复工，不会有什么问题。

冲：爸爸，怎么鲁大海还在这儿等着要见您呢？

在现实运用中，各种语体的风格很难做到泾渭分明，往往是互相渗透的。例如，文艺语体既可以向科技语体渗透，形成通俗的科技语体，也可以向政论语体渗透，形成文艺政论语体。反之，政论语体和科技语体也可在一定条件下进入文艺语体。另外，口语语体和书面语体也能彼此渗透，形成书面性口语和口语性书面语。例如：

五月敬告亲友：张氏五月遵循我国“男大当婚，女大当嫁”之古训，坚持当代恋爱婚姻自由他人不得从中干涉的原则，为慰老父老母急欲择婿的爱女之心，五月本人通过“择优录取”之优选法，已经选定某厂青年姓南名生为终身伴侣。为此，特向全家发布公告为“定婚凭证”。五月与南生何时何地举行婚礼，目前尚无可奉告。

公告发布人张五月

劝你删除昨天的烦恼，选择今天的快乐，设置明天幸福，储存永远的爱心，取消世间的仇恨，粘贴美丽的心情，复制醉人的风景，打印迷人笑脸。祝天天都有好心情！

一觉醒来，昨夜的梦已经忘了。那是一个很紧张很揪心的梦，被追逐得想要醒来，对故事的痴迷却又一再告诫自己不要醒来，记住它。就这样，早上醒来时只记得一个情节：室友们躲在一个角落里开心得围成一圈做游戏，而在这个角落延伸出的墙壁后，我躲避着枪林弹雨，情况万分紧急。射击的是一个红眼机器，就像终结者里的机器人一样，其实那是一个情节很完整的梦，不过大部分都忘记了。或许是我对终结者系列印象过于深刻了吧，否则也不会梦到机器人。

思考和练习

1. 什么是语体？语体与文体有什么联系和区别？
2. 语体和语境有何区别？语境对修辞具有怎样的制约作用？
3. 公文语体、政论语体、科技语体、文艺语体在语言运用上各有哪些特征？
4. 文艺语体分为哪几种类型？每种类型各有哪些特征？

参 考 书 目

一、全国高等学校中文专业通用现代汉语教材

1. 现代汉语. 北京:北京大学中文系现代汉语教研室编. 北京:商务印书馆,2012.
2. 胡裕树. 现代汉语(重订本). 上海:上海教育出版社,2011.
3. 黄伯荣、廖序东. 现代汉语(增订四版). 北京:高等教育出版社,2011.
4. 邵敬敏. 现代汉语通论(第2版). 上海:上海教育出版社,2007.

二、现代汉语基础读物

1. 曹文. 现代汉语语音答问. 北京:北京大学出版社,2010.
2. 丁声树等. 现代汉语语法讲话. 北京:商务印书馆,1961.
3. 符淮青. 现代汉语词汇. 北京:北京大学出版社,2004.
4. 林焘、王理嘉. 语音学教程. 北京:北京大学出版社,1992.
5. 黄伟嘉. 现代汉语文字答问. 北京:北京大学出版社,2011.
6. 刘月华等. 实用现代汉语语法(增订本). 北京:商务印书馆,2001.
7. 陆俭明. 现代汉语语法研究教程. 北京:北京大学出版社,2005.
8. 吕叔湘. 汉语语法论文集(增订本). 北京:商务印书馆,1984.
9. 张斌. 现代汉语描写语法. 北京:商务印书馆,2010.
10. 张弓. 现代汉语修辞学. 石家庄:河北教育出版社,1993.
11. 赵元任著、吕叔湘译. 汉语口语语法. 北京:商务印书馆,1979.
12. 朱德熙. 语法讲义. 北京:商务印书馆,2003.

三、现代汉语必备工具书

1. 吕叔湘. 现代汉语八百词.（增订本）. 北京:商务印书馆,1999.

2. 中国社会科学语言研究所词典编辑室. 现代汉语词典（第6版）. 北京:商务印书馆,2012.

3. 梅家驹. 现代汉语搭配词典. 上海:汉语大词典出版社,1999.

4. 魏建功. 新华字典（第11版）. 北京:商务印书馆,2011.